Anlageentscheidungen am Aktienmarkt

Europäische Hochschulschriften
Publications Universitaires Européennes
European University Studies

Reihe V
Volks- und Betriebswirtschaft

Série V Series V
Sciences économiques, gestion d'entreprise
Economics and Management

Bd./Vol. 3070

PETER LANG
Frankfurt am Main · Berlin · Bern · Bruxelles · New York · Oxford · Wien

Jutta Schmidt

Anlageentscheidungen am Aktienmarkt

Eine experimentelle Analyse der Informations- und Entscheidungsprozesse individueller Anleger

PETER LANG
Europäischer Verlag der Wissenschaften

Bibliografische Information Der Deutschen Bibliothek
Die Deutsche Bibliothek verzeichnet diese Publikation in der Deutschen Nationalbibliografie; detaillierte bibliografische Daten sind im Internet über <http://dnb.ddb.de> abrufbar.

Zugl.: Bamberg, Univ., Diss., 2003

D 473
ISSN 0531-7339
ISBN 3-631-52156-1

www.peterlang.de

Ein kleines Reh stand am ganz kleinen Baum
Still und verklärt wie im Traum.
Das war des Nachts elf Uhr zwei.
Und dann kam ich um vier
Morgens wieder vorbei,
Und da träumte noch immer das Tier.
Nun schlich ich mich leise - ich atmete kaum -
Gegen den Wind an den Baum,
Und gab dem Reh einen ganz kleinen Stips.
Und da war es aus Gips.

Joachim Ringelnatz

Geleitwort

Den zentralen Ausgangspunkt der Arbeit von Frau Schmidt stellt die Analyse des Informations- und Entscheidungsprozesses von einzelnen Anlegern dar und hier besonders die Zerlegung der Wirkung der Informationsaufnahme und -verarbeitung einerseits und der personalen und situativen Determinanten andererseits unter Nutzung eines empirischen und speziell eines experimentellen Instrumentariums.
Ein Schwerpunkt liegt dabei auf der Erarbeitung des Informationsprozesses eines Anlegers. Ein zweiter gleichrangiger Fokus richtet sich auf Aussagen zum Einfluss der Person des Anlegers und situativen Einflüssen.
Beide Schwerpunkte orientieren sich auf das Ziel der Dissertation, einer weitgehenden Erklärung des Anlageentscheidungsprozesses im Rahmen eines modernen finanzwirtschaftlichen Ansatzes und unter Verwendung aktueller verhaltenswissenschaftlicher Konzepte.
Völlig sachgerecht fokussiert Frau Schmidt selbstverständlich nicht auf die Generierung eines „Weltmodells" des Finanzmarktteilnehmers. Vielmehr wird bereits eingangs der Arbeit und an vielen weiteren zentralen Stellen mit entsprechendem Weitblick und Realitätsbezug dargelegt und begründet, wo gegenwärtig Grenzen der Vorgehensweise bestehen. Wesentlich ist dabei die Charakterisierung von anlagebezogenen wie auch speziell finanzmarktbezogenen Entscheidungen als Entscheidungen unter Ambiguität und NICHT unter Risiko, was aber nicht grundsätzlich ausschließt, dass Erkenntnisse hinsichtlich des Informations- und Entscheidungsprozesses und besonders auch der personalen und situativen Determinanten in vereinfachter Form auf Risikosituationen übertragen werden können.
Bereits die einheitliche und systematische sowie kritische Diskussion der verschiedenen theoretischen Ansätze und empirischen Studien ist einer wissenschaftlichen Arbeit im Range einer Dissertation würdig. Das grundsätzlich eigenständig entwickelte experimentelle Design und seine Ergebnisse sind darüber hinaus geeignet, die wissenschaftliche Forschung einen *wesentlichen* Schritt voranzutreiben.
Die vorliegende Arbeit ist damit grundsätzlich im Forschungsgebiet der empirischen, insbesondere experimentellen finanzwirtschaftlichen Entscheidungsforschung als Teilgebiet der Behavioral Finance und allgemeiner der Behavioral Economics angesiedelt (vgl. Oehler 1995 und 2000b). Sie legt ihren Schwerpunkt auf die Verhaltensanalyse einzelner Entscheider und nutzt finanzwirtschaftliche und verhaltenswissenschaftliche sowie, methodisch gesehen, experimentelle Ansätze.

Ausgehend von dieser speziellen Zielsetzung, die in einer gelungenen Einleitung und in einem wohldokumentierten und gut begründeten Gang der Untersuchung verdeutlicht wird, erarbeitet Frau Schmidt konsequenterweise zunächst in einem ersten Schritt auf der Basis einer systematischen Darstellung und einer kritischen Analyse der einschlägigen Literatur ihren theoretischen

Bezugsrahmen und ihr methodisches Instrumentarium (**Kapitel 3 und 4 in Abschnitt II**). Hier werden auch einige wesentliche definitorische Festlegungen getroffen.
In einem zweiten Schritt wendet sich Frau Schmidt dann der experimentellen Untersuchung des Informations- und Entscheidungsprozesses individueller Anleger zu (**Abschnitt III**). Darin werden die theoriebasierten Hypothesen (**Kapitel 1**) genauso abgeleitet wie das Untersuchungsdesign vorgestellt und die resultierenden sowie die ergänzenden und weiterführenden Ergebnisse erörtert (**Kapitel 2 und 3**).
Die Dissertation schließt mit einer sachlich nüchternen, gelegentlich stark konzentrierten Zusammenfassung der Arbeit (**Abschnitt IV**), die die gewonnenen Ergebnisse hinsichtlich ihrer Verwendung einordnet.

Der vorliegenden Arbeit gelingt es nach ausführlicher und sorgfältig eingebrachter Grundlegung einen herausragenden Beitrag zum Verständnis des Informations- und Entscheidungsprozesses einzelner Anleger und damit einen wesentlichen Beitrag zur Behavioral Finance und Behavioral Economics zu leisten.
Nach Ansicht des Gutachters entlarvt die Arbeit ferner die so oft medienwirksam inszenierten Ad-hoc-Erklärungen vieler sogenannter Experten, Analysten oder TV-Professoren als kaum haltbar. Auch wenn es nicht die erstrangige Zielsetzung der Verfasserin gewesen sein wird, so zeigt die vorliegende Arbeit in differenzierter Analyse, dass die untersuchten und zu erklärenden Zusammenhänge allein schon auf Investorenebene alles andere als so trivial sind wie die eben genannte Personengruppe – aus welchen Motiven heraus auch immer – nahe legen will.

Aufgrund der erheblichen theoretischen, empirischen und praktischen Bedeutung der Arbeit sei ihr eine hohe Verbreitung und Resonanz beschieden.

Bamberg im Dezember 2003 — Univ.-Prof. Dr. Andreas Oehler

„WENN WIR WOLLEN, DAß ALLES
BLEIBT, WIE ES IST, DANN IST ES
NÖTIG, DAß SICH ALLES VERÄNDERT."
Tancredi in „Il Gattopardo"

Vorwort

Die vorliegende Arbeit beschäftigt sich mit dem Verhalten von Anlegern am Aktienmarkt - eine Thematik, die über diesen Zielhorizont hinaus reichlich 6 Jahre meines Leben geprägt hat. Im Sommersemester 2003 wurde sie von der Fakultät Sozial- und Wirtschaftswissenschaften der Otto-Friedrich-Universität Bamberg als Dissertation angenommen.

Zu Beginn meiner Literaturrecherchen überwog das Amüsement über die aufgrund ihrer ähnlichen Danksagungen austauschbar erscheinenden Vorworte. Im Laufe der Entstehung der eigenen Arbeit mußte ich dann allerdings feststellen, daß das Bedürfnis zu danken wächst. So folgen also auch hier die voraussichtlich einige Leser langweilenden Danksagungen; mit meinem Versprechen, bis zum ersten Kapitel keine inhaltlichen Aspekte zu berühren mögen diejenigen unter ihnen, die Danksagungen als überflüssig empfinden, diese überblättern.

Meinem Doktorvater, Prof. Dr. Andreas Oehler, verdanke ich nicht nur eine exzellente inhaltliche Begleitung; seine behutsame Steuerung der Themenfindung führte zu einem mich wirklich fesselnden Thema. Die Betreuung meiner Arbeit übernahm er in fordernder aber damit auch fördernder Weise. In mehreren Gesprächen im Laufe der Entstehungsphase hat er mir zudem verdeutlicht, daß er mehr an mich glaubt als ich zu diesen Zeitpunkten an mich selbst. Dieses Vertrauen hat mich sehr geehrt und berührt.
Herrn Prof. Dr. Johann Engelhard danke ich für die Übernahme des Zweitgutachtens und des Vorsitzes in der Promotionskommission. Der äußerst schnellen Entstehung seines Gutachtens habe ich es zu verdanken, daß das Promotionsverfahren noch im Sommersemester 2003 abgeschlossen werden konnte. Prof. Dr. Otto K. Ferstl danke ich dafür, daß er sich als dritten Prüfer zur Verfügung gestellt hat.

Für einen großzügigen Druckkostenzuschuß danke ich dem Beirat für Frauenfragen, insbesondere Dr. Birgit Brouër und Dipl. Päd. Susanne Scheja für die unkomplizierte Abwicklung.

In den reichlich 7 Jahren am Lehrstuhl für Finanzwirtschaft durfte ich eine Reihe von Kollegen erleben, die alle einen prägenden Eindruck hinterlassen haben. Dr. Matthias Unser verdanke ich viele Anregungen bis ins kleinste Detail insbesondere zu Beginn meiner Arbeit und praktische Hinweise für die Experimente. In dieser Zeit hat mich Dr. Frank Spellmann als Kollege im gemeinsamen Büro ertragen und meine endlosen Telephongespräche zur

Gewinnung von Probanden anhören müssen. Im späteren Verlauf habe ich durch die Zusammenarbeit mit Dipl.Kfm. Martin Strobel und Dr. Dirk Dreyer angenehme kollegiale Zusammenarbeit erfahren. In der Endphase der Dissertation hat mich Dipl.Bw. (FH) Marco Rummer immer wieder angefeuert. Dipl.Kfm. Joachim Fox hat nicht nur in technischer Hinsicht die Erstellung des Manuskriptes beschleunigt - die Gespräche mit ihm in unserem gemeinsamen Büro eigneten sich gleichermaßen als Ablenkung und Ansporn. Für diesen Part bedanke ich mich ganz besonders herzlich. In einer besonders schwierigen Phase hat mir Dr. Klaus Heilmann kurzfristig per eMail geholfen.

Der Mühe, ein Manuskript gründlich und kritisch Korrektur zu lesen, haben sich Dipl.Kffr. Ute Wenner und Dipl.Kffr. Sybille Voß unterzogen, obwohl beide beruflich zu dieser Zeit stark eingespannt waren. Für diese Arbeit und auch viele Durchhalte-Telephonate und -Besuche danke ich ihnen und Dipl.Kfm. Christian Rödig von Herzen. Eine große Hilfe war mir die Literaturdatenbank, deren Erstellung Dipl. Wirtsch.-Inf. Ina Müllemann ausgeführt hat. Kathrin Schrocke hat die Experimente in technischer Hinsicht begleitet und dabei meinen Horizont auch auf anderen Ebenen erweitert.

Meine Familie hat in allen Jahren regen Anteil an meiner wissenschaftlichen Arbeit genommen. Meiner Mutter, Frau Maria Leskien, verdanke ich nicht nur den „Einstieg“ in eine akademische Laufbahn; sie hat die Entstehung der Arbeit mit großem Interesse begleitet und mich mit Engagement in allen häuslichen Pflichten unterstützt. Auch meine Tante, Frau Ruth Leskien, hat mit regelmäßiger Kinderbetreuung dazu beigetragen, einige freie Stunden zu schaffen.

Ohne meinen Mann und seine weitreichende Unterstützung hätte diese Arbeit nicht entstehen können. Sein Verständnis für mich ist ebenso außergewöhnlich wie seine Geduld mit mir. Ich hoffe, ihm wenigstens einen kleinen Teil davon zurückgeben zu können. Meine beiden Kinder, die im Laufe der Promotionszeit geboren wurden, zeigten immer wieder auf die wirklich wesentlichen Dinge des Lebens, wenn ich in Zahlen und Diagrammen zu ersticken drohte. Das Streben danach, meine freie Zeit ausschließlich ihnen widmen zu können, hat die Arbeit in der Endphase stark beschleunigt („Mama, das Mittagessen ist fertig, Deine Doktorarbeit auch??“).

Diese Arbeit widme ich meinem Vater, Dr. Ulrich Leskien, der Studium, Abschluß und Promotion seiner Tochter nicht mehr erleben durfte. Sollte ich ihn damit stolz gemacht haben, so hat sich die Mühe gelohnt.

Bamberg im Februar 2004 — Jutta Schmidt

Inhaltsverzeichnis

Tabellenverzeichnis

Abbildungsverzeichnis

Abkürzungsverzeichnis

Abb.	Abbildung
AG	Aktiengesellschaft
AK	Aktienkurs
AktG	Aktiengesetz
APT	Arbitrage Pricing Theory
Aufl.	Auflage
BBR	Bilanzbonitätsrating
Bd.	Band
Bsp.	Beispiel
bspw.	beispielsweise
bzgl.	bezüglich
bzw.	beziehungsweise
C	Cramer´s Index
ca.	cirka
CAPM	Capital Asset Pricing Theory
CF	Cash-Flow
CFK	Finanzkraft
CPT	Cumulative Prospect Theory
CR	Rentabilität
DAX	Deutscher Aktienindex
d.h.	das heißt
DVFA	Deutsche Vereinigung für Finanzanalyse und Asset Management
eds.	editors
et al.	et alii
etc.	et cetera
evtl.	eventuell
f.	folgende
ff.	fortfolgende
FG	Firmengröße
FN	Fußnote
GuV	Gewinn und Verlust-Rechnung
HGB	Handelsgesetzbuch
Hrsg.	Herausgeber
H.	Heft
H	Hypothese
H-Test	Kruskall-Wallis-H-Test
i.d.R.	in der Regel
IDM	Information-Display-Matrix
insb.	insbesondere
Jg.	Jahrgang
k.A.	keine Angabe

Kap.	Kapitel
KGV	Kurs-Gewinn-Verhältnis
KNN	Künstlich Neuronales Netz
KRF	Kurzfristige Rückzahlungsfähigkeit
Mio.	Millionen
Mrd.	Milliarden
N-Wert	Netz-Wert (Risiko-Index des BBR)
o.V.	ohne Verfasser
P	Kontingenzkoeffizient nach Pearson
PER	price earning ratio
PT	Prospect Theory
RDU-Theorie	rank dependent expected utility-Theorie
ROI	Return on Investment
S.	Seite
s.	siehe
s.a.	siehe auch
s.d.	siehe dort
SDS-Theorie	Search for Dominance Structure-Theorie
SEU-Theorie	subjective expected utility-Theorie
sog.	sogenannte
Sp.	Spalte
SP/A-Theory	Security-Potential/Aspiration-Theory
SPT	State Preference Theory
SZ	Schlagzeile
U-Test	U-Test nach Wilcoxon, Mann, Whitney
u.a.	unter anderem
UK	Unternehmensklassifikator
usw.	und so weiter
V	Verschuldung
v.a.	vor allem
vgl.	vergleiche
Vpn	Versuchspersonen
vs.	versus
WTA	willingness-to-accept
WTP	willingness-to-pay
z.B.	zum Beispiel
ZM (F)	Zeitungsmeldung (Firma)
ZM (B)	Zeitungsmeldung (Branche)

„...Intuition, not cognition, is the primary engine for decision making...“[1]

I Einleitung

1 Die Erklärung des Verhaltens von Anlegern als Bestandteil kapitalmarkttheoretischer Untersuchungen

Der Kapitalmarkt ist seit mehreren Jahrzehnten Ausgangspunkt vielfältiger Forschung. Zunächst konzentrierte sich diese Forschung auf das Zustandekommen von Gleichgewichtskursen risikobehafteter Wertpapiere in einer idealisierten Modellwelt, in der die Rahmenbedingungen des Marktes als Fixum und die Anleger als geschlossene Systeme agierten. In den vergangenen 20 Jahren richtet sich der Fokus auf den Markt als Institution und den Anleger als Marktteilnehmer.[2]

Beschäftigt man sich zunächst mit den grundlegenden Begriffen, so läßt sich ein Finanzmarkt als ein Ort definieren, an dem sowohl erstmalige Finanzkontrakte geschlossen (Primärmarkt) als auch die daraus entstandenen Finanztitel gehandelt werden (Sekundärmarkt).[3] Wertpapierbörsen sind unter dem zweiten Begriff zu subsumieren, wenn man die Tatsache beachtet, daß die Emission von Wertpapieren stets von den Emittenten selbst oder (häufiger) von Banken (oder einem Bankenkonsortium) vorgenommen, die Börse als Institution hier somit gar nicht zwischengeschaltet wird.[4] Jedoch ist der Begriff der Börse umfassender als nur den Austausch von Angebot und Nachfrage risikobehafteter Wertpapiere betreffend zu verstehen. Sie stellt vielmehr einen Raum organisatorisch-technischer und rechtlicher Art zur Verfügung, um Handelsgeschäfte zwischen Vertragspartnern zu ermöglichen.[5] Kennzeichnende Eigenschaften von Wertpapierbörsen sind die[6]

- *Zentralität* örtlicher und zeitlicher Art
- *Exklusivität* der Art der Teilnehmer
- *Institutionalität* durch Zuverfügungstellung der entsprechenden Infrastruktur
- *Regularität* durch Ausgestaltung eines rechtlichen Rahmens.

---

[1] BEACH/LIPSHITZ (1996), S. 25.

[2] Vgl. OEHLER (1998b), S. 72f.; OEHLER (2000b), S. 980.

[3] Vgl. BITZ (2000b); auch BITZ (2000a), S. 147; HAX (1998), S. 193f.

[4] Vgl. BITZ (2000b).

[5] Vgl. OEHLER (2000c), S. 351; HEILMANN (2002), S. 11.

[6] Vgl. OEHLER (2000c), S. 351.

Eine Wertpapierbörse umfaßt somit alle Funktionen eines Finanzintermediärs von der Informations- bis zur Risiko-, Fristen- und Losgrößentransformation.[1]

Die verschiedenen Ausgestaltungsformen von Finanzmärkten (Marktorganisation) nehmen ebenso wie Marktinformationen Einfluß auf den Preisbildungsprozeß. Mit Hilfe von Informationen über die Verwendung des eingesetzten Kapitals durch Unternehmen kann ein Anleger versuchen, zukünftige Erfolge bzw. Mißerfolge der Unternehmung abzuschätzen und durch seine Reaktion Einfluß auf die Preise der Anteilswerte nehmen. Je weniger Informationen vorliegen, desto größer ist die Gefahr der Fehleinschätzung durch die Anleger und der damit verbundenen Fehlallokation von Geld, da die Wertpapierpreise nicht dem tatsächlichen Geschehen auf den Gütermärkten entsprechen.[2] Rechnungslegungsdaten sind ebenso wie makroökonomische und qualitative Informationen geeignet, zur Bewertung eines Wertpapiers beizutragen. Kurse und Umsätze auf Marktebene entwickeln sich aus der Preisbildung, wirken aber ebenso als Informationen auf diese zurück.

Im Zentrum des Marktprozesses steht der Investor, der eine Anlageentscheidung zu vollziehen hat. Auf ihn treffen nicht nur die externen Gegebenheiten der Marktorganisation und -information, sondern auch interne Strukturen der Persönlichkeit selbst, wie beispielsweise kognitive und motivationale Persönlichkeitsvariablen. Aus diesem Konglomerat an beeinflussenden Faktoren vollzieht sich der Informations- und Entscheidungsprozeß, der letztendlich zu einem Preis auf dem Markt führt.

Eine andere Sichtweise, Forschungen über das Verhalten von Anlegern am Aktienmarkt zu betrachten, ist diejenige der Entscheidungstheorie. Diese versucht, das Entscheidungsverhalten von Individuen theoretisch zu beschreiben. Die dazu gebildete Erwartungsnutzentheorie, die lange Jahre das Fundament weiterer Forschungen bildete, stellte sich jedoch zunehmend als realitätsfremd heraus, da empirisch und auch experimentell gezeigt werden konnte, daß die tatsächlichen Verhaltensweisen am Markt nicht den theoretischen Anforderungen entsprechen.[3] Ähnliches gilt für die Effizienzhypothese, gemäß der eine Auswertung von Informationen generell nicht zielführend ist, da diese bereits im Preis verarbeitet sind. Auch an diesem Modell ist bereits ausführlich Kritik geübt worden.[4] Auch die Tatsache, daß eine Vereinfachung und damit eine gewisse Realitätsferne notwendig ist, um überhaupt eine Theorie auf-

---

[1] Vgl. BITZ (2000a), S. 30f.

[2] Vgl. FRANKE/HAX (1999), S. 356.

[3] Vgl. für einen ersten Überblick DE BONDT/THALER (1995); OEHLER (1995), S. 2; KÜHBERGER (1994); WALLER (1995), S. 32ff.; HAUG (1998), S. 127ff.

[4] Vgl. den Überblick in SCHMIDT (1982), S. 733ff.

bauen zu können, kann nicht darüber hinwegtäuschen, daß die theoretischen Möglichkeiten zur Darstellung tatsächlichen Entscheidungs- und Informationsverhaltens begrenzt sind.[1] Zur Überwindung der Diskrepanz zwischen theoretischen Darstellungen und empirisch beobachteten Verhaltensweisen bietet es sich an, die Modelle der Erwartungsnutzentheorie oder der Markteffizienz als Modelle rationalen Verhaltens im Sinne der Bernoulli-Axiomatik zu begreifen, anstatt diese zu verwerfen.[2] Insbesondere unter Einbezug des Konzeptes der Bounded Rationality[3], die in die Entscheidungstheorie eingegangen ist, gelingt eine neu fokussierte Sichtweise des Entscheidungsverhaltens von Anlegern.

Ziel der vorliegenden Arbeit ist es daher, ausgehend von einer theoretischen Basis den Informations- und Entscheidungsprozeß von Anlegern mittels geeigneter Hypothesen und deren Tests zu beschreiben. Dabei fokussiert die experimentelle Untersuchung auf diejenigen Verhaltenselemente, die das Grundgerüst des Informations- und Entscheidungsprozesses bilden. Bleiben insbesondere die theoretischen Grundlagen nicht auf das Gebiet der Finanzwirtschaft begrenzt, sondern integrieren weitere Disziplinen wie die Konsumentenforschung und die Psychologie, so kann es gelingen, aus den beobachteten Verhaltensweisen allgemeine Schlüsse auf das Verhalten von Anlegern zu ziehen. Wesentlicher Aspekt einer experimentellen Untersuchung in diesem Bereich ist das „Öffnen der black box" der Informationsverarbeitung[4], welches erst durch die Integration der soeben genannten Disziplinen möglich wird und dadurch einen Einblick in den Informationsprozeß selbst schafft. Dies berücksichtigt auch die Tatsache, daß ein und dieselbe Information bei unterschiedlichen Anlegern aufgrund kognitiver, emotionaler und/oder motivationaler Gegebenheiten unterschiedliche Reaktionen auslösen kann.[5] Alle für einen Informationsprozeß benötigten Informationen werden daher lediglich als Bestandteil eines umfassenden Informationsprozesses aufgefaßt, statt sie als Untersuchungsgegenstand im Sinne einer „Theorie eines Anteilspreises" zu betrachten.

Eingrenzungen sollen im Rahmen der Zielsetzung zunächst nicht erfolgen, da nicht nur die Thematik an sich, sondern auch der theoretische Bezug auf alle Arten von Anlegern und Anlagemöglichkeiten angewendet werden kann. Eine

---

[1] Vgl. auch die Darstellung der Kritik an der modernen Kapitalmarkttheorie bei KASPERZAK/KOCH (1996), S. 732f.

[2] Vgl. OEHLER (2000b), S. 988; GRÜNBICHLER (2001), S. 670.

[3] Vgl. SIMON (1955), OEHLER (2000b), S. 980f.; OEHLER (2002a), S. 848.

[4] OEHLER (1995), S. 3; OEHLER (1998b), S. 74f.

[5] Vgl. KASPERZAK/KOCH (1996), S. 737.

Beschränkung auf Teile des Kapitalmarktes und auf ein Segment von Anlegern wird daher erst im weiteren Verlauf der Arbeit notwendig werden.

2 Gang der Untersuchung

Die Arbeit gliedert sich - entsprechend der Zielsetzung - in zwei Hauptkapitel.

Das erste Hauptkapitel legt die erforderlichen theoretischen und methodischen Grundlagen. Dabei ist es ausgehend vom Thema notwendig, mit den finanzierungstheoretischen Grundlagen zu beginnen. Ausgangspunkt ist hier die Modellwelt der Neoklassik (Kapitel 1.1 und Kapitel 1.2). Erst die Kenntnis der dort getroffenen Annahmen und Prinzipien ermöglicht eine konstruktive Kritik mittels der empirisch beobachteten systematischen Abweichungen vom rationalen Verhalten am Aktienmarkt (Kapitel 1.2). Diese Abweichungen bilden gleichzeitig den Anlaß zu einer eher einzelwirtschaftlich orientierten Finanzmarktforschung. Darunter sind zum einen die Ansätze der neueren Finanzierungstheorie (Kapitel 1.3.1), zum anderen die entscheidungstheoretischen Modelle jenseits der normativen Theorie unter Berücksichtigung von Anomalien und Heuristiken (Kapitel 1.3.2) zu beschreiben. Auf der Basis der nun existierenden theoretischen Grundlagen kann im folgenden die Entscheidung im Wertpapiermarkt definiert werden. Dazu gehört neben grundlegenden Begriffssystematisierungen (Kapitel 1.4.1) die Darstellung der verschiedenen Informationskategorien und -quellen, die eine Anlageentscheidung ermöglichen (Kapitel 1.4.2). Auch die Möglichkeit, bereits bestimmte Informationskategorien für eine Preisprognose zu nutzen, gehört in diesen Bereich.

Nach der Darstellung der theoretischen Grundlagen aus finanzierungstheoretischer Sicht erfolgt eine Darstellung verhaltenswissenschaftlicher Ansätze in der weiteren betriebswirtschaftlichen Forschung, da insbesondere die Konsumentenforschung wertvolle Hinweise zum Anlegerverhalten geben kann (Kapitel 2).

Kapitel 3 widmet sich ausführlich dem Entscheidungsprozeß. Hier werden die Erkenntnisse der Finanzwirtschaft und der Konsumentenforschung mit denen der Verhaltenswissenschaften verknüpft. Ausgehend von in der Literatur bereits vielfach beschriebenen Phasenschemata wird ein Informations- und Entscheidungsprozeß einer Anlageentscheidung abgeleitet. Daraus entwickelt sich auch der Aufbau des Kapitels 3, bei dem zwischen der Beschreibung der einführenden Phase der Zielsetzung (Kapitel 3.2) und der abschließenden Phase der Auswahl (Kapitel 3.4) der Informationsprozeß (Kapitel 3.3) ausführlich behandelt wird. Dieser gliedert sich in die Phase der Informationsaufnahme und -verarbeitung (Kapitel 3.3.1 und 3.3.2), deren charakteristischen Elemente und der Speicherung (Kapitel 3.3.3) bzw. Erfahrungsbildung (Kapitel 3.3.4). In Kapitel 3.5 werden alle diejenigen Determinanten beschrieben, die Einfluß auf den Entscheidungsprozeß nehmen können. Diese Determinanten verdeutlichen nochmals die Integration der verschiedenen Disziplinen in das Phasenschema des Informations- und Entscheidungsprozesses.

Methodische Grundlagen ergänzen das erste Hauptkapitel um kritische Ausführungen zu verschiedenen Techniken (Kapitel 4).

Das zweite Hauptkapitel beschäftigt sich mit der experimentellen Untersuchung des Informations- und Entscheidungsprozesses. Aus der Darstellung dieses Prozesses im theoretischen Teil lassen sich bezüglich des Anlegerverhaltens Hypothesen generieren. In dieser Arbeit soll versucht werden, einen umfassenden Einblick in den Informations- und Entscheidungsprozeß zu erhalten, indem eben nicht nur Einzelaspekte untersucht sondern auch übergreifend Hypothesen gebildet und getestet werden. Die Gliederung der Hypothesen (Kapitel 1) orientiert sich dabei am kontextgeleiteten Phasenschema. Wenn sich dabei vordergründig nur einzelne Aspekte der Determinanten widerspiegeln, so liegt dies darin begründet, daß nur auf wenige *explizit* eingegangen wird, die weiteren sind implizit eingebunden.

Ausführlich ist im weiteren auf das experimentelle Design einzugehen (Kapitel 2), das die Ergebnisse der methodischen Grundlagen aus dem Hauptkapitel 1 aufgreift. Nach der Beschreibung des Experimentablaufes (Kapitel 2.1, 2.2 und 2.3) werden Kenngrößen gebildet, mit deren Hilfe das Verhalten quantitativ erfaßbar gemacht werden kann (Kapitel 2.4). Darüber hinaus werden die Codierungen für diejenigen Hypothesen, die einer inhaltsanalytischen Untersuchung unterworfen werden, vorgestellt. Auch hier ist wieder ein Rückgriff auf die methodischen Grundlagen aber auch auf bereits vorliegende Studien zur Inhaltsanalyse notwendig.

In Kapitel 3 werden die Hypothesentests durchgeführt und die Ergebnisse erläutert. Dazu werden die Kenngrößen und Codierungen statistisch ausgewertet.

In einem abschließenden Kapitel (Kapitel IV) werden die Ergebnisse zusammengefaßt und einer kritischen Analyse hinsichtlich der in der Problemstellung gesteckten Ziele unterworfen.

II Theoretische und methodische Grundlagen über das Verhalten individueller Anleger am Aktienmarkt

1 Finanzierungstheoretische Grundlagen

1.1 Neoklassische Finanzmarkttheorie

1.1.1 Prinzipien der normativen Entscheidungstheorie

Die normative (präskriptive) Entscheidungstheorie untersucht, wie unter gegebenen Prämissen zu entscheiden ist und gibt Handlungsempfehlungen nach rationalen Entscheidungsregeln.[1] Leitbild der normativen Entscheidungstheorie ist der HOMO OECONOMICUS, also ein Mensch, der nicht nur die Maximierung seiner individuellen Zielfunktion anstrebt, sondern streng nach dem noch zu erläuternden Phasenkonzept einer Entscheidung vorgeht[2] und dabei alle Informationen unverzerrt verarbeitet, so daß die Alternative ausgewählt werden kann, die den größten Beitrag zur Erreichung des Zielsystems liefert. Er handelt somit rational im Sinne einer subjektiven Formalrationalität.[3]

Das Menschenbild des HOMO OECONOMICUS gilt unabhängig von der jeweiligen Entscheidungssituation.[4] Entscheidungen unter Sicherheit - also solche, bei denen für jede Alternative eine Resultante mit Sicherheit feststeht - sind aus entscheidungstheoretischer Sicht eher unbedeutend.[5] Entscheidungen unter Risiko dagegen berücksichtigen Handlungsalternativen, deren Ergebnisse nicht mit Sicherheit feststehen. DANIEL BERNOULLI transformierte diese Ergebnisse in Nutzenwerte, so daß nicht mehr die Ergebnisse selbst, sondern deren

---

[1] Vgl. BITZ (2000b); BITZ (1981), S. 6; WITTE (1970), S. 27ff.; LAUX (1998), S. 2; REHKUGLER/SCHINDEL (1989), S. 12; EISENFÜHR/WEBER (1999), S. 4ff.

[2] Vgl. Kapitel II 3.

[3] Aus *formaler* (oder auch prozeduraler) Sicht ist eine Entscheidung dann rational, wenn eine Lösung zu dem richtigen Problem gesucht wird, ein widerspruchsfreies Zielsystem vorliegt, der Entscheider dieses Zielsystem und auch seine Präferenzen dazu kennt und eine optimale Informationsmenge beschafft wird, so daß möglichst unverzerrte Erwartungen gebildet werden. Der Begriff der *subjektiven* Rationalität bedeutet, daß ein Entscheider dann rational handelt, wenn die Person des Entscheiders mit seinen individuellen Bewertungs- und Wahrnehmungsprozessen und den subjektiv wahrgenommenen Informationen berücksichtigt wird. Vgl. zu Definitionen von Rationalität EISENFÜHR/WEBER (1999), S. 4ff.; BAMBERG/COENENBERG (2000), S. 3f.; SIMON (1978a), S. 6ff.; VON DER OELSNITZ (1999), S. 160f.; KIRSCH (1977a), S. 62ff.

[4] Vgl. KIRSCH (1977a), S. 27ff.; MONZ (1999), S. 1605; UNSER (1999), S. 10.

[5] Vgl. SCHNEEWEIß (1991), S. 95.

subjektiver Nutzen für den Entscheider als Kriterium für die Entscheidung dient.[1]

Die Entscheidungsregel lautet dann:[2]

$$\text{Max EU(X)} = \sum_{i=1}^{n} p_i * u(x_i)$$

mit EU=erwarteter Nutzen (expected utility)
X=Alternativen
x_i=Ergebnis der Alternative i
p_i= Wahrscheinlichkeit des Ergebniseintritts von x_i.

Zur Entwicklung eines geschlossenen Entscheidungskonzeptes muß ein Axiomenkatalog als Basis aufgestellt werden, so daß weitere Aussagen abgeleitet werden können.[3] Das Axiomensystem VON NEUMANN/MORGENSTERNS gilt dabei als ein „Grundpfeiler der normativen Entscheidungstheorie".[4] Folgende Axiome können nach der Modifikation von HERSTEIN/MILNOR aufgestellt werden:[5]

- *Ordnungsaxiom*: Unter diesen Begriff fällt die Forderung nach Vollständigkeit und Transitivität. Die Präferenzordung eines Entscheiders muß in bezug auf die Alternativen transitiv sein, und sämtliche Handlungsalternativen müssen vom Entscheider aufgrund ihrer Vergleichbarkeit in eine eindeutige Rangfolge gebracht werden können. Es muß also für jedes Paar von Lotterien $x,y \in L$ gelten: $x \succeq y$ oder $y \succeq x$ (Vollständigkeit) und falls $x \succeq y$ und $y \succeq z$ dann $x \succeq z$ (Transitivität).
- *Stetigkeitsaxiom*: Ein Vergleich zwischen einem sicheren Ereignis und einer Kombination aus mehreren riskanten Alternativen ermöglicht es dem Entscheider, ein Sicherheitsäquivalent (y) anzugeben, also ein Ergebnis, bei dem er genau indifferent zwischen der sicheren und der riskanten Alternative wäre. Da die riskanten Alternativen eine Wahrscheinlichkeit p beinhalten, läßt sich dieses Axiom formal beschreiben durch

$$y \sim p*x+(1-p)*z.$$

---

[1] Vgl. BITZ (2000b).

[2] Vgl. OEHLER (1995), S. 14; BITZ (2000b).

[3] Vgl. BITZ (2000b).

[4] OEHLER (1995), S. 13.

[5] Vgl. HERSTEIN/MILNOR (1953), S. 293; für die folgenden Ausführungen zum Axiomensystem auch OEHLER (1995), S. 15ff.; BITZ (2000b); BITZ (1981), S. 181ff.; WEBER (1990), S. 24f.; BAMBERG/COENENBERG (2000), S. 101ff.; LAUX (1998), S. 170ff.

- *Unabhängigkeitsaxiom*:[1] Dieses auch Substitutionsaxiom genannte Prinzip bedeutet, daß ein Entscheider seine Bewertung ausschließlich auf der Basis der Unterschiede der einzelnen Alternativen trifft und nicht auf Basis möglicher gemeinsamer Konsequenzen. Es gilt somit bei drei Lotterien x,y,z (mit $x \succ y$) mit den Wahrscheinlichkeiten p:

$$p^*x+(1-p)^*z \geq p^*y+(1-p)^*z$$

- *Dominanzaxiom*: Ist bei einer Auswahl aus zwei Alternativen x, y die Alternative x bei allen möglichen Umweltzuständen nicht schlechter und zumindest in einem Zustand besser als die Alternative y, so ist auch ohne Kenntnis der Wahrscheinlichkeiten Alternative x vorzuziehen (Zustandsdominanz). Fügt man diesem Beispiel Wahrscheinlichkeiten an, so läßt sich definieren, daß x der Alternative y auf jeden Fall dann vorzuziehen ist, wenn für jedes Element a die Wahrscheinlickeit ein Ergebnis von mindestens a zu erhalten für x nicht kleiner und zumindest für ein a größer ist als bei y.

Die in der BERNOULLI-Konzeption genannte Wahrscheinlichkeit des Eintretens eines Ereignisses wird in einem objektiven Sinne aufgefaßt; die Wahrscheinlichkeiten sind somit von extern vorgegeben. SAVAGE formulierte dagegen eine subjektive Erwartungsnutzentheorie (SEU; subjective expected utility), bei der die Wahrscheinlichkeiten subjektiv abgeleitet werden.[2] In beiden Fällen handelt es sich um Entscheidungen unter Unsicherheit (Risiko) im Gegensatz zu solchen unter Ungewißheit, wenn keine Wahrscheinlichkeiten zugeordnet werden können.[3] Kann ein Entscheider die Wahrscheinlichkeit eines Ereigniseintritts nicht genau bestimmen, so handelt es sich um eine Ambiguitätssituation.[4] Diese Unkenntnis führt zur Aufstellung subjektiver Wahrscheinlichkeiten durch den Entscheider, die er gleichzeitig mit einem für ihn glaubwürdigen Wert belegt; die SEU-Theorie ist somit Basis der Ambiguitätsüberlegungen. „Die" Ambiguität kann es dabei nicht geben; stattdessen variiert der Grad der Unsicherheit über die Eintrittswahrscheinlichkeit von völligem Nichtwissen bis hin zu fast vollständigem Wissen.[5] Entscheidungen in Wertpapiermärkten können grundsätzlich als solche unter Ambiguität definiert werden, da die ge-

---

[1] Vgl. zu einer Diskussion über das Unabhängigkeitsaxiom SCHMIDT (2002).

[2] Vgl. OEHLER (1995), S. 17; WEBER (1990), S. 27.

[3] Vgl. BITZ (2000b).

[4] Vgl. WEBER (1990), S. 120ff; OEHLER (1994), S. 771f.; MUKERJI/TALLON (2001), S. 883.

[5] Vgl. WEBER (1993b), S. 50; EINHORN/HOGARTH (1985), S. 433ff.

nannten Eigenschaften zutreffen.[1] Die Entscheider sind dabei zunächst ambiguitätsscheu, d.h. sie neigen bei einer möglichen Auswahl eher zu einer Alternative, bei der die Wahrscheinlichkeit des Eintretens bekannt ist.[2] Situationen unterschiedlichen Ambiguitätsgrades können den Verlauf des Entscheidungsprozesses beeinflussen: Denkbar wäre ein erhöhter Zeitverbrauch und/oder eine erhöhte Anzahl von Informationen für stärker amiguitätsbehaftete Entscheidungssituationen. Ambiguitätsphänomene lassen sich an Aktienmärkten auch empirisch überprüfen.[3] Der Einfluß auf den Marktpreis ist beispielsweise empirisch belegt (Marktpreise sind bei riskanten Alternativen höher als bei ambiguitätsbehafteten).[4]

Die normative Entscheidungstheorie orientiert sich in starkem Maße am Phasenkonzept der Entscheidung und entwickelt dazu für verschiedene Situationen geeignete Entscheidungsregeln. Handelt es sich um eine sichere Situation, so orientiert sich die Bewertung an der Präferenzordnung des Entscheiders. Bei nur einer Zielsetzung gibt es somit nur eine Lösung des Entscheidungsproblems.

Für den Fall der Unsicherheitssituation lassen sich verschiedene Entscheidungsregeln finden:[5]

- *Maximin-Regel*: Bei einem Vergleich der Ergebnisse bei ungünstigem Umweltzustand wird diejenige Alternative mit dem relativ besten Ergebnis gewählt (Pessimismus-Regel).
- *Maximax-Regel*: Bei einem Vergleich der Ergebnisse bei günstigem Umweltzustand wird diejenige Alternative mit dem besten Ergebnis gewählt (Optimismus-Regel).
- *Hurwicz-Regel*: Diese stellt einen Kompromiß zwischen den beiden bereits genannten Regeln her, indem das jeweils beste und schlechteste Ergebnis einer Alternative mittels einer subjektiven Gewichtung des Entscheidungsträgers bewertet und zu einer Nutzengröße addiert wird.
- *Laplace-Regel*: Diese Regel unterstellt eine Gleichwahrscheinlichkeit für das Eintreten aller Umweltzustände. Es kann daher ein Durchschnittswert

---

[1] Vgl. OEHLER (1996), S. 771ff.

[2] Vgl. EISENFÜHR/WEBER (1999), S. 362; WEBER (1989), S. 448f.; OLSEN/TROUGHTON (2000), S. 24ff.

[3] Vgl. WEBER (1990).

[4] Vgl. die Studie von SARIN/WEBER (1993).

[5] Vgl. BITZ (2000b); BAMBERG/COENENBERG (2000),S. 131ff.; REHKUGLER/SCHINDEL (1981), S. 118ff.; BITZ (1981), S. 63ff.; BORCHERDING (1983), S. 146ff.; LUCE/RAIFFA (1988), S. 51ff.

für jede Alternative errechnet werden; der maximale Durchschnittswert stellt dann die optimale Alternative dar.

- *Savage-Niehans-Regel*: Hier wird berücksichtigt, daß der Entscheidungsträger nach dem Eintritt der entsprechenden Umweltsituation gegebenenfalls Bedauern über seine Entscheidung empfinden wird. Nach der Savage-Niehans-Regel wird der Entscheider die Alternative wählen, bei der das Bedauern am geringsten ausfällt.

- *Krelle-Regel*: Es muß zunächst eine Unsicherheitspräferenzfunktion erstellt werden, anhand derer die Ergebnisse einer Alternative in Nutzengrößen umgerechnet werden können. Maximiert wird dann die Summe der entsprechenden Nutzengrößen.

Handelt es sich bei Entscheidungen um solche mit multiplen Zielen oder Zielsystemen, so müssen andere Entscheidungsregeln dieser erweiterten Anforderung Rechnung tragen. Ist die Zahl der Alternativen sehr hoch, kann es sinnvoll sein, Restriktionen oder ein Anspruchsniveau zu wählen, um eine Alternativenreduktion zu erzielen. Bewertet werden dann nicht mehr alle möglichen Alternativen, sondern nur noch diejenigen, die bestimmte Restriktionen erfüllen oder ein vorab gesetztes Anspruchsniveau erreichen. Sind diese von extern vorgegeben (z.B. durch Gesetze oder Normen, oder aber – um bei dem Beispiel der Geldanlage am Aktienmarkt zu bleiben – durch die Existenz einer bestimmten monetären Größe), so können sie zur Vereinfachung des Entscheidungsproblems beitragen; setzt dagegen der Entscheider selbst ein Anspruchsniveau fest, so resultiert zum einen daraus ein weiterer Entscheidungsprozeß zur Festlegung desselben, zum anderen besteht die Möglichkeit der voreiligen Aussortierung eigentlich „guter" Alternativen, die den späteren aufwendigeren Bewertungsprozeß nicht mehr durchlaufen.[1] Zu diesen Regeln zählen:

- *Konjunktionsregel*: Es wird diejenige Alternative ausgewählt, die in allen Attributen den entsprechenden Schwellenwert erreicht.

- *Disjunktionsregel*: Es wird diejenige Alternative ausgewählt, die in einem Attribut den Schwellenwert erfüllt.

- *Satisfizierungsregel*: Hier werden die einzelnen Optionen *nacheinander* auf den entsprechenden Schwellenwert geprüft und diejenige Option gewählt, die als erstes den Anspruch des Entscheidungsträgers erfüllt.[2]

Andere Regeln prüfen grundsätzlich die Alternativen nacheinander auf ihre Bedeutsamkeit und eliminieren dabei die weniger wichtigen:

---

[1] Vgl. EISENFÜHR/WEBER (1999), S. 86f.; KLEINDORFER/KUNREUTHER/SCHOEMAKER (1993), S. 56f.; KEENEY (1982), S. 809.

[2] Vgl. SIMON (1955), S. 103ff.

- *Dominanz*: Die Alternativen werden dabei paarweise miteinander verglichen und diejenige eliminiert, die in keinem einzelnen Attribut besser ist als die andere aber mindestens in einem Attribut schlechter.[1]
- *Lexikographische Regel*: Alle Attribute werden nach ihrer Bedeutsamkeit geordnet und diejenige Alternative gewählt, die beim wichtigsten Attribut den höchsten Wert erreicht. Ist dies bei mehreren Alternativen der Fall, so findet eine Überprüfung des zweitwichtigsten Attributes statt usw.
- *Elimination-by-aspects*: In umgekehrter Reihenfolge zur lexikographischen Regel werden solange der Reihe nach alle diejenigen Alternativen eliminiert, die einen Schwellenwert nicht erreichen, bis nur noch eine Alternative übrig bleibt. Auch hier wird attributweise vorgegangen, wobei die Wichtigkeit des Attributes die Reihenfolge leitet.[2]

Weitere Entscheidungsregeln ermöglichen eine Kompensation einer schlechten Ausprägung bei einer Option durch eine gute Ausprägung in einer anderen:

- *Multi-Attribute-Utility*: Der Entscheider bestimmt die für ihn optimale Lösung, indem er den Gesamtnutzen jeder Alternative als Produkt aus Bedeutung des Attributs und entsprechendem Teilnutzen über alle Attribute berechnet.
- *Equal Weights*: Wenn keine vollständigen Informationen vorliegen, so kann auf eine Gewichtung der einzelnen Attribute verzichtet werden und diejenige Option gewählt werden, die den höchsten Gesamtnutzen als Summe der Einzelnutzen hat.
- *Majorität*: Es wird diejenige Alternative gewählt, die bei den meisten Attributen den höchsten Wert besitzt. Hat eine Alternative somit einige schlechte Eigenschaften, so kann dies durch höchste Werte bei anderen Attributen ausgeglichen werden.
- *Additive Differenzen*: Bei zwei Alternativen werden jeweils Differenzen zwischen den Ausprägungen gebildet und dann addiert. Diejenige mit der höheren Summe wird gewählt.
- *Kriteriumsabhängiges Wahlmodell*: Auch diese Regel ist nur bei zwei Optionen anwendbar, da auch hier die Differenzen zwischen diesen berechnet und addiert werden. Allerdings werden zunächst die Attribute der Bedeutung nach sortiert und die Berechnung abgebrochen, sobald ein vorher festgelegter Schwellenwert erreicht wird.[3]

---

[1] Vgl. BITZ (1981), S. 20ff.; KLEINDORFER/KUNREUTHER/SCHOEMAKER (1993), S. 119f.

[2] Vgl. TVERSKY (1972), S. 281ff.

[3] Vgl. ASCHENBRENNER/ALBERT/SCHMALHOFER (1984), S. 154ff.

- *Multiattribute Decision-Field-Regel*: In Gegensatz zum kriteriumsabhängigen Wahlmodell wird davon ausgegegangen, daß die Bedeutung der Attribute und damit auch die Präferenzen für die einzelnen Alternativen im Zeitablauf einer Entscheidung variieren können. Die Nutzenwerte werden dabei zu unterschiedlichen Zeitpunkten ermittelt und die einzelnen Präferenzwerte mit Wahrscheinlichkeiten belegt.[1]

Welche Entscheidungsregel gewählt wird, hängt von verschiedenen Faktoren ab. Einer davon ist die Anzahl der Alternativen, die bei einem Entscheidungsproblem vorliegt. Empirisch belegt ist die Hypothese, daß kompensatorische Regeln eher bei einfachen Problemen verwendet werden, während bei komplexen die Eliminationsregeln zum Einsatz kommen. Ein weiterer Einflußfaktor ist die Anzahl der Attribute. Auch hier werden eher die Eliminationsregeln gewählt, wenn der Umfang der angebotenen Attribute steigt. Auch der Zeitaspekt ist nicht zu vernachlässigen, da individuelle Entscheider sich unter Zeitdruck anders verhalten als ohne einen solchen.[2]

Ist die Entscheidungssituation mit Risiko behaftet, läßt sich diese mit Hilfe sogenannter „klassischer" Entscheidungsregeln lösen.[3] Das dazu gehörende Bernoulli-Prinzip ist Gegenstand von Diskussionen um Bedeutung und Aussagegehalt insbesondere der Präferenzberücksichtigung.[4] Das μ-σ-Prinzip berücksichtigt durch die Verbindung von Rendite und Risiko einer Handlungsalternative explizit die Risikoeinstellung des Entscheiders.[5] Dieser Ansatz läßt sich formal darstellen als eine Funktion von Erwartungswert und Varianz:

$$EU(X) = f(\mu,\sigma)$$

mit EU = Erwartungsnutzen
X = Handlungsalternativen
μ = Erwartungswert
σ = Varianz

Wesentlicher Anwendungsfall des μ-σ-Prinzips in der neoklassischen Finanzierungstheorie ist die Portefeuilletheorie und die daraus abgeleiteten gleichgewichtsorientierten Kapitalmarktmodelle. Diese werden auch als Preisbil-

---

[1] Vgl. DIEDERICH (1995), S. 179ff.

[2] S. zu dieser Thematik Kapitel II 3.5.3.1, in dem die beeinflussenden Determinanten ausführlich beschrieben werden. Vgl. auch PAYNE/BETTMAN/JOHNSON (1993), S. 34ff.

[3] Vgl. BITZ (2000b); BAMBERG/COENENBERG (2000),S. 82ff.; REHKUGLER/SCHINDEL (1981), S. 154ff.

[4] Vgl. z.B. DYCKHOFF (1993); SCHILDBACH (1999); BITZ (1999) und die Darstellung bei BAMBERG/COENENBERG (2000), S. 110ff.

[5] Vgl. OEHLER (1995), S. 19f.; BITZ (2000b).

dungsmodelle im weiteren Sinne bezeichnet.[1] Zur besseren Einordnung werden neben diesen im folgenden zunächst die Preisbildungsmodelle im engeren Sinne beschrieben.

1.1.2 Gleichgewichtstheoretische Modelle der Preisbildung

1.1.2.1 Preisbildungsmodelle im engeren Sinne

Unter den Bereich der Preisbildungsmodelle im engeren Sinne fällt die Effizienzmarkthypothese mit ihrem Ursprung in der Random-Walk-Hypothese und dem Fair-Game-Modell.

Die *Effizienzmarkthypothese* gilt als ein Schwerpunkt kapitalmarkttheoretischer Forschung.[2] Dabei ist zunächst eine Differenzierung zwischen den Begriffen der Informationseffizienz und der Bewertungseffizienz notwendig, wie sie von TOBIN vorgenommen wird.[3] Die Informationseffizienz stellt dabei einen Zusammenhang zwischen gegenwärtigen und zukünftigen Preisen her. Bei Existenz dieser Effizienzform gelingt es nicht, Überrenditen auf der Basis verfügbarer Informationen herzustellen, da die Preise auf neue Informationen unverzüglich reagieren. Bei Vorliegen von Bewertungseffizienz dagegen gibt es einen festen Zusammenhang zwischen den Kursen und den zukünftigen Ausschüttungen; die Kurse stimmen somit mit den Fundamentalwerten überein.

Im Bereich des Aktienmarktes hat sich die Definition von FAMA (1965, 1970)[4] durchgesetzt, wonach ein Finanzmarkt dann als informationseffizient gilt, wenn die Wertpapierpreise alle verfügbaren Informationen jederzeit vollständig reflektieren. Als Variable fungiert die Informationsmenge, nach der eine Dreiteilung vorgenommen werden kann in einen

- schwach informationseffizienten Kapitalmarkt, d.h. sämtliche Informationen über vergangene Kursentwicklungen sind in den aktuellen Marktpreisen reflektiert,
- halbstreng informationseffizienten Kapitalmarkt, d.h. sämtliche zur Verfügung stehenden öffentlichen und aktuellen Informationen sind in den Marktpreisen berücksichtigt,

---

[1] Vgl. KASPERZAK (1997), S. 31ff.

[2] Vgl. BIENERT (1996), S. 24.

[3] Vgl. TOBIN (1984).

[4] FAMA (1965), S. 35ff.; FAMA (1970), S. 383ff.

- streng informationseffizienten Kapitalmarkt, d.h. alle vorhandenen - auch die öffentlich nicht verfügbaren - Informationen sind bereits in den Marktpreisen integriert.

1991 erweitert FAMA selbst die Begriffe in[1]

- „tests of return predictability“: zusätzlich zu dem vergangenen Geschehen werden auch die Vorhersagbarkeit von Wertpapierrenditen durch Variablen wie Dividendenzahlungen und Zinssätze, Tests von Finanzmarktmodellen und weitere Effekte, wie z.B. den size-effect oder Saisonalitäten in die Reflexion mit einbezogen,
- „event studies“: hier ändert FAMA lediglich den Begriff der halbstrengen Informationseffizienz,
- „test for private information“: auch hier wird lediglich der Terminus ausgetauscht, um einen deskriptiven Begriff einsetzen zu können.

Die Menge an in dem aktuellen Marktpreis berücksichtigten Informationen steigt also von der erstgenannten zur letztgenannten Form der Informationseffizienz an. In einem streng informationseffizienten Kapitalmarkt hat es somit für den einzelnen Anleger keinen Sinn, Informationsauswertungen zum Zwecke der Wertpapieranalyse zu betreiben, da diese stets bereits im Marktpreis enthalten sind.

Ursprung der Effizienzhypothese ist die *Random-Walk-Hypothese*. Diese besagt, daß die Aktienkurse zufällig um ihren inneren Wert schwanken.[2] Der zukünftige Preis einer Aktie j ergibt sich somit aus dem aktuellen Kurs $P_{t,j}$ und einer Zufallsvariable $\varepsilon_{t,j}$ ($P_{t+1,j}=P_{t,j}+\varepsilon_{t,j}$). Formal läßt sich ein Random-Walk beschreiben als eine Gleichung, bei der zwischen der bedingten Wahrscheinlichkeitsverteilung der Renditen und der unbedingten Renditeverteilung auch unter Berücksichtigung einer Informationsstruktur η kein Unterschied besteht:

$$f(r_{1,t+1},\ldots,r_{n,t+1}) = f(r_{1,t+1},\ldots,r_{n,t+1} \mid \eta_t)$$

Eine Abschwächung der strengen Prämissen des Modells des Random Walk führt zum sogenannten *Fair-Game-Modell.*[3] Dieses ist allgemeiner gehalten und in Erwartungswerten formuliert, d.h. die erwartete Rendite eines Wertpapiers ist bei wiederum gegebener Informationsstruktur η identisch mit der am Periodenende tatsächlich erzielten Rendite:

$$E[r_{j,t+1} - E(r_{j,t+1} \mid \eta_t)] = 0$$

---

[1] Vgl. FAMA (1991), S. 1577ff.

[2] Vgl. SCHMIDT (1976), S. 229f.; KASPERZAK (1997), S. 31ff.; SCHACHTER et al. (1986), S. 242ff.; PERRIDON/STEINER (2002), S. 221ff.

[3] Vgl. KASPERZAK (1997), S. 32ff.; SCHMIDT (1976), S. 251ff.

Unterteilen läßt sich dieses Modell in das Martingal-Modell, bei dem die erwartete Rendite bei gegebener Informationsstruktur Null ist, eine Verzinsung des eingesetzten Kapitals somit ausgeschlossen ist, und das Submartingal-Modell, welches eine positive Entwicklung der Erwartungswerte zuläßt.[1]

Bei allen genannten Modellen spielt die Informationsstruktur eine entscheidende Rolle. Dies wird wiederum von FAMA in seiner Hypothese aufgegriffen und daraus die bereits genannte Informationseffizienzhypothese in ihrer Dreiteilung entwickelt. Voraussetzung ist dabei ein transaktionskostenloser Markt, der homogene Erwartungen der rationalen Anleger beinhaltet.[2] Eine weitere Prämisse betrifft die Informationen, die allen Teilnehmern kostenlos und jederzeit zur Verfügung stehen.

Versucht man nun, den gesamtwirtschaftlichen Aspekt in die Effizienzhypothese mit einzubringen, so bedeutet dies, nicht nur den einzelnen Anleger, der sich auf dem Kapitalmarkt bewegt, sondern die Vielzahl der Anleger, die zusammen mit den Intermediären und Wertpapieranbietern den Kapitalmarkt bilden, zu berücksichtigen. Innerhalb dieses Aspekts ist die Informationseffizienz eingebettet in eine Hierarchie von Effizienzbegriffen.[3] Auf deren untersten Ebene steht die operative Effizienz. Diese beinhaltet alle Voraussetzungen, die erfüllt sein müssen, um einen friktionslosen Markt zu ermöglichen (durch Transparenz, Liquidität, schnelle Abwicklung und geringe Transaktionskosten). Eine operative Effizienz ist somit Voraussetzung für die Informationseffizienz im oben erläuterten Sinne. Die ebenfalls bereits definierte Bewertungseffizienz setzt die Informationseffizienz wiederum voraus. Die Allokationseffizienz, die optimale Verteilung von Kapital auf dem Markt, kann nur existieren, wenn Bewertungseffizienz gegeben ist. Abbildung 1.1 verdeutlicht nochmals den Zusammenhang zwischen den einzelnen Begriffen. Es ist allerdings darauf hinzuweisen, daß die Pfeile stets nur die Voraussetzung zum nächsthöheren Glied dokumentieren, nicht jedoch eine automatische Hinführung.

---

[1] Vgl. SAPUSEK (1998), S. 27ff.

[2] Vgl. FAMA/MILLER (1972), S. 335; WEST (1975), S. 30.

[3] Vgl. zu den folgenden Effizienzbegriffen BIENERT (1996), S. 18ff. und die dort angegebene Literatur; eine andere Aufteilung des Informationsbegriffes wählen TOBIN (1984) und BAIN (1981); s. dazu den Überblick in SUN (1994), S. 103ff.

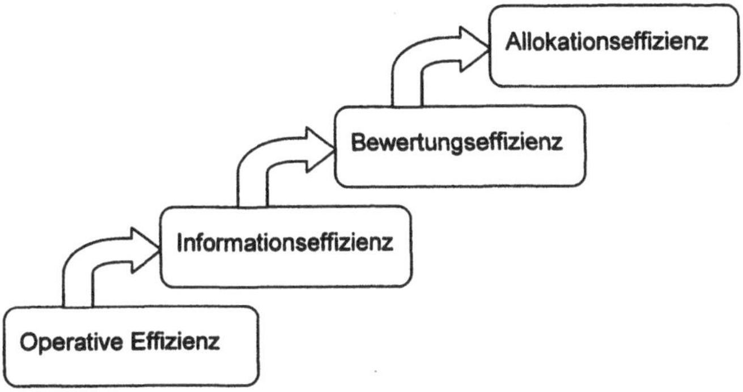

Abbildung 1.1: Hierarchie der Effizienzbegriffe[1]

Für empirische oder experimentelle Untersuchungen im Bereich der Wertpapieranalyse ist die entscheidende Frage, ob ein informationseffizienter Kapitalmarkt auch in praxi vorliegt. Empirische Überprüfungen der Kapitalmarkteffizienz versuchen, die einzelnen Ausprägungen auf ihren Wahrheitsgehalt zu überprüfen. Dabei herrscht weitgehend Einigkeit darüber, daß ein streng informationseffizienter Kapitalmarkt nicht vorliegt, da es bei wichtigen Ereignissen oder Informationen regelmäßig zu signifikanten Kursveränderungen kommt.[2]

Tests der schwachen Informationseffizienz kommen zu dem Schluß, daß eine serielle Korrelation der Kurse allenfalls nur kurzfristig besteht und ein gewinnbringendes Ausnutzen aufgrund bestehender Transaktionskosten nicht möglich ist. Ebenso ist die Random-Walk-Hypothese aufgrund empirischer Erfahrungen abzulehnen.[3]

Am schwierigsten ist die Überprüfung der halbstrengen Informationseffizienz. Bei einem derartigen Test muß nämlich zunächst ein Modell zur Ermittlung einer angemessenen Rendite erstellt werden. Damit ergibt sich automatisch das Problem verbundener Hypothesen, denn ein Ablehnen der Hypothese der halbstrengen Informationseffizienz muß nicht zwingend zu einem Verwerfen

---

[1] Quelle: BIENERT (1996), S. 32.

[2] Vgl. SCHREDELSEKER (1984), S. 44; JAFFE (1974), S. 427; LAFFONT/MASKIN (1990); S. 71; FAMA (1991), S. 1577ff.

[3] Vgl. LOISTL (1990), S. 67ff.; FAMA (1970), S. 383ff.; APOSTOLOPOULOS (1986), lehnt in seiner Untersuchung die schwache Form der Informationseffizienz für den deutschen Aktienmarkt ab, S. 257 ; s.a. den Überblick in UHLIR (1984), S. 320.

dieser Informationseffizienzform führen, da es sich auch um ein Problem der Ermittlung falscher angemessener Renditen handeln kann.[1] Außerdem scheint die Annahme, daß alle Marktteilnehmer nach demselben Bewertungsmodell handeln würden, wenn es denn ein solches gäbe, nicht realitätsgemäß zu sein. Entsprechende Testergebnisse sind daher mit Vorsicht zu behandeln.[2] Ein weiteres Problem, das sich bei den Tests ergibt, ist die Tatsache, daß bei einer Verarbeitung aller verfügbaren Informationen durch den Markt eine singuläre Betrachtung einzelner Informationen auf die Preise schwerfällt.[3] Die meisten Überprüfungen der These halbstrenger Informationseffizienz basieren aber gerade auf dieser Annahme und testen die Auswirkungen einer bestimmten Information auf den Aktienkurs. Dies erscheint aber aus ökonomischer und auch aus empirischer Sicht als unbefriedigend. Untersuchungen unter Einbezug überlappender Ereignisse können Interdependenzen zwischen den einzelnen Informationen berücksichtigen und daher eher Aufschluß über die Informationsverarbeitung geben.[4]

Ein in diesem Zusammenhang bedeutender Ansatz ist das Samuelson's Dictum. Dies besagt, daß für einzelne Wertpapiere eine Effizienz existiere, für den Gesamtmarkt dies jedoch nicht zwangsläufig ebenso sei (Mikroeffizienz versus Makroineffizienz).[5]

Lockert man nun die Prämisse der Transaktionskostenfreiheit bei gleichzeitiger Beibehaltung der Annahme perfekter Rationalität der Marktteilnehmer, führt dies zum sogenannten Informationsparadoxon, also der Tatsache, daß bei einem effizienten Markt kein Teilnehmer einen Anreiz hat, Informationsauswertung zu betreiben und dem daraus sich ergebenden Widerspruch zur Annahme der Reflexion sämtlicher Informationen im Marktpreis.[6] Zu einer Auflösung dieses Paradoxons tragen folgende Punkte bei:

- Es gilt das bereits oben erwähnte Problem der verbundenen Hypothesen (joint hypothesis problem).

---

[1] Vgl. NEUMANN/KLEIN (1982), S. 175ff.; FAMA (1976); KRÄMER (1995), Sp. 1142; JENSEN (1978), S. 96.

[2] Vgl. zu Tests der halbstrengen Informationseffizienz APOSTOLOPOULOS (1986), S. 148ff. und 242ff.; MAY (1991), S. 314ff.; BEAVER (1981), S. 26ff., SCHMIDT (1982), S. 729.

[3] Vgl. BRANDI (1977), S. 23.

[4] Vgl. zu dieser Problematik SCHMIDT/MAY (1993), S. 62.

[5] Vgl. dazu SAMUELSON (1998); JUNG/SHILLER (2002).

[6] Vgl. zur Diskussion über das Informationsparadoxon GROSSMANN/STIGLITZ (1980), S. 393ff.; HELLWIG (1982), S. 1ff.; HELLWIG (1980), S. 477ff.; ADMATI (1991), S. 350ff.; HIRTH/NEUS/SCHMID (1996), S 135.

- In der Realität sind die Marktteilnehmer entgegen der Annahmen der Informationseffizienzhypothese allein aufgrund ihrer intellektuellen und kognitiven Fähigkeiten nicht in der Lage, alle zur Verfügung stehenden Informationen sofort zu verarbeiten. Dies führt eher zu einer Sicht der beschränkten Rationalität und damit zu einem nur unzureichenden oder ungenauen Widerspiegeln von Informationen in den Marktpreisen.[1] Geht man des weiteren davon aus, daß institutionelle Anleger aufgrund ihrer Erfahrung und Ausbildung ein anderes Maß an Beurteilungsvermögen aufweisen, so wird auch die Annahme der homogenen Erwartungen obsolet.[2] Für diese Sicht spricht auch die Untermauerung der Hypothese der Preiswirkung bestimmter Informationen.[3]
- Der Prozeß, der zur Preisbildung führt, wird nicht berücksichtigt, sondern lediglich das Ergebnis selbst.[4] FAMA selbst fokussiert in seiner Schrift zur Informationseffizienz auf den Markt und nicht auf das Individuum. Unterschiedliche Erwartungen, unterschiedliche Meinungen und unterschiedliches Verhalten wird dabei auf aggregierter Ebene nicht beachtet.[5]

Gerade die beiden letztgenannten Punkte weisen auf eine Relevanz weiterer Untersuchungen im Bereich der Preisbildung hin. Sinnvollerweise öffnet man bei experimentellen Untersuchungen das bisher als black box betrachtete Individuum[6] und bettet dieses in eine Untersuchung über den Informations- und Entscheidungsprozeß ein. Genau diese Verbindung wird im anschließenden experimentellen Teil angestrebt.

1.1.2.2 Preisbildungsmodelle im weiteren Sinne

Als Preisbildungsmodelle im weiteren Sinne werden diejenigen definiert, die Aussagen über die erwarteten Renditen der untersuchten Wertpapiere machen. Dazu zählen neben dem bekanntesten Modell des *CAPM* die *APT* und der *State-Preference-Ansatz*, der allerdings auch als Verallgemeinerung des CAPM aufgefaßt werden kann.

---

[1] Zu dem hier nur kurz benannten Thema der beschränkten Rationalität s. SIMON (1955), SIMON (1957), SIMON (1972), SIMON (1993), S. 29ff. und Kapitel II.2.

[2] Vgl. MICHAELSEN (2001), S. 14ff.; KASPERZAK/KOCH (1996), S. 734ff.

[3] Vgl. den Überblick in MÖLLER (1985), S. 513ff.

[4] Vgl. LUCAS (1978), S. 1429 ; KASPERZAK/KOCH (1996), S. 735.

[5] Vgl. FAMA (1976), S. 143: "...the market correctly uses all available information."

[6] Vgl. OEHLER (2002a), S. 844f.; UNSER (1999), S. 148; MICHAELSEN (2001), S. 25; KIRSCH (1988), S. 11.

Das Capital Asset Pricing Model (CAPM) wurde von SHARPE, LINTNER und MOSSIN auf der Basis der Portfoliotheorie entwickelt. Kernaussage der Portfoliotheorie ist die beobachtete Aufteilung des Vermögens von Anlegern auf der Basis der Größen Rendite und Risiko. Als effizient gilt ein Portfolio dann, wenn es bei gleicher Rendite kein Portfolio mit einem geringeren Risiko und bei gleichem Risiko kein solches mit einer höheren Rendite gibt.[1] Will ein Anleger dieses optimale Portfolio bestimmen, so muß er allerdings neben der Bildung der Effizienzkurve, auf der alle möglichen Rendite- und Risiko-Kombinationen abgebildet sind, auch Kenntnisse über seine individuellen Isonutzenkurven besitzen. Erst durch Berührung dieser beiden Kurven entsteht das effiziente Portfolio. In der Praxis ist eine solche Bildung von Nutzenkurven durch den einzelnen Anleger allerdings illusorisch.

Das CAPM erweitert nun die Portfoliotheorie um zwei wesentliche Aspekte:[2] zum einen berücksichtigt sie die Existenz einer risikolosen Anlagemöglichkeit neben den bereits genannten risikobehafteten Wertpapieren durch die Kapitalmarktlinie, zum anderen liefert sie durch die Wertpapiermarktlinie einen Preis für ein Wertpapier unter Berücksichtigung von Risikomaßen. Die wesentlichen Ergebnisse des Modells des CAPM lassen sich folgendermaßen zusammenfassen:

- Bei Vorliegen von Gleichgewicht existiert ein Portfolio, dessen Zusammensetzung unabhängig von der Risikoeinstellung für alle Investoren gleich ist. Dabei ist der Markt geräumt, d.h. alle existenten, risikobehafteten Wertpapiere sind in diesem Portfolio vorhanden. Die Risikoeinstellung des Anlegers wird erst in der folgenden Kombination mit dem risikolosen Titel berücksichtigt, d.h. die Anteile der risikolosen Anlage in Bezug zu den Anteilen des risikobehafteten Portfolios spiegeln den Grad der Risikoscheu bzw. -freude wider. Diese Separation der Zusammenstellung des riskanten Portfolios von den individuellen Risikopräferenzen wird auch TOBIN-Separation[3] genannt.

---

[1] Vgl. MARKOWITZ (1952, 1959) und allgemein zur Portfoliotheorie STEINER/BRUNS (2000), S. 6ff.; SCHMIDT/TERBERGER (1997), S. 313ff.; DRUKARCZYK (1980), S. 293ff.; CONSTANTINIDES/MALLIARIS (1995), S. 4ff.

[2] Vgl. zum CAPM im Original LINTNER (1965), MOSSIN (1966) und SHARPE (1964); ausführliche Darstellungen finden sich z.B. bei WEBER (1990), S. 69ff.; WINKELMANN (1984), S. 20ff.; WILHEM (2001), S. 86ff.; FRANKE/HAX (1999), S. 342ff.; OEHLER/UNSER (2002), S. 55f.

[3] Vgl. TOBIN (1958), S. 65ff.; zu den Separationsaussagen auch FRANKE (1983) und RUDOLPH (1983).

- Die Kapitalmarktlinie zeigt die erwartete Rendite effizienter Portfolios unter Berücksichtigung des Produktes aus Portfoliorisiko und dem Marktpreis des Risikos und des risikolosen Zinssatzes auf.[1]
- Der Preis eines einzelnen Wertpapiers läßt sich mit Hilfe der Wertpapierlinie bestimmen und setzt sich aus der Rendite der risikolosen Anlagemöglichkeit und der Risikoprämie für risikobehaftete Titel zusammen. Diese Risikoprämie ist ein Produkt aus dem Marktpreis des Risikos und dem sogenannten Betafaktor. Dieser Betafaktor ist ein Maß für das systematische, also nicht wegdiversifizierbare Marktrisiko, für das der Markt somit eine Risikoprämie zahlt. Das unsystematische Risiko dagegen wird nicht vergütet, da es durch Diversifikation eliminiert werden kann.[2]

Zur Überprüfung der Gültigkeit des CAPM liegen eine Fülle von Tests vor.[3] Die Ergebnisse sind uneinheitlich, was v.a. auch daran liegt, daß das wahre Marktportfolio nicht berücksichtigt wird.[4] Auch die strengen Prämissen des Modells lassen - neben der empirisch beobachteten Unterschiede innerhalb der Portfoliostrukturen tatsächlicher Marktteilnehmer - Zweifel an einer Gültigkeit in der Praxis aufkommen.[5] Generell kann konstatiert werden, daß das CAPM der normativen Theorie zuzuordnen ist, psychologische Einflußfaktoren also nicht berücksichtigt werden.[6] Die Begriffe der Erwartungen und des Risikos, die im Prinzip auch der deskriptiven Theorie genügen, werden allein aus der ökonomisch-mathematischen Sicht betrachtet, so daß eine Berücksichtigung dieses Modells im Rahmen der folgenden Experimente entfallen kann.

Die *Arbitrage Pricing Theory (APT)* von ROSS ist - wie das CAPM - ein Gleichgewichtsmodell, wählt jedoch den Ansatz der Arbitrage statt der Portfoliotheorie als Grundgedanken.[7] Dies bedeutet, daß Arbitrageprozesse dafür sorgen, daß sich der Markt stets im Gleichgewicht befindet. Gleichzeitig bestimmt nicht die Relation zwischen Rendite und Risiko den Preis eines Wertpapiers i, sondern mehrere makro- und mikroökonomische Faktoren und deren Sensitivitä-

---

[1] Vgl. WILHELM (2001), S. 89.

[2] Vgl. ZIMMERMANN (1986), S. 66.

[3] Vgl. den Überblick in WINKELMANN (1984), S. 43ff.; oder z.B. die Tests von TERREGROSSA (2001); CHAN/CHEN (1988); FAMA/FRENCH (1996); CHAUDHURY (1997).

[4] Vgl. STEINER/BRUNS (2000), S. 29.

[5] Vgl. BIENERT (1996), S. 120.

[6] Vgl. WÄRNERYD (2001), S. 24.

[7] Vgl. im Original ROSS (1976) und ausführlich in STEINER/BRUNS (2000), S. 30ff.; WINKELMANN (1984), S. 122ff.; SAUER (1994), S. 13ff.; WEBER (1990), S. 78ff.; MÜLLER (1992), S. 88ff.; FISCHER/LOCKERT/HAHNENSTEIN (1999a, 1999b).

ten. Der Erwartungswert der Rendite eines Wertpapierportfolios i setzt sich somit zusammen aus einer faktorunabhängigen Rendite und der linearen Funktionen mehrerer mit den jeweiligen Sensitivitäten gewichteten Faktoren.[1] Die Berücksichtigung des Risikos erfolgt wie beim CAPM durch Differenzierung in zwei Risikoarten: das unsystematische Risiko läßt sich durch Diversifikation vollständig eliminieren, das systematische Risiko wird mittels den Produkten der einzelnen Risikoprämien mit den jeweiligen Faktorsensitivitäten abgebildet.

Der Vorteil der APT im Gegensatz zum CAPM liegt im Fehlen des Marktportfolios, das als ein Hauptkritikpunkt des CAPM gilt und im Fehlen der Risikopräferenzstruktur des Anlegers. Die APT kann daher auch keinen Preis für einen Titel angeben, da dafür zwingend die Risikoeinstellung bekannt sein muß.[2] Dafür hat die APT den Nachteil, daß die verschiedenen renditebestimmenden Faktoren bekannt sein müssen, um die Rendite des Portfolios bestimmen zu können. Die Frage, welche Faktoren hierfür maßgeblich sind, konnte bisher nicht abschließend geklärt werden.[3] Auch für die APT wurden bereits eine Reihe empirischer Tests durchgeführt, deren Ergebnisse aber ähnlich dem CAPM widersprüchlich sind.[4] Häufig wird auch die Frage diskutiert, inwiefern das CAPM lediglich ein Spezialfall der APT sei, insbesondere wenn man die Anzahl der beeinflussenden Faktoren auf einen reduziert.[5] SAUER weist jedoch darauf hin, daß sich bereits die grundlegenden Strukturen und Basen der beiden Modelle so stark unterscheiden, daß ein derartiger Vergleich nicht möglich ist.[6]

Die *State-Preference-Theory (SPT)* ist wiederum ein Gleichgewichtsmodell, jedoch wesentlich allgemeiner gehalten als das CAPM oder die APT. Es werden nämlich lediglich Finanzierungstitel gehandelt, die in Abhängigkeit von bestimmten Zuständen in der Zukunft zu Zahlungsansprüchen führen.[7] Treten also die entsprechenden Zustände nicht ein, so existiert auch kein Zahlungsanspruch. Ein Anleger, der den Erwartungswert seines Nutzens maximieren

---

[1] Vgl. WILHELM (2001), S. 101.

[2] Vgl. UNSER (1999), S. 124.

[3] Vgl. zu den Faktoren Kap. II 3.3.3.

[4] Vgl. WEBER (1990), S. 79; HÖRNSTEIN (1990), S. 150ff. und z.B die Tests von BOSSAERTS (2001) und CHEN (1983).

[5] Vgl. UHLIR/STEINER (2001), S. 203; NOWAK/WITTROCK (1993), S. 30.

[6] Vgl. SAUER (1994), S. 57ff.; KRUSCHWITZ/LÖFFLER (1997), S. 645f.

[7] Vgl. zur SPT im Original ARROW (1964) und DEBREU (1976) und ausführlich in FRANKE/HAX (1999), S. 377ff.; UNSER (1999), S. 125f.; WOSNITZA (1995), S. 593ff.

möchte, kann nun im Zeitpunkt 0 einen Preis π_s^0 zahlen, wenn er zum Zeitpunkt 1 im Zustand s einen € beanspruchen möchte. Da homogene Erwartungen und Präferenzen vorausgesetzt werden, kann ein repräsentativer Investor konstruiert werden; gleichzeitig existieren für alle Zustände entsprechende Güter (oder auch Finanztitel), so daß ein gesamtwirtschaftliches Angebot x_{Ms} im Zustand s gegeben ist. Der Preis eines Titels ist umso niedriger, je größer x_{Ms} ist (abnehmender Grenznutzen), je kleiner die Eintrittswahrscheinlichkeit des Zustandes ist und umso höher der risikolose Zinssatz. Das CAPM kann als Spezialfall der SPT abgeleitet werden, solange der repräsentative Investor dem μ-σ-Prinzip folgt.

Alle Preisbildungsmodelle wurden aus dem Wunsch heraus entwickelt, portefeuilletheoretische Ansätze zu systematisieren und zu formalisieren und damit risiko- und gleichgewichtstheoretische Überlegungen in die Finanzierungstheorie miteinzubeziehen.[1] Mit zunehmender Weiterentwicklung empirischer Überprüfungen wurde allerdings deutlich, daß den in der Realität anzutreffenden Gegebenheiten zu wenig Rechnung getragen wurde. Es entstand daher in den 80er Jahren des vergangenen Jahrhunderts zunehmend Forschung einzelwirtschaftlich orientierter Prägung, die in bewußter Abkehr des gleichgewichtsheoretischen Ansatzes aufzufassen ist.[2] Dazu zählen die Ansätze der als „neuere Finanzierungstheorie" subsumierten Neuen Institutionenökonomik, der Marktmikrostruktur und der Behavioral Finance. Parallel richtete sich ein Blickwinkel auf das menschliche Entscheidungsverhalten, das den finanzierungstheoretischen Modellen bzw. den Axiomen der Erwartungsnutzenthorie nicht entspricht. Abweichungen dieses Entscheidungsverhaltens werden als irrational oder anomal bezeichnet.

1.2 Systematische Abweichungen vom rationalen Verhalten am Aktienmarkt

Die sogenannten Anomalien oder Irrationalitäten sind in erster Linie weniger für den normativen als für den deskriptiven Anspruch entscheidungs- und finanzierungstheoretischer Ansätze von Bedeutung.[3] *Normative* Ansätze definieren rationale Verhaltensweisen und geben entsprechende Handlungsempfehlungen; sie lenken daher Entscheider bei irrationalem oder anomalen Verhalten hin zu einer rationalen Verhaltensweise. Gleichgewichtsorientierte Modelle wie das CAPM behaupten dabei nicht notwendigerweise rationales Verhalten aller Individuen (so daß auftretende Anomalien für diesen Ansatz

---

[1] Vgl. zum folgenden Abschnitt OEHLER (2002a); BITZ (1988b), S. 68ff.; OEHLER (1995), S. 20ff. und die dort angegebene Literatur.

[2] Vgl. beispielsweise den bestandsökonomischen Ansatz. Dazu BITZ (1988b), S. 69; BITZ/HEMMERDE/RAUSCH (1986).

[3] Vgl. OEHLER (1995), S. 22.

weniger Bedeutung haben), auf aggregierter Marktebene ist jedoch das Ergebnis rational aufzufassen. Eine *deskriptive* Theorie beschreibt dagegen das Zustandekommen einer Entscheidung und ist somit weniger ergebnis- denn prozeßorientiert. Der Entscheidungsbegriff wird um das komplexe System des Entscheiders erweitert.[1] Die Abweichungen vom rationalen Verhalten am Aktienmarkt können somit Ausgangspunkt einzelwirtschaftlich orientierter Forschung sein.[2] Da die vorliegende Untersuchung auf die Erweiterung bestehender finanzierungstheoretischer Ansätze mittels Verwendung verhaltenswissenschaftlicher Elemente zielt statt „neue" normative Ansätze aufzustellen, ist ein Überblick über die sogenannten Anomalien, Biases und Heuristiken angebracht.[3] Dabei erfolgt eine Trennung zwischen systematischen Abweichungen individuellen Handelns, die prozeßorientiert sind und ergebnisorientierten Marktanomalien. Gestrichelte Linien zwischen einzelnen Phänomenen bedeuten, daß diese zwar als eigenständige Anomalien beschrieben werden, inhaltlich jedoch zusammen gehören.

Selektive Wahrnehmung[4]	Individuen nutzen regelmäßig nur einen Teil der zur Verfügung gestellten Informationen. Welche Informationen dies sind ist abhängig von Erfahrungen und Erwartungen. Gleichzeitig streben Entscheider nach Konsistenz zur Vermeidung kognitiver Dissonanzen.[5]

---

[1] Vgl. REHKUGLER/SCHINDEL (1989), S. 12; EISENFÜHR/WEBER (1999), S. 2; ATHERTON/FRENCH (1997), S.136f.

[2] Vgl. in diesem Zusammenhang auch Samuelson´s Dictum, das im Gegensatz zu den Implikationen des CAPM gerade die Makroineffizienz postuliert. S. dazu die Ausführungen auf S. 18.

[3] Vgl. OEHLER (1995), S. 22.

[4] Vgl. JACOBY et al. (1976), S. 312 ; JACOBY/SZYBILLO/BUSATO-SCHACH (1977), S. 214; o.V. (1979), S. 269f.; FLADE (1994), S. 834f.; COWAN (1988), S. 172ff.; MILLER (1962), S. 107ff.

[5] Kognitive Dissonanz entsteht dann, wenn ein Entscheider Informationen erhält, die mit dem ursprünglichen Urteil nicht vereinbar sind. Da das Individuum nach Konsonanz strebt, wird es entweder Informationen, die das Urteil bestätigen, aktiv suchen bzw. diesen mehr Aufmerksamkeit schenken oder Informationen, die dem Urteil zuwiderlaufen, ignorieren bzw. verdrängen. Bei wiederholten Entscheidungen ist es möglich, daß das Individuum bewußt dissonante Informationen sucht, weil sie als nützlich erachtet werden (FESTINGER (1957, 1964)). Eine Ignorierung dieser Informationen könnte sich nachteilig auf die Qualität zukünftiger Entscheidungen auswirken. Eine Suche nach dissonanten Informationen kann auch durch den Wunsch ausgelöst werden, diese leicht zu widerlegen. In diesem Falle würde eine dissonante Information sogar eine Dissonanzreduktion ermöglichen. Vgl. in diesem Zusammenhang die Untersuchungen von FEATHER (1962, 1963), BROCK (1965) und BROCK/BALLOUN (1967), die die Informationsaufnahme von Rauchern und Nichtrauchern

Verfügbarkeit[1]	Müssen Personen die Häufigkeit eines Ereignisses beurteilen, so orientieren sie sich am Grad der Verfügbarkeit entsprechender Beispiele für dieses Ereignis. Informationen, die noch frisch im Gedächtnis oder besondes augenfällig sind, spielen bei Entscheidungen häufig eine größere Rolle als andere, da diese leichter verfügbar sind. Emotionale Komponenten können diese Heuristik verstärken.[2]
Framing[3]	Die Präsentation einer Entscheidungsaufgabe (äußerer Rahmen der Entscheidungssituation[4] oder Darstellung der Entscheidungsaufgabe) können das Verhalten des Entscheiders beeinflussen. In seiner ursprünglich von TVERSKY UND KAHNEMAN aufgestellten Definition bezeichnet Framing die unterschiedliche Darstellung einer Aufgabe als Gewinn- oder als Verlustsituation und deren Auswirkung auf die Auswahl aus zwei Alternativen durch Individuen.

bezüglich Informationen, die einen Zusammenhang zwischen Rauchen und Lungenkrebs herstellen, beobachten bzw. eine Zusammenfassung dieser Studien bei FREY/HORNUNG (1978), S. 260ff.

[1] Vgl. TVERSKY/KAHNEMAN (1982), S. 11ff.; VON WINTERFELDT/EDWARDS (1986), S. 542f.; KLEINDORFER/KUNREUTHER/SCHOEMAKER (1993), S. 94f.; TVERSKY/KAHNEMAN (1973), S. 227ff.; NISBETT/ROSS (1980), S. 18ff.

[2] Beispielsweise können Streß-Situationen (die unter Zeitdruck hervorgerufen werden können) Erinnerungen an ähnliche oder aktuelle Entscheidungen provozieren. Gleiches gilt auch für ambiguitätsbehaftete Situationen, bei denen der Entscheider versuchen wird, durch das Aufrufen ähnlicher Strukturen das Maß der subjektiv empfundenen Dissonanz zu verringern. Diese Merkmale gelten insbesondere für Entscheidungen in Märkten. Vgl. dazu OEHLER (1991), S. 46.

[3] Vgl. TVERSKY/KAHNEMAN (1981). Als Überblick über den Framing-Effekt ist geeignet ELLIOTT/HAYWARD (1998), ein framing des Framing-Effekts führen BLESS/BETSCH/FRANZEN (1998) durch.

[4] Prinzipiell können diese Einflußfaktoren Streß bei den Probanden erzeugen und entsprechende kognitive oder emotionale Effekte auslösen. SHANTEAU/DINO (1993) lehnen einen Zusammenhang zwischen dem Streßfaktor und der klimatischen Komponente allerdings ab.

Verankerung und Anpassung[1]	Individuen orientieren sich bei Schätzungen an einem selbstgesetzten oder extern vorgegebenen Ankerwert. Nach dem Setzen dieses Ankerwertes werden die weiteren Informationen diesem Ankerwert angeglichen, so daß eine Verzerrung des Entscheidungsergebnisses in Richtung des Ankers erfolgt.[2] Bezogen auf den Aktienmarkt kann eine positive Marktsituation den entsprechenden Anker für einen Anleger bilden, dasselbe gilt für Ratschläge von Freunden oder Anlageberatern. Informationen, die als erstes eingeholt werden, können als Richtwert dienen, an denen die weiteren angepaßt werden, ohne den singulären Wert dieser Informationen zu beachten.
Repräsentativität[3]	Entscheider fällen ihr Urteil anhand der Ähnlichkeit eines Objektes mit einer Kategorie. Soll also die (subjektive) Wahrscheinlichkeit eines Ereignisses geschätzt werden, so wird diese umso höher ausfallen, je repräsentativer dieses Ereignis für die Grundgesamtheit ist. Situationen, in denen aktuelle, auffällige oder sehr anschauliche Ereignisse zur Verzerrung der Wahrscheinlichkeitsschätzung führen, begünstigen das Auftreten dieser Heuristik.[1] Ein typisches Beispiel wäre die höhere Einschätzung der Wahrscheinlichkeit für einen Aktienmarkt-Crash bei bestimmten Anzeichen durch einen Anleger, der diese Situation bereits erlebt hat gegenüber einem anderen, dem diese Erfahrung fehlt.[2] Kognitive und emotionale Faktoren können ebenfalls eine Rolle spielen, wenn ein positives Aktienmarktklima zu Überbewertungen von Einzeltiteln führt.

[1] Vgl. TVERSKY/KAHNEMAN (1982), S. 14ff.; VON WINTERFELDT/EDWARDS (1986), S. 541f.; KLEINDORFER/KUNREUTHER/SCHOEMAKER (1993), S. 96; LIBBY (1981), S. 65ff.; McCLELLAND/SCHULZE/COURSEY (1986) bestätigen ebenfalls den „Anchoring and Adjustment"-Effekt.

[2] Im Originalbeispiel von TVERSKY/KAHNEMAN (1974) sollen Probanden die Fakultät von 8 innerhalb von 5 Sekunden berechnen, wobei die einzelnen Zahlen einmal in der aufsteigenden und einmal in der absteigenden Reihenfolge präsentiert wurden. In der ersten Variante wurde das Ergebnis regelmäßig signifikant unterschätzt.

[3] Vgl. TVERSKY/KAHNEMAN (1982), S. 4ff.; NISBETT/ROSS (1980), S. 24ff.; CURLEY/ BENSON (1994), S. 196ff.; LIBBY (1981), S. 58ff.

Gambler's fallacy[3]	Entscheider bewerten voneinander unabhängige Ereignisse als kausal abhängig. (Beispiel: Anleger glauben, daß nach einer Reihe von steigenden Kursen fallende folgen müssen).
Referenzpunkt-bewertung[4]	Entscheider bewerten Gewinne und Verluste nicht absolut sondern relativ zu einem Referenzpunkt
Loss Aversion[5]	Entscheider bewerten Verluste dabei höher als Gewinne
WTA-/WTP-Disparität[6]	Entscheider bewerten ein Gut mit unterschiedlichen Preisen in Abhängigkeit davon, ob eine Kauf- oder Verkaufssituation vorliegt.
Endowment-Effekt / Dispositions-Effekt[7]	Ursache der WTA-/WTP-Disparität: Zögern eines Anlegers, ein Gut aus seinem Portfolio zu verkaufen. Der Endowment-Effekt ist langfristiger Natur (gefühlsmäßige Verbundenheit); auf kurzfristiger Ebene wird der Endowment-Effekt auch als Dispositionseffekt bezeichnet. Bedingt durch „loss aversion" werden Anlagen, die Gewinn verzeichnen, zu schnell, solche, die Verlust

---

[1] Vgl. TVERSKY/KAHNEMAN (1973), S. 228; WEINBERG/KROEBER-RIEL (1999), S. 293f.

[2] Auch das von KAHNEMAN/TVERSKY erörterte Beispiel der Wahrscheinlichkeit der Reihenfolgen bei Geburten läßt sich auf den Aktienmarkt übertragen. Vgl. OEHLER (1991), S. 47.

[3] Vgl. HOFSTÄTTER (1990); OEHLER (1995), S. 29.

[4] Vgl. THALER (1985); HERRMANN/BAUER (1996); LINNEBANK (2000), S. 57f.

[5] Vgl. KAHNEMAN/TVERSKY (1984); KAHNEMAN/KNETSCH/THALER (1992), S. 70ff.

[6] Vgl. OEHLER (1995), S. 261ff.; LINNEBANK (2000), S. 51ff.; PARADISO/TRISORIO (2001).

[7] Vgl. THALER (1980); KAHNEMAN/KNETSCH/THALER (1990); WEBER (1993c); OEHLER (2002a), S. 857ff.; OEHLER (1992), S. 105; HEILMANN/LÄGER/OEHLER (2001b).

	bezeichnen zu spät verkauft.
Sunk-cost-effect[1]	Entscheider ziehen vergangene Kosten entgegen der Erwartungsnutzentheorie mit in ihr Kalkül ein.
Mental accounting[2]	Entscheider bewerten Alternativen stets nur innerhalb festgelegter „geistiger Konten" ohne eventuelle Zusammenhänge zwischen Alternativen verschiedener Konten zu berücksichtigen. Im Anlagezusammenhang ist es denkbar, daß individuelle Anleger für jede Anlageform (Aktien, Renten etc.) ein eigenes Konto führen und bei Umschichtungen ihres Kapitals eine Referenzpunkt-bewertung durchführen. Dies kann eine theoretisch rationale Entscheidung behindern, wenn der Kaufpreis als Referenzpunkt betrachtet wird und wegen des sunk-cost-effects nicht mit Verlust abgeschlossen werden kann.
Präferenz-umkehreffekt[3]	Entscheider bewerten bei einer Alternativentscheidung zwischen einer solchen mit hohem Gewinn bei kleiner Eintrittswahrscheinlichkeit versus einer mit niedrigem Gewinn bei hoher Eintrittswahrscheinlichkeit ebenfalls unterschiedlich je nachdem, ob eine Kaufs- oder Verkaufssituation vorliegt.
Ambiguitäts-aversion[4]	Entscheider sind ambiguitätsscheu, d.h. sie neigen bei einer möglichen Auswahl eher zu einer Alternative, bei der die Wahrscheinlichkeit des Eintretens bekannt ist.
Hindsight Bias / Fluch des Wissens[1]	Entscheider bewerten in der Rückschau Ereignisse und deren Eintrittswahrscheinlichkeiten verzerrt, d.h. diese werden nach Ereigniseintritt in Richtung der a-posteriori-Betrachtung verzerrt.

[1] Vgl. SAMUELSON/ZECKHAUSER (1988), S. 37f.; OEHLER (1995), S. 33.

[2] Vgl. THALER (1985); KAHNEMAN/TVERSKY (1984); OEHLER (1995), S. 34.

[3] Vgl. LICHTENSTEIN/SLOVIC (1973); FREY/EICHENBERGER (1989), S. 84f.; TVERSKY/KAHNEMAN (1990); TVERSKY/THALER (1990).

[4] Vgl. WEBER (1990), S. 120ff; OEHLER (1994), S. 771f; BARBERIS/THALER (2002), S. 28f.; EISENFÜHR/WEBER (1999), S. 362; WEBER (1989), S. 448f.

Overconfidence-Effekt[2]	Entscheider neigen zu einer erhöhten Selbstsicherheit, v.a. wenn vergangene Entscheidungen zu positiven Ergebnissen geführt haben.
Winner's curse[3]	Bei Auktionssituationen geben Individuen ein im Vergleich zum geschätzten Wert eines Gutes ein zu hohes Gebot ab, um den Zuschlag zu erhalten. Dies kann zu monetären Verlusten führen, wenn das Gebot höher ist als der geschätzte Wert oder zu Enttäuschung beim Individuum, wenn das Gut weniger wert ist als geschätzt.
Herdenverhalten[4]	Entscheider verändern ihr Verhalten aufgrund tatsächlich vorhandenen oder illusionären sozialen Drucks.
Home Bias[5]	In Kontrast zu den Vorgaben der Portfoliotheorie zur Führung eines effizienten Portfolios halten Anleger Portfolios, die den jeweiligen Heimatstandort des Anlegers überproportional berücksichtigen.

Tabelle 1: Überblick über individuelle Anomalien und Heuristiken am Aktienmarkt

Die genannten Abweichungen sind alle empirisch überprüft. Es entsteht daher zunächst eine Diskrepanz zwischen den idealen Märkten der neoklassischen Finanzierungstheorie und der Beobachtung auf realen Märkten. Inwiefern die Anomalien relevant für weitere empirische Forschung sind, wird in der Literatur

---

[1] Vgl. FISCHHOFF (1982a,b); HOFFRAGE/HERTWIG (1999); WEBER (1990), S. 190ff. und die dort angegebene Literatur.

[2] Vgl. LICHTENSTEIN/FISCHHOFF/PHILIPS (1982); HOFFRAGE (1993); LANGER (1999), S. 13f.

[3] Vgl. THALER (1992).

[4] Vgl. OEHLER (1998a); OEHLER (2002a), S. 861ff.; LAKONISHOK/SHLEIFER/VISHNY (1992); SHILLER (2000), S. 176ff.; Herdenverhalten ist auch bei institutionellen Anlegern üblich, vgl. DE BONDT/FORBES (1999).

[5] Vgl. OEHLER (2002a), S. 864ff.; COOPER/KAPLANIS (1994); FRENCH/POTERBA (1991); KILKA (1998), S. 9ff.

verschieden diskutiert.[1] Beispielhaft beschreibt ANDERSON die verschiedenen Effekte, die aus der - seiner Sicht nach - fehlerhaften Versuchsanordnung resultieren („minor changes in procedure can have major effects on behavior").[2] BLOCK/HARPER (1991) weisen in ihren Experimenten nach, daß sich die Testergebnisse verändern, wenn die Probanden um die Existenz der nachzuweisenden Heuristik wissen.[3]

Die unter dem Begriff der Marktanomalien bekannten Abweichungen stellen Ergebnisse empirischer Forschung dar, die nicht mit der Effizienzthese vereinbar sind. Eine der wesentlichsten Aussagen dieser Effizienzthese ist das Negieren von Überrenditen mittels spezieller Anlagestrategien. Werden daher regelmäßig Überrenditen festgestellt, könnte dies als Indiz für das Versagen der Effizienzthese gewertet werden. Auch die vorhandene Kritik am Effizienzkonzept (z.B. das Problem der verbundenen Hypothesen oder das Informationsparadoxon)[4] kann die empirischen Ergebnisse nicht allein erklären. Die in der folgenden Tabelle aufgeführten Marktanomalien beschränken sich auf die in der Literatur am häufigsten genannten:

CAPM-Anomalien[5]	
▪ Dividendenrendite	▪ Zusammenhang zwischen Dividendenrendite und Aktienrendite positiv.[6]
▪ Kurs-/Gewinn-Verhältnis	▪ Zusammenhang zwischen KGV und Aktienrendite negativ.[7]
▪ Size-Effekt	▪ Unternehmen kleiner Kapitalisierung weisen höhere Aktienrenditen auf als solche mit einer großen.[8]

[1] Vgl. den Überblick über verschiedene Argumente bei OEHLER (1995), S. 43ff.

[2] ANDERSON (1986a), S. 70ff.; auch GIGERENZER et al. (1999), S. 254 und SCHAEFER (1979), S. 398f.

[3] Vgl. auch GIGERENZER (1991); GIGERENZER (1993).

[4] Vgl. KASPERZAK (1997), S. 46ff.

[5] Vgl. für eine Übersicht STOCK (2002), S. 87ff.

[6] Vgl. LITZENBERGER /RAMASWAMY (1979); KEIM (1985).

[7] Vgl. BASU (1977, 1983); REINGANUM (1981); DAVIS (1994).

[8] Vgl. BANZ (1981); FAMA/FRENCH (1992); SATTLER (1994).

Effizienzthese-Anomalien	
▪ Overreaction	▪ Aktien mit einer relativ schlechten Performance in der Vergangenheit erzielen im Gegensatz zu den relativ besseren Aktien eine höhere Rendite.[1]
▪ Mean Reversion	▪ Empirisch beobachtete Autokorrelationen in den Zeitreihen von Aktienrenditen in Abhängigkeit der Fristen (positiv bei mittleren, negativ bei kurzen und langen Zeiträumen) führen zu der Möglichkeit, profitable Handelsstrategien durch die Anleger zu entwickeln. [2]
▪ Ankündigungseffekt	▪ Durch Ankündigungen verursachte Preisänderungen bleiben auch nach Erreichen eines fundamental gerechtfertigten Preises bestehen.[3]
Kalenderanomalien	In bestimmten Kalenderperioden werden höhere Renditen erzielt als in den Vergleichsperioden, z.B. Januar-Effekt[4], Montagseffekt[5], Feiertagseffekt[6].

Tabelle 2: Überblick über Marktanomalien

Ein Erklärungsansatz für bestehende Marktanomalien weist auf die Modelle hin, an denen die Abweichungen gemessen werden; sind diese selbst in ihren Annahmen oder Aussagen falsch, so löst sich auch das Problem möglicher Erklärungsversuche für die Anomalien. Ein in solcher Weise „richtiges" Modell entstünde dann, wenn entweder zusätzliche Erklärungsfaktoren für die Aktien-

[1] Vgl. DE BONDT/THALER (1985, 1987) ; STOCK (1988); MEYER (1994).

[2] Vgl. FAMA (1998); DANIEL/HIRSHLEIFER/SUBRAMANYAM (1998); BARBERIS/SHLEIFER/VISHNY (1998). Mit den Auswirkungen dieses Phänomens auf die Handelsstrategien beschäftigen sich OEHLER (2002a), S. 851ff. und WÄRNERYD (2001), S. 57ff.

[3] Vgl. HAUGEN (1995).

[4] Vgl. BANZ (1981); REINGANUM (1983); GULTEKIN/GULTEKIN (1983).

[5] Vgl. FRENCH (1980); ROGALSKI (1984).

[6] Vgl. KIM/PARK (1994); CADSBY/RATNER (1992).

renditen aufgenommen werden[1] oder restriktive Annahmen bisheriger Modelle eliminiert werden.[2]

Die sogenannte neuere Finanzierungstheorie, die Gegenstand des nächsten Kapitels ist, versucht zunächst, das in der Neoklassik dominante Prinzip des Gleichgewichtsmodells mit seinen restriktiven Annahmen zugunsten eines marktorientierten Ansatzes aufzugeben. Der Markt als Institution und die Teilnehmer an diesem Markt rücken nun in den Mittelpunkt des Interesses.[3]

1.3 Einzelwirtschaftlich orientierte Finanzmarktforschung

1.3.1 Neuere Finanzierungstheorie

1.3.1.1 Neue Institutionenökonomik

Wesentlicher Aspekt der Neuen Institutionenökonomik ist die Idee, den Tauschakt zwischen verschiedenen Partnern und insbesondere deren Kooperation in das Zentrum theoretischer Überlegungen zu rücken. Die neoklassische Theorie geht im Rahmen des Gleichgewichtsmodells davon aus, daß der Markt selbst den Tauschvorgang regelt (unendlich schneller Prozeß) und eine Kooperation der Vertragspartner u.a. wegen homogener Informationsstände nicht stattfinden muß.[4] Berücksichtigt man nun die tatsächlich heterogene Informationsstruktur - die bewertungsrelevanten Eigenschaften der gehandelten Güter und die ordnungsgemäße Vertragsabwicklung betreffend - der Marktteilnehmer und gleichzeitig auch die Existenz von potentiellen Konflikten, die aus dieser Informationsstruktur aber auch aus den unterschiedlichen Interessen resultieren können, wird die Annahme des vollkommenen und vollständigen Marktes der Neoklassik obsolet.[5] Die Folge ist daher die Notwendigkeit einer Theorie, die Vertragsbeziehungen zwischen den Partnern darstellt. Dabei können Institutionen dazwischengeschaltet werden, deren Schaffung und Nutzung den Einsatz sogenannter Transaktionskosten erfordert. Institutionen sind dabei als Konstrukte zu verstehen, die die Funktion erfüllen, zur

---

[1] Vgl. z.B. das Drei-Faktoren-Modell von FAMA/FRENCH (1992), das als Faktoren die Marktkapitalisierung und das Buchwert/Marktwert-Verhältnis berücksichtigt, insofern aber nur wenige Marktanomalien erklären kann.

[2] Vgl. zu solchen Modellen Kapitel II 1.4.3.

[3] Vgl. OEHLER (2000b), S. 979; OEHLER (1998b), S. 73.

[4] Vgl. OEHLER (2000b), S. 979; OEHLER (2002a), S. 845; TERBERGER (1994), S. 21ff.; ausführlich mit Beispielen MILGROM/ROBERTS (1992), S. 57ff.

[5] Zum folgenden s. SCHMIDT/TERBERGER (1997), S. 386ff.; ERLEI/LESCHKE/SAUERLAND (1999), S. 47ff; RICHTER/FURUBOTN (1999), S. 287ff.; SCHAUENBERG (1998), S. 25f.

Überwindung der Folgen asymmetrischer Informationsverteilung und der Probleme von Vertragsbeziehungen beizutragen. Dies können neben den Märkten, Banken oder Unternehmungen auch Gesetzeswerke, Rechtsvorschriften oder Gebräuche sein.[1]

Zu den verschiedenen Ansätzen, die unter dem Begriff der Neuen Institutionenökonomik firmieren, zählen insbesondere die folgenden:

- die *Property-Rights-Theory*:[2] statt tatsächlicher Güter werden nach dieser Theorie auf Märkten verschiedene Rechte gehandelt, z.B. Verfügungs- oder Handlungsrechte, die singulär oder verbunden mit bestimmten Gütern bestehen. Die dazugehörige Institution ist der Vertrag, in dem Rechte und Pflichten der Vertragspartner geregelt werden. Bei der Ausgestaltung dieser Verträge entstehen die sogenannten Transaktionskosten, die in einem eigenen Ansatz Berücksichtigung finden.
- der *Transaktionskostenansatz*:[3] die oben genannte Vertragsgestaltung ist nur ein Beispiel für Ursachen von Transaktionskosten. Solche Kosten entstehen generell beim Einschalten einer Institution und wirken prinzipiell negativ. Durch den Einsatz von Institutionen kann die Summe der Transaktionskosten aber auch geringer sein als ohne.
- die *Informationsökonomie:*[4] im Gegensatz zur Neoklassik wird hier die Annahme der vollständigen und symmetrischen Informationsverteilung aufgehoben. Bei unvollständiger Information entsteht für einen Entscheider eine Situation unter Unsicherheit, bei der er überlegen muß, ob und wenn ja, wie viele Kosten zur Informationsbeschaffung er aufwenden will. Bei asymmetrischer Verteilung entstehen ebenfalls Kosten, wenn der geringer informierte Partner solche aufwenden möchte, um den Informationsvorsprung des anderen zu reduzieren.

---

[1] Vgl. ERLEI/LESCHKE/SAUERLAND (1999), S. 23ff.; eine Systematisierung der Institutionen bezüglich verschiedener Ebenen in ERLEI (1998), S. 148.

[2] Vgl. im Original COASE (1960) und im weiteren bei SCHMIDT/TERBERGER (1997), S. 397; STEINER (1998), S. 103f.; TERBERGER (1994), S. 47ff.

[3] Im Original bei COASE (1975); ALCHIAN/DEMSETZ (1972) und WILLIAMSON (1975); Vgl. auch ERLEI/LESCHKE/SAUERLAND (1999), S. 70ff; ERLEI (1998), S. 30ff.; RICHTER (1994), S: 5ff.

[4] S. STIGLITZ (1987); Vgl. auch SCHAUENBERG (1998), S. 34ff.; SCHULZ (2002); PETERS (1995), S. 3f.

- die *Agency-Theory*:[1] eine Koordination verschiedener Partner ist erst dann notwendig, wenn diese sich eine Aufgabe teilen wollen und somit unterschiedliche Interessen aufeinandertreffen, die einer Regelung bedürfen. Die Prinzipal-Agenten-Theorie beschreibt die unterschiedlichen Interessen und resultierende Konflikte, die auf verschiedensten Ebenen entstehen können (Beispiele für klassische Prinzipal-Agenten-Beziehungen sind Eigenkapitalgeber-Manager- oder Kreditgeber-Manager-Beziehungen). Es ensteht regelmäßg eine asymmetrische Informationsverteilung, die zunächst zu einer Bevorteilung desjenigen Partners, der einen Informationsvorsprung (i.d.R. der Agent) besitzt, führt. Allerdings besitzt auch der Agent ein Interesse daran, die Informationsasymmetrie abzubauen, da die Möglichkeit besteht, daß der Prinzipal aufgrund der Antizipation der Informationsasymmetrie die Kooperation nicht eingehen will. Auch das Handeln des Agenten selbst kann nach Vertragsabschluß nur bedingt durch den Prinzipal beobachtet werden, dieses Risiko des Agenten-Verhaltens wird als „moral hazard" bezeichnet.[2] Der Prinzipal kann nun versuchen, Maßnahmen zur Überwachung und Kontrolle des Agenten zu treffen, was wiederum zu Kosten führt.

1.3.1.2 Marktmikrostrukturtheorie

Die Theorie der Marktmikrostruktur untersucht den Einfluß der Institution Markt auf das Marktergebnis.[3] Dabei findet eine Einschränkung auf den Finanzplatz als Markt statt, so daß Forschungen auf diesem Gebiet sich nahezu ausschließlich auf Finanzmärkte und insbesondere auf Börsen beziehen.[4] Einige der bereits bei der Neuen Institutionenökonomik beschriebenen Ansätze spiegeln sich in der Marktmikrostrukturtheorie wieder: es existiert an einer Börse ein Handel und damit ein Ausgleich von Angebot und Nachfrage, wobei in der Realität eine unvollkommene und asymmetrische Informationsverteilung vorliegt. Als Folge dieser heterogenen Informationsstände wird der Markt als In-

---

[1] Die Prinzipal-Agenten-Theorie geht zurück auf JENSEN/MECKLING (1976) und FAMA/JENSEN (1983a) (1983b); s.a. OEHLER/UNSER (2002), S. 197ff.; HAX (1998), S. 202ff.; OEHLER/VOIT (1999); BITZ (1988a); MILGROM/ROBERTS (1992), S. 166ff.

[2] Vgl. OEHLER/UNSER (2002), S. 203

[3] Vgl. allgemein zur Marktmikrostrukturtheorie HIRTH (2000), S. 1ff. und die dort angegebene Literatur; MADHAVAN (2002); COHEN et al. (1986); O'HARA (1995); BEHRENS (1997), S. 103ff.; EASLEY/O'HARA (1995).

[4] Eine Ausnahme bilden die Forschungsarbeiten von SPULBER. Hier wird ausdrücklich nicht der Finanzmarkt sondern die Unternehmung als Forschungsgegenstand beschrieben. S. dazu SPULBER (1999) und die im Vorwort genannte Literatur.

stitution gewählt, dessen Ausgestaltung mit dessen Folgewirkungen auf das Marktergebnis Gegenstand der Marktmikrostrukturtheorie ist.[1]

Folgende Gestaltungsparameter können den Preis eines Wertpapiers beeinflussen:[2]

- *Handelsplatz* (nur ein Handelsplatz versus mehrere gleichzeitig)
- *Handelsobjekt* (Rentenpapiere versus Aktien versus Derivate etc.)
- *Regularien* zur Zulassung zum Wertpapierhandel und zur Erfüllung des Geschäftsabschlusses)
- *Handelsregeln*: diese lassen sich wiederum aufteilen in die Gebiete
    - ➢ *Marktform* (Market-maker versus Auktionsprinzip) [3]
    - ➢ *Preisfeststellungsverfahren* (Einheitskursermittlung versus variable Notierung) [4]
    - ➢ *Markttransparenz* (Orderbuch offen versus geschlossen)[5]
    - ➢ *Handelsverfahren* (Präsenzhandel versus Computerhandel) [6]

Es ist offensichtlich, daß die jeweiligen Ausgestaltungsformen insbesondere durch ihre mögliche Kombination unterschiedliche Preiswirkungen haben können. Die Frage, die im Rahmen der Marktmikrostrukturtheorie untersucht wird, ist die Bildung einer geeigneten Kombination, um zu einem Ergebnis hinsichtlich einer effizienten Börsenform zu gelangen. Dazu werden zunächst Kriterien benötigt, anhand derer die Qualität eines Wertpapiermarktes beurteilt werden kann. Als geeignete Kriterien gelten:[7]

---

[1] Vgl. OEHLER (2000c), S. 351.

[2] Vgl. OEHLER (2001), S. 889; OEHLER (2000c), S. 352; HEILMANN (2002), S. 18ff. und die dort angegebene Literatur.

[3] Vgl. OEHLER/HEILMANN/LÄGER (2001b); THEISSEN (1998), S. 8ff.; KIM/LIN/SLOVIN (1997).

[4] Vgl. MADHAVAN (1992); OEHLER/HEILMANN/LÄGER (2001b); GARBADE/SILBER (1979).

[5] Vgl. OEHLER/UNSER (1998); WHITCOMB (1985), S. 246.

[6] Vgl. OEHLER/HEILMANN/LÄGER (2001b); AMIHUD/MENDELSON (1988).

[7] Vgl. THEISSEN (1998), S. 45ff.; OEHLER (2001), S.889; BORTENLÄNGER (1996), S. 42ff.

- *Effizienz*: Ein Wertpapiermarkt gilt dann als informationseffizient, wenn die Preise stets alle verfügbaren Informationen widerspiegeln.[1] Dies ist letztendlich die Voraussetzung der Erfüllung der Allokationseffizienzfunktion durch den Markt. Gemeinhin ist Effizienz ein Kriterium zur Messung der Qualität eines Wertpapiermarktes, es ist jedoch auch eine andere Sichtweise denkbar, die die Überlegung der steigenden Transaktionskosten bei steigender Informationseffizienz mit einbezieht.[2]
- *Transparenz*: Vollkommene Markttransparenz ist dann gegeben, wenn alle relevanten Informationen stets unverzüglich zugänglich sind. Somit ist Transparenz eine Voraussetzung für eine mögliche Informationseffizienz, mit dieser aber keinesfalls gleichzusetzen.[3]
- *Liquidität*: Maximale Liquidität bedeutet eine schnellstmögliche Abwicklung der Kauf- und Verkaufsaufträge bei minimalsten Auswirkungen auf den Preis selbst. Charakteristisch für Liquidität ist die Markttiefe (Anzahl der abgewickelten Aufträge), Marktbreite (Ordervolumen) und die Erneuerungskraft (Entwicklung des Transaktionspreises hin zum Gleichgewichtspreis).[4]
- *Transaktionskosten*: Diese fallen an in Form von Provisionen und Courtagen, aber auch in Form von Informations- und Entscheidungskosten der Anleger selbst.[5]

Die Ziele der Marktmikrostrukturtheorie sind breit gefächert:[6] zum einen sollen verschiedene Marktformen und -operationen und ihre Wirkungen auf die Marktpreise dargestellt, zum anderen können daraus Hinweise für ein optimales Handelsdesign generiert werden. Verschiedene Modelle untersuchen dazu jeweils Teilaspekte der genannten Gestaltungsparameter, um zu einem Ergebnis hinsichtlich einer effizienten Börsenform zu gelangen. Ein gemeinsames Regelwerk zur Bildung einer solchen effizienten Form liegt allerdings (noch) nicht vor.[7]

---

[1] Vgl. BIENERT (1996), S. 13ff.

[2] Vgl. die Diskussion bei THEISSEN (1998), S. 80ff.

[3] Vgl. O'HARA (1995), S. 252ff.; BORTENLÄNGER (1996), S. 46ff.

[4] Vgl. BORTENLÄNGER (1996), S. 49ff.; THEISSEN (1998), S. 53f.; BERNSTEIN (1987), S. 54.

[5] Vgl. THEISSEN (1998), S. 73.

[6] Vgl. COHEN et al. (1986), S. 195.

[7] Vgl. HIRTH (2000), S. 51f.; O'HARA (1995), S. 271.

1.3.1.3 Behavioral Finance

In den Forschungsansätzen der Behavioral Finance wird die Black Box der Anleger geöffnet und das Entscheidungsverhalten dieser als Marktteilnehmer analysiert.[1] Dazu existieren mittlerweile eine Reihe von experimentellen Untersuchungen, die das Verhalten von Entscheidern am Aktienmarkt beobachten, um aus dieser Perspektive zu einem besseren Verständnis am Finanzmarktgeschehen beizutragen.

Die wesentlichsten Unterschiede zwischen neoklassischer Kapitalmarkttheorie und Behavioral Finance lassen sich anhand folgender Kriterien zusammenfassen:[2]

- *Rationalität:* Statt dem homo oeconomicus der Neoklassik existieren Individuen mit heterogenen, unvollständigen Informationsaufnahme- und -verarbeitungskapazitäten.
- *Informationsverhalten:* Es herrscht Informationsasymmetrie statt vollkommener Information.
- *Marktebene:* Irrationalitäten auf Individualebene werden auf Marktebene nicht ausgeglichen, sondern können sich sogar verstärken.
- *Arbitragemöglichkeiten:* Diese sind aufgrund kollektiv auftretender Irrationalitäten eingeschränkt.

Das Konzept der eingeschränkten Rationalität (bounded rationality) ist grundlegender Bestandteil der Behavioral Finance. Dieses Konzept beinhaltet satisfizierendes, zielgerichtetes Verhalten statt dem rationalen Paradigma der klassischen, normativen Entscheidungstheorie.[3]

Sinnvoll erscheint es, die einzelnen Forschungsrichtungen der neueren Finanzierungstheorie nicht isoliert zu betrachten, sondern gerade auch aus empirischer Sicht die Einzelaspekte zu verknüpfen und damit zu einer ganzheitlichen Sicht des Finanzmarktes zu gelangen. So können beispielsweise die preisbeeinflussenden Gestaltungsparameter von Wertpapiermärkten, die die Marktmikrostrukturtheorie untersucht, auch auf das Verhalten der Marktteilnehmer und damit wiederum auf den Preis Einfluß nehmen.[4] Die momentane Forschung innerhalb der „Behavioral Finance" konzentriert sich nach OEHLER dabei auf

---

[1] Vgl. überblicksartig zu dem Themengebiet der Behavioral Finance OEHLER (2002a); BARBERIS/THALER (2002); STATMAN (1999); SHLEIFER (1999).

[2] Vgl. OEHLER (2000b), S. 981; BARBERIS/THALER (2002), S. 3ff.

[3] Vgl. OEHLER (2000b), S. 980.

[4] Vgl. OEHLER (2000b), S. 980; OEHLER (2002a), S. 846.

die Themengebiete „Handelsstrategien", „asymmetrische Referenzpunktbewertung", „Herdenverhalten" und „Home Bias".[1] War zunächst die neuere Finanzierungstheorie als singuläre Forschungsrichtung aufzufassen, so setzt sich zunehmend die Ansicht durch, daß statt einem unverbundenen Nebeneinander von Neoklassik und neuerer Finanzierungstheorie beide Modellvorstellungen sich komplementär ergänzen können.[2] Dafür spricht auch die Tatsache, daß der urspünglich verhaltenswissenschaftliche Ansatz des Bernoulli-Konzeptes eine Basis der Neoklassik bildet. THALER spricht in seinem Aufsatz zur Zukunft der Theorie der Behavioral Finance ebenfalls vom Ende dieser eigenständigen Theorie, indem er argumentiert, daß **die** Finanzwirtschaft grundsätzlich die Aspekte der einst als Behavioral Finance apostrophierten Forschungsrichtung mitaufgenommen hat und somit als eigenständiger Forschungszweig obsolet geworden ist.[3] Schließt man sich dieser Argumentation an, so ist die hier vorliegende Forschungsarbeit alleine durch ihre Zugehörigkeit zur Finanzwirtschaft „behavioral".

1.3.2 Entscheidungstheoretische Modelle mit Berücksichtigung individueller Anomalien und Heuristiken

1.3.2.1 (Cumulative) Prospect Theory

Ausgehend von experimentellen Studien der Forschungsrichtung „Behavioral Finance" entwickelten KAHNEMAN UND TVERSKY eine normative Entscheidungstheorie, die das individuelle Entscheidungsverhalten nicht auf eine Maximierung des Erwartungsnutzens reduziert, sondern auch die Anomalien und Biases menschlichen Verhaltens berücksichtigt.[4] Dabei wird die Erwartungsnutzen-Theorie nicht obsolet, sie läßt sich als Spezialfall innerhalb der Entscheidungstheorie darstellen. Das Modell der (Cumulative) Prospect Theory[5] erweitert die Nutzentheorie um drei bedeutende Elemente:

---

[1] Vgl. OEHLER (2002a), S. 847ff.; OEHLER (2000d), S. 719ff.

[2] Vgl. OEHLER (2002a), S. 867; OEHLER (2000b), S. 988.

[3] Vgl. THALER (1999), S. 16.

[4] Vgl. für einen Überblick FREY/EICHENBERGER (1989), S. 85f.Eine Erweiterung der orthodoxen ökonomischen Theorie findet mittlerweile in allen Lehr- und Forschungsbüchern statt, z.B. JUNGERMANN/PFISTER/FISCHER (1998), LANGER (1999), EISENFÜHR/WEBER (1999), von NITZSCH (1996). In der englischsprachigen Literatur firmiert dieses Gebiet unter dem Begriff „Behavioral Decision Theory".

[5] Vgl. KAHNEMAN/TVERSKY (1979), S. 263ff.

Editing-Phase[1]

In dieser Phase werden die Alternativen für eine spätere Bewertung und Auswahl strukturiert und formuliert.[2] Der Entscheider setzt sich zuächst einen Referenzpunkt (*Coding*). Erstmalig wird in einer Entscheidungstheorie somit der Ausgangspunkt des Entscheiders explizit berücksichtigt, der beispielsweise bei einer Lotterie den Ausgang als Gewinn oder Verlust in Bezug zu seinem Anfangsvermögen setzen wird. In einem weiteren Schritt (*Combination*) werden alle diejenigen Alternativen, die monetär den gleichen Ausgang besitzen, miteinander kombiniert und entsprechend gewichtet.[3] Bei der *Segregation* wird der sichere Betrag eines Gewinns oder Verlusts von den unsicheren Komponenten abgetrennt und auch getrennt bewertet.[4] Der Effekt des *Cancellation* besteht zum einen darin, daß bei zweistufigen Entscheidungen die Entscheider regelmäßig die erste Stufe vernachlässigen und bei Entscheidungspaaren die identischen Komponenten eliminieren. Zusätzlich wird in der Editing-Phase noch von *Simplification* gesprochen, wenn Individuen die Eintrittswahrscheinlichkeiten der jeweiligen Alternativen auf- oder abrunden und es werden stochastisch dominierte Alternativen eliminiert (*detection of dominance*).[5]

Die soeben beschriebene Editing-Phase wird in der Originalarbeit von KAHNEMAN/TVERSKY nicht formal untermauert, trotzdem erscheint es plausibel, daß Menschen in einer Entscheidungssituation diese Phase durchlaufen. Insofern wäre es auch denkbar, diese Phase anderen Entscheidungsmodellen voranzustellen; sie wurde allerdings erstmals in dieser Ausführlichkeit im Rahmen der Prospect Theory beschrieben.[6]

---

[1] Vgl. zu den folgenden Ausführungen KAHNEMAN/TVERSKY (1979), S. 274f.; KLOPHAUS (1997), S. 196; ausführliche Beispiele zu den einzelnen Schritten der Editing-Phase bei JUNGERMANN/PFISTER/FISCHER (1998), S. 215f. und LINNEBANK (2000), S. 191ff.

[2] Vgl. KAHNEMAN/TVERSKY (1979), S. 274.

[3] Z.B. werden die Alternativen [200;p=0,25] und [200;p=0,25] auf [200;p=0,5] reduziert.

[4] Z.B. beinhaltet die Alternativenstellung [300;p=0,8] und [200;p=0,2] den sicheren Gewinn von 200 und einen unsicheren Betrag von 100 mit p=0,8.

[5] Diese Selektion wird nur in der Urfassung der Prospect Theory vorgenommen; bei der Cumulative Prospect Theory entfällt diese Phase durch die unterschiedliche Gewichtung der Konsequenzen entlang ihrer Rangordnung.

[6] Vgl. EISENFÜHR/WEBER (1999), S. 378; LANGER (1999), S.36; WEBER (1990), S. 98; McCLELLAND (1986), S. 4.

Wertfunktion[1]

Bei der anschließenden Bewertung berücksichtigt die (Cumulative) Prospect Theory unterschiedliches Risikoverhalten in Abhängigkeit eines relativen Referenzpunktes im Gegensatz zur Erwartungsnutzentheorie, bei der die Nutzenfunktion mit ihrem konkaven Verlauf einen abnehmenden Grenznutzen und damit ausschließlich risikoaverses Verhalten abbildet.[2] Die Wertfunktion nimmt folgenden Verlauf an:

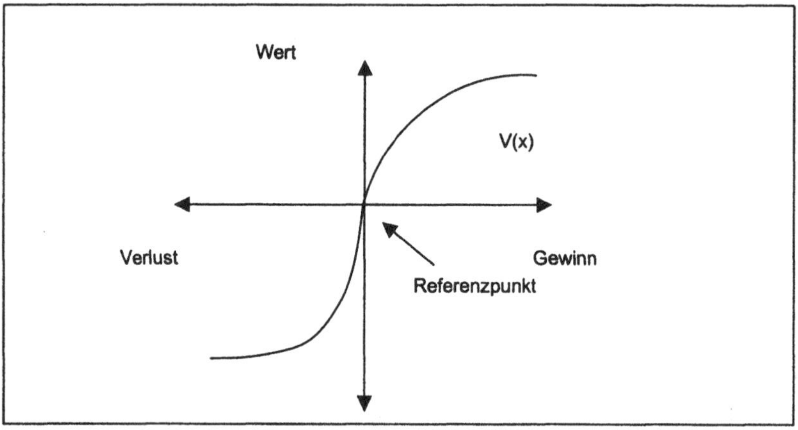

Abbildung 1.2: Hypothetische Wertfunktion der (Cumulative) Prospect Theory

Die Wertfunktion impliziert somit eine unterschiedliche Betrachtung eines Alternativenwerts in Abhängigkeit des Referenzpunktes. Für Gewinne wird ein konkaver, risikoaverser, für Verluste ein konvexer, risikofreudiger Verlauf der Wertfunktion angenommen. Die Funktion ist im Verlust-Bereich zudem steiler als im Gewinn-Bereich. Einige der Anomalien/Biases können mittels der Wertfunktion erklärt werden. Die stärkere Bewertung von Verlusten im Gegensatz zu Gewinnen („loss aversion") führt zum sogenannten „endowment effect" (ein Anleger bewertet einen Verkauf eines in seinem Besitz befindlichen Gutes als Verlust, da das Vermögen **mit** Gut den Referenzpunkt bildet) bzw. zum „disposition effect" (die aus dem „endowment effect" resultierende Verkaufs-

---

[1] Vgl. zu den folgenden Ausführungen KAHNEMAN/TVERSKY (1979), S. 277ff.

[2] So wird jeder Mensch die Summe von 1.000,- €, die er zufällig auf der Straße findet, für sehr hoch halten; soll es sich bei diesem Betrag aber um das Einkommen für eine vierköpfige Familie handeln, so wird es für eher gering eingeschätzt. Vgl. LEHNER (1996), S. 147; HEATH/LARRICK/WU (1999) setzen in ihrer Untersuchung auf konkrete Ziele als Referenzpunkte.

hemmung führt letztendlich dazu, daß Objekte mit Buchgewinnen eher verkauft werden als solche mit –verlusten).

Wahrscheinlichkeitsgewichtungsfunktion[1]

Mit dieser Funktion $\pi(p)$ wird jeder Wahrscheinlichkeit p ein Gewicht durch den Entscheider zugeordnet. Sind in dem Modell der Prospect Theory sichere und unmögliche Ereignisse nicht enthalten, so werden beide in der Erweiterung der Cumulative Prospect Theory modelliert. Gleichzeitig wird für positive und negative Konsequenzen eine getrennte Wahrscheinlichkeitsgewichtungsfunktion angenommen, die invers s-förmig verläuft.

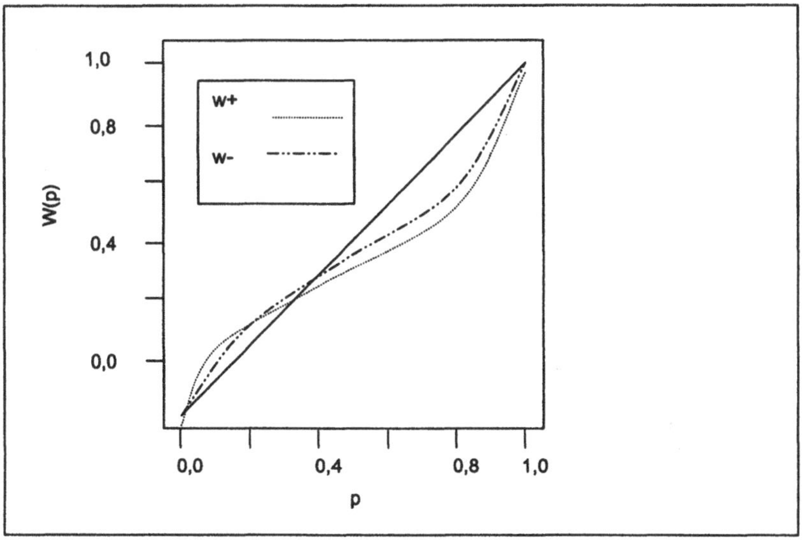

Abbildung 1.3: Entscheidungsgewichtungsfunktion der CPT für Gewinne (w+) und Verluste (w-)

Mit dem asymmetrischen Verlauf wird die Überbewertung kleiner Wahrscheinlichkeiten zuungunsten großer Wahrscheinlichhkeiten deutlich.

Eine experimentelle Überprüfung durch CURRIM/SARIN zeigt folgende Ergebnisse für den Bereich der Prospect Theory:[1]

---

[1] Vgl. KAHNEMAN/TVERSKY (1979), S. 280ff.; LEHNER (1996), S. 147ff.; MIYAMOTO (1992), S. 79ff.

- Der Verlauf der Wertfunktion V(x) (Konkavität im Gewinnbereich, Konvexität im Verlustbereich, größere Steilheit im Verlustbereich) wird bestätigt.
- Der Verlauf der Wahrscheinlichkeitsgewichtungsfunktion $\pi(p)$ kann ebenfalls insgesamt bestätigt werden, allerdings scheint es unterschiedliche Verläufe für Gewinne und Verluste zu geben.
- Bei einem Vergleich zwischen dem SEU-Modell und der Prospect Theory bei paradoxen Entscheidungssituationen (ähnlich Allais-Paradoxon)[2] schneidet das letztgenannte Modell weitaus besser ab als das erstgenannte; für alle anderen Entscheidungssituationen dagegen gibt es kaum Unterschiede im Vorhersageverhalten.

Eine empirische Überprüfung der Cumulative Prospect Theory geben KAHNEMAN/TVERSKY selbst[3] und bestätigen dabei den Verlauf der Entscheidungsgewichtungsfunktion.

1.3.2.2 Disappointment und Regret Theory

Bei beiden Theorien werden emotionale Komponenten in die Entscheidungstheorie eingeführt. Der Unterschied liegt dabei in den verglichenen Größen, aus denen dann unterschiedliche emotionale Zustände erwachsen: bei der Disappointment-Theory wird die Konsequenz einer Entscheidung mit der vorher bestehenden Erwartung, bei der Regret Theory Alternativenpaare und deren Konsequenzen miteinander verglichen.[4]

Der inhaltliche Aspekt der Disappointment-Theory BELLS[5] liegt in der Erwartung eines Individuums, das als Referenzpunkt fungiert. Der Nutzen, den ein

---

[1] Vgl. CURRIM/SARIN (1989); S. 30ff.; THEIL (1997), S. 27f.; auch McCLELLAND (1986) bestätigt die Relevanz der Prospect Theory (S.37). SALMINEN/WALLENIUS (1993) überprüften in einem Experiment mit Management-Studenten in Finnland ein Modell der Prospect Theory, wobei sowohl das Setzen eines Referenzpunktes als auch der Verlauf der Wertfunktion bestätigt wurden. Über 90% der Einzelexperimente konnte die Prospect Theory erklären, für die Erwartungsnutzentheorie ergab sich nur ein Wert von 55-81%. Zu einem ähnlichen Ergebnis kommen auch HERRMANN/BAUER 1996 in Deutschland.

[2] Für eine ausführliche Erläuterung des Allais-Paradoxon mit Beispielen: JUNGERMANN/PFISTER/FISCHER (1998), S. 206f.; HOWARD (1992), S. 40ff.; in diesem Zusammenhang auch VON WINTERFELDT/EDWARDS (1986), S. 378f.

[3] Vgl. KAHNEMAN/TVERSKY (1992), S. 305ff. Weiterführende Tests zur Frage der zeitlichen Persistenz der individuellen Wahrscheinlichkeitsgewichtungsfunktionen im Rahmen der RDEU-Theorie und der CPT finden sich bei HARTINGER (1999), S. 32ff.

[4] Vgl. auch ZEELENBERG et al. (1998), S. 121.

[5] Vgl. BELL (1985), S. 1ff., ebenso LOOMES/SUGDEN (1986), S. 272ff.; zu den weiteren Ausführungen auch EISENFÜHR/WEBER (1999), S. 391ff., JUNGER-

Entscheider bei einer Alternative hat, setzt sich somit aus dem „normalen" Nutzen u(x) und der emotionalen Bewertung (disappointment/elation) zusammen. Da sich diese wiederum als Differenz zwischen Nutzen und Erwartung beschreiben läßt, ist der Nutzen einer Konsequenz formal

$$u_{mod}(x)=u(x)+D(u(x)-E),$$

der Gesamtnutzen einer Alternative mit n möglichen Konsequenzen

$$U_j=\sum_{i=1}^{n} p_i[u(x_i)+D(u(x_i)-E_j)].$$ [1]

Bei einem Vergleich mehrerer Alternativen wird wie in der SEU-Theorie diejenige mit dem höchsten Nutzen ausgewählt. Die formale Nähe zum SEU-Modell wird deutlich, wenn man der Funktion D(u(x)-E) einen linearen Verlauf unterstellt, da sich dann „disappointment" und „elation" aufheben und somit der Nutzen beider Modelle gleich ist.[2] Der Nutzen einer Konsequenz hängt allerdings von der gesamten Lotterie ab, so daß es theoretisch möglich ist, gleichen Konsequenzen unterschiedliche Nutzenwerte zuzuordnen. Diese Abhängigkeit der Bewertung einer Konsequenz von der gesamten Lotterie wird in den lotterieabhängigen Nutzentheorien modelliert.[3] BECKER/SARIN schlagen dabei einen exponentiellen Verlauf der Nutzenfunktion vor und können ebenfalls die verschiedenen Risikoeinstellungen darstellen.

Der Ansatz der Regret-Theory[4] beruht auf der Idee, daß sich beim Entscheider Emotionen in Abhängigkeit der nicht gewählten Alternative einstellen werden, die bereits bei der Entscheidung selbst mitberücksichtigt werden müssen. Dabei werden paarweise die einzelnen Alternativen miteinander verglichen. Wird nach der Entscheidung und dessen Ausgangserleben die verpaßte Alternative als besser empfunden, so stellt sich „regret" ein, im anderen Falle „rejoicing". Wie bei der Disappointment-Theory läßt sich der Nutzen einer Konsequenz formal als Differenz beschreiben; dabei wird als Differenz eine Regret-Rejoicing-Funktion gewählt, die einen paarweisen Vergleich zuläßt:

MANN/PFISTER/FISCHER (1998), S. 230ff., WEBER (1990), S. 107ff. Eine axiomatische Fundierung findet sich bei GUL (1991)S. 667ff.

[1] Im Originalbeispiel teilt ein Vorgesetzter einem Angestellten aufgrund seiner guten Leistungen einen Bonus von $5.000,- zu. Hat der Angestellte mit keinem solchen Bonus gerechnet, wird er hocherfreut sein, hat er dagegen auf einen Bonus in Höhe von $10.000,- gehofft, ist er enttäuscht.

[2] Eine formale Umformung findet sich in JUNGERMANN/PFISTER/FISCHER (1998), S. 231.

[3] Vgl. BECKER/SARIN (1987), S. 1370ff.

[4] Die Regret-Theory basiert auf LOOMES/SUGDEN (1982), LOOMES/SUGDEN (1984) und BELL(1982).

$u_{mod}{}^{k}{}_{ij} = \quad u_{ij}+R(u_{ij}-u_{kj})$

u_{ij} = Nutzen der Konsequenz bei Ereignis j mit gewählter Alternative i
u_{kj} = Nutzen der Konsequenz bei Ereignis j mit gewählter Alternative k

Der Gesamtnutzen einer Alternative ist wieder

$$U_i^k = \sum_{j=1}^{n} p_j u_{\mathrm{mod}ij}^k,$$

wobei auch hier diejenige Alternative mit dem höchsten Gesamtnutzen gewählt wird. Die empirischen Tests[1] der Regret-Theory sprechen allerdings - ebenso wie bei den Tests zur Disappointment-Theory - nicht eindeutig für eine Annahme dieser als eine „neue" Entscheidungstheorie apostrophierten Theorie. Interessant ist in diesem Zusammenhang auch der Ansatz, den MELLERS ET AL.[2] verfolgen. Sie berücksichtigen zusätzlich zur Disappointment-Funktion die subjektive Wahrscheinlichkeit, daß ein Ereignis eintreten wird und konnten dabei in ihren Experimenten nachweisen, daß überraschende Ergebnisse intensivere Emotionen hinterlassen als antizipierte. Auch wurden Gewinne oder Verluste positiver erlebt, wenn ein noch größerer Verlust antizipiert wurde. Erstmals wurde hier also versucht, erlebte Emotionen in eine Entscheidungstheorie auch formal einzubinden. Entscheidungsgrundlage ist für jedes Individuum die Maximierung der subjektiv erwarteten Emotionen. Dieses Prinzip kann zwar letztendlich zum gleichen Ergebnis führen wie die Maximierung des Nutzens, jedoch aus anderen Gründen.

1.3.2.3 Rangplatzabhängige Nutzentheorien

In den bisher beschriebenen Modellen wurde davon ausgegangen, daß die Bewertung des Nutzens und die Einschätzung der Wahrscheinlichkeiten unabhängig vom Ausgang der Lotterie ist. Diese Annahme wird bei den Rangplatzunabhängigen Nutzentheorien (rank-dependent expected utility-theory RDEU) aufgegeben und die Transformation der gesamten Wahrscheinlichkeitsfunktion zugelassen.[3] Nicht die Einzelwahrscheinlichkeiten werden in einer Wahrscheinlichkeitsgewichtungsfunktion transformiert, sondern die gesamte Wahrscheinlichkeitsverteilung über die nach ihrem Nutzen geordneten Konsequenzen. Alle möglichen Optionen einer Lotterie und deren Wahr-

---

[1] Vgl. LOOMES/SUGDEN (1987), S. 125ff.; DI CAGNO/HEY (1988), S. 45ff.

[2] Vgl. MELLERS et al. (1997), S. 423ff. und eine Weiterführung der „Decision affect theory" in MELLERS et al. (1999).

[3] Vgl. zu den folgenden Ausführungen QUIGGIN (1982), S. 326ff.; YAARI (1987), S. 95ff.; SCHMEIDLER (1989), S. 574ff.; WEBER (1990), S. 101ff.; DIECIDUE/WAKKER (2001), S. 281ff.; JUNGERMANN/PFISTER/FISCHER (1998), S. 236ff., EISENFÜHR/WEBER (1999), S. 381ff.

scheinlichkeiten werden dabei nach dem Grad der Sicherheit geordnet und bewertet. Dabei enstehen Differenzenpaare, die inhaltlich den Wert („mindestens x_i oder mehr" minus „strikt mehr als x_i") abbilden (Dekumulation). Wie sich leicht zeigen läßt,[1] liegt der inhaltliche Effekt der RDEU-Theorie darin, daß die Wahrscheinlichkeiten besserer und schlechterer Konsequenzen unterschiedliche Gewichte erhalten und somit die beste und schlechteste Konsequenz ebenfalls nicht nach ihrer Einzelwahrscheinlichkeit (die unter Umständen dieselbe sein kann), sondern nach der subjektiven Gewichtungsfunktion beurteilt werden. Risikoaverse Entscheider handeln dabei nach einer konvexen Gewichtungsfunktion, bei der die Wahrscheinlichkeiten in Richtung der schlechteren Konsequenzen verschoben sind, risikofreudige dagegen haben eine konkave Gewichtungsfunktion mit einer stärkeren Gewichtung in Richtung der besseren Konsequenzen.

LOPES[2] bezog den Grundgedanken der RDEU-Theorie auf die Risikoeinstellung von Individuen (Security-Potential/Aspiration-Theory SP/A) und modellierte für verschiedene Lotterien mit unterschiedlichem Risikograd unterschiedliche Lorenzkurven. Auch dabei werden die einzelnen Ausgänge und deren Wahrscheinlichkeiten sortiert und kumuliert. Zwei Faktoren bestimmen eine risikobehaftete Auswahl: ein dispositioneller und ein situativer. Der dispositionelle Faktor wird durch die Risikoeinstellung des Entscheiders bestimmt. Risikoaverse Personen (security minded) übergewichten die Wahrscheinlichkeiten niedriger im Gegensatz zu höheren Beträgen, risikofreudige Personen (potential minded) nehmen eine umgekehrte Bewertung vor. Die entsprechende Nutzenfunktion ist daher konvex bzw. konkav. Typisch für den individuellen Entscheidungsträger ist nach LOPES allerdings eine Kombination aus diesen beiden Extrema.[3] Dies bedeutet ein risikoaverses Verhalten im Bereich niedriger Ausgänge bei gleichzeitiger Übergewichtung der sehr hohen Ausgänge. Der situative Faktor ist das Anspruchsniveau (aspiration level), anhand dessen ein Individuum eine Entscheidung trifft. Dieses kann durch die verschiedenen Alternativen, durch Kontexteffekte oder durch externe Faktoren festgelegt sein.

---

[1] Vgl. das Beispiel in JUNGERMANN/PFISTER/FISCHER (1998), S. 237ff.

[2] Vgl. LOPES (1987), S. 264ff.; LOPES (1990), S.279ff.

[3] Vgl. LOPES (1995a), S. 186f.; LOPES (1995b), S. 34ff.

1.3.2.4 Search for Dominance Structure Theory und Image Theory

Ansätze wie die „Image Theory" von BEACH und die eng verwandte „Search for Dominance Structure Theory" (SDS-Theorie) von MONTGOMERY stellen prozeßorientierte Entscheidungstheorien dar.[1]

Die SDS-Theorie orientiert sich an dem Verlauf einer Entscheidung, die aus vier Phasen besteht:[2]

- *Pre-editing*: In dieser ersten Phase werden die verschiedenen Attribute der einzelnen Alternativen festgelegt und nach ihrer Bedeutung bewertet. Ziel ist es, bereits hier Alternativen, die wenig Aussicht auf Realisation haben, zu eliminieren und nur diejenigen Alternativen und Attribute in den weiteren Entscheidungsprozeß mitaufzunehmen, die eine entsprechende Bedeutung haben (*selecting and evaluating attributes and screening*).
- *Finding a promising alternative*: Der Entscheidungsträger formuliert hier eine Alternative, die ihm zunächst als eine dominante erscheint. MONTGOMERY nennt dabei die „elimination-by-aspects"-Strategie als die zielführendste.[3]
- *Dominance testing*: Die in der vorherigen Phase selektierte Alternative muß auf ihre Dominanz gegenüber den anderen getestet werden. Dies geschieht entweder absolut (singuläre Bewertung jeder Alternative entlang jedes Attributes) oder komparativ (ständiger Vergleich zwischen verschiedenenen Alternativen). Wird die gewählte Alternative als die dominante erkannt, so wird diese gewählt und der Entscheidungsprozeß endet hiermit. Wird dagegen eine Verletzung der Dominanz-Struktur festgestellt, schließt sich eine vierte Phase an.
- *Dominance structuring*: Wird die Dominanz-Struktur in nur einer oder wenigen Attributen verletzt, so kann die Bedeutung dieses Attributes verringert werden, so daß die Alternative letztendlich doch ihre dominante Stellung erhält (*de-emphasizing*). Eine andere Möglichkeit sieht vor, die positiven Aspekte der Alternative zu betonen; es liegt somit eine indirekte Form des de-emphasizing vor (*bolstering*). *Cancellation* bedeutet, ein negatives Attribut in Relation zu einem positiven zu sehen und somit aufzuheben. Negative und positive Attribute können aber auch zu einem umfassenderen

---

[1] Auch MAULE/SVENSON (1993) verweisen auf die Bedeutung von Prozeßtheorien im Rahmen der Entscheidungstheorie, S. 17.

[2] Vgl. zu den weiteren Ausführungen MONTGOMERY (1983), S. 350ff.; MONTGOMERY (1989a), S. 472ff.; MONTGOMERY (1989b), S. 24ff.; MONTGOMERY (1998), S. 280ff.

[3] Bei dieser Strategieform werden nach TVERSKY die einzelnen Alternativen attributsweise auf das Erreichen eines festgelegten Wertes untersucht. Diejenigen Alternativen, die diese Grenze unter- bzw. überschreiten, werden dann eliminiert. Zur näheren Erläuterung dieser und ähnlicher Strategieformen s. Kap. II.1.1.1.

neuen Attribut zusammengefaßt werden, das dann positiv bewertet werden kann (*collapsing*).

Die „Image Theory" geht noch einen Schritt weiter, indem sie die personalen und situativen Faktoren explizit in die Entscheidungstheorie mitaufnimmt.[1] Auch hier gibt es zwar einen schrittweisen Ablauf, der jedoch erheblich vom Phasenablauf der klassischen Entscheidungstheorie abweicht. Im Mittelpunkt dieser Theorie BEACH/MITCHELLS stehen die sogenannten „images", die das gesamte Entscheidungsumfeld beschreiben. Dazu gehören nicht nur die Ziele und Pläne zur Zielerreichung, sondern auch die persönliche Situation des Entscheiders mit seinen Werten und Vorstellungen. Es existieren zwei verschiedene Entscheidungssituationen, die mit zwei Testformen kombiniert werden können:

- *„Adoption decisions"* sind Entscheidungen, die eine Alternative als passend oder unpassend zu den images identifizieren. Ein typisches Beispiel ist die Entscheidung gegen ein bestimmtes Seminar, von dem sich ein Student als Entscheidungsträger eine eher schlechte Note erwartet. Dieses wäre nicht passend zu den Vorstellungen des Studenten.
- *„Progress decisions"* sind Entscheidungen für oder gegen das Aufgeben einer bereits gewählten Alternative zugunsten einer anderen Option unter Berücksichtigung der eigenen Zielsetzung.
- Der *„compatibility test"* vergleicht die zunächst ausgewählte Alternative mit den bestehenden images. Dabei liegt der Fokus auf der fehlenden Vereinbarkeit, die sich bei einem attributweisen Vergleich aufsummiert. Überschreitet diese fehlende Vereinbarkeit einen bestimmten Grenzwert, so kann die entsprechende Alternative bereits ausgeschlossen werden.
- Der *„profitability test"* kommt erst dann zum Einsatz, wenn mit Hilfe des „compatibility tests" mehrere Alternativen übrig bleiben. Es wird dann versucht, die beste Alternative zu finden. Welche Strategie dabei zum Einsatz kommt, ist abhängig vom Entscheidungskontext und kann nicht von vornherein festgelegt werden.

Beide soeben beschriebenen Theorien versuchen, das tatsächliche Entscheidungsverhalten ohne Verwendung mathematischer Formulierungen abzubilden, da „most decisions are made rather simply (...) and that it is inappropriate to use high-powered, very precise, maximizing models to describe the general run of decisions because that simply is not how such decisions are made."[2]

---

[1] Vgl. zu den folgenden Ausführungen BEACH/MITCHELL (1987), S. 202ff.; BEACH (1990), S. 6ff.; BEACH (1993), S. 151ff.; CONNOLLY/BEACH (1995), S. 85ff.

[2] BEACH/MITCHELL (1987), S. 219.

1.4 Entscheidungen in Finanzmärkten

1.4.1 Systematisierung der Begriffe Entscheidung und Finanzmarkt

Der Begriff der Entscheidung ist einer der am häufigsten genutzten in der betriebswirtschaftlichen Literatur. Allgemein gesprochen handelt es sich bei einer Entscheidung um ein Objekt, bei dem ein Subjekt anhand eines Zielsystems und mittels Informationen aus mindestens zwei Alternativen eine Wahl zu treffen hat. Drei Elemente bilden das Grundgerüst einer Entscheidung (Entscheidungsfeld):[1]

- Das *Aktionsfeld* enthält die endliche Menge einander ausschließender Handlungsalternativen. Die mögliche Unterlassungsalternative ist dabei ebenfalls als Aktion mit eingeschlossen.[2]
- *Umweltzustände* beeinflussen zwar die Entscheidung, können aber selbst nicht vom Entscheider beeinflusst werden.[3]
- Der *Ergebnisraum* berücksichtigt für jede Handlungsalternative unter den verschiedenen Umweltzuständen alternativ mögliche Ergebnisse.

Zusätzlich existiert ein *Zielsystem*, in dem mehrere Ziele bzw. anhand von Präferenzrelationen aufgestellte Zielhierarchien berücksichtigt werden können.[4]

Können den Handlungsalternativen eindeutige Ergebniswerte zugeordnet werden, spricht man von Entscheidungen unter Sicherheit, im anderen Falle von Entscheidungen unter Unsicherheit. Diese lassen sich nochmals differenzieren in solche unter Risiko (Eintrittswahrscheinlichkeiten bekannt) und unter Ungewißheit (Eintrittswahrscheinlichkeiten unbekannt).[5] Können diese nicht genau bestimmt werden, so handelt es sich um eine Ambiguitätssituation.[6] Entscheidungen in Wertpapiermärkten können unter der letztgenannten Differenzierung subsumiert werden, so daß auf sie die Eigenschaft der Ambiguität zutrifft.[7]

---

[1] Vgl. BITZ (2000b); BITZ (1981), S. 10ff.

[2] Vgl. BAMBERG/COENENBERG (2000), S. 16f.

[3] Vgl. BAMBERG/COENENBERG (2000), S. 1ff.; SCHMIDT (1975), S. 67.

[4] Vgl. BAMBERG/COENENBERG (2000), S. 28ff.

[5] Vgl. BITZ (2000b); BITZ (1981), S. 14; OEHLER/UNSER (2002), S. 11; WITTE (1970a), S. 29f.; zu grundlegenden Definitionen auch: ROBBINS (1994), S. 166ff.; KIRSCH (1988), S. 4.

[6] Vgl. Kap. II 1.1.1.

[7] Vgl. OEHLER (1996), S. 771ff.

Die in der neoklassischen (und teilweise auch der neueren) Finanzierungstheorie entwickelten Modelle und Theorien zur Entscheidungsfindung unterstellen, daß lediglich das „richtige" Modell zur Abbildung von Präferenzen gefunden werden muß, um die empirisch nachgewiesenen Anomalien angemessen berücksichtigen zu können. Dies bedeutete gleichzeitig, daß das unabhängig vom Kontext beschriebene individuelle Entscheidungsverhalten auch auf Entscheidungssituationen in Märkten, insbesondere in Finanzmärkten übertragbar wäre.[1] Dies ist in Anbetracht der charakteristischen Eigenschaften des Finanzmarktes aber fraglich, da die explizite Modellierung dieses Kontextes Voraussetzung einer solchen Abbildung wäre.[2]

Ein Finanzmarkt läßt sich definieren als ein Markt, auf dem liquide Mittel ausgetauscht werden, wobei verschiedene Marktstrukturen und Austauschmöglichkeiten vorhanden sein können.[3] Dabei können sowohl erstmalige Finanzkontrakte geschlossen (Primärmarkt) als auch die daraus entstandenen Finanztitel gehandelt werden (Sekundärmarkt).[4] Der Aktienmarkt als ein Teilsegment des Finanzmarktes bedient sich beispielsweise Anteilswerten an Unternehmen, die als Gegenwert zu den liquiden Mitteln eingetauscht werden können. Charakteristisch für diese Märkte sind die Erfahrungsbildung bei den Anlegern (Entscheidern), die Interaktion zwischen den Anlegern und die Arbitragemöglichkeiten.

Für weitere Systematisierungen muß die Person des Entscheiders explizit berücksichtigt werden. Überträgt man dabei das Konzept der Entscheidung auf die Anlageentscheidung, so läßt sich diese trennen in die Entscheidung über die Anlageform und die anschließende Auswahl aus den einzelnen Alternativen innerhalb jeder Anlageform.[5] Dies betrifft eine Neuanlage von Geldbeständen ebenso wie die Umschichtung bereits bestehender Wertpapierbestände.[6] Für die hier vorliegende Arbeit soll auf eine Differenzierung zwischen diesen Varianten verzichtet werden, da der Entscheidungs- und Informationsprozeß

---

[1] Vgl. WEBER (1990), S. 174ff.

[2] Vgl. WEBER (1990), S. 175.

[3] Vgl. zur Definition SCHMIDT/TERBERGER (1997), S. 90.

[4] Vgl. BITZ (2000b); auch BITZ (2000a), S. 147; HAX (1998), S. 193f.

[5] Vgl. OEHLER (1995), S. 62.

[6] OEHLER (1995), S. 63 differenziert hier zwischen *primären* (erstmalige Anlageentscheidungen mit einem umfangreichen Informationssuche und -bewertungsprozeß), *sekundären* (Wiederholungen primärer Anlageentscheidungen oder Auswahlvorgänge aus Unterarten) und *tertiären* (quasi-automatische Anlageentscheidungen, die durch die sekundäre Form vorgegeben werden) Anlageentscheidungen.

sich im Ablauf nicht unterscheidet.[1] Grundsätzlich können diese Entscheidungen auch auf die grundständige Überlegung reduziert werden, wie sich der Aktienkurs zukünftig verhalten wird. Die Prognose des Aktienkurses wirkt dann auf die eigentliche Entscheidung zurück. So wird aus einer positiven Kurserwartung „Kaufen“ bzw. „Halten“ resultieren, bei einer Entscheidung zwischen drei (subjektiv erwarteter) Kurssteigerungen die maximale die Entscheidung leiten.

Prinzipiell ist bei Entscheidungen am Aktienmarkt zwischen solchen institutioneller und privater Anleger zu unterscheiden. Die hier vorliegende Untersuchung beschränkt sich auf den Teilnehmerkreis individueller Anleger. Individuell bedeutet dabei auch institutionell, soweit es sich nicht um eine Gruppenentscheidung handelt, da davon ausgegangen werden kann, daß institutionelle Anleger sich zwar in den zur Verfügung stehenden Informationen, nicht aber im eigentlichen Informations- und Entscheidungsprozeß unterscheiden.

Anhand des kognitiven Aufwandes werden in der Entscheidungstheorie weitere Unterteilungen des Entscheidungsbegriffs vorgenommen. Diese finden auch in der Konsumentenforschung Entsprechungen.[2]

a) Routine-Entscheidungen / Stereotype Entscheidungen

   Diese Art von Entscheidungen sind solche, die häufig wiederholt werden. Sie erfordern nur geringe Aufmerksamkeit und wenige kognitive Prozesse ohne einen Bewertungsprozeß (Routine-Entscheidungen) oder mit einem geringen Bewertungsaufwand (stereotype Entscheidungen). Dieser Typus wird schnell durchgeführt. In der Konsumentenforschung wird er „habituelle Kaufentscheidung“ genannt.

b) Reflektierte Entscheidungen

   Diese und die nachfolgend beschriebene Entscheidungsart sind sogenannte „echte“ Entscheidungen, da sie ein tatsächliches Entscheidungsverhalten und einen Entscheidungsprozeß erfordern, zumal der Entscheidungstatbestand seltener identisch ist. Es müssen Bewertungen von Alternativen mittels vorhandener Informationen erfolgen, so daß diese Entscheidungen nicht mehr so schnell ablaufen können wie die vorher genannte. Die Konsumentenforschung impliziert dabei die Erfahrungsbildung früherer Entscheidungen, die den Entscheidungsprozeß leiten (limitierte Entscheidungen).

---

[1] Es handelt sich jeweils um eine Alternativenentscheidung („Kaufen“ vs. „Nicht-Kaufen“ bzw. „Verkaufen“ vs. „Halten“ oder „Aktie A“ vs. „Aktie B“ vs. „Aktie C“).

[2] Vgl. OEHLER (1995), S. 64f.; JUNGERMANN/PFISTER/FISCHER (1998), S. 29ff.; KIRSCH (1988), S. 8f.

c) Konstruktive Entscheidungen

Diese Entscheidungsart erfordert den höchsten kognitiven Aufwand, da die verschiedenen Alternativen entweder nicht präzise definiert sind oder auch gar nicht vorgegeben sind, wobei die Unstrukturiertheit ein hohes Maß an Flexibilität erfordert. Häufig werden dabei weitere Unterentscheidungen erforderlich, die wiederum die Charakteristik der eigentlichen Entscheidung bestimmen. Das Pendant der Konsumentenforschung firmiert unter dem Begriff „extensive Entscheidung".

In der Konsumentenforschung existieren noch die „Impulskäufe", hauptsächlich reizgesteuerte, emotionale Käufe, die ohne Vorplanung spontan und rasch getätigt werden. Eine Analogie zur Anlageentscheidung läßt sich dabei schwerlich feststellen.

Die genannten Charakteristika lassen sich für alle Anlageentscheidungen anwenden: Primäre Anlageentscheidungen dürften konstruktive Entscheidungen darstellen, sekundäre eher reflektierte, tertiäre eher stereotype Entscheidungen.

1.4.2 Systematisierung von Informationen als Grundlage von Entscheidungen in Finanzmärkten

Eine Entscheidung im Wertpapiermarkt verlangt die Bewertung der möglichen Anlagealternativen des Aktionsfeldes. Diese Bewertung setzt zum einen voraus, daß der Anleger verschiedene Informationsquellen und daraus abgeleitete Informationen bewertet, zum anderen aber auch das Ergebnis möglicher früherer Entscheidungen in Form der erzielten Rendite berücksichtigt. Diese Rendite ist abhängig von der Gesamtkapitalrendite des betrachteten Unternehmens, die wiederum verschiedenen Einflußfaktoren unterliegt:[1]

- Die *Ausgangssituation* berücksichtigt neben der Stellung des Unternehmens im Markt die Organisation und die Ressourcen.
- Die *Geschäftspolitik* beschäftigt sich mit allen Variablen der Bereiche Beschaffung, Produktion und Absatz.
- Die *Umweltentwicklung* umfaßt alle exogenen Einflußfaktoren wie die institutionellen Rahmenbedingungen und den Markt.

Ein Anleger, der versucht, eine Beurteilung eines Unternehmens vorzunehmen, wird sich daher mit den in den folgenden Kapiteln beschriebenen Informationen beschäftigen.

---

[1] Vgl. BITZ (2000b).

1.4.2.1 Der Jahresabschluß und die daraus abgeleiteten Kennzahlen

In Deutschland wird im Handelsgesetzbuch (HGB) (1. Abschnitt) in den §§238 ff. geregelt, welche Rechnungslegungen durchzuführen und aufzuzeichnen sind. Im 2. Abschnitt des HGB (§§264ff.) werden ergänzende Regelungen u.a. für Aktiengesellschaften getroffen. Der Jahresabschluß selbst besteht aus einzelnen Bestandteilen:

a) Die Bilanz

Alle Vermögenspositionen (Aktiva) und-quellen (Passiva) werden in der Bilanz in Kontoform aufgestellt. Die exakte Reihung der Positionen gibt §266, Absatz 2 und 3 HGB vor. Die Abbildung erfolgt stichtagsbezogen, d.h. die Bilanz bildet die Vermögenssituation an einem bestimmten Stichtag ab.[1] Für einen externen Analytiker sind weniger die einzelnen Werte relevant, sondern der Vergleich - entweder mit ähnlichen Unternehmen (beispielsweise innerhalb der gleichen Branche) oder mit den Werten der Vorjahre. Aus den Veränderungen im Zeitablauf lassen sich Rückschlüsse auf Veränderungen innerhalb des Unternehmens, aus dem Unternehmensvergleich Rückschlüsse auf die Positionierung im Branchenumfeld ziehen.[2] Beachtet werden muß dabei aber, daß die Bewertung der meisten Positionen zwar einheitlich geregelt ist, aber trotzdem einen Gestaltungsspielraum eröffnet, der einen Einblick in die tatsächliche Vermögens-, Finanz- und Ertragslage erschweren kann.[3]

b) Die Gewinn- und Verlustrechnung (GuV)

Erträge und Aufwendungen des vergangenen Geschäftsjahres werden in der GuV aufgeschlüsselt (zeitraumbezogene Darstellung).[4] Die einzelnen Positionen (Aufwendungen und Erträge) werden in der GuV zu verschiedenen Ergebnisgrößen zusammengefaßt (Betriebsergebnis, Finanzergebnis, außerordentliches Ergebnis). Als Saldo ergibt sich ein Jahresüberschuß oder ein -fehlbetrag, der über das Eigenkapital in die Bilanz eingestellt wird. Auch für die GuV gilt, daß eine sinnvolle Betrachtung der Ertragslage eines Unternehmens nur über den Zeit- oder Branchenvergleich möglich ist.

---

[1] Vgl. BITZ/SCHNEELOCH/WITTSTOCK (2000), S. 9f.; COENENBERG (2000), S. 28f.

[2] Vgl. ausführlich zu dem Problem der Vergleichbarkeit aufeinanderfolgender Jahresabschlüsse BAETGE/COMMANDEUR (1986), S. 326ff. Außerdem: BITZ/SCHNEELOCH/WITTSTOCK (2000), S. 390f.; BAETGE (1996), S. 182; auf den ebenfalls möglichen Normvergleich wird im weiteren Verlauf des Kapitels unter der Kennzahlenanalyse eingegangen.

[3] Als Beispiel sind hier die Pensionsrückstellungen zu nennen, für die ein Bildungswahlrecht besteht; ebenso die Beeinflussung von Aktivposten durch entsprechende Abschreibungsquoten.

[4] Vgl. zur GuV BAETGE (1996), S. 522ff.; LANGE (1989), S. 210ff.; BITZ/SCHNEELOCH/WITTSTOCK (2000), S. 246ff.

c) Der Anhang

Im Anhang müssen die einzelnen Bewertungsmethoden und bestimmte Positionen der Bilanz näher beschrieben werden (§§284 - 285 HGB). Der Anhang enthält dadurch eine Interpretations- und Erläuterungsfunktion, da er bereits in der Bilanz abgebildete Sachverhalte zusätzlich erläutert oder ergänzt.[1] Auch eine Entlastungsfunktion kann dem Anhang zugeschrieben werden, da durch Wahlrechte einzelne Positionen aus der Bilanz in den Anhang übernommen werden können und somit die Bilanz leichter lesbar wird.

d) Der Lagebericht (nur für mittelgroße und große Unternehmen nach §267, Abs. 2 und 3 HGB)

Der Lagebericht (§289 HGB) ist das einzige Instrument, das auf die zukünftige Entwicklung eines Unternehmens eingeht. Hier werden neben dem Geschäftsverlauf, der so beschrieben werden soll, daß ein den tatsächlichen Verhältnissen entsprechendes Bild entsteht, auch die Darstellung der voraussichtlichen Entwicklung gefordert.[2] Auch die Bereiche Forschung und Entwicklung sowie informationsrelevante Ereignisse, die nach Abschuß eines Geschäftsjahres eingetreten sind, werden im Lagebericht aufgegriffen. Weitere inhaltliche Vorgaben über den Lagebericht werden im HGB nicht gemacht, so daß hier ein gewisser Gestaltungsspielraum gegeben ist. Denkbar sind hier Berichte über die gesamtwirtschafltiche oder branchentypische Lage, über außergewöhnliche Vorgänge im Rahmen der Gesamtsituation des Unternehmens oder auch Berichte über die verschiedenen Sektoren eines Unternehmens (Beschaffung, Produktion, Absatz, Investition und Finanzierung, Personalbereich).

Eine Reihe von Unternehmen bieten auch zwischen den gesetzlich vorgeschriebenen Terminen Informationen an.[3] Zu nennen sind hier insbesondere die Quartals- oder Zwischenberichte, zu denen nach der 1982 erlassenen EG-Zwischenberichtsrichtlinie bzw. dem Börsengesetz (§40)[4] im amtlichen Handel notierte Unternehmen verpflichtet sind.[5] Die Zwischenberichte erfüllen hauptsächlich zwei Funktionen: Zum einen dienen sie dazu, die Zeit zwischen zwei Stichtagen zur Jahresabschlußerstellung zu überbrücken (retrospektiver Cha-

---

[1] Vgl. RUSS (1986), S. 19ff.; ADLER/DÜRING/SCHMALTZ (1995), S. 7ff.; BAETGE (1996), S. 605; COENENBERG (2000), S. 808.

[2] Vgl. ADLER/DÜRING/SCHMALTZ (1995), S. 204ff.; BAETGE/FISCHER/PASKERT (1989), S.31ff.; COENENBERG (2000), S. 841ff.; von WYSOCKI (1989), S. 262ff.

[3] Vgl. BRANDI (1977), S. 6.

[4] Fassung vom 21.06.2002.

[5] Der Zwischenbericht hat somit eine reine Informations- und keine Ausschüttungsbemessungs- oder Steuerermittlungsfunktion; Vgl. BUSSE VON COLBE/REINHARD(1989), S. 1f.

rakter) zum anderen können neue Informationen geliefert werden, die einen prospektiven Ansatz deutlich machen.[1]

Eine weitere freiwillige Zusatzpublizität ist möglich, aber nicht gesetzlich geregelt.[2] Dies gilt gleichermaßen für die Möglichkeit von Zwischenbilanzen, die von einigen Unternehmen - wenn auch in stark verkürzter Form - veröffentlicht werden.[3] Die ad-hoc-Publizität ist ebenfalls im Bereich der Zwischenberichtspublizität anzusiedeln. Sie ist jedoch nicht regelmäßig, sondern situationsbezogen aufzufassen, stellt aber ebenso Informationen zur Verfügung, die aus dem Bereich des Jahresabschlusses stammen können.
Für eine sachgerechte Bewertung der im Jahresabschluß enthaltenen Informationen wird in der Regel eine Jahresabschlußanalyse durchgeführt. Diese kann als „die Gesamtheit der Maßnahmen zur Aufbereitung und Auswertung der im Jahresabschluß von Unternehmen enthaltenen Informationen im Hinblick auf die Erkenntnisziele desjenigen, der die Analyse vornimmt..."[4] definiert werden. Zielt man dabei auf den individuellen Anleger ab, der eine Entscheidung am Aktienmarkt vornimmt, so wird diesen neben der Vermögens- und Finanzlage insbesondere die Ertragslage interessieren. Grundsätzlich läßt sich die Jahresabschlußanalyse wie in Abbildung 1.4 gezeigt aufteilen:[5]

Für jeden der einzelnen Bereiche gibt es eine Fülle von Kennzahlen, die hier nicht im einzelnen beschrieben werden sollen.[6] Ein Anleger kann aufgrund seiner spezifischen Anlegerziele ihm subjektiv wichtig erscheinende Kennzahlen berechnen und einen Betriebs- oder Zeitvergleich anstellen.[7] Eine für individuelle Anleger besonders interessante Vergleichsmöglichkeit ist der

---

[1] Vgl. zu den verschiedenen Ansätzen COENENBERG (2000), S. 848ff.; BRIDTS (1990), S. 76ff.; COENENBERG/BRIDTS (1992), S. 175; BAETGE/SCHLÖSSER (1993), S. 228ff.; KÖSTER (1992), S. 66ff. COENENBERG/FEDERSPIELER (1999), S. 180ff.; COENENBERG/HENES (1995) und HENES (1995) bestätigen den Informationsgehalt von Zwischenberichten auch empirisch.

[2] Da im genannten §40 BörsG nur eine Mindestlösung gefordert wird, wird einer Quartalspublizität Raum gelassen. Vgl. BR-Drs. (1987); eine empirische Überprüfung der Motivation des Managements zur Quartalsberichterstattung liefert BOTOSAN/HARRIS (2000).

[3] Vgl. COENENBERG/BRIDTS (1992), S. 194f.; KÖSTER (1992), S. 89f.; TREIBER (1991), S. 601f.

[4] BITZ/SCHNEELOCH/WITTSTOCK (2000), S. 387.

[5] Vgl. BITZ/SCHNEELOCH/WITTSTOCK (2000), S. 389ff.; COENENBERG (2000), S. 873ff.; KREHL (1988), S. 19; KERTH/WOLF (1993), S. 37.

[6] Vgl. LITTKEMANN/KREHL (2000), S. 25; FRANKE/HAX (1999), S. 114ff. und 130ff.

[7] Vgl. LITTKEMANN/KREHL (2000), S. 19f.

Normvergleich. Institutionelle Anleger wenden häufig rechtliche Normvorgaben oder statistische Analysen an, also einen Vergleich zwischen den Kennzahlen eines Unternehmens mit exogen vorgegebenen Ausprägungen der entsprechenden Kennzahl. Private Anleger lassen möglicherweise ihre subjektive Einschätzung bezüglich der Höhe einer Kennzahl in die Analyse miteinfließen.[1] Dieser nicht zu unterschätzende Maßstab kann - auch wenn er quantitativ nicht meßbar ist - einen deutlichen Einfluß auf eine Anlageentscheidung haben.

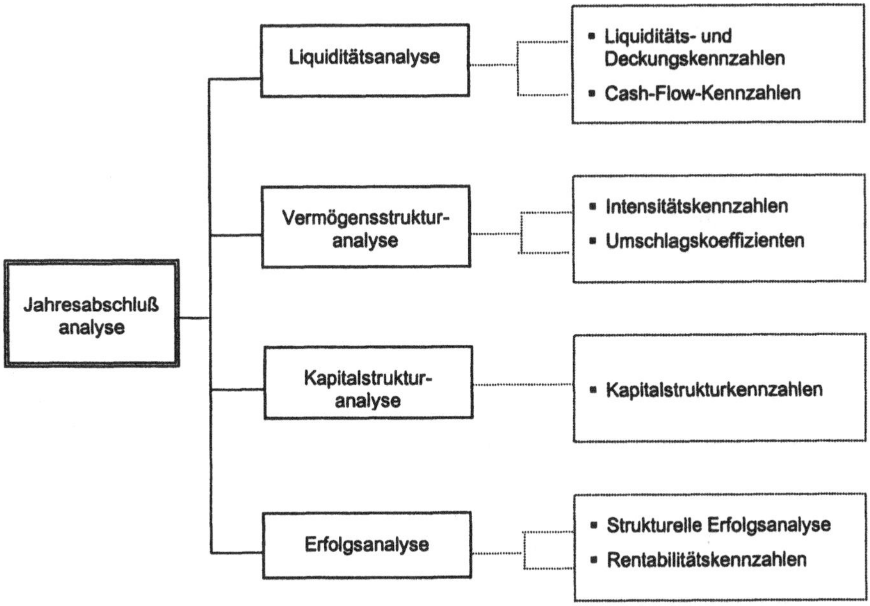

Abbildung 1.4: Bereiche der Jahresabschlußanalyse

Nicht unerwähnt bleiben darf in diesem Zusammenhang, daß Kennzahlen Grenzen unterliegen[2]: So werden nur zahlenmäßig Vorgänge erfaßt, die auch quantifizierbar sind. Weitere wichtige Faktoren, wie z.B. die Managementqualität finden keine Berücksichtigung. Auch Bilanzpolitik kann dazu führen, daß das Abbild, das der Jahresabschluß über das jeweilige Unternehmen herstellen soll, verzerrt ist. Das komprimierte Bild, das aus den Kennzahlen entsteht,

[1] Vgl. BITZ/SCHNEELOCH/WITTSTOCK (2000), S. 391f.

[2] Vgl. BAETGE (1998), S. 54ff.; KERTH/WOLF (1993),S. 50.

führt weiterhin zwangsläufig auch zu einem Verlust an Informationen. Diesen Mangel können auch Kennzahlensysteme nur bedingt beheben.[1] [2]

Untersuchungen, die sich mit der Informationswirkung von Jahresabschlußdaten befassen, sind in der Literatur zahlreich zu finden.[3] Die meisten der bestehenden Untersuchungen bestätigen den Kurseinfluß von Gewinnmeldungen, insbesondere wenn der Gewinn nicht erwartet wurde.[4] Dieser Effekt ist auch abhängig von der Firmengröße, d.h. bei kleinen Firmen ist die Informationswirkung regelmäßig größer.[5] Uneinheitlich sind die Ergebnisse v.a. bei Studien, die sich mit dem Informationsgehalt von Dividendenzahlungen befassen. So wird in manchen Untersuchungen dieser Zusammenhang bestätigt[6], in anderen wiederum abgelehnt.[7]

Die Vorhersagbarkeit von Aktienrenditen mittels bestimmter Kennzahlen wird in vielen Studien überprüft. Da die Bildung von möglichen Kennzahlen fast uneingeschränkt möglich ist und nur selten einheitliche Definitionen verwendet werden, können an dieser Stelle nur überblicksartig Studien genannt werden.[8]

---

[1] Die Rolle der Kennzahlensysteme wird z.B. diskutiert in BIEG (1993), S. 454ff.; LACHNIT (1975), S. 39ff.; REICHMANN/LACHNIT (1976), S. 705ff.

[2] Neben der reinen Kennzahlenanalyse umfaßt die Jahresabschlußanalyse auch weitere Bereiche wie die Erstellung von Kapitalflußrechnungen oder die Erfolgsspaltung. Es ist jedoch schwerlich vorstellbar, daß ein Privatanleger, vor eine Anlageentscheidung gestellt, solche Analyseformen vornimmt. Daher werden diese bei einer experimentellen Überprüfung der Anlageentscheidung in dieser Arbeit auch keine Rolle spielen.

[3] DIETRICH ET AL kommen 2001 zu dem Schluß, daß direkte Informationen, die Unternehmen abgeben, zu einer besseren Preisprognose führen als solche, die zuerst aus dem Jahresabschluß herausgelesen werden müssen. Trotzdem werden meistens Informationen aus dem Jahresabschluß selbst oder diesem direkt zugehörige Informationen in Zusammenhang mit der Preisentwicklung geprüft. Die Ergebnisse differieren stark und nicht nur in Abhängigkeit des gewählten Prognosemodells und -verfahrens, so daß endgültige Aussagen nicht getroffen werden können. Die im Text genannten Ergebnisse repräsentieren daher allenfalls einen Querschnitt existierender Untersuchungen.

[4] Vgl. die Studien von NIEDERHOFFER/REGAN (1972); PATELL (1976); BRANDI (1977); COENENBERG/BRANDI (1979); COENENBERG/MÖLLER (1979); BASU (1983); LÖFFLER (1999); LI/WEARING (2000).

[5] Vgl. die Untersuchungen von ATIASE (1985); KROSS/SCHROEDER (1988); BERNARD/THOMAS (1989).

[6] Vgl. CHAREST (1978); SAHLING (1981); AHARONY/SWARY (1980); WOOLRIDGE (1982); KOTHARI/SHANKEN (1992); AMIHUD/MURGIA (1997); GERKE/OERKE/SENTNER (1997) weisen einen Informationsgehalt für den deutschen Aktienmarkt nach.

[7] Vgl. WATTS (1973); BLACK/SCHOLES (1974); GONEDES (1978).

[8] Für einen Überblick s. CHARITOU/PANAGIOTIDES (1999) (britischer Aktienmarkt).

Diese verwenden u.a. Dividendenrenditen[1], Gewinne (DVFA)[2], Cash-Flow-Kennzahlen[3], das KGV[4] oder Book-to-Market-Kennzahlen.[5]

Verschiedene Studien versuchen genau zu erfassen, welche Einzelinformationen aus dem Jahresabschluß für Privatanleger von Interesse sein können. Die umfassendste Studie dazu legten LEE/TWEEDIE im Jahre 1977 vor.[6] Sie fokussierten ihre Untersuchung auf drei Fragen:

1) Inwieweit werden Informationen, die im Rahmen des Jahresabschlusses gegeben werden, vom Privatanleger verstanden?

2) Welche Informationen im Rahmen des Jahresabschlusses und welche weiteren Quellen werden für eine Anlageentscheidung verwendet?

3) Gibt es einen Zusammenhang zwischen den beiden bereits genannten Fragestellungen, d.h. verstehen die Personen, die den Jahresabschluß für wichtig erachten, auch die Informationen, die dieser liefert?

Die Frage nach der subjektiven Einschätzung des Verständnisses von Finanzinformationen wurde von 74% positiv beurteilt. Ein gegensätzliches Bild ergibt sich aber, sobald die Probanden Begriffe oder Kennzahlen selber definieren sollten (z.B. den Begriff „Gewinn" oder die Kennzahl PER). Eine angemessene Definition wurde in maximal 34% geliefert, während zwischen 40% und 70% falsche Antworten gegeben wurden. Die wichtigsten Informationen des Jahresabschlusses waren die Gewinne, die Dividenden und die Beurteilung der zukünftigen Lage des Unternehmens. Als wichtige Informationsquelle wurden die Finanzpresse, die „occasional merger reports"[7] und die Halbjahresberichte genannt. Einen statistisch signifikanten Zusammenhang gibt es offensichtlich zwischen den Personen, die den Jahresabschluß für wichtig erachten und denen, die ihn auch verstehen. Gleichzeitig nehmen diejenigen Personen

---

[1] Vgl. FAMA/FRENCH (1988); GOETZMANN/JORION (1995); PESARAN/TIMMERMANN (1994).

[2] Vgl. BOOTH/BROUSSARD/LOISTL (1997); HARRIS/LANG/MÖLLER (1994).

[3] Vgl. GARROD/HADI (1998); PFEIFFER et al. (1998); LAKONISHOK/SHLEIFEER/VISHNY (1994).

[4] Vgl. STOCK (2001); JACOBS/LEVY (1998); JAFFE/KEIM/WESTERFIELD (1989).

[5] Vgl. BLOCK (1995); FAMA/FRENCH (1995); KOTHARI/SHANKEN/SLOAN (1995); KOTHARI/SHANKEN (1997); PENMAN (1996); PONTIFF/SCHALL (1998).

[6] Vgl. LEE/TWEEDIE (1977). Es wurden in dieser Studie 301 britische Privatanleger mittels Interviews befragt.

[7] Dieser Begriff kann nur unzureichend mit „gelegentliche Verschmelzungsberichte" übersetzt werden.

mit einem hohen Verständnisgrad und einer Affinität zum Jahresabschluß eine größere Anzahl an weiteren Informationen über die Finanzpresse auf.

1.4.2.2 Makroökonomische Faktoren und der Aktienkurs

Weltwirtschaftliche Größen wie der Konjunkturverlauf, die Zinsentwicklung, der Wechselkursverlauf und die Börsenentwicklung zeigen durch die enge Verflechtung Auswirkungen auf den Kapitalmarkt des zu betrachtenden Unternehmens.[1] Für Deutschland als rohstoffarmes Land ist dabei die Preisentwicklung für Rohstoffe, insbesondere auch von Öl von besonderer Bedeutung.[2] Gleiches gilt für den Konjunkturverlauf anderer Länder, wenn man die hohe Exportquote Deutschlands berücksichtigt. Diese ist auch Ursache für die hohe Bedeutung des Wechselkursverlaufes, insbesondere des Dollars. Ein steigender Wechselkursverlauf verteuert beispielweise die Exporte. Ein Unternehmen, das viele seiner Produkte exportiert, wird nur solange von einem steigenden Wechselkurs profitieren, solange die ausländischen Geschäftspartner noch ausreichend importieren können. Die veränderte Kostenstruktur hat Auswirkungen auf die Nachfrage nach den entsprechenden Produkten und damit auf die Gesamtentwicklung des betroffenen Unternehmens.[3] Ähnlich wirkt das Zinsgefälle zwischen den Ländern: ein hohes ausländisches Zinsniveau steigert den Export von Kapital und senkt den entsprechenden Import und umgekehrt.[4]

Die enge Verzahnung der Kapitalmärkte zeigt sich in der Reaktion beispielsweise des deutschen Kapitalmarktes auf politische oder wirtschaftliche Ereignisse anderer Länder, die sich zunächst in dem jeweiligen Land niederschlagen, dann aber auf die anderen Kapitalmärkte durchdringen.[5]

---

[1] Vgl. STEINER/BRUNS (2000), S. 212; auch SCHMIDT/MAY zeigen in ihrer Untersuchung 1993 auf, daß die gesamtwirtschaftliche Entwicklung einen maßgeblichen Einfluß auf die Unternehmenssituation hat. S.a. HARVEY (1991).

[2] Vgl. LOISTL (1992), S. 186; TATOM (1987) ; HAMILTON (1983) ; MORK (1989).

[3] DRUMMEN/ZIMMERMANN (1992) untersuchen mögliche Diversifikationseffekte bei international diversifizierten Portfolios und kommen dabei zu dem Schluß, daß „die Währungsvolatilität über die Kovarianzen zwischen Märkten und Währungen resp. zwischen Währungen in das Portfoliorisiko einfließt." (S. 96); s. dazu auch die Studie von DRUMMEN (1992); RATHJEN (2000), S. 64; AGGARWAL (1981); SOENEN/HENNIGAR (1988).

[4] Vgl. LOISTL (1992), S. 190 ; FASTRICH/HEPP (1991), S. 156ff. kommen jedoch in ihrer Studie über einen Zusammenhang zwischen Aktienkursrenditen Schweizer Aktien und dem entsprechenden Wechselkurs zu keinem statistisch signifikanten Ergebnis.

[5] Vgl. ELLIS/WILLIAMS (1993), S. 255; RATHJEN (2000), S. 31; die Studie von SCHACHTER et al. (1986) beispielsweise belegt den Einfluß von Präsidentenwahlen und Flugzeugabstürzen in den USA auf das Handelsvolumen an den US-amerikanischen Börsen.

Die soeben genannten weltwirtschaftlichen Größen haben auch auf nationaler Ebene Bedeutung für den Aktienkursverlauf eines Unternehmens. Hier kann neben der allgemeinen Konjunkturlage die Zins- und Preisentwicklung sowie die Entwicklung des Produktionsvolumens genannt werden.

Für die Zinsentwicklung gilt generell folgendes: Festverzinsliche Anlagen werden als die am ehesten gewählte Alternative zur Aktienanlage gesehen, so daß bei niedrigen Zinsen Aktien umso attraktiver wirken. HANSMANN zählt in seiner Studie den Zinssatz für Dreimonatsgeld sogar zu den stärksten ökonomischen Determinanten des Aktienkurses.[1] Ein Zusammenhang zwischen der Geldmenge und der Entwicklung der Aktienkurse ist dagegen nicht direkt nachzuweisen.[2]

Steigende Preise verursachen steigende Lebenshaltungskosten und führen zu einer geringen Liquidität der privaten Haushalte, was sich ebenfalls am Aktienmarkt niederschlagen kann. LEVIN/FARAONE/MCGRAW beschäftigen sich 1981 in ihrer Studie mit dem Einfluß von Einkommen und Inflationsrate auf die persönliche Zufriedenheit und damit indirekt auf das monetäre Verhalten.[3] Sie kommen zu dem Schluß, daß beide Einflußgrößen einen Zusammenhang mit diesem aufweisen.

Das Wachstum des Produktionsvolumens eines Staates ist nach CHEN/ROLL/ROSS der Haupteinflußfaktor unter den makroökonomischen Größen.[4] ASPREM konnte in seiner Vergleichsstudie für 9 europäische Länder diesen Zusammenhang nur für Deutschland nachweisen.[5]

Auf Branchenebene gilt es zunächst zu berücksichtigen, inwieweit in der Branche des Unternehmens internationale Verflechtungen eine Rolle spielen und damit die oben genannten Faktoren zum Tragen kommen.

FREY/KUCHER (2001) weisen einen Zusammenhang zwischen bestimmten Ereignissen des 2. Weltkrieges und den Wertpapiermärkten, CAPLAN (2002) generell Zusammenhänge zwischen Kriegszuständen und Handel nach. SHILLER (2000), S. 94f. zeigt mittels einer Studie von NIEDERHOFFER, daß lediglich Krisenmeldungen einen signifikanten Zusammenhang zu Aktienmärkten aufweisen.

[1] Vgl. HANSMANN (1980), S. 123; HIELSCHER (1990), S. 111; ASPREM (1989), S. 599; s.a. die Studien von FAMA (1991) und FERSON/HARVEY (1991).

[2] Vgl. LANDES/LOISTL/REISS (1989), S. 137ff.; SCHWEIZER (1986), S. 76; MOOKERJEE (1987).

[3] Vgl. LEVIN/FARAONE/McGRAW (1981), S. 303ff.; für den Einfluß der Inflationsrate s.a die Untersuchungen von ASPREM (1989), HUISINGA/MISHKIN (1984) und SUMMERS (1986).

[4] Vgl. CHEN/ROLL/ROSS (1986), S. 402; s.a. FAMA (1990) und SCHWERT (1990).

[5] Vgl. ASPREM (1989), S. 594.

Die entscheidende Frage ist, welche Branchen als „zukunftsträchtig“, also als Wachstumsmarkt gelten. Unternehmen solcher Branchen werden Anlegern vermutlich eher attraktiv erscheinen als solche, die vermeintlich der Vergangenheit angehören (z.B. Stahlindustrie). Ein Indikator für diese Eigenschaft ist der Geschäftsklima-Index, der auch in Vergleichsstudien als bedeutende makroökonomische Größe für den Aktienmarkt eingeschätzt wird.[1] In diesen Studien konnte regelmäßig ein ähnlicher Verlauf des Aktienindex und des Geschäftsklima-Index gezeigt werden.

Die Auftragslage kann unabhängig von internationalen Entwicklungen branchenabhängig sehr unterschiedlich sein. Auch damit lassen sich wachstumsfähige Branchen und Unternehmen identifizieren. Ein statistischer Zusammenhang zwischen Auftragseingängen und Aktienkursentwicklung konnte jedoch nicht nachgewiesen werden.[2]

Durch steuerliche oder administrative Eingriffe lassen sich Rahmenbedingungen für einzelne Branchen schaffen, die ebenfalls das Anlegerklima beeinflussen könnten. Ein typisches Beispiel hierfür wären gesetzliche Auflagen zum Umweltschutz, die bestimmte Branchen stärker betreffen als andere.[3]

Betrachtet man die makroökonomischen Größen im Überblick, so fällt es schwer, die Frage zu beantworten, welche dieser Größen als Inputvariablen für eine experimentelle Untersuchung in Frage kommen. Unter Berücksichtigung der Ergebnisse vorliegender Studien, die sich mit dem Informationsverhalten von Privatanlegern beschäftigen,[4] sollen diese nicht explizit verwendet werden, sondern lediglich im Rahmen der noch zu beschreibenden qualitativen Größen Berücksichtigung finden.

Eine weitere Größe, die als Information bei einer Aktienmarktentscheidung von Bedeutung sein kann, ist der Aktienkurs selbst. Auch hierzu existieren Studien, die insbesondere einen Zusammenhang zwischen Anlagestrategien und vergangenen Aktienkursen nachzuweisen suchen.

---

[1] MÜLLER (1985) weist beispielsweise nach, daß die Größen Auftragseingang/Umsatz-Relation und die Geschäftserwartungen besonders leistungsstarke Frühindikatoren für eine konjunkturelle Tendenzprognose sind, S. 303; s.a. HANSMANN (1980), S. 123.

[2] Vgl. LOISTL (1992), S. 200.

[3] Vgl. ELLIS/WILLIAMS (1993), S. 266f.

[4] S. insbesondere die bereits genannte Studie von LEE/TWEEDIE (1977) und die in den weiteren Unterkapiteln beschriebenen Studien von BAKER/HASLEM (1973) und NAGY/OBENBERGER (1994). S. dazu auch die Argumentation von LEE (2000), S. 11.

Dazu gehören die Untersuchungen von ANDREASSEN (1987, 1988, 1990).[1] In allen zeigten die Probanden zunächst ein trendkonträres Verhalten (Kaufen nach fallenden Kursen, Verkaufen nach steigenden Kursen). Nach Weitergabe von Informationen an die Probanden, die die Kursbewegung inhaltlich erklärte und damit scheinbar einen Trend sichtbar machte, kehrte sich das Verhalten um in ein trendkonformes Verhalten (Verkaufen nach fallenden Kursen, Kaufen nach steigenden Kursen). Ohne eine Interpretation dieser Studien vornehmen zu wollen, erscheint es legitim, diesen Zusatzinformationen, die beispielsweise aus den Medien stammen können, ebenfalls eine Bedeutung für das Anlegerverhalten zukommen zu lassen. SCHACHTER ET AL. bestätigen ein trendkonformes Verhalten, wenn die Probanden ausschließlich Kursinformationen besitzen.[2]

In diesen Zusammenhang sind auch die Studien von OEHLER (1994, 1995) einzuordnen.[3] Auch hier sollten Anlagestrategien bei individuellen Investoren aufgedeckt werden. Die Möglichkeiten trendkonformen und trendkonträren Verhaltens wurden hier aber noch weiter in eine Kauf- und eine Verkaufsseite aufgeschlüsselt, so daß ein genauerer Einblick in das Strategieverhalten möglich ist. Die entsprechende Hypothese auf der Verkaufsseite („Die Teilnehmer verkaufen bei steigenden Kursen mehr als bei fallenden Kursen") ist im Ergebnis nicht zu verwerfen, während die Hypothese der Kaufseite („Die Probanden kaufen bei fallenden Kursen mehr als bei steigenden Preisen") nicht bestätigt werden kann. Trotzdem lassen sich Anhaltspunkte dafür finden, daß vergangene Preisbewegungen Orientierungspunkte für individuelle Anleger sein können, also ebenfalls preisbeeinflussend sind. Eine experimentelle Studie über das Entscheidungsverhalten muß daher diese externe Größe ebenfalls als möglichen Einflußfaktor berücksichtigen.

1.4.2.3 Qualitative Informationen

Hier handelt es sich um Einflußfaktoren, die qualitativen Gehalt besitzen und nur teilweise oder gar nicht in den fundamentalen Größen enthalten sind. Beispiele für qualitative Informationen, die einen Anleger interessieren könnten, wären die Qualität des Managements, das Image, das das betreffende Unter-

---

[1] Vgl. ANDREASSEN (1987); ANDREASSEN (1988); ANDREASSEN (1990); in allen Studien handelte es sich um Experimente, die am PC durchgeführt wurden.

[2] SCHACHTER et al. (1987), S. 270; in dieser Studie wurden 90 Probanden schriftlich befragt.

[3] Vgl. OEHLER (1994, 1995); hier handelte es sich um ein Experiment, bei dem die Teilnehmer per Post verschiedene Anteilswerte handelten. Als Informationen lagen diesen aber lediglich Kursinformationen vor.

nehmen hat, die Marktposition oder auch das technische Know-How, das im Unternehmen vorhanden ist.[1]

Qualitative Informationen werden meist nicht direkt vom Unternehmen selbst veröffentlicht, weil es entweder wenig Einblick in Interna geben will oder weil z.B. das Standing selbst schwerlich beurteilt werden kann. Als Hauptinformationsquellen hierfür sind die Medien, die mithin die Informationsleistung von Finanzintermediären im weiteren Sinne übernehmen können, zu nennen.[2] In einer Weiterfassung des weithin gängigen Begriffs der Börseninformationsdienste[3] sind hier damit nicht nur Veröffentlichungen in der Wirtschaftspresse, Wirtschafts- bzw. Anlegermagazine oder Börsenbriefe gemeint, sondern alle Medien, die Informationen über das zu untersuchende Unternehmen liefern könnten, also auch Internet, Fernsehen, Rundfunk und allgemeine Zeitungen. In dem hier vorliegenden Zusammenhang wird ausschließlich auf Sekundärinformationen abgezielt, also zusätzliche Informationen, die die jeweiligen Intermediäre anbieten und einen qualitativen Gehalt besitzen[4], da diese dazu geeignet sind, die Erwartungsbildung direkt oder indirekt zu beeinflussen.

Die zu diesem Themenbereich existierenden Untersuchungen überprüfen den Zusammenhang zwischen einer bestimmten Information, die sich aus einer Pressemeldung ergibt und dem Aktienkurs des berichteten Unternehmens. Verschiedene Studien beschäftigen sich dabei mit der Kursreaktion von Meldungen über den Wechsel im Management eines Unternehmens. So kommen COUGHLAN/SCHMIDT 1985 zu dem Schluß einer generellen Kurswirkung, die durch den Wechsel des Managements ausgelöst wird.[5] BONNIER/BRUNER und FRIEDMAN/SINGH verbinden 1989 in ihrer Studie den Wechsel des Managements mit der wirtschaftlichen Situation des betroffenen Unternehmens und bestätigen einen positiven Effekt bei Gesellschaften mit einer unterdurch-

---

[1] Vgl. ELLIS/WILLIAMS (1993), S. 267ff.

[2] Vgl. BITZ (2000a), S. 25.

[3] Vgl. MICHAELSEN (2001), S. 79f.; PIEPER/SCHIERECK/WEBER (1993) überprüfen die Veröffentlichungswirkung von Anlageempfehlungen über Börsendienste und können dabei den Informationsgehalt und die effiziente Verarbeitung mittels Umsatz und durchschnittlicher Überrendite nachweisen. Dies gilt insbesondere für den Bereich der kleinen und sehr kleinen Unternehmen.

[4] Alle anderen Informationen, die sog. Primärinformationen, sind solche, die ein Anleger auch direkt vom Unternehmen selbst beziehen könnte. Börseninformationsdienste leisten häufig eine Intermediationsleistung, indem sie Informationen zusammenfassen, bündeln und mit Anlageempfehlungen weitergeben. Vgl. dazu auch die Studie von PETERSON (1995).

[5] Vgl. COUGHLAN/SCHMIDT (1985); WARNER/WATTS/WRUCK (1988) negieren dagegen diesen Zusammenhang.

schnittlichen Performance.[1] Der gleiche Zusammenhang gilt, vergleicht man statt der wirtschaftlichen Situation die Position der neu ernannten Führungskraft. LUBATKIN/CHUNG/ROGERS/OWENS zeigen 1989, daß im Markt eine externe Besetzung einer Führungsposition mit einem Kursanstieg verbunden ist. Zu dem selben Ergebnis kommen ROSENSTEIN/WYATT 1990 und WORRELL/DAVIDSON/GLASCOCK 1993.[2]

Auch die Bekanntgabe strategischer Maßnahmen wird in empirischen Studien überprüft. Positive Kursreaktionen werden bei der Bekanntgabe strategischer Entscheidungen, die mit Zukäufen oder Erweiterungen im Zusammenhang stehen[3], in Zusammenhang mit Joint Ventures[4] oder mit internationalen Zusammenschlüssen erzielt[5].

Eine Besonderheit stellen in diesem Rahmen diejenigen Untersuchungen dar, die einen simultanen Effekt von Pressemeldungen auf deutsche Aktienmarktindizes überprüfen. SCHMIDT/MAY kommen 1993 in ihrer Untersuchung zu dem Schluß, daß negative Nachrichten einen höheren Informationsgehalt besitzen als positive. Ebenso bestätigen sie einen positiven Zusammenhang zwischen negativen Unternehmenserfolgsnachrichten und ebensolchen konjunkturpolitischen Nachrichten.[6] Einen Zusammenhang zwischen Nachrichtenmeldungen (Überschriften) auf Rendite und Umsatz an den US-amerikanischen Aktienmärkten kann dagegen nur für den Bereich des Umsatzes nachgewiesen werden.[7]

---

[1] Vgl. BONNIER/BRUNER (1989) ; FRIEDMAN/SINGH (1989).

[2] Vgl. LUBATKIN et al. (1989); ROSENSTEIN/WYATT (1990); WORRELL/DAVIDSON/GLASCOCK (1993).

[3] Vgl. WOOLRIDGE/SNOW (1990); für den deutschen Aktienmarkt s. BÖHMER/LÖFFLER (1999), BÜHNER (1990); GERKE/GARZ/OERKE (1995).

[4] Vgl. KOH/VENKATRAMAN (1991).

[5] Vgl. BÜHNER (1992).

[6] Vgl. SCHMIDT/MAY (1993), S. 83.

[7] Vgl. MITCHELL/MULHERIN (1994); CLARKE/STATMAN (1998), S. 70; CUTLER/POTERBA/SUMMERS stellen in ihrer Studie 1988 die Hypothese auf, daß der geringe Informationsgehalt, den sie in ihrer empirischen Studie zum Zusammenhang zwischen Großereignissen und Aktienkursen gefunden haben, darauf zurückzuführen ist, daß Aktienkurse nach den entsprechenden Veränderungen wieder auf fundamental begründbare Werte hinsteuern, so daß ein Großteil der Veränderungen nicht mit den fundamentalen Größen korreliert, diese aber trotzdem langfristig ausschlaggebend sind. SHILLER (2000), S. 94f. weist darauf hin, daß lediglich Krisen und deren Schlagzeilen zu einer Wirkung auf den Aktienmarkt führen, während andere Schlagzeilen keinen signifikanten Zusammenhang zum Aktienkurs aufweisen.

Eine besondere Stellung nehmen im Zusammenhang mit qualitativen Informationen die Rating-Agenturen ein.[1] Da deren Einstufungen auf quantitativen und qualitativen Informationen beruhen,[2] nehmen sie eine Zwitterstellung im Rahmen der Informationssystematik ein, da die Aussage der Einstufung selbst oder in noch höherem Maße ein Up- oder Downgrading qualitativen Charakter besitzt.[3] Mittlerweile exisiteren eine Reihe von empirischen Studien zu der Frage des Informationsgehaltes von Ratings.[4] Diese unterscheiden sich bezüglich ihrer Methoden und bewerteten Kriterien erheblich. Festzuhalten ist jedoch, daß mit den Prognosemodellen aus den Studien lediglich eine 50-70 prozentige Übereinstimmung mit den Ergebnissen der Rating-Agenturen erzielt werden konnte. Die Ergebnisse lassen jedoch darauf schließen, daß Rating-Agenturen über Informationen verfügen, die der Öffentlichkeit nicht vorliegen. Ähnliches gilt für empirische Studien, die den Einfluß von Rating-Änderungen auf Wertpapierpreise untersuchen.[5]

Besitzen Klassifikationen durch Rating-Agenturen den Nachteil, daß durch die Auftragsvergabe des Unternehmens selbst eine begrenzte Urteilsunabhängigkeit entsteht und auch diese eine letztendlich subjektive Einschätzung der Bonität eines Unternehmens darstellt,[6] versuchen Klassifikatoren, die als Ergebnis eines Künstlich Neuronalen Netzes (KNN) entstehen, eine objektive Beurteilung zu erzielen. Ziel dieser Klassifikatoren ist es, in die Eingabeschicht des KNN bestimmte Informationen einzuspeisen und durch eine entsprechende Gewichtung und Verarbeitung einen Wert als Ausgabeinformation zu erhalten, der einen Vergleich zu der gleichen Information anderer Unternehmen bieten

---

[1] Mit diesen sind in erster Linie Unternehmen gemeint, die eine Einschätzung von Wertpapieremittenten oder Finanzierungstiteln in Bezug auf ihre Bonität bzw. eine Einstufung in Bonitätsklassen vornehmen. Vgl. BITZ (2000a), S. 463; KNIESE (1996), S.11ff.

[2] Vgl. BERBLINGER (1996), S. 22f.; MENCK (2001), S. 16.

[3] Signifikante Kursveränderungen treten überwiegend bei der Ankündigung von downgrades auf. Eine mögliche Erklärung hierfür wäre, daß Unternehmen eher geneigt sind, positive Informationen an die Öffentlichkeit weiterzugeben als negative, ein upgrading somit für einen Anleger keine neue Information enthält. Vgl. auch HAND/HOLTHAUSEN/LEFTWICH (1992).

[4] Vgl. z.B. HORRIGAN (1966); WEST (1970); PINCHES/MINGO (1973); KAPLAN/URWITZ (1979); BELKAOUI (1980); BOYD/JACKSON (1988); REITER/EMERY (1991).

[5] Vgl. KATZ (1974); GRIER/KATZ (1976); HETTENHOUSE/SARTORIS (1976); WEINSTEIN (1977); INGRAM/BROOKS/COPELAND (1983); WANSLEY/CLAURETIE (1985); GLASCOCK/DAVIDSON/HENDERSON (1987); ZAIMA/McCARTHY (1988); GOH/EDERINGTON (1993); NAYAR/ROZEFF (1994).

[6] Vgl. KNIESE (1996), S. 69ff.

kann.[1] Als besonders ausgereift, weil hinreichend validiert, kann das Bilanz-Bonitäts-Rating BBR® nach BAETGE genannt werden.[2] Obwohl in dieses Rating ausschließlich Bilanzkennzahlen einfließen, ist das Ergebnis nicht als rein quantitative Größe zu betrachten, da der Rating-Charakter überwiegt.

Das BBR® arbeitet neben der bereits erwähnten Objektivität unter der Prämisse der Ganzheitlichkeit und Neutralisierung.[3] Ganzheitlichkeit bezeichnet dabei die Tatsache, daß die möglichen auf das Ergebnis einflußnehmenden Informationen in ihrer Gesamtheit erfaßt werden und nicht nur Teilbereiche beachtet werden. Daraus ergibt sich eine sorgfältige Auswahl der in das KNN einzugebenden Kennzahlen, damit keine wesentlichen Informationen verlorengehen und die Teilbereiche Vermögens-, Finanz-, und Ertragslage ausreichend Berücksichtigung finden. Ebenso ist auf eine Neutralisierung der Kennzahlen um bilanzpolitische Elemente zu achten.[4] Zu diesem Zweck werden bei der Bildung der entsprechenden Kennzahlen diese um diejenigen Faktoren bereinigt, die einen großen bilanzpolitischen Spielraum bieten (z.B. Rückstellungen oder Abschreibungen).[5] Das Ergebnis - der N-Wert - bietet einen quantitativen Wert auf einer Skala von -10 bis +10, anhand dessen das zu beurteilende Unternehmen in eine Güte- oder Risikoklasse eingeteilt werden kann.[6] Bei einer Interpretation des N-Wertes ist zu beachten, daß nur eine Insolvenz*wahrscheinlichkeit* angegeben wird. Die Einstufung in eine Risiko-

---

[1] Vgl. zu Arbeitsweise und Aufbau von KNN z.B. REHKUGLER/KERLING (1995); SCHWANENBERG/HELM (1999), OEHLER/UNSER (2002), S. 240ff.; BLOCHWITZ/EIGERMANN (2000); DITTMAR/HILBERT (1998); DIETERLE (1999), S. 83ff.

[2] Vgl. zu den Ausführungen zum BBR® BAETGE (1998); BAETGE/MANOLOPOULOS (1999), S. 353ff.; BAETGE/JERSCHENSKY (1996), S. 1581ff.; BAETGE/DOSSMANN/KRUSE (2000), S. 190ff.

[3] Vgl. BAETGE/DOSSMANN/KRUSE (2000), S. 179f.

[4] Vgl. BAETGE (1998), S. 18ff.

[5] Zur Ermittlung der für eine Prognose relevanten Kennzahlen wurde ein Backpropagation-Netz auf der Grundlage von 11.427 Jahresabschlüssen entwickelt und validiert. Entsprechend dem Entwicklungsverfahren eines KNN wurde der ursprüngliche Eingangswert von 259 Kennzahlen auf letztendlich 14 reduziert. Nach der entsprechenden Gewichtung durch Training des Netzes selbst wurde die Netzentwicklung abgeschlossen und anschließend an einer neuen Validierungsmenge geprüft. Erst danach konnte das Netz „eingefroren" werden, d.h. an der Netzstruktur und Eingabeschicht wurde solange nichts geändert, solange äußere Gegebenheiten dies nicht erforderlich machten (beispielsweise bei Strukturveränderungen in der Gesamtwirtschaft). Diese Vorgehensweise gewährleistet, daß eine Beurteilung von Unternehmen immer durch das gleiche Verfahren geschieht und somit das Ergebnis auch vergleichbar ist. Vgl. zu den Verfahren DIETERLE (1999), S. 110ff.

[6] Der Aufbau des BBR, die Definitionen der Kennzahlen und deren Einfluß auf den N-Wert werden in Anhang 1 dargestellt.

klasse bedeutet somit nicht zwangsläufig, daß das Unternehmen auch tatsächlich insolvent wird. Ebenso zeigt eine Einordnung in eine Güteklasse nur an, daß ein positives Potential vorhanden ist, was nicht mit deren Nutzung gleichzusetzen ist.[1]

Für einen Vergleich der verschiedenen Informationskategorien und deren Bedeutung für den Privatanleger existieren einige Studien, von denen für die vorliegende Arbeit insbesondere zwei aufgrund ihrer Methodik von Bedeutung sind:

BAKER/HASLEM ermittelten 1973 die subjektiv relevanten Daten für eine Anlageentscheidung.[2] In einem Fragebogen waren 33 mögliche Informationen vorgegeben, die die Aktionäre mittels einer Skala von 1 („no importance") bis 5 („maximum importance") bewerten sollten. Es kristallisierten sich die zukünftige wirtschaftliche Lage des Unternehmens, die Managementqualität und die zukünftige wirtschaftliche Lage der betroffenen Branche als die subjektiv wichtigsten Informationen heraus. Die Kennzahlen price-earnings-ratio (Rang 11), earnings-per-share (Rang 12) und rate of return (Rang 14) waren die wichtigsten Informationen aus dem Bereich der Jahresabschlußanalyse. In einer weiteren Frage sollten die Probanden ihnen vorgegebene Informationsquellen bewerten. Mit weitem Abstand (46,8%) waren dies die Ratschläge von Börsenmaklern, gefolgt von anderen Beratern (15,6%) und Zeitungen (11,3%). Die Bilanz selbst rangiert mit 7,9% eher im weniger wichtigen Bereich.

Eine ähnliche Fragestellung läßt sich in der Studie von NAGY/OBENBERGER (1994)[3] finden. Auch hier sollten die Teilnehmer (137 auswertbare Fragebögen) 34 vorgegebene Variablen in ihrer Bedeutung einordnen. Folgende Rangfolge läßt sich als Ergebnis aufstellen: Am bedeutendsten waren die erwarteten Gewinne des Unternehmens, die Notwendigkeit der Portfoliodiversifizierung und die emotionale Bindung an das Unternehmen oder seine Produkte. Auch der Stand des Unternehmens in der Branche und die Reputation waren bedeutende Faktoren, die beispielsweise noch höher eingeschätzt wurden als die Aktienkursentwicklung. Die wichtigsten Informationsquellen waren Berichte des Unternehmens, die deutlich vor den Empfehlungen von Börsenmaklern oder Anlageberatern rangieren.

---

[1] Vgl. BAETGE/JERSCHENSKY (1996), S. 1583f.

[2] Vgl. BAKER/HASLEM (1973), S. 64ff. Ausgewählte Aktionäre (N=851) mit Wohnsitz in Washington D.C. wurden mittels Fragebogen befragt.

[3] Vgl. NAGY/OBENBERGER (1994), S. 63ff.

1.4.2.4 Preisprognose mittels ausgewählter Informationen

Zur Analyse von Wertpapieren am Aktienmarkt stehen dem Anleger prinzipiell verschiedene Möglichkeiten offen. In der Literatur werden hierfür die fundamentale und die technische Analyse genannt, die auf der Basis verschiedener Informationen versuchen, die Entwicklung von Wertpapieren oder deren Märkte zu beurteilen.[1]

Ein zunächst schlüssig erscheinender Ansatz ist es, sogenannte *fundamentale Daten*, also solche über das betreffende Unternehmen selbst, mit dem Aktienkurs in Beziehung zu setzen.[2] Diese Forschungsrichtung beschäftigt sich also mit der Möglichkeit, einen „inneren Wert" eines Unternehmens zu berechnen und aus dem Vergleich mit dem aktuellen Börsenkurs eine Über- oder Unterbewertung festzustellen. Daraus lassen sich dann Anlageentscheidungen ableiten. Denkbar ist es, neben Daten, die aus dem Jahresabschluß bzw. weiteren veröffentlichten Daten gewonnen werden, auch zukünftig zu erwartende Daten in die Berechnung einfließen zu lassen. Dabei müssen diese wiederum auf den heutigen Zeitpunkt abdiskontiert werden. Für den endlichen Zeitraum ergibt sich somit als Gegenwartswert einer Aktie K_o:

$$K_o = \sum_{t=1}^{n} \frac{R_t}{(1+i)^t} + \frac{K_n}{(1+i)^n}$$

mit

R_t=Rückfluß je Aktie der Jahre 1 bis n

K_n=Veräußerungswert der Aktie in t=n

Auch für die Möglichkeit eines unendlichen Planungshorizontes bzw. identischer Rückflüsse lassen sich entsprechende investitionstheoretische Berechnungen anstellen. Problematisch ist weniger die Berechnung an sich, sondern die Komponenten des inneren Wertes selbst. So lassen sich beispielsweise weder Gewinne noch Dividenden einfach extrapolieren, abgesehen von der Schwierigkeit, überhaupt einen Wert für den Begriff „Gewinn" anzugeben.[3] Häufig finden auch Ertragskennzahlen, wie z.B. die Price-Earning-Ratio (PER), das Kurs-CashFlow-Verhältnis oder die Dividendenrendite, in eine Berechnung Eingang.

Eine Weiterentwicklung dieser fundamentalen Analyse entsteht durch den Einbezug makroökonomischer Größen. Schwierigkeiten ergeben sich bei einer Analyse mittels der genannten Fundamentaldaten durch all diejenigen Grö-

---

[1] Vgl. KASPERZAK (1997), S. 23.

[2] Vgl. für die Fundamentalanalyse z.B. PERRIDON/STEINER (2002), S. 238ff.; LOISTL (1992), S. 204ff.; STEINER/BRUNS (1999), S. 219ff.; in älteren Quellen: COHEN/ZINBARG (1967), S. 222ff. oder GRAHAM/DODD/COTTLE (1962).

[3] Zu dieser Problematik haben sich mehrere Modelle entwickelt, z.B. das Arbeitsschema der DVFA oder der Ansatz der Schmalenbachgesellschaft.

ßen, die sich nicht einfach quantifizieren lassen. Dazu zählen insbesondere psychologische Einflußfaktoren, die hier keine Berücksichtigung finden.[1] V.a. aufgrund dieser Mängel ist die Fundamentalanalyse nicht unumstritten.

Eine andere Richtung schlägt die *technische Analyse* ein. Bei dieser wird lediglich der vergangene Aktienkursverlauf betrachtet und daraus Rückschlüsse auf den zukünftigen Verlauf gezogen.[2] Eine Betrachtung der Einflußgrößen auf den Aktienkurs unterbleibt, es wird lediglich konstatiert, daß es eine Vielzahl an solchen gibt, die eine Reaktion hervorrufen können. Diese Analyseart basiert somit auf der Idee, daß die Börse selbst quasi automatisch alle Einflußgrößen berücksichtigt, eine Betrachtung dieser also nicht zielführend für eine Prognose sein kann.

Die Kurse entwickeln sich dabei in Trends, d.h. bestimmte charakteristische Kursverläufe wiederholen sich in bestimmten Phasen. Grundlage der technischen Analyse sind Charts, graphische Darstellungen der Kursverläufe, die verschiedene Ausprägungen annehmen können (Linien-, Balken-, Point and Figure-Charts). Mittels dieser Charts können Trends folgendermaßen festgestellt werden: die Trendlinie verbindet zwei Extrempunkte der Kurskurve, bei einem aufsteigenden Kurs sind dies zwei Minima, bei einem absteigenden Kurs zwei Maxima, die einige Wochen auseinanderliegen sollen. Durchbricht der Kurs nun erstmals diese Trendlinie, spricht man von einem Trend-Umkehrsignal, was wiederum als Kauf- bzw. Verkaufsignal aufgefaßt werden kann. Werden Kurse festgestellt, die über einen längeren Zeitraum nicht über- oder unterschritten werden, so spricht man von Widerstands- (bei hohen Kursen) oder Unterstützungslinien (bei niedrigen Kursen). Das umstrittenste Gebiet der technischen Analyse sind die Formationen, typische Kursbilder, anhand derer wiederum Kaufs- und Verkaufssignale abgeleitet werden können. Die bekanntesten sind die sogenannte Kopf-Schulter-Formation, die Untertasse oder geometrische Formen, wie z.B. Dreiecke, oder Rechtecke.[3]

1.4.3 Ausgewählte entscheidungstheoretische Modelle mit Berücksichtigung von Markt-anomalien

Die vorangegangenen Kapitel fokussierten auf das Individuum, das eine Entscheidung am Aktienmarkt vornimmt. Berücksichtigt man die Forschungser-

---

[1] BÜSCHGEN beschreibt bereits 1966 ausführlich, wie psychologische Einflußfaktoren wirken können (S. 37ff.).

[2] Vgl. für die Technische Analyse LOISTL (1992), S. 64; SCHMIDT (1976), S. 178f.; MURPHY (2000), S. 21ff.; EDWARDS/MAGEE (1976), S. 7ff.; SCHWAGER (2001), S. 18ff.; WELCKER (1991), S. 87.

[3] EDWARDS/MAGEE (1976) befassen sich ausführlich mit den verschiedensten Trendformationen. Dazu auch LOISTL (1992), S. 84ff.; WELCKER (1991), S. 61ff.

gebnisse der Behavioral Finance jedoch nicht nur auf der Mikro-, sondern auch auf der Makroebene, so ist zu fragen, welche Modelle die Behavioral Finance entwickelt hat, um die empirisch nachgewiesenen Marktanomalien zu erklären. Ausgangspunkt ist die Annahme, daß Irrationalitäten der Individualebene auf Marktebene nicht ausgeglichen werden, sondern sogar verstärkt werden können. Verschiedene Ansätze entwickeln Theorien oder Modelle, bei denen die Individual- und die Marktebene kombiniert werden.[1]

- Es existieren einige Theorien, bei denen individuelle Anomalien oder Heuristiken als Erklärungsversuche für Marktanomalien dienen.

Beispielsweise kann Overreaction, also die Tatsache, daß Aktien mit einer relativ schlechten Performance in der Vergangenheit eine im Gegensatz zu den relativ besseren Aktien eine höhere Rendite erzielen, zu starken Kursausschlägen und Volatilitäten führen. Selektive Wahrnehmung und Verankerung können diese Preisbewegungen verstärken, wenn beispielsweise eine steigende Entwicklung als Ankerwert dient und entgegengesetzte Informationen selektiv mißachtet werden.[2] Auftretende kognitive Dissonanzen führen zu dem gleichen Effekt.[3] Die Kalenderanomalien können durch Mental Accounting erklärt werden, wenn insbesondere institutionelle Anleger dazu neigen, für verschiedene Perioden eigene mentale Konten zu eröffnen.[4]

Ein Modell, das die Heuristiken „Repräsentativität" und „Selektive Wahrnehmung" explizit zur Erklärung von Overreaction berücksichtigt, stammt von BARBERIS, SHLEIFER UND VISHNY.[5] Annahmegemäß folgen Unternehmensgewinne dabei einem Random Walk. Die Anleger gehen jedoch davon aus, daß Gewinnänderungen eines Unternehmens zum einen um einen Mittelwert streuen und damit zunächst keine entsprechende Reaktion auf eine erste positive Gewinnänderung erfolgen muß. Erst wenn diese Änderung bestätigt wird, pendeln sich die Kurse auf einem fundamental gerechtfertigten Wert ein, was einen erheblichen time-lag mit sich bringt. Zum anderen kann eine Gewinnänderung auch ein Signal für einen neuen Trend sein. In diesem Falle erfolgt eine sofortige Überreaktion des Marktes.

- Eine andere Theorie - die Behavioral Portfolio Theory - eliminiert den Gedanken der Portfoliotheorie nach Markowitz, nach der das Portfolio ei-

---

[1] Vgl. für einen Überblick ROSSBACH (2001), S. 16ff.

[2] Vgl. OEHLER (1992), S. 112; DE BONDT (1995), S. 10.

[3] Vgl. RAPP (2000), S. 115.

[4] Vgl. SHILLER (1997), S. 9.

[5] Vgl. BARBERIS/SHLEIFER/VISHNY (1996).

nes Anlegers als Gesamtheit betrachtet wird.[1] Vielmehr wird ein Pyramidenmodell aufgebaut, in dem die verschiedenen Anlagemöglichkeiten entsprechend dem Kriterium Risiko geordnet werden. Die einzelnen Schichten der Pyramide entsprechen damit auch verschiedenen Zielen (z.B. dient eine Geldanlage in der untersten, am sichersten eingestuften Schicht, dem Schutz der Existenz). Die Risikoeinstellung eines individuellen Anlegers manifestiert sich dann in der unterschiedlichen Aufteilung seines Vermögens in die einzelnen Schichten, wobei Veränderungen in der Anlageaufteilung die veränderten Erwartungen repräsentieren und die Risikoprämien entsprechend verändern.[2]

- Weitere Modelle unterteilen die Anleger in einzelne Gruppen mit unterschiedlichen Informationsständen oder Eigenschaften. DANIEL, HIRSHLEIFER UND SUBRAHMANYAM separieren uninformierte Anleger, deren Entscheidungen einem Random Walk folgen, von informierten Anlegern, die aufgrund ihrer Kenntnisse und Erfahrungen der „selektiven Wahrnehmung“ unterliegen und nur ihren eigenen Analysen und Informationen vertrauen. Weitere Fundamentalwerte werden zu spät wahrgenommen, so daß eine angemessene Preisreaktion verzögert wird.[3]

In den NOISE-TRADER-MODELLEN existiert eine Anlegergruppe, deren subjektiv-rationale Einschätzung der Verteilungserwartungen mit der fundamental gerechtfertigten übereinstimmt (informed rational speculator) und eine solche, bei denen diese Einschätzung abweicht (Noise Trader; positive feedback trader).[4] Werden nun positive Informationen über ein Unternehmen bekannt, so treiben die informed rational speculators die Preise zunächst nach oben, da sie in Antizipation des Handelns der positive feedback traders zum gegenwärtigen Zeitpunkt Anteile kaufen, was wiederum den Kaufanreiz für die positive feedback traders verstärkt. Erst die Gewinnrealisation durch die informed rational speculators führt den Preis wieder auf einen fundamental gerechtfertigten Wert zurück.

Die vorgestellten Modelle sind geeignet, erste Erklärungsansätze aus einer umfassenden Sicht zu generieren und damit zu einer neuen Sichtweise individuellen Handelns in Märkten beizutragen. Gemäß der Zielsetzung der Arbeit, das tatsächliche Informations- und Entscheidungsverhalten von Entscheidern zu beobachten und deskriptiv zu erfassen, muß auf der Mikroebene der Informations- und Entscheidungsprozeß theoretisch dargestellt werden. Vorange-

---

[1] Vgl. SHEFRIN/STATMAN (1995); SHEFRIN (2000).

[2] Vgl. ROSSBACH (2001), S. 19f.

[3] Vgl. DANIEL/HIRSHLEIFER/SUBRAHMANYAM (1997).

[4] Vgl. OEHLER (2002c); DE LONG et al. (1990a, 1990b) ; eine ausführliche Darstellung des Noise Trading bei VON HEYL (1995).

stellt wird zur Komplettierung des theoretischen Grundgerüstes eine kurze Abhandlung zu verhaltenswissenschaftlichen Ansätzen der nichtfinanzierungstheoretischen Forschung.

2 Verhaltenswissenschaftliche Ansätze in der neueren, nichtfinanzierungs-theoretischen betriebswirtschaftlichen Forschung

Betriebswirtschaftliche Forschung mit verhaltenswissenschaftlichen Ansätzen jenseits der Finanzierungstheorie wird insbesondere in den Bereichen Marketing und Organisation betrieben.

Das betriebswirtschaftliche Gebiet des Marketing beschäftigt sich ursächlich mit der Handhabung von Gütern auf Märkten und umfaßt dabei alle Schritte von der Produktgestaltung und -erstellung bis zum Absatz an den Verbraucher.[1] Marketing ist dabei im Sinne einer aktiven Gestaltung der Märkte zu verstehen, um zum einen die Nachfrage nach Gütern zu decken, zum anderen aber auch diese Nachfrage und damit Märkte überhaupt zu schaffen.[2] Dabei sind insbesondere die Beziehungen auf den Gütermärkten Gegenstand marketingtheoretischer Forschung; analog können auch Beziehungen auf einem Finanzmarkt betrachtet werden.[3] In beiden Marktfällen ist der Konsument als Teilnehmer am Markt von entscheidender Bedeutung. Die Forschung über das Konsumentenverhalten (im folgenden wie in der Literatur üblich als Konsumentenforschung bezeichnet) etablierte sich Mitte des letzten Jahrhunderts als eigener Forschungszweig innerhalb der Marketingtheorie.[4] Sie knüpfte an die Ergebnisse der Forschungen der angewandten Psychologie an, die sich im Rahmen der Absatzforschung zunächst überwiegend mit der Motivation und der Wahrnehmung der Verbraucher bzw. mit Werbewirkungen befaßt hatte,[5] dann aber um weitere Spezialgebiete der Psychologie, wie z.B. emotionale und kognitive Aspekte erweitert wurde.[6] Auch hier setzte sich nahezu zeitgleich zu den Forschungsergebnissen auf dem Gebiet der Finanzwirtschaft die Erkenntnis durch, das Bild des rationalen Käufers (Entscheiders), der seinen Nutzen maximiert und dabei auf eine vollständige Informationslage zurück-

---

[1] Vgl. ZENTES (1996), S. 249ff.; MEFFERT (1995), Sp. 1472; GRÜSKE/RECKTENWALD (1995), S. 400.

[2] Vgl. RAFFÉE (1995a), S. 106f.; BITZ (2000b).

[3] Vgl. WEIDEKIND (1994), S. 1

[4] Vgl. KASSARJIAN (1982), S. 620ff.; WEIDEKIND (1994), S. 103f.; BLACKWELL/MINIARD/ENGEL (2001), S. 15ff.; BEHRENS (1995), Sp. 2562

[5] Für einen kurzen historischen Abriß s. WEINBERG/KROEBER-RIEL (1999), S. 4ff.; BEHRENS (1991), S. 9ff.; MEFFERT (1992), S. 24ff.

[6] Für einen Überblick eignet sich BEHRENS (1991), S.49ff.

greifen kann, durch ein realitätsnäheres Menschenbild zu ersetzen.[1] Emotionen werden nunmehr als Auslöser von Entscheidungen betrachtet, die nicht nur das Ergebnis, sondern auch das Entscheidungsverhalten selbst beeinflussen können.[2] Der kognitive Ansatz berücksichtigt die Erfahrungen und das Wissen der Konsumenten, die zu einer zielgerichteten Entscheidung beitragen können.[3] Ein Ergebnis der Konsumentenforschung fokussiert auf bestimmte Charakteristika, die sich aus der Beobachtung des Konsumentenverhaltens herauskristallisiert haben:[4]

- Käuferverhalten ist prozeßorientiert.
- Käuferverhalten umfaßt emotionale und kognitive Prozesse.
- Käuferverhalten wird von externen Einflußfaktoren determiniert.

Bereits diese wenigen Merkmale zeigen, daß der Begriff des Käuferverhaltens nicht allein auf den Kauf von Gütern sondern auch auf den von Finanzmarktprodukten anwendbar ist.[5] Insbesondere die Einflußfaktoren sind Gegenstand vielfältiger Forschung. Hier hat das Lebensphasenkonzept - neben volkswirtschaftlichen - marketingtheoretischen Ursprung. Dieses Konzept faßt verschiedene singulare Determinanten (z.B. Alter und Familienstand) zusammen, indem es davon ausgeht, daß Kaufentscheidungen in Abhängigkeit der jeweiligen Lebensphase getroffen werden.[6]

Erkenntnisse der Neuen Institutionenökonomik, insbesondere der Transaktionskostenansatz und die Informationsökonomie, können in die Marketingtheorie integriert werden und damit zu einer Verknüpfung zwischen Finanzierungstheorie und Marketingtheorie beitragen.[7] Zusätzlich zu den verhaltenswissenschaftlichen Aspekten kann mit den Instrumenten der Neuen Institutio-

---

[1] Vgl. KUß/TOMCZAK (2000), S. 1; KAAS (1994), S. 245f.; ONKVISIT/SHAW (1994), S. 28ff.

[2] Vgl. WEINBERG (1994), S. 172ff.; WEIDEKIND (1994), S. 133f.

[3] Vgl. GRUNERT (1994), S. 215.

[4] Vgl. die Einordnung von WILKIE (1994), S. 11; KUß/TOMCZAK (2000), S. 6ff.. Nur die wesentlichsten Eigenschaften werden hier genannt.

[5] Vgl. KUß/TOMCZAK (2000), S. 13ff. ; HÜTTNER (1999), S. 28ff.; MEFFERT (1992), S. 179.

[6] Vgl. die Ausführungen bei OEHLER (1995), S. 80ff.

[7] Vgl. zum folgenden Absatz KAAS (1994), S. 247ff.; WEINBERG (1994), S. 177ff.; KAAS (1992) überträgt die Prinzipal-Agenten-Theorie auf das Marketing von sogenannten Kontraktgütern, also hochwertigen, komplexen Gütern, die erst durch Nachfrage und mit Hilfe der Spezifizierung der Käufer produziert werden.

nenökonomik die Struktur des Marktes dargestellt werden; die Marktbedingungen, unter denen Informationsprobleme entstehen, werden somit erhellt. Transaktionskosten treten dann neben den eigentlichen Produktkosten zu den Determinanten einer Kaufentscheidung. Wie bei allen anderen Disziplinen gilt hier ganz besonders, daß diese stets komplementär und nicht substitutiv aufzufassen sind. Der Markt als solches wird lediglich unter verschiedenen Blickwinkeln betrachtet, die sich gegenseitig zu einer Gesamtsicht ergänzen und nicht in Konkurrenz zueinander stehen sollten.

Das betriebswirtschaftliche Gebiet der Organisation und im speziellen Fall der Unternehmung beschäftigt sich mit dem Problem der Entscheidungsfindung unter gegebenen Zielen. Dies beinhaltet sowohl den Entscheidungsprozeß innerhalb einer Organisation als auch die Beziehungen zu den weiteren Teilnehmern im Umfeld einer Organisation.[1]

Die klassische Theorie der Unternehmung geht von einem vollkommenen Markt aus, in dem bei gegebenen Preisen und Produktionsfunktionen das Nettoeinkommen zu maximieren ist.[2] Gewinnmaximierung ist somit das oberste Ziel. Auch die Erweiterungen dieser klassischen Theorie, z.B. die Oligopol- und die Monopoltheorie, haben diese grundlegende Richtung der klassischen Theorie nicht verlassen, sondern lediglich einige Variablen modifiziert.[3] In einer neueren Sicht wird insbesondere die Gewinnmaximierung als Zielvariable angezweifelt und durch die Sicht der bounded rationality und damit einem eher satisfizierend ausgerichteten Konzept ersetzt.[4] Auch der vollkommene Markt, der eine vollständige Wissensbasis innerhalb einer Organisation impliziert, erscheint realitätsfremd, so daß einem Informationssuch- und Entscheidungsprozeß Raum gegeben werden muß. Eine weitere Änderung liegt in der Akzeptanz motivationaler und kognitiver Gegebenheiten der Organisationsteilnehmer; diese sind keine homogene Gruppe mehr, sondern differenzieren sich aufgrund ihrer individuellen Fähigkeiten, Erfahrungen, Aufgaben und Beziehungen.[5] Daraus können Konflikte entstehen, die durch entsprechende Vertragsgestaltungen geregelt werden können.

---

[1] Vgl. KIRSCH (1977b), S. 26ff.; SCOTT (1986), S. 36ff.; KIESER/KUBICEK (1983), S. 1; PICOT/DIETL/FRANCK (1997), S. 35f.

[2] Vgl. WÖHE (2000), S. 1.

[3] Vgl. CYERT/MARCH (1995), S. 9ff.; PICOT/DIETL/FRANCK (1997), S. 48ff.

[4] Vgl. SIMON (1952); SIMON (1993), S. 22ff.; MARCH/SIMON (1958).

[5] Vgl. SIMON (1981), S. 21ff.; WÖHE (2000), S. 82.

Es existieren verschiedene Theorien, die eine verhaltenswissenschaftliche Sicht in die Organisation integrieren.[1] Zu diesen gehören auch die Transaktionskostentheorie und die Agency-Theorie, die in die neuere Finanzierungstheorie eingegangen sind. Beide regeln die Beziehungen zwischen den Marktteilnehmern aus verschiedenen Blickwinkeln unter der expliziten Annahme der eingeschränkten Rationalität.[2]

Auch in einer verhaltenswissenschaftlichen Sicht der Organisation stehen Entscheidungen im Mittelpunkt, allerdings mit anderen Annahmen als in der klassischen Theorie. Insbesondere die Charakteristika „mehrdeutige Präferenzen", „Risikobereitschaft" und „Konflikte" weisen auf die Notwendigkeit einer umfassenderen Sicht hin, die insbesondere eine Hinwendung auf die Individualebene und den Prozeßgedanken einer Entscheidung beinhaltet.[3]

---

[1] Vgl. CYERT/MARCH (1995), S. 209ff., KIESER/KUBICEK (1983), S. 42ff.

[2] Vgl. PICOT/DIETL/FRANCK (1997), S. 54ff.

[3] Vgl. CYERT/MARCH (1995), S. 221ff.; SIMON (1981), S. 51ff.; KIRSCH (1977b), S. 74f.

3 Der Prozeßgedanke der Entscheidung aus entscheidungstheoretischer und verhaltenswissenschaftlicher Sicht

3.1 Phasenschemata eines Entscheidungprozesses

In der Literatur werden eine Vielzahl von Phasenschemata zum Entscheidungsprozeß beschrieben.[1] Die Unterschiede sind jedoch bei näherer Betrachtung meist marginal und lassen sich in die grundsätzliche Reihenfolge zusammenfassen:[2]

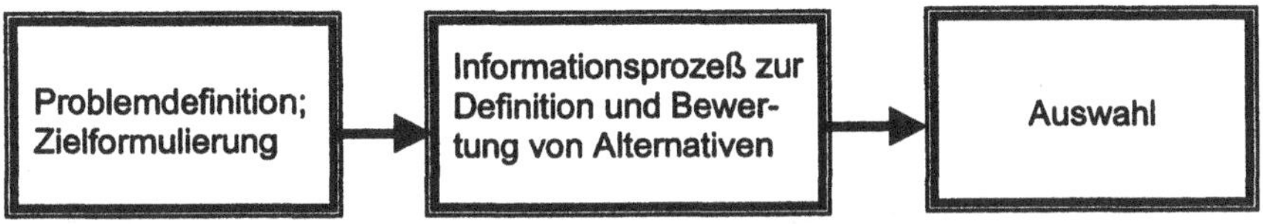

Abbildung 2.1: Schema eines Entscheidungsprozesses [3]

Jeder einzelne Teilschritt kann wiederum als eigener Problemlösungsprozeß aufgefaßt werden, wodurch enge Interdependenzen entstehen, die einer fe-

---

[1] Gelegentlich wird statt vom „Entscheidungsprozeß" auch vom „Problemlösungsprozeß" gesprochen. Wie KIRSCH bereits 1970 nachweist, handelt es sich aber inhaltlich um den gleichen Begriff, so daß beide alternativ verwendet werden können. Vgl. KIRSCH (1970a), S. 70ff. Unter Entscheidungsprozeß wird im allgemeinen eine Entscheidung zwischen mehreren Alternativen verstanden, unter Problemlösungsprozeß der Prozeß, der auch bei Vorhandensein nur einer Lösungsmöglichkeit angestrebt wird. Die beiden Prozesse unterscheiden sich also nur in der Anzahl der Alternativen, der eigentliche Ablauf kann durchaus der gleiche sein. Vgl. auch WEINBERG (1981), S. 11.

[2] Vgl. in der frühen Literatur GAGNÉ (1966), S. 138 ff. und BRIM et al. (1962), S. 9, deren Phasenschema die Grundlage für viele andere Autoren darstellt; SOELBERG (1967), S. 25; WITTE (1968), S. 625ff.; BIASIO (1969), S. 44ff.; SIMON (1977), S. 39ff.; HOGARTH (1980), S. 131; auch in der neuen Literatur zur Entscheidungsforschung bleibt das Phasenschema nahezu unverändert, s. z.B. LAUX (1998), S. 8ff.; s.a. den Überblick bei PETERSEN (1988), S. 374ff.

[3] Dieser Entscheidungsablauf kann für Gruppen- und Individualentscheidungen gelten; bei Gruppenentscheidungen sind zusätzlich noch weitere spezifische Aspekte zu berücksichtigen, auf die hier nicht näher eingegangen werden soll, da sie nicht primär mit dem Thema der Arbeit verknüpft sind. Eine allgemeine Einführung zu kollektiven Entscheidungsprozessen findet sich bei KIRSCH (1988), S. 153ff.; verschiedene Aspekte der Gruppenentscheidung bei SHAPIRA (1997); ein axiomatisches Modell zur Gruppenentscheidung bei unvollständiger Informationslage bei KIM/AHN (1999); ein Überblick über Modelle der Gruppenentscheidung bei STECKEL et al. (1991); den Prozeß der Entscheidungsfindung in Gruppen und deren Einflußfaktoren werden experimentell bei SCHÄFER-PIETIG (1995) untersucht; Einflüsse kognitiver Strukturen bei Gruppenentscheidungen bei VOLKEMA/GORMAN (1998).

sten Aufteilung des Entscheidungsprozesses in einzelne Phasen entgegenstehen.[1] Experimentelle Überprüfungen des Phasen-Schemas kommen zu dem Schluß, daß ein komplexer Entscheidungsprozeß aus mehreren Teilentschlüssen besteht und selbst die Phase der Alternativensuche und –bewertung in allen Bereichen eines Entscheidungsprozesses zu finden ist.[2] Tendenziell sind Entscheidungen dann stärker phasenorientiert, wenn es sich um eine Routineentscheidung handelt, bei innovativen Prozessen dagegen kann kaum ein fixierter Phasenablauf eingehalten werden.[3] Fokussiert man auf den für diese Arbeit relevanten Begriff der Anlageentscheidung, so kann grundsätzlich auch hier ein Phasenablauf angenommen werden. Berücksichtigt man dabei aber die aus der neueren Finanzierungstheorie stammenden Ansätze, so ist der Anleger selbst als Entscheider mit seinen Charakteristika in dieses Phasenschema zu integrieren. Daraus entwickelt sich folgendes Schema des Entscheidungsprozesses:

Im Zentrum des gesamten Entscheidungsprozesses steht der Informationsprozeß. Dieser wird im Rahmen dieser Arbeit so wie in Abbildung 2.2 zerlegt definiert und nicht - wie häufig in der Literatur üblich - mit dem Begriff „Informationsverarbeitung" gleichgesetzt. Er korrespondiert direkt mit dem Alternativenraum, in dem alle möglichen Anlagealternativen mit ihren Informationen und Ergebnisausprägungen abgelegt sind. Der Informationsprozeß wird durch die vorgelagerte Phase der Zielsetzung in Gang gesetzt. Bei einer Anlageentscheidung ist die Entwicklung eines Anlagebedarfs grundsätzlich Ausgangspunkt des Entscheidungsprozesses. Als Ergebnis des Informationsprozesses steht die Auswahl einer oder mehrerer Anlageleistungen, die als Erfahrungswert in den Informationsprozeß eingeht. Die Determinanten personaler und situativer Art beeinflussen unterschiedlich die einzelnen Komponenten des Entscheidungsprozesses: während die personalen Faktoren auf alle drei Komponenten Zugriff nehmen, ist ein solcher Einfluß bei den situativen Faktoren nur für die Zielsetzung und den Informationsprozeß zu konstatieren. Alle dort genannten Faktoren nehmen lediglich indirekt über den Informationsprozeß Bezug auf die Auswahl.

---

[1] Vgl. KIRSCH (1970a), S. 74f.; VON WINTERFELDT (1980), S. 74; REHKUGLER/SCHINDEL (1981), S. 221f.; LAUX (1998), S. 12; WITTE (1988), S. 223; HAUSCHILDT/PETERSEN (1987), S. 1060f.; MARCH (1990), S. 285; KEENEY (1992), S. 49 ändert die einzelnen Phasen in Abhängigkeit der Bewertung des Entscheiders. Dabei wird ein anderer Blickwinkel auf den Entscheidungsprozeß gesetzt, der sich in der Theorie des „Value-Focused Thinking" widerspiegelt.

[2] Vgl. HAUSCHILDT/PETERSEN (1987), S. 1060ff.; WITTE (1988), S. 223.

[3] Vgl. die vorherige Fußnote und PETERSEN (1988), S. 83.

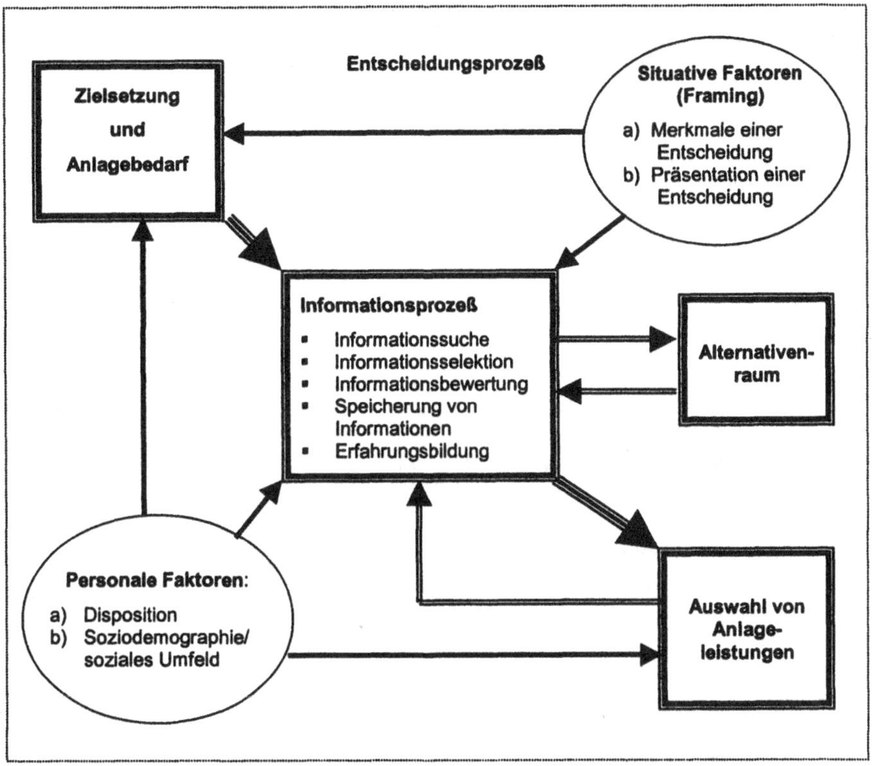

Abbildung 2.2: Informations- und Entscheidungsprozeß

Da der Entscheider am Aktienmarkt die Wahrscheinlichkeit eines Ereigniseintritts nicht genau bestimmen kann, wird definitionsgemäß für die weiteren Ausführungen der Arbeit angenommen, daß sich der Entscheidungsprozeß unter Ambiguität vollzieht.[1]

3.2 Zielsetzung und Anlagebedarf

Ausgangspunkt einer Entscheidung ist die Existenz eines Problems, dessen Lösung das Ergebnis eines Entscheidungsprozesses darstellt.[2] Dieses Pro

---

[1] Vgl. Kap. II.1.1.

[2] KLEINDORFER/KUNREUTHER/SCHOEMAKER (1993), S. 46 nennen diese Phase bereits „problem finding process"; s.a. EVANS (1989), S. 501.

blem muß erkannt und in seinem Kontext definiert werden, um den Entscheidungsprozeß ablaufen lassen zu können. Prinzipiell gehört dazu das Umreißen der Situation, in dem sich das Problem abspielt, so daß verschiedene Parameter (Ausgangssituation, gewünschter Endzustand) bereits festliegen. Das Zielsystem leitet dabei die Problemlösung, da daran in den späteren Phasen die einzelnen Alternativen gemessen werden.[1]

Die neoklassische Entscheidungstheorie geht von einer Nutzenmaximierung als Zielsetzung eines Entscheiders aus, Modelle der neueren Finanzierungstheorie betonen den eher satisfizierenden Charakter oder die Referenzpunktorientierung. Die Ziele individueller Anleger können somit durchaus unterschiedlich sein, die insbesondere von den einzelnen personalen Faktoren beeinflusst werden.

Gerade bei komplexen Entscheidungen - wie auch bei solchen am Aktienmarkt - finden sich ganze Zielsysteme, an der sich die Problemlösung zu orientieren hat. Präferenzrelationen bringen dann die verschiedenen Ziele in eine bestimmte Ordnung.[2] Dabei wird zwischen Höhenpräferenzrelation (Ordnung anhand des Ausmaßes der Zielgröße), Artenpräferenzrelation (Ordnung anhand der Bedeutung der Alternativen für den Entscheider selbst), Zeitpräferenzrelation (Ordnung anhand der Ergebnisse, die zu unterschiedlichen Zeitpunkten anfallen) und Risikopräferenzrelation (Ordnung bei unsicheren Alternativen anhand der subjektiven Risikoeinstellung) unterschieden. Ziele werden demnach in Hierarchien strukturiert.[3] Dabei werden Fundamentalziele in Ober- und dann in Unterziele zerlegt (Top-down-Verfahren) oder zunächst alle problemrelevanten Aspekte erfaßt und in ein Zielsystem eingeordnet (Bottom-up-Verfahren). Diese Zerlegung kann aber nicht als feste Aufteilung zu Beginn des Entscheidungsprozesses gesehen werden. Vielmehr gilt schon hier die bereits eingangs getroffene Feststellung der rekursiven Phasenaufteilung. Auch die Zielbildung kann sich bei der Alternativendefinition und –bewertung neu entwickeln (wenn z.B. keine Alternative den zunächst gesteckten Zielanforderungen genügt).[4]

---

[1] Vgl. BAMBERG/COENENBERG (2000), S. 28ff.; KAHLE (1973), S. 51ff.; VON WINTERFELDT (1980), S. 72f.; BETTMAN/LUCE/PAYNE (1998); JUNGERMANN/VON ULARDT/HAUSMANN (1983) widmen dem Zielkonzept eine eigene Untersuchung.

[2] Vgl. BAMBERG/COENENBERG (2000), S. 29f.; REHKUGLER/SCHINDEL (1981), S. 59ff.

[3] Vgl. KOZIELECKI (1981), S. 26; BORCHERDING (1983), S 83; JUNGERMANN/PFISTER/FISCHER (1998), S. 103.

[4] HAUSCHILDT (1988a), S. 63f. spricht von einem eigenen „Zielbildungsprozeß". Auch HAMEL (1988), S. 79ff. betont diese Auffassung.

Aus der Zielsetzung eines (potentiellen) Anlegers erwächst als Ergebnis ein Anlagebedarf. Zur Befriedigung dieses Bedarfes wird ein Informationsprozeß in Gang gesetzt, nach dem eine Auswahl aus den verschiedenen Anlagemöglichkeiten erfolgen kann.

3.3 Informationsprozeß zur Bewertung von Alternativen

3.3.1 Charakteristische Elemente der Informationsaufnahme

Die erste Phase des Informationsprozesses stellt die Informationsaufnahme dar. Sie „umfaßt alle die Vorgänge, die zur Übernahme einer Information in den zentralen Prozessor" führen.[1] Allgemein formuliert bedeutet dies, daß ein Individuum Daten aus der Umwelt (also von extern) und aus dem Gedächtnis (also von intern) aufnimmt. Es gibt somit zwei Quellen, aus denen ein Individuum Informationen schöpfen kann, die dann verknüpft werden müssen, um zu einer Entscheidung zu kommen (=Informationsverarbeitung). Beide Informationsquellen können mittels zweier Suchkategorien genutzt werden: Zum einen ist eine aktive Suche möglich, zum anderen kann auch eine unwillkürliche Reizaufnahme erfolgen. Die letztgenannte kommt insbesondere in der Werbung zum Tragen, wenn die Gestaltung von Werbetexten, -beiträgen oder -zusätzen dazu beiträgt, bestimmte Informationen dem Konsumenten unwillkürlich zu vermitteln.[2] Unter Berücksichtigung des hier vorliegenden Themas kann aber eine Einschränkung auf die aktive Suche erfolgen.[3]

Die Intensität der Informationsaufnahme ist von der Komplexität des Entscheidungsproblems abhängig. Bei Routine- und stereotypen Entscheidungen ist die Informationssuche auf das Gedächtnis beschränkt, während bei reflektierten und konstruktiven Entscheidungen die externe Quelle an Bedeutung gewinnt.[4] Mit zunehmendem Komplexitätsgrad nehmen also nicht nur die kognitiven Belastungen zu, es verändert sich auch die Art der Informationsquelle. Bei einer Anlageentscheidung am Aktienmarkt werden interne und externe Quellen in Anspruch genommen werden müssen. Allerdings hängt es von mehre-

---

[1] WEINBERG/KROEBER-RIEL (1999), S. 242.

[2] Vgl. zu einer Diskussion über die unterschwellige Wahrnehmung FELSER (1997), S. 151ff. und WEINBERG (1981), S. 34.

[3] Selbstverständlich ist es auch möglich, daß bei der Informationsaufnahme unwillkürliche Erinnerungen o.ä. Daten eine Rolle spielen; diese sind jedoch wie die anderen Informationen reelle Daten und keine Reize, die zusätzlich aufgenommen werden. In diesem Sinne ist hier aktive Suche zu verstehen.

[4] Zur Definition s. Kap. II 1.4.1 ; Vgl. auch GRUNERT (1982), S. 149.

ren Faktoren ab, wie intensiv die externe Suche im Gegensatz zur internen Suche betrieben wird:[1]

- Die Verfügbarkeit von Informationen begrenzt bereits die Informationsaufnahme. Lassen sich bei einer Entscheidung für den Entscheider nur wenig verfügbare Informationen finden, so ist auch die externe Suche begrenzt.[2]
- Als weiterer Faktor kann die persönliche Betroffenheit genannt werden. Ist der Entscheider persönlich tangiert (und das ist in einer Anlageentscheidung, bei der das persönliche Budget betroffen ist, auf jeden Fall gegeben), wird er auf eine insgesamt größere Informationsmenge und somit auch in höherem Maße auf externe Quellen zurückgreifen als ein Entscheider, der nicht persönlich betroffen ist.[3]
- Liegen über das Entscheidungsproblem bereits viele interne Informationen vor, so ist die Bedeutung der externen Quelle geringer.[4] Hat ein potentieller Anleger Anlageentscheidungen in der Vergangenheit getroffen, so wird er sich auf wenige gezielte externe Informationen beschränken, während ein anderer Anleger, der diese Entscheidung das erste Mal trifft und somit über keine Erfahrungswerte verfügt, die externen Quellen stärker in Anspruch nimmt.
- Auch die Kosten-Nutzen-Frage kann die Bedeutung der Informationsquelle beeinflussen.[5] Mit Kosten sind dabei nicht unbedingt nur die monetären Kosten gemeint, sondern auch der Zeitverbrauch, die Anstrengung zur Informationsgewinnung oder die zeitliche Verzögerung bei der Entscheidungsfindung. Diese Kostenfaktoren werden in Zusammenhang mit dem Zusatznutzen weiterer Informationen gebracht und danach entschieden, ob sich eine weitere Informationsaufnahme lohnt.

---

[1] Vgl. BETTMAN (1979), S. 119ff. ; NEWMAN (1980), S. 86ff. Es wird grundsätzlich unterstellt, daß die internen Informationen auch genutzt werden können. RENKL/MANDL/GRUBER (1996) dagegen belegen in ihrer Studie die Möglichkeit der mangelnden Berücksichtigung vorliegender interner Informationen.

[2] Vgl. SCHOPPHOVEN (1996), S. 65.

[3] Vgl. WEINBERG/KROEBER-RIEL (1999), S. 92ff.; HÖSER (1998), S. 93ff.; FELSER (1997), S. 65f. Die persönliche Betroffenheit fördert dann auch die Informationswahrnehmung. Wie IYENGAR/KINDER (1987) nachweisen können, bewerten Versuchspersonen Informationen zu einem Thema höher, auf das sie aufmerksam gemacht wurden.

[4] GRUNERT (1982) schlüsselt diesen internen Faktor noch weiter auf in „Struktur des Bedarfs" (gemeint sind die präzisen Vorstellungen, die ein Entscheider von den potentiell möglichen Informationen hat), „Kenntnis des Angebots" und „Erfahrung des Konsumenten". S.a. NEWMAN (1977), S. 87; GEMÜNDEN (1986), S. 11.

[5] Vgl. VAN RAAIJ (1988), S. 79; SILBERER (1979), S. 101f.; ANTONIDES/VAN RAAIJ (1998), S. 507f.

Als Strategien der Informationsaufnahme fungieren in der Regel das *attributweise Suchen* (Informationsaufnahme über alle Alternativen entlang der Attribute), das *alternativenweise Suchen* (Informationsaufnahme über alle Attribute der einzelnen Alternativen) und der *Paarvergleich* (Informationsaufnahme über alle Attribute jeweils zweier Alternativen).[1]

Die Erforschung des Informationsaufnahmeverhaltens erfolgte bisher meist im Rahmen der experimentellen Konsumentenforschung. Bei diesen Untersuchungen werden den Probanden verschiedene Informationen zu einem bestimmten Produkt oder zu mehreren Produkten der gleichen Kategorie zur Verfügung gestellt. Die Versuchspersonen müssen dann mit Hilfe dieser Informationen eine Produktbeurteilung vornehmen, wobei regelmäßig die Art der Informationsaufnahme beobachtet wird. Die Fragestellungen sind dabei beispielweise, wieviele Informationen aufgenommen werden (Umfang), ob und wenn ja welche Informationen ausgewählt werden (Selektion - Inhalt), und ob es Aufnahmemuster gibt (Strategien), die bei verschiedenen Personen regelmäßig auftreten.[2]

Als Ergebnis dieser Forschungen lassen sich folgende Punkte festhalten:

a) Die Informationsaufnahmekapazität ist begrenzt.

b) Als Folge dessen werden Strategien gebildet, die den Prinzipien der Gestaltpsychologie folgen.

c) Das Aktivierungspotential von Informationen beeinflußt die Informationsaufnahme.

ad a) Die Informationsaufnahmekapazität ist begrenzt.

Als Folge dieses Charakteristikums selektieren Individuen Informationen, d.h. sie nutzen regelmäßig nur einen Teil der zur Verfügung gestellten Informationen.[3] Diese selektive Wahrnehmung wird durch das Streben von Entscheidern nach Konsistenz zur Vermeidung kognitiver Dissonanzen verstärkt.[4]

Experimentell bestätigt wurde die Hypothese, daß Individuen mit ihrer Entscheidung subjektiv zufriedener sind, wenn viele Informationen vorliegen, auch

---

[1] Vgl. BETTMAN (1979), S. 132f.; HOFACKER (1985), S. 48f. und die dort angegebene Literatur; WEINBERG (1981), S. 66 und in einer empirischen Überprüfung POWELL MANTEL/KARDES (1999).

[2] Vgl. BETTMAN (1979), S. 110.

[3] Vgl. JACOBY et al. (1976), S. 312 ; JACOBY/SZYBILLO/BUSATO-SCHACH (1977), S. 214; o.V. (1979), S. 269f.; FLADE (1994), S. 834f.; COWAN (1988), S. 172ff.; MILLER (1962), S. 107ff.

[4] Vgl. Kap. II 1.2.

wenn sie nur einen kleinen Teil davon verwendet haben.[1] Diese „illusion of knowledge" kann sogar zu einer verminderten Entscheidungsqualität führen, wenn bei einem zu großen Informationsangebot nicht mehr die relevanten von den irrelevanten Informationen getrennt werden können („information overload").

Weiterhin erfahren leicht zugängliche Informationsquellen wie der Erfahrungsschatz von Freunden, Bekannten oder Familienangehörigen eine höhere Aufmerksamkeit.

ad b) Als Folge der begrenzten Informationsaufnahmekapazität werden Strategien gebildet, die den Prinzipien der Gestaltpsychologie folgen.[2]

- *Figur-Grund-Prinzip*[3]: Neue Informationen ergänzen die bisherige Wahrnehmung, so daß keine objektive Betrachtung der Informationen mehr vorgenommen wird. Ebenso ist es möglich, daß Informationen uminterpretiert werden, damit sie in das vorgefertigte Schema passen.
- *Prinzip der Ähnlichkeit und Gleichheit*[4]: Informationen werden so zu Gruppen zusammengefaßt, daß neue Informationen in das bestehende Schema einsortiert werden können. „Passenden" Informationen wird eine größere Aufmerksamkeit geschenkt. Die Folgen sind die gleichen wie beim Figur-Grund-Prinzip: ein bereits vorentschiedener Prozeß wird nicht etwa von objektiven neuen Informationen begleitet, sondern diese werden in die Vorentscheidung passend integriert, wobei Uminterpretationen stattfinden können.[5]
- *Prinzip der Vollständigkeit*[6]: Bei mangelnder Informationslage neigt der Entscheider dazu, selbständig das Gesamtbild zu ergänzen, indem er eigene Informationen unkritisch diesen hinzufügt, auch wenn diese nicht zum Entscheidungskontext passen.

Eine weitere Folge der begrenzten Informationsaufnahmekapazität ist die Reaktion auf sogenannte Schlüsselinformationen. Dies sind „Informationen, die

---

[1] Vgl. OEHLER (1995), S. 48; JACOBY/SPELLER/KOHN (1974a) (1974b); VAN RAAIJ (1977); BORCHERDING (1983), S. 67f.; WÄRNERYD (2001), S. 68.

[2] Vgl. OEHLER (1995), S. 47ff.

[3] Vgl. FLADE (1994), S. 835f.; FELSER (1997), S. 79; OEHLER (1992), S. 110.; GUSKI (2000), S. 59f.

[4] Vgl. FREY/STAHLBERG (1990), S. 115.

[5] Vgl. MAAS/WEIBLER (1990), S. 77ff.; GUSKI (2000), S. 61.

[6] Vgl. MAAS/WEIBLER (1990), S. 79f.; KUGLER (1994), S. 151; ANTONIDES/VAN RAAIJ (1998), S. 119f.

für die Produktbeurteilung besonders wichtig sind und mehrere andere Informationen substituieren (oder bündeln)."[1] Erfährt beispielweise ein Konsument bei einem Produktbeurteilungsexperiment den Markennamen des zu beurteilenden Produktes, so ist er möglicherweise an anderen, weiteren Informationen weniger interessiert, da er mit dem Markennamen bereits weitere vorhandene Informationen verknüpft.[2] Diese Reaktion ist auch bei Anlageentscheidungen denkbar.

ad c) Das Aktivierungspotential von Informationen beeinflußt die Informationsaufnahme.

Mit Aktivierungspotential wird die Fähigkeit von Informationen benannt, den Informationsempfänger aufmerksam zu machen, ihn also zu aktivieren.[3] Dieses Potential hängt wiederum von zwei Faktoren ab: Zum einen von der generellen Bedeutung für den Empfänger (Interessefaktor), zum anderen von der Ausgestaltung der Information selbst. Bei Anlageentscheidungen wird sich dieser Effekt v.a. auf inhaltlicher Ebene zeigen. Ein Anleger, der beispielsweise der Technischen Analyse vertraut, wird alleine der Präsentation des Aktienkurses als Information eine höhere Bedeutung beimessen als ein Anleger, der eher auf der fundamentalen Ebene agiert.

3.3.2 Charakteristische Elemente der Informationsverarbeitung

Der Prozeß der Informationsverarbeitung ist ausschließlich interner Natur und daher nicht direkt beobachtbar. Es handelt sich um einen aktiven Prozeß, bei dem die Informationen aus dem Informationsaufnahmeprozeß mit bereits vorhandenen Informationen und/oder Strategien aus dem Gedächtnis verknüpft werden, um daraus eine Entscheidung abzuleiten.[4] Folgende Charakteristika haben sich im Laufe der Forschungen im Rahmen der kognitiven Psychologie über den individuellen Informationsverarbeitungsprozeß herauskristallisiert[5]:

a) Die Verarbeitung erfolgt weitgehend seriell.

---

[1] WEINBERG/KROEBER-RIEL (1999), S. 280.

[2] Vgl. WEINBERG/KROEBER-RIEL (1999), S. 280ff.; SCHROEDER-WILDBERG (1998), S. 97; WEINBERG (1981), S. 37.

[3] Vgl. zum Konzept der Aktivierung GRUNERT (1982), S. 66ff.; KROEBER-RIEL/WEINBERG (1999), S. 58ff.; LINDSAY/NORMAN (1981), S. 442f.; WEINBERG (1981), S. 19ff.

[4] Vgl. für einen ersten Überblick SCHOPPHOVEN (1996), S. 54; SVENSON (1983), S. 131ff.; des weiteren existiert eine Fülle an Literatur, die sich mit Einzelaspekten der Informationsverarbeitung beschäftigt und die im weiteren Verlauf an den entsprechenden Stellen zitiert wird.

[5] Vgl. HOFACKER (1985), S. 34ff. und die dort genannte Literatur.

b) Die Verarbeitungskapazität ist (wie bei der Informationsaufnahme) beschränkt.

c) Als Folge dieser Beschränkung kommt es zu Vereinfachungsstrategien bei der Problemlösung.

d) Der Verarbeitungsprozeß erfolgt problemadäquat.

e) Die Informationsspeicherung trägt zu einer veränderten Informationsverarbeitung im Zeitablauf bei (Erfahrungsbildung).

ad a) Die Verarbeitung erfolgt weitgehend seriell.

Informationsaufnahme und -verarbeitung könnrn einander abwechseln, die Verarbeitung an sich ist aber von einer seriellen Weise geprägt.[1] Eingehende Informationen werden also stets mit bereits bestehenden verknüpft und dabei alle zur Verfügung stehenden Informationen nacheinander abgearbeitet.

ad b) Die Verarbeitungskapazität ist (wie bei der Informationsaufnahme) beschränkt.

Als gesichert kann gelten, daß ein Entscheidungsträger maximal sieben Informationseinheiten („chunks") gleichzeitig verarbeiten kann.[2] Die bereits bei der Informationsaufnahme angeschnittene Problematik des „information overload" gilt gleichermaßen.

Interessant ist in diesem Zusammenhang die von KAHNEMAN 1973 aufgestellte Theorie des „capacity models".[3] Nach dieser steht einem Individuum nur eine begrenzte Menge an kognitiven Ressourcen zur Verfügung, so daß mehrere einfache Probleme gleichzeitig bearbeitet werden können, da nicht alle Ressourcen belegt sind. Bei komplexen Entscheidungen dagegen sind sofort alle Ressourcen besetzt, so daß kein weiteres gleichzeitig abgearbeitet werden kann.[4]

---

[1] Vgl. BEST (1999), S. 27f; OEHLER (1991), S. 45; NEWELL/SIMON (1972), S. 796f.; SIMON (1978b), S. 273f.

[2] Vgl. MILLER (1956), S. 81ff. ; PAYNE (1997), S. 355f.

[3] Vgl. KAHNEMAN (1973), S. 7ff. und S. 178ff.

[4] Ein typisches Beispiel wäre eine Autofahrt bei gleichzeitiger Unterhaltung. Solange die Fahrleistung keine größeren kognitiven Ressourcen verbraucht (z.B. bei einer Fahrt auf einer wenig befahrenen Landstraße) ist auch eine komplexe Unterhaltung gleichzeitig möglich; dies gilt aber nicht unbedingt, wenn statt der Landstraße eine Fahrt durch eine unbekannte Stadt zur rush-hour erfolgt.

ad c) Als Folge dieser Beschränkung kommt es zu Vereinfachungsstrategien bei der Problemlösung.

Zur Vereinfachung der Informationsverarbeitung werden Verarbeitungsmechanismen gewählt, die diesen Kapazitätsbeschränkungen Rechnung tragen. Diese werden typischerweise „rules of thumb" oder Heuristiken genannt. Heuristiken können zu einer systematischen Verzerrung der Ergebnisse führen („biases").[1]

Ein anderer Forschungsansatz geht von einem Informationsverarbeitungsprozeß aus, der statt mit Heuristiken mit Hilfe von Entscheidungsnetzmodellen beschrieben wird, d.h. der Entscheidungsablauf wird mittels Knoten und Kanten modelliert.[2] Diese Vorgehensweise ermöglicht es, einen Entscheidungsablauf transparent zu machen, um in weiteren Entscheidungen in ähnlicher Weise vorzugehen. Diese Netzmodelle haben auch Eingang in die Entscheidungstheorie gefunden.[3]

ad d) Der Verarbeitungsprozeß erfolgt problemadäquat.

Das Informationsverarbeitungsniveau ist direkt mit dem Entscheidungstypus korreliert: Bei Routine- und stereotypen Entscheidungen wird die Informationsverarbeitung auf einem niedrigeren kognitiven Niveau verlaufen als bei reflektierten und konstruktiven Entscheidungen.[4] Demzufolge ist das Informationsverarbeitungsniveau bei Entscheidungen am Aktienmarkt tendenziell hoch, wobei dies je nach Vorwissen des Entscheiders variieren kann. Eine weitere mögliche Variable, die das Informationsverarbeitungsniveau beeinflussen kann, ist die Umweltkomplexität und die Art der gewählten Aktienanalyse: Fundamentalanalytiker operieren mit maximaler Umweltkomplexität, wenn sie bei ihrer Entscheidung alle relevanten Informationen berücksichtigen, während bei der technischen Analyse die Komplexität der Entscheidung von der jeweiligen Marktsituation abhängt. Da gezeigt werden konnte, daß das Informationsverarbeitungsniveau mit zunehmender Umweltkomplexität zunächst ansteigt, nach Erreichen eines Maximums aber wieder abnimmt, ist es möglich, daß bei niedriger und bei hoher Umweltkomplexität die Informationsverarbeitung bei Entscheidern mit einer hohen oder mit einer niedrigen kognitiven Struktur ein ähnliches Niveau erreicht.[5]

---

[1] Für einen Überblick über diese biases s. Kapitel II 1.2.

[2] Ausführlich werden Netzwerkmodelle beschrieben in GRUNERT (1982), S. 44ff.; BETTMAN (1979), S. 229ff.; HAINES (1974), S. 92ff.

[3] Vgl. die SDS-Theorie, Kap. II 1.3.2.4.

[4] Vgl. HOFACKER (1985), S. 51.

[5] Vgl. SCHROEDER-WILDBERG (1998), S. 102; BORCHERDING (1983), S. 67f.

ad e) Die Informationsspeicherung trägt zu einer veränderten Informationsverarbeitung im Zeitablauf bei (Erfahrungsbildung).

Dieser Aspekt wird in einem eigenen Kapitel behandelt (II 3.3.4), da ihm im gewählten Kontext eine besondere Rolle zukommt.

3.3.3 Die Speicherung von Informationen

Informationen, die bereits im Gedächtnis des Individuums verankert sind, beeinflussen sowohl die Informationsaufnahme, als auch die -verarbeitung, so daß die Speicherung von Informationen ein wichtiges Element des Informationsprozesses bildet.[1]

Eine Fülle von Literatur begleitet die Forschung über das Gedächtnis, seine Strukturen und deren Leistung.[2] Grundsätzlich gilt es zu unterscheiden zwischen Forschungsrichtungen, die die anatomischen Verhältnisse und deren Leistungen betonen und solchen, die den Informationsprozeß bzw. die Wissensrepräsentation in den Mittelpunkt stellen. Stellvertretend werden hier die wichtigsten Forschungsrichtungen und deren Ergebnisse dargestellt.

Die erste Forschungsrichtung betrachtet das Gedächtnis als eine Art Computerprozessor, in dem die Informationen verschiedene Stationen durchlaufen und dann gespeichert werden. Das bekannteste Modell in diesem Bereich ist das von ATKINSON und SHIFFRIN (1968)[3], das zwischen den drei Speicherarten Sensorische Register, Kurzzeitspeicher und Langzeitspeicher trennt.[4] Jedes Datum, das ein menschliches Individuum aufnimmt, wird dabei zunächst im sensorischen Register erkannt und bei Bedarf (d.h. wenn das Individuum seine Aufmerksamkeit auf dieses richtet) an das Kurzzeitgedächtnis (short-term-store) weitergeleitet. Aufgrund des eingehenden Datums können weitere Informationen, die zu diesem passen, aus dem Langzeitgedächtnis abgerufen (d.h. kopiert) werden. Da das Kurzzeitgedächtnis ebenso wie der sensorische Register nur eine begrenzte Kapazität hat (je nach Art des Datums nur zwischen sechs und zehn Einheiten), können Kopien der Daten aus dem Kurzzeitgedächtnis in das Langzeitgedächtnis (long-term-store) abgespeichert werden. Das Langzeitgedächtnis hat eine nahezu unbegrenzte Kapazität.

---

[1] Vgl. KIRSCH (1988), S. 15.

[2] Einen ausführlichen Überblick enthält NEATH (1998).

[3] Vgl. ATKINSON/SHIFFRIN (1968). Die Modelle von BROADBENT (1958) und WAUGH/NORMAN (1965) gelten als Vorläufer dieses Modells. Experimentelle Studien existieren von CONRAD (1964); WICKELGREN (1965); BADDELEY (1966); MATARAZZO (1972); SIMON (1974).

[4] Vgl. BETTMAN (1979), S. 139ff; NEATH (1998), S. 62ff.

Diese These wird auch durch das BROWN-PETERSON-Paradigma (1958/59)[1] gestützt, das experimentell die Gedächtnisleistung überprüft. Die Bedeutung des Modells von ATKINSON und SHIFFRIN liegt in der Betonung der Kontrollprozesse, die die Gedächtnisleistung steuern. Im einzelnen sind dies die Wiederholung („rehearsal"; Entscheidung, welche Daten in das Langzeitgedächtnis kopiert werden), die Kodierung („coding"; Entscheidung, welche Informationen überhaupt gespeichert werden und wie diese mit anderen bereits bestehenden Daten verknüpft werden) und die Wiedergewinnung („retrieval"; Suchprozess und Rückführung aus dem Langzeitgedächtnis in einen aktiven Zustand). Die Methode zur Erforschung dieser Art Gedächtnisleistung ist „free recall" (eingeführt bereits im Jahr 1894 von KIRKPATRICK). Dabei werden die Versuchspersonen aufgefordert, nach freier Wahl bestimmte vorher präsentierte Informationen zu wiederholen. Verschiedene Experimente hierzu zeigten zwei bedeutende Effekte:[2]

- *primacy effect*: die zuerst präsentierten Daten werden gut erinnert (weil diese durch die häufigen Wiederholungen im Laufe des Experiments in das Langzeitgedächtnis überführt werden).
- *recency effect*: die zuletzt präsentierten Daten werden ebenfalls gut erinnert (weil sie sich noch im Kurzzeitgedächtnis befinden).

Die im Laufe des Experimentes in der Mitte präsentierten Daten dagegen werden kaum erinnert, da sie zum einen bereits aus dem Kurzzeitgedächtnis von weiteren Daten verdrängt, für eine Kopie ins Langzeitgedächtnis aber nicht häufig genug wiederholt wurden.[3]

Eine weitere Forschungsrichtung (hauptsächlich bestimmt durch CRAIK/LOCKHART 1972)[4] differenziert nicht zwischen verschiedenen anatomischen Gebieten sondern betont mehr die Gedächtnisleistung als Prozeß, der die Informationen in Abhängigkeit der Komplexität verarbeitet. Das Gedächtnis

---

[1] Vgl. BROWN (1958) und PETERSON/PETERSON (1959). Bei diesem Experiment wird den Teilnehmern zuerst eine Kombination aus 3 Buchstaben präsentiert. Anschließend werden die Versuchspersonen mit Aufgaben zu Zahlungsreihen beschäftigt, um zu verhindern, daß die Buchstaben im Gedächtnis memoriert bleiben. Nach gewissen Zeitabständen werden die Teilnehmer aufgefordert, die Buchstaben aufzusagen. Es konnte dabei nachgewiesen werden, daß bereits nach 18 sec. nur noch 10% der Erinnerungsleistung vorhanden ist.

[2] Die beiden genannten Effekte werden ausführlich im Rahmen der beeinflussenden Deteminanten beschrieben, da diese im Kontext der Reihenfolge, in der verschiedene Informationen präsentiert werden, eine wichtige Rolle spielen.

[3] Auch diese Effekte wurden in zahlreichen Experimenten bewiesen; Vgl. GLANZER/CUNITZ (1966); RUNDUS/ATKINSON (1970); CRAIK (1970).

[4] CRAIK/LOCKHART (1972), S. 671ff.; aber auch HYDE/JENKINS (1973); CRAIK/WATKINS (1973); BENTIN/MOSCOVITCH/NIRHOD (1998).

ist somit als Prozeß konstruiert, das ein Kontinuum darstellt und sich durch die Tiefe der Daten differenziert. Eher oberflächliche Daten (z.B. der Wortlaut eines Buchstabens) werden kürzer behalten als tiefe Daten (z.B. die Bedeutung eines Wortes). Diese Forschungsrichtung widerspricht somit dem BROWN/PETERSON-Paradigma.[1] Eine weitere Bedeutung erlangen alle Experimente, die sich mit der Kontextfrage beschäftigen. So fanden ABERNATHY (1940) und GADDEN/BADDELEY (1975)[2] heraus, daß beispielsweise in dem Raum, in dem die Lernleistung stattfindet auch die Erinnerungsleistung besser ist, als in einem anderen Raum. Dieser Kontexteffekt konnte auch für andere Bedingungen bestätigt werden (Geruchsumgebung oder auch verblüffenderweise die Alkoholisierung der Versuchspersonen[3]).

Eine weitere Forschungsrichtung stellt neben der Aufteilung des Gedächtnisses in einzelne Bereiche eine Aktivierung von Informationen in den Mittelpunkt des Interesses. Diese Aktivierung verläuft stets automatisch, kann also willentlich nicht gesteuert werden. Obwohl diese Theorie empirisch nicht umfassend nachgewiesen werden konnte, existieren einige Modelle in diesem Bereich (=„implicit memory").[4]

Bei den Modellen zur Wissensrepräsentation steht alleine die Aktivierung von Informationen im Zentrum des Interesses. Eine Trennung in einzelne Gedächtnisbereiche wird nicht mehr vorgenommen. Das Modell von COLLINS/QUILLIAN (1969)[5] verknüpft verschiedene Objekte anhand von ist_ein-Beziehungen zu einem hierarchischen Netz. Den Objekten werden wiederum Eigenschaften (Attribute) zugeordnet. Erfolgt nun eine Anfrage an das Gedächtnis (z.B. eine Entscheidungsleistung), so wird das ganze Hierarchiesystem durchlaufen, bis die angefragten Informationen abgerufen werden können. Je mehr Hierarchieebenen dabei durchlaufen werden müssen, desto län-

---

[1] Vgl. BETTMAN (1979), S.141f. Eine Vielzahl von Experimenten stützt diese Ansicht des „levels of processing". Stellvertretend können hier die Experimente von DEESE (1959), MANDLER (1967) und BOUSFIELD (1953) genannt werden, die herausfanden, daß Wörter im Gedächtnis kategorisiert werden und innerhalb dieser Kategorien im Gedächtnis repräsentiert bleiben.

[2] Vgl. ABERNATHY (1940); GODDEN /BADDELEY (1975).

[3] Vgl. SCHAB (1990); GOODWIN et al. (1969).

[4] Vgl. GRAF/MANDLER (1984); TULVING/SCHACTER (1990); SCHACTER/TULVING (1994). Diese Autoren beschreiben ein „multiple memory system", nach dem alle Informationen und Ereignisse in einzelne Kategorien einsortiert werden.

[5] Vgl. COLLINS/QUILLIAN (1969).

ger ist die Antwortzeit.[1]

Die verschiedenen Gedächtnismodelle widersprechen sich nur in einzelnen Bereichen aber nicht in ihrer Gesamtkonzeption. Für die Erforschung des Informationsprozesses ist weniger die anatomische Aufteilung oder die Art der Aktivierung von Interesse als die generelle Möglichkeit, Wissen abzuspeichern bzw. abzurufen. Für den Informationsprozeß bei einer Anlageentscheidung sind insbesondere zwei Aspekte zu beachten: zum einen kann der primacy- oder der recency-Effekt auftreten, so daß die Reihenfolge der aufgenommenen Informationskomponenten eine Variable auch für den Entscheidungsprozeß bilden kann. Zum anderen muß „mental accounting" berücksichtigt werden, also die Tatsache, daß Anleger für verschiedene Anlageformen verschiedene geistige Konten einrichten und die eintreffenden Informationen entsprechend diesen Konten ablegen.

3.3.4 Erfahrungsbildung und Lernbegriff

Eine Eigenschaft der Informationsverarbeitung ist die mögliche Erfahrungsbildung, der ein Entscheider unterliegt. Dies trifft auch für Entscheidungen am Aktienmarkt zu, sofern der individuelle Anleger es nicht bei einer Einmalentscheidung beläßt. In besonderem Maße ist diese Eigenschaft für institutionelle Anleger relevant.

Nähert man sich der Erfahrungsbildung aus psychologischer Sicht, so trifft man zunächst auf den Begriff des Lernens.[2]

Lernen wird in der Literatur verschiedentlich definiert und interpretiert. Die folgende Definition ist repräsentativ für gängige Definitionen: „Lernen wird als eine Veränderung des Verhaltens angesehen, die auf Erfahrung (Übung) beruht. Ein Individuum hat eine Situation erlebt, also Erfahrungen mit dieser Situation gesammelt, und reagiert dadurch anders als vorher."[3] Es findet somit

---

[1] Eine andere Art, Wissen zu repräsentieren, bauen SMITH/SHOBEN/RIPS (1974) (Feature Overlap Model) auf, die das gesamte Wissen in verschiedene Kategorien aufteilen. Bei einer Anfrage wird dann nach ähnlichen Merkmalen gesucht, so daß ähnliche Objekte weiter verfolgt, unähnliche dagegen ausgeschlossen werden. Das Spreading Activation Model (COLLINS/LOFTUS (1975)) verknüpft verschiedene Elemente wieder zu einem Modell, das allerdings nicht hierarchisch aufgebaut ist. Anhand von Eigenschaften entstehen auch hier Verbindungen zwischen den einzelnen Elementen, die bei Anfragen aktiviert werden. Vgl. BETTMAN (1979), S. 142; COLLINS/LOFTUS (1975).

[2] Es muß zusätzlich erwähnt werden, daß das folgende Kapitel II 3.3.4 ausschließlich auf Erfahrungsbildung fokussiert, wie sie im Rahmen der Entscheidung verstanden wird. Erfahrung wird in der Literatur auch unter dem hier nicht betrachteten Aspekt der Forschung über den Unterschied zwischen angeborenen und erlernten Einflüssen auf die Wahrnehmung verstanden. S. dazu ausführlich MURCH/WOODWORTH (1978), S. 152ff.

[3] KROEBER-RIEL/WEINBERG (1999), S. 316.

eine Verknüpfung zwischen internen Abläufen und situativen Gegebenheiten statt, die der Phase der Informationsverarbeitung zugeordnet werden kann.

Aus psychologischer Sicht existieren dazu verschiedene Lerntheorien, die im einzelnen kurz vorgestellt und im Hinblick auf den hiesigen Zusammenhang kritisch analysiert werden sollen[1]:

a) Assoziations-Lernen:

Bei dieser Lerntheorie werden Reize mit Reaktionen verknüpft, so daß nach mehreren Situationsdurchführungen auf einen Reiz statt einer bisher unkontrollierbaren Reaktion immer eine bestimmte Reaktion auftritt.[2] Assoziative Verknüpfungen finden auch statt, wenn Individuen in ähnlichen Situationen zu Verallgemeinerungen auf Klassen von Umweltmerkmalen neigen. So wird beispielsweise ein negatives Erlebnis mit einem Repräsentanten einer Gruppe zu den bekannten Verallgemeinerungen führen („die Ausländer", „die Polizisten", „die Studenten").

b) Erfolgs-Lernen:

Nach einer erfolgten Reaktion auf einen Reiz wird eine weitere Reaktion vom Individuum wahrgenommen, die als Konsequenz dem vorangegangenen Verhalten zugeordnet wird. Je nach Wahrnehmung der Folgesituation als positiv oder negativ wird die entsprechende Reaktion künftig häufiger oder seltener auftreten.

c) Modell-Lernen:

Das Individuum erlebt hier die Konsequenzen oder Reaktionen nicht selbst, sondern beobachtet diese an einem Modell, also an einer anderen Person, die er als Vorbild betrachtet. Diese Vorbilder weisen stets ähnliche Charakteristika auf.[3]

Betrachtet man die Entscheidung am Aktienmarkt aus Sicht dieser Lerntheorien, so wird sichtbar, daß hier kaum eine Verbindung gezogen werden kann. So ist es nicht vorstellbar, daß ein Anleger seine Anlageentscheidungen alleine als Reaktion auf einen Reiz begreift. Selbst eine Generalisierung, wie es die Assoziationstheorie vorsieht, trifft nicht den Kern der Anlageentscheidung

---

[1] Vgl. MUSAHL (1999), S. 331ff.; AMELANG/BARTUSSEK (2001), S. 480ff.; WISWEDE (2000), S. 67ff.; HOFFMANN/SEBALD (2000), S. 1ff.

[2] Der bekannteste Fall der „klassischen Konditionierung" ist das Experiment der Pawlow´schen Hunde.

[3] Zu diesen zählen beispielsweise das Verfügen über Macht und Kompetenz oder die Einschätzung als erfolgreich in der sozialen Rangfolge. Vgl. dazu MUHSAL (1999), S. 335.

als Prozeß.[1] Ähnlich verhält es sich mit dem Modell-Lernen, da alleine durch Beobachtung eines anderen Anlegers kaum eigene Anlageentscheidungen getroffen werden. Etwas schwieriger ist es beim Erfolgslernen, da es durchaus sein kann, daß bei einem für den Anleger subjektiv empfundenen Erfolg ein ähnliches Verhalten in einer ähnlichen Anlageentscheidung anzutreffen ist. Die Frage ist nur, inwieweit ein Anlageerfolg zu messen ist, da es sich hier offensichtlich um keine objektive, sondern um eine subjektive Größe handelt. Versucht man also das Informationsverhalten einiger Individuen experimentell zu beobachten und dabei Schlüsse auf das Verhalten allgemein zu ziehen, so sind nicht nur die situativen Bedingungen gleich zu halten, sondern es ist insbesondere auch auf eine Begrenzung der persönlichen Einflußfaktoren zu achten.[2] Klammert man dabei solche Faktoren wie die persönliche Risikoeinstellung und die persönliche Nutzenpräferenz aus, so kann der Begriff des Lernens, wie er in der psychologischen Lerntheorie verwendet wird, hier nicht mehr angewendet werden.

Zu einer Erweiterung des Lernbegriffs führte die sogenannte „kognitive Wende" in den 60er Jahren des letzten Jahrhunderts, da „die klassischen Lerntheorien ... nicht gehalten [haben], was man sich von ihnen versprochen hatte. Mit ihnen läßt sich komplexes menschliches Verhalten nur unzureichend erklären. Sie werden deswegen in zunehmendem Maß durch kognitive Ansätze ergänzt."[3]. Diese kognitiven Ansätze beobachten die internen psychischen Prozesse des Lernens und weisen dabei folgende Charakteristika auf:[4]

- Lernen tritt in der Phase der Informationsverarbeitung auf. Dabei kann es sich um eine Neuentwicklung von Wissen anhand neuer Informationen, um eine Neuentwicklung von Wissen anhand schlußfolgernden Denkens oder den Transfer von Wissen oder Fähigkeiten auf neue Situationen handeln.
- Das Vorwissen der involvierten Person spielt im Lernprozeß eine bedeutende Rolle.
- Im Zentrum steht das Begriffslernen, d.h. Informationen werden zu Klassen zusammengefaßt, die untereinander durch verschiedenste Beziehungen miteinander verknüpft sind. Zu diesen Informationen zählen auch die subjektiven Einflußfaktoren des Lernenden (z.B. Emotionen), die ebenfalls als Operatoren im Denkprozeß dienen.

---

[1] Hier könnte man sich höchstens vorstellen, daß ein Anleger, der eine schlechte Erfahrung gemacht hat, diese auf sämtliche zukünftigen Anlageentscheidungen projiziert und daher im weiteren lieber auf andere Anlagemöglichkeiten, wie Renten, Sparanlagen etc. zurückgreift.

[2] Zu den Einflußfaktoren s. ausführlich Kapitel II 3.5.2.

[3] WEINBERG/KROEBER-RIEL (1999), S. 333 und sinngemäß ähnlich LEROY/RAMANANTSOA (1997), S. 873.

[4] Vgl. SEEL (2000), S. 21.

Kognitives Lernen umfaßt somit zwei Aspekte: Die Innensteuerung ist abhängig von der Person selbst, die Außensteuerung umfaßt die Interaktion der betroffenen Person mit der Umwelt. Für eine Anlageentscheidung am Aktienmarkt ist diese Sichtweise eher geeignet als die der klassischen Lerntheorien. So ist es denkbar, daß ein Anleger die Vorgehensweise bei früheren Entscheidungen als weitere Information bei seinen zukünftigen miteinbringt. Es gilt allerdings auch hier, daß ein Feedback im Sinne der Erfolgsmessung höchstens subjektiv meßbar ist. Werden Experimente durchgeführt, so bringt es die Begrenzung auf identische situative Gegebenheiten mit sich, daß die Probanden höchstens Erfahrungen mit dem Experiment selbst und dessen Umfeld sammeln können. Es soll daher im folgenden der Begriff der Erfahrungsbildung dem des Lernens vorgezogen werden.

3.4 Auswahl von Anlageleistungen

Nach Abschluß der Komponenten innerhalb des „Informationsprozeß" läßt sich eine Entscheidung aus den verschiedenen Alternativen des Alternativenraumes treffen. Obwohl in dieser Phase der Entscheidung keine weiteren, nach außen sichtbare Aktivitäten entfaltet werden, muß sie doch als eigenständige Phase aufgefaßt und von den anderen abgegrenzt werden.[1] Wichtig ist zu betonen, daß nach der Auswahl weitere Schritte resultieren können: Die Auswahl selbst geht als Erfahrungswert und damit als Information in weitere Entscheidungen ein. Ebenso kann ein Abgleich der Auswahl mit der eigentlichen Zielsetzung erfolgen, was in der Literatur teilweise als eigenständige Phase der Kontrolle aufgefaßt wird.[2] Eine Entscheidung am Aktienmarkt reduziert sich auf die Entscheidung über die Anlageform selbst bzw. eine Auswahl innerhalb einer Anlageform.[3]

3.5 Wesentliche Determinanten des Informations- und Entscheidungsprozesses

3.5.1 Überblick

Im Entscheidungsprozeß existieren verschiedene Einflußfaktoren, denen ein Entscheider ausgesetzt ist. In der Literatur gibt es keine einheitliche Strukturierung dieser Determinanten, so daß diese unter der jeweiligen Betrachtung des Entscheidungskontextes aufgestellt werden müssen. Einheitlich ist eine Auf-

---

[1] Vgl. zu einer Diskussion über die Abgrenzung zwischen den Phasen „Bewertung" und „Auswahl" EINHORN/HOGARTH (1982), S. 32f.

[2] Vgl. BIASIO (1969), S. 75ff.; CARROLL/JOHNSON (1990), S. 24.

[3] Vgl. Kapitel II 1.4.

teilung in Determinanten situativer und personaler Art, also Größen, die zum einen mit der Entscheidungsaufgabe an sich und zum anderen in weitestem Sinne mit der Person des Entscheiders in Zusammenhang stehen.

Die in dieser Arbeit definierte Anlageentscheidung am Aktienmarkt ist bereits durch verschiedenste Eigenschaften charakterisiert worden, so daß die Einflußgrößen daraus entwickelt werden können. Hervorstechendste Eigenschaft ist, daß es sich in der Regel um ein komplexes Problem handelt, das einen hohen kognitiven Aufwand zur Bewältigung der Informationsprozeß-Phasen erfordert. Die persönliche Disposition läßt sich aufteilen in Faktoren kognitiver, motivationaler und emotionaler Art. Mit kognitiven Persönlichkeitsvariablen sind Faktoren wie der Wissensstand, die subjektive Kontrollüberzeugung, die subjektive Kompetenz und kognitive Stile gemeint. In engem Zusammenhang mit diesen kognitiven Variablen sind diejenigen motivationaler Art zu sehen, da die Zielsetzung des Entscheiders als Ausgangspunkt des Entscheidungsprozesses den weiteren Verlauf steuert und somit über den Einsatz kognitiver Ressourcen entscheidet. Nicht unberücksichtigt bleiben können dabei die Emotionen, denen ein Anleger unterliegt, da Motivation und Emotion gemeinsam zur Aktivierung des Entscheidungsprozesses auf psychophysischer Ebene beitragen.[1] Die Wirkung von Emotionen oder Einstellungen gehören daher ebenfalls in den Kontext personaler Faktoren. Zu den soziodemographischen Faktoren und dem sozialen Umfeld, die man ebenfalls unter die Faktoren den Entscheider betreffend zählen kann, gehören neben dem Alter, dem Geschlecht oder dem Beruf insbesondere die aktuelle Lebensphase.

Die situativen Faktoren lassen sich aufteilen in die Kategorien „Merkmal einer Entscheidung“ und „Präsentation einer Entscheidung“. Innerhalb dieser beiden Kategorien lassen sich weitere Faktoren ausweisen. Die folgende Abbildung zeigt einen Überblick über die gesamten Determinanten, aus denen dann die weiteren Unterkapitel dieser Arbeit resultieren.

---

[1] Vgl. KUß (1981), S. 21; MANDL/REISERER (2000), S. 100ff. beschreiben ausführlich den Zusammenhang zwischen den drei Begriffen Emotion, Motivation und Kognition.

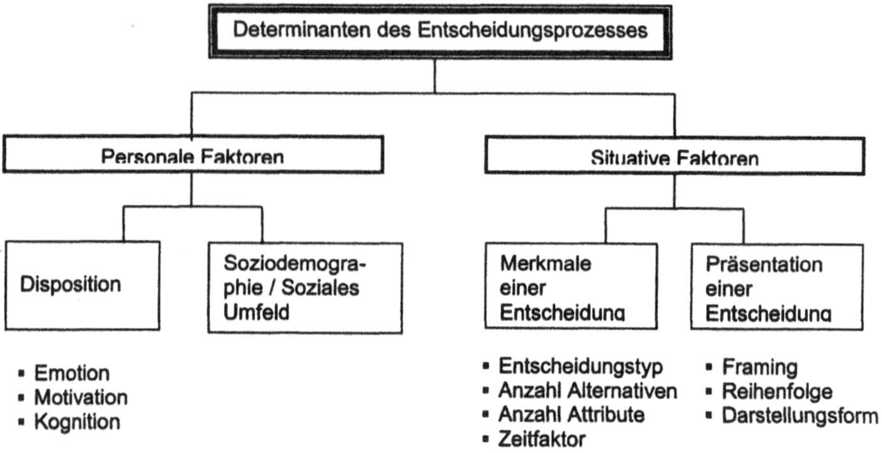

Abbildung 2.3: Systematisierung der Einflußfaktoren

3.5.2 Personale Faktoren

3.5.2.1 Disposition

3.5.2.1.1 Emotionale Persönlichkeitsvariablen

Der Begriff der Emotion kann umgangssprachlich mit „Gefühl" übersetzt werden. Freude, Glück, Ärger oder Enttäuschung sind typische Beispiele, die ein Mensch empfinden kann und die zu einer Aktivierung kognitiver und psychischer Prozesse führen. In der Literatur hat sich eine Aufteilung des Begriffs der Emotion in den Bereich der Affekte und den der Stimmungen durchgesetzt.[1] Trennen lassen sich diese beiden Begriffe anhand des Zeitfaktors und des Bezugs zu einer bestimmten Situation. Während bei einem Affekt eine kurzfristige Reaktion auftritt, die zu einer einzeln auftretenden Situation paßt, bezeichnen Stimmungen längeranhaltende eher diffuse Gefühle, die eine unbestimmte Situation begleiten.[2] Affekte werden typischerweise bei impulsiven Käufen auftreten, wenn spontan ohne weitere kognitive Kontrolle eine Aktivierung erfolgt. Im Bereich der Aktienmarktentscheidung hat man es

---

[1] Vgl. zu einer ausführlichen Definition emotionaler Prozesse und deren Abgrenzung zu anderen verwandten Begriffen OTTO/EULER/MANDL (2000), S. 12ff.; DICKENBERGER/GNIECH (1983), S. 493.

[2] Vgl. WEINBERG/KROEBER-RIEL (1999), S. 100; OEHLER (1995), S. 49.

dagegen eher mit Stimmungen zu tun, die den kognitiven Prozeß und damit auch den gesamten Entscheidungsprozeß beeinflussen können.

Im Bereich des Marketing haben Emotionen eine große Bedeutung erlangt. Mittels bestimmter Werbeaktivitäten wird versucht, einem Produkt qualitative Eigenschaften zuzuschreiben, die beim Konsumenten wiederum bestimmte Emotionen auslösen sollen. Dabei soll zum einen erreicht werden, daß der Konsument in eine positive Stimmung versetzt wird, um die Kaufentscheidung zu erleichtern, zum anderen sollen ganz spezifische Produktwerte vermittelt werden, die ein eigenes emotionales Profil bezüglich des Produktes erzeugen und dieses Produkt damit von der Konkurrenz abheben.[1] Zu den typischen Techniken zur Erreichung einer Emotionalisierung zählen neben dem Einsatz von Bild und Ton auch Duftstoffe, die zunehmende Bedeutung erlangen.[2] Ziel aller dieser Techniken ist eine ausreichende Produktdifferenzierung mittels emotionaler Erlebnisse, die eine umso höhere Bedeutung erlangt, desto gesättigter die Märkte sind.[3]

Sollen diese Ansätze auf den Aktienmarkt übertragen werden, sind zwei Punkte zu würdigen:

- Zum einen ist es auch hier denkbar, daß ein Unternehmen versucht, mittels emotional aufgeladener Werbung sein Produkt von anderen abzuheben und durch die Vermittlung bestimmter positiver Eigenschaften eine dementsprechende Stimmung bei einem potentiellen Anleger zu erzeugen.
- Zum anderen ist ein allgemeiner Einfluß von Stimmungen auf die Anlageentscheidung zu konstatieren.[4] So ist in der Regel von einer „positiven Stimmung" die Rede, wenn eine erhöhte Nachfrage und Kurssteigerungen beobachtet werden und umgekehrt von einer „negativen Stimmung" bei geringer Nachfrage und/oder negativer Kursentwicklung. SCHWARZ/BOHNER weisen jedoch darauf hin, daß die Rückwirkung der genannten Stimmung auf den einzelnen Anleger einen Kreislauf erzeugt, wenn gleichzeitig wiederum dessen Verhalten die beobachtete Stimmungslage unterstützt.[5] Betrachtet man die Wirkung von Stimmungen auf den Informationsprozeß, so zeigen empirische Studien unterschiedliche Prozeßverläufe. Während der Informationsaufnahme werden Personen in

---

[1] Vgl. KROEBER-RIEL (1995), Sp. 2700.

[2] Vgl. WEINBERG/KROEBER-RIEL (1999), S. 119ff.; DICKENBERGER/GNIECH (1983), S. 502.

[3] Vgl. KIRCHLER (1999), S. 239ff.

[4] Vgl. OEHLER (1995), S. 49.

[5] Vgl. SCHWARZ/BOHNER (1990), S. 164; zum Einfluß von optimistischer Stimmung auf das individuelle Verhalten am Aktienmarkt s.a. WÄRNERYD (2001), S. 163ff.

positiver Stimmung weniger Informationen aufnehmen und während der Informationsverarbeitungsphase weniger systematisch vorgehen, in negativer Stimmung umgekehrt.[1] Gleichzeitig werden Personen in positiver Stimmung eher auf angenehme Informationen ansprechen als auf unangenehme, so daß das Prinzip der selektiven Informationsaufnahme ebenfalls zum Tragen kommt. Dieses Prinzip gilt insbesondere auch für den Bereich des Erinnerns, da gezeigt werden konnte, daß sich Menschen in positiver Stimmung tendenziell eher an positive Aspekte früherer Entscheidungen erinnern.[2] Prinzipiell lassen sich diese Befunde auch für den Anlageentscheidungsprozeß vermuten.

Stimmungen besitzen einen starken Einfluß auf den Wahrnehmungsprozeß und können daher Erwartungen auslösen. So kann eine positive emotionale Lage und die damit verbundene positive Wahrnehmung einer Unternehmung eine positive Erwartung bezüglich eines Produktes nach sich ziehen. Die Erwartungen beeinflussen wiederum den Informationsprozeß. Wendet man diese wiederum aus der Marketingtheorie stammende These auf den Aktienmarkt an, so muß man den Erwartungsbegriff v.a. um die Erwartungen bezüglich der Handlungen der anderen Marktteilnehmer erweitern. Der Aktienkurs reflektiert somit nicht nur endogene Faktoren der Unternehmung oder exogene Faktoren des Marktes, sondern aggregiert auch die Summe individueller Erwartungen über die zukünftige Entwicklung des betrachteten Anteilwertes.[3] Rückkopplungseffekte sind dabei kaum zu vermeiden, wenn eine hohe Anzahl von Anlegern sich bei ihrer Urteilsbildung auf die Erwartungen als Information stützt und somit die eigentlich relevanten ökonomischen Daten vernachlässigt. Diese Situation kann sich bei gleichzeitiger Nutzung von Finanzintermediären im Sinne einer Anlageberatung verstärken.[4]

---

[1] Vgl. die Studien von ALLOY/ABRAMSON (1979); RUEHLMAN/WEST/PASAHOW (1985); ISEN (1982), S. 243ff.; ISEN (2000), S. 418f.; SCHWARZ (1987), S. 21ff.; ABELE (1985); FIEDLER (1988), S. 100ff.; CLORE et al. (1994); allgemein auch BARONE/MINIARD/ROMEO (2000).

[2] Vgl. JOHNSON/TVERSKY (1984); BLANEY (1986); BOWER (1981) und die Übersicht in BLESS/RUDER (2000), S. 306ff.

[3] Vgl. OEHLER (1995), S. 49f.

[4] Vgl. OEHLER (1995), S. 50; FISHER/STATMAN (2000) weisen in ihrer Studie dagegen einen signifikant positiven Zusammenhang zwischen der Stimmung von institutionellen Investoren und der Aktienrendite nach, während der gleiche Zusammenhang bei individuellen Anlegern signifikant negativ ist.

3.5.2.1.2 Motivationale Persönlichkeitsvariablen

Neben den Emotionen gelten auch Motive als aktivierende Prozesse. Dabei nimmt in der Literatur die Motivationsforschung einen breiten Raum ein, ohne den Begriff selbst einheitlich zu definieren. Allgemein werden unter der Motivation einer Person alle Prozesse und Effekte verstanden, die das Verhalten dieser Person bezüglich Richtung und Energieaufwand leiten.[1] Es lassen sich zwei Kategorien von Motiven unterscheiden:[2]

- Primäre Motive sind solche, die allein über Emotionen oder Triebe gesteuert werden. Sie sind angeboren und daher meist lebensnotwendig (z.B. Hunger oder Durst).
- Sekundäre Motive sind solche, die im Laufe des Lebens erlernt werden und kognitive Steuerungsvorgänge erfordern.

Da Anlageentscheidungen am Aktienmarkt ausschließlich Motiven sekundärer Art folgen, können sich die weiteren Ausführungen auf diese beschränken. Motivation ist hier als ein bewußter Prozeß zu beschreiben, der einen Ziel-Mittel-Zusammenhang herstellt und vom Befriedigungswert des Zieles bestimmt wird. In ökonomischen Zusammenhängen wird dabei zwischen dem Vorsorge-, dem Konsum- und dem Spekulationsmotiv unterschieden.[3] Ohne Zweifel gibt es Abhängigkeiten zwischen diesen Motivarten, doch kann die Anlageentscheidung am Aktienmarkt eindeutig dem letztgenannten Motiv zugeordnet werden. In den wenigen existierenden Studien zur Motivforschung individueller Anleger bestätigt sich die hohe Bedeutung des Spekulationsmotivs bei privaten Anlegern. So werden in der Studie von OEHLER (1995) die „Vermögenserhöhung" und die „Einkommenserhöhung" an erster bzw. dritter Stelle der extrahierten Motivgruppen genannt.[4] Kontextrelevant werden Entscheidungen dann, wenn motivationale Konflikte entstehen.[5] Diese werden bisher ausschließlich in der psychologischen oder marketingtheoretischen Literatur abgehandelt, könnten jedoch auch Pendants am Finanzmarkt finden.

---

[1] Vgl. HECKHAUSEN (1989), S. 10; zur Motivationsforschung auch SCHMALT/SOKOLOWSKI (1996); DICKENBERGER/GNIECH (1983), S. 476ff.; ULICH/BRANDSTÄTTER/GOLLWITZER (1996), S. 124ff.

[2] Vgl. OEHLER (1995), S. 88ff; WEIDEKIND (1994), S. 141ff.; WEINBERG/KROEBER-RIEL (1999), S. 142ff.

[3] Vgl. dazu OEHLER (1995), S. 91f.; VELDHOVEN/GROENLAND (1993) und FURNHAM (1985).

[4] Vgl. OEHLER (1995), S. 155 und die unveröffentlichten Studien, die VON ROSENSTIEL (1990) nennt.

[5] Vgl. zu den folgenden Ausführungen WEINBERG/KROEBER-RIEL (1999), S. 160ff.; HECKHAUSEN (1989), S. 100ff.

Motivationale Konflikte entstehen dann, wenn sich zwei oder mehrere Motive widersprechen und der Entscheider in einen Konflikt gerät, welchem der Motive er folgen soll. Denkbar wäre es beispielsweise, daß ein potentieller Anleger auf der einen Seite aus Vorsorgemotiven Rücklagen bilden auf der anderen Seite aus Spekulationsmotiven am Aktienmarkt investieren möchte. Solche sogenannten Appetenz-Appetenz-Konflikte können nur gelöst werden, wenn der Entscheider dann letztendlich doch zu einem Motiv tendiert und bei weiteren Überlegungen immer stärker diesem Motiv folgt, je mehr Informationen er sammelt. Schwieriger sind die Ambivalenz-Konflikte, die dann entstehen, wenn innerhalb eines Motives gegenläufige Aspekte auftreten. So kann ein Entscheider, der sich grundsätzlich zu einem Aktienkauf entschlossen hat, Unternehmensanteile mit positiven und negativen Aspekten finden. Dabei ist es möglich, daß sich diese Eigenschaften in ihrer Wertung gegenseitig aufheben und ein „Nichts-Tun" resultieren kann. Eine Konfliktlösung könnte dann darin bestehen, eine ganz andere Aktie in Erwägung zu ziehen (Ausweichverhalten) oder aber die Entscheidung aufzuschieben, bis weitere Informationen gesammelt werden können.

3.5.2.1.3 Kognitive Persönlichkeitsvariablen

Unter dem Aspekt der kognitiven Persönlichkeitsvariablen gibt es verschiedene Faktoren, die gerade auch am Aktienmarkt relevant sein können:

a) Subjektive Kompetenz und Wissensstand

Das Konstrukt der Kompetenz wird in der Literatur unterschiedlich definiert. So unterscheiden einige Autoren zwischen einer objektiven und einer subjektiven Kompetenz und meinen damit eine Trennung zwischen tatsächlich vorhandener und selbst erlebter Kompetenz. Folgt man der Argumentation von OEHLER, so ist es nicht sinnvoll, den Begriff der Kompetenz in Zusammenhang mit Objektivität zu bringen, da das Konstrukt der Kompetenz nicht mit Wissen gleichgesetzt werden kann.[1] Es soll daher im folgenden vom Wissensstand oder Informationsstand eines Entscheiders im Gegensatz zur subjektiv erlebten Kompetenz gesprochen werden.

Ausführlich wird der Begriff der subjektiven Kompetenz bei STÄUDEL definiert. Die dort so bezeichnete aktuelle Kompetenz (für die in dieser Arbeit der Begriff der subjektiven Kompetenz synonym verwendet wird) „stellt eine subjektive Einschätzung der eigenen Fähigkeiten, die man für die Bewältigung eines vorliegenden Problems zu haben glaubt, dar."[2] Da Fähigkeiten zum einen durch bereits durchlebte Ereignisse erworben werden, aber auch erst durch neuartige Problemstellungen generiert werden können, setzt sich die aktuelle Kom-

---

[1] Vgl. OEHLER (1995), S. 93.

[2] STÄUDEL (1987), S. 54.

petenz aus den zwei Komponenten Heuristische Kompetenz (subjektive Einschätzung der Fähigkeiten, neuartige Problemstellungen bearbeiten zu können) und Epistemische Kompetenz (subjektive Einschätzung des bereits erworbenen Wissens) zusammen.[1]

Betrachtet man auch hier den Zusammenhang zwischen der subjektiven Kompetenz und dem Informationsprozeß, so konnte gezeigt werden, daß Personen mit niedriger subjektiver Kompetenz eine geringere Anzahl an Zielbildungs- und Zielfindungsphasen innerhalb des Entscheidungsprozesses aufweisen. Der Informationsprozeß tendiert zu eher oberflächlichen Analysen, bei denen weniger Informationen aufgenommen werden.[2]

Liegt eine geringe subjektive Kompetenz (i.S. der oben getroffenen Definition) vor, so existieren entsprechende Phänomene an Aktienmärkten. So fühlen sich Anleger bei inländischen Aktien kompetenter als bei ausländischen[3] oder bevorzugen generell Alternativen, bei denen sie sich für kompetenter halten.[4]

Der Wissenstand eines Entscheiders ist im gesamten Informationsprozeß von großer Bedeutung, da sowohl vorhandene Informationen als auch Erfahrungen diesen begleiten. Hinzuweisen ist noch auf den Zusammenhang zwischen Wissensstand und subjektiver Kompetenz: Ein Individuum, das einen hohen Wissensstand bezüglich einer Problemstellung hat, wird sich hier auch subjektiv kompetent fühlen und sich dementsprechend im Rahmen einer Entscheidung verhalten.[5]

b) Kontrollüberzeugung

Das Konstrukt der Kontrollüberzeugung geht auf die Forschungen von ROTTER zurück.[6] Es wird zwischen den beiden Extremfällen interne und externe

---

[1] Vgl. STÄUDEL (1987), S. 47ff.; OESTERREICH (1979), S. 142ff.

[2] Vgl. DÖRNER/REH/STÄUDEL (1983), S. 592ff.; DÖRNER/REITHER/STÄUDEL (1983), S. 75f.; und die ausführliche Studie von STÄUDEL (1987); HEATH/TVERSKY weisen in ihrer Studie 1990 nach, daß es einen sogenannten „competence effect" gibt, d.h. daß Individuen sich in Risikosituationen eher für die Alternative entscheiden, bei der sie sich subjektiv kompetent fühlen. Eine ähnliche experimentelle Studie führen KEPPE/WEBER (1993) durch.

[3] Vgl. die Studie von KILKA/WEBER (1999) und KILKA (1998).

[4] Vgl. die Studien von HEATH/TVERSKY (1990) und KEPPE/WEBER (1995).

[5] Vgl. OEHLER (1995), S. 94.

[6] Vgl. ROTTER (1966). Andere Autoren entwickeln die sog. self-serving-bias-Hypothese, nach denen Individuen systematisch Erfolge eher auf interne Verursachungsbedingungen, Mißerfolge dagegen auf externe Ursachen zurückführen. Diese Hypothese gilt v.a. für Per-

Kontrollüberzeugung unterschieden, wobei eine interne Kontrollüberzeugung das Ausmaß bezeichnet, „in dem eine Person Ereignisse als Konsequenzen ihres eigenen Verhaltens erlebt", während eine externe Kontrollüberzeugung „das Ausmaß, in dem sie das Geschehen auf Schicksals- oder Zufallsumstände zurückführt, auf die sie keinen Einfluß hat" bezeichnet.[1] Eine Differenzierung kann folgendermaßen durchgeführt werden:

Interne Kontrollüberzeugung	**Externe Kontrollüberzeugung**
▪ Person selbst hat viele Kontrollmöglichkeiten ▪ Person bewirkt selbst Verhaltensfolge ▪ Person ist in hohem Maße selbstverantwortlich ▪ Person hält auch unter „widrigen" Bedingungen seine Überzeugung aufrecht ▪ Situationen sind abhängig vom eigenen Verhalten	▪ Person hat kaum Kontrollmöglichkeiten ▪ Externe Faktoren bestimmen Verhaltensfolge ▪ Person gibt Druck von außen relativ schnell nach, v.a. wenn Prestige und Expertentum eine Rolle spielen ▪ Kräfte außerhalb der Person bestimmen das Verhalten

Tabelle 3: Interne und externe Kontrollüberzeugung[2]

sonen mit hohem Selbstwertgefühl, während Personen mit niedrigem Selbstwertgefühl tendenziell ein umgekehrtes Muster aufweisen. Die Kontrollüberzeugung ist danach eher ein Prinzip, das dem Konstrukt des Selbstwertgefühls folgt. Vgl. dazu KRAHÉ (1984) und MILLER/ROSS (1975).

[1] Beide wörtlichen Zitatie aus MIELKE (1996), S. 185.

[2] Eigene Darstellung unter Zuhilfenahme von MIELKE (1982; 1996); KOZIELECKI (1981), S. 300ff.; STRICKLAND (1977). Einen ausführlichen Überblick v.a. zum Stand der (damaligen) Forschung liefern KRAMPEN (1982) und KROHNE/KOHLMANN (1990), S. 532ff. Ebenfalls sehr ausführlich zum Konstrukt der Kontrollüberzeugung LEFCOURT (1976). Über die Ursachen, nach denen eine Person als intern oder extern kontrollüberzeugt bezeichnet werden kann, gibt es unterschiedliche Auffassungen. SCHNEEWIND (1982), S. 219ff. weist nach, daß das Familienklima, in dem eine Person aufwächst, entscheidenden Anteil am Maß der Selbstverantwortlichkeit einer Person hat, wohingegen die einzelnen Persönlichkeiten der Eltern weniger Einfluß haben (auch SCHNEEWIND (1989), S. 83f.). Weiterhin scheint es einen direkten Zusammenhang zwischen Geschlecht (sowohl der Eltern als auch des Kindes) und Kontrollüberzeugung zu geben, da das Erleben eines warmen, liebevollen Erziehungsstiles im Elternhaus bei Jungen eher zu internen, bei Mädchen dagegen zu externen Kontrollüberzeugungen führt. Vgl. MIELKE (1982), S. 38.

Ein Zusammenhang zwischen Kontrollüberzeugung und Informationsprozeß läßt sich folgendermaßen herstellen[1]: Personen mit einer internen Kontrollüberzeugung gehen bereits bei der Informationsaufnahme zielgerichteter vor. Sie konzentrieren sich stärker auf aufgabenspezifische Informationen und lassen sich weniger von externen Einflüssen ablenken. Diese Verhaltensweise zeigt sich auch in der Phase der Informationsverarbeitung und der Anwendung zielorientierter Strategien. Dabei werden streßauslösende Faktoren, wie z.B. Termindruck als weniger belastend empfunden und auch eher auf kognitiver Ebene verarbeitet. Diese Zusammenhänge können prinzipiell auch auf den Aktienmarkt übertragen werden.[2]

Beachtenswert ist auch der Zusammenhang zum Konstrukt der Delegationsbereitschaft, also der Bereitschaft, Entscheidungen oder deren Teile an Dritte weiterzugeben und auf diese zu vertrauen. Auch wenn es zunächst logisch erscheint, Interne hätten eine geringere Delegationsbereitschaft, so existiert auch das Argument, daß ein zielstrebigerer Informationsprozeß auch mit der Fähigkeit einhergeht, Teile von Entscheidungen an subjektiv glaubwürdige Dritte zu delegieren. Die Qualität des Entscheidungsträgers und auch der Zeitaspekt spielen hierbei eine nicht unerhebliche Rolle. Wie OEHLER in seiner Studie nachweist, liegt jedoch die Delegationsbereitschaft bei Personen mit interner Kontrollüberzeugung niedriger.[3]

c) Kognitive Stile

Mit kognitiven Stilen werden Persönlichkeitsmerkmale benannt, die als Konstrukt die Persönlichkeit und Verhaltensweisen von Individuen bestimmen. Aus der Forschung sind eine Vielzahl solcher Konstrukte bekannt, die jeweils auf einzelne Teilaspekte eingehen.[4] Die ausführlichste Studie, die sich mit dem Zusammenhang von kognitiven Stilen und betriebswirtschaftlichen Fragestellungen befaßt ist die von FINK.[5] Diese Studie trennt beispielsweise zwischen analytischem und heuristischem Denkstil oder introvertierten bzw. extrovertierten Wahrnehmungstypen. Die Erfassung der kognitiven Stile ist zwar mit Hilfe spezieller Fragebögen möglich, jedoch nicht unproblematisch, da sie sich nicht einfach in bestimmte Schemata einordnen lassen. Die Herstellung von

---

[1] Vgl. in AMELANG/BARTUSSEK (2001), S. 512ff., die Ergebnisse der Studie von STRICKLAND (1977); MIELKE (1996), S. 193f.

[2] BUNGARD/SCHULTZ-GAMBARD (1990) weisen auf diese Bedeutung explizit hin.

[3] Vgl. OEHLER (1995), S. 98 und 163f.

[4] Einen Überblick findet sich bei RAYNER/RIDING (1997); STERNBERG/GRIGORENKO (1997).

[5] Vgl. FINK (1987), S. 19ff.

Zusammenhängen ist daher nicht einfach und hängt in vielen Fällen auch von situativen Gegebenheiten ab. Da im vorliegenden Experiment zur Erforschung des Informations- und Entscheidungsprozesses individueller Anleger eine Reihe von Faktoren explizit ausgeklammert wurde (z.B. die Risikoeinstellung) soll auf eine weitere Untersuchung der kognitiven Stile verzichtet werden.

3.5.2.2 Soziodemographische Faktoren und soziales Umfeld

Die soziodemographischen Faktoren und das soziale Umfeld (Geschlecht, Alter bzw. Lebenszyklusphase, Familienstand, Beruf und Bildungsstand, Einkommen) bilden Determinanten, die die persönliche Situation beschreiben und Einfluß auf eine Anlageentscheidung nehmen können.[1] Dies gilt auch für die unterschiedlichen Bezugsgruppen, die insbesondere auch eine Vergleichsbasis für den Entscheider bilden können.[2] Es gibt einige Studien, die sich mit dem Zusammenhang zwischen diesen Faktoren und dem Risikoverhalten beschäftigen. Deren Ergebnisse (z.B. eine höhere Risikobereitschaft bei Männern, eine stärkere Risikoaversion in Haushalten mit Kindern, eine geringere Risikoaversion bei höherem Bildungsstand) sind jedoch im hier gewählten Kontext nur bedingt relevant. Zum einen befinden sich alle Teilnehmer der folgenden Untersuchung in einer ähnlichen Lebensphase, da es sich ausschließlich um studentische Teilnehmer handelt, zum anderen sollte die Thematik der Risikobereitschaft mittels geeigneter Parameter ausdrücklich aus dem Experiment herausgehalten werden. Es lassen sich zwar Hypothesen beispielsweise in Zusammenhang mit Geschlecht und Informationsverhalten vorstellen, jedoch scheinen diese von untergeordneter Bedeutung bezüglich des Prozeßgedankens zu sein, so daß hier eine weitere Untersuchung unterbleiben soll.

3.5.3 Situative Faktoren

3.5.3.1 Merkmale einer Entscheidung

Unter diesem Aspekt können mehrere Faktoren subsumiert werden. Als übergeordnetes Merkmal ist die **Komplexität** der zu lösenden Aufgabe zu nennen, da mehrere Einzelfaktoren eine Komplexität begründen. Zu diesen einzelnen Faktoren zählen beispielsweise die Anzahl der Attribute und der Alternativen einer Entscheidung und der Zeitdruck, unter dem eine Entscheidung getroffen werden muß.[3] Die Menge an Informationen, die der Entscheider verarbeiten muß, hat wiederum Einfluß auf den Informationsprozeß. Es ist jedoch darauf

---

[1] Vgl. zum folgenden Abschnitt OEHLER (1995), S. 111ff.; OEHLER (1991), S. 49ff.; WEIDEKIND (1994), S. 137f.

[2] Vgl. OEHLER (1995), S. 77ff.

[3] Vgl. KUPSCH/HUFSCHMIED (1979), S. 233.

hinzuweisen, daß nicht allein die Menge an Informationen, sondern deren Vernetztheit die Komplexität einer Entscheidung determiniert.[1] Mit Vernetztheit ist die Abhängigkeit und Beeinflussung einzelner Informationen untereinander gemeint. Somit muß der Entscheider nicht nur verschiedene Einzelinformationen aufnehmen, sondern auch deren Wechselwirkungen untereinander beachten. Treten eine Vielzahl solcher Wechselwirkungen auf, besteht die Gefahr, diese nicht mehr angemessen berücksichtigen zu können und Entscheidungen eher isoliert zu treffen. Die Schwierigkeiten solcher komplexen Probleme und deren Einfluß auf die Problemlösegüte und das Problemlöseverhalten sind Gegenstand vielfältiger Forschungen von DÖRNER.[2] In den verschiedenen Projekten konnten Fehler in Entscheidungsverlauf und in Entscheidungsgüte bei komplexen, unbestimmten Situationen nachgewiesen werden.[3]

In diesem Zusammenhang ist jedoch darauf hinzuweisen, daß zwischen objektiver und subjektiver Komplexität getrennt werden muß.[4] Sicherlich ist die Anzahl und die Menge an Informationen objektiv beurteilbar, die Grenzen verlaufen jedoch in Abhängigkeit des Entscheiders selbst. Die individuelle Informationsverarbeitungskapazität bestimmt die Wahrnehmung der Komplexität in hohem Maße.

Für den Bereich des Aktienmarktes gilt die Definition der Komplexität gleichermaßen, da die Informationen, die den Entscheidungsprozeß begleiten, Wechselwirkungen ausgesetzt sind. Steht ein potentieller Anleger vor einer Sekundärentscheidung, hat er zudem die Auswahl aus einer hohen Anzahl an Alternativen, die alle mit einer hohen Anzahl an Attributen belastet sind. Nicht unberücksichtigt bleiben kann in diesem Zusammenhang auch die Komplexität, die sich durch die Vielzahl der Anleger mit ihren unterschiedlichen persönlichen Einflußfaktoren auf den Aktienmarkt ergibt. Der Anleger gleicht daher einem Schachspieler, „der mit einem Schachspiel spielen muß, welches sehr viele (...) Figuren aufweist, die mit Gummifäden aneinanderhängen, so daß es ihm unmöglich ist, nur *eine* Figur zu bewegen. Außerdem bewegen sich seine und des Gegners Figuren auch von allein, nach Regeln, die er nicht genau kennt oder über die er falsche Annahmen hat. Und obendrein befindet sich ein

---

[1] Vgl. DÖRNER (1993), S. 60ff.; DÖRNER (2000), S. 2.

[2] S. den Überblick in DÖRNER (1993), S. 22ff.

[3] DÖRNER (2000) weist insgesamt 26 Fehler nach, die in einem Experiment entstanden sind, bei dem verschiedene Gruppen eine Schokoladenfabrik vor dem wirtschaftlichen Ruin retten sollten. S.a. die Studie von SWAIT/ADAMOWICZ (2001).

[4] Vgl. STRAUSS (1993), S. 38ff.

Teil der eigenen und der fremden Figuren im Nebel und ist nicht oder nur ungenau zu erkennen."[1]

Die **Anzahl der angebotenen Alternativen und Attribute** trägt zu einem entsprechenden Informationsvolumen bei. Insbesondere die selektive und damit gleichzeitig reduzierte Aufnahme von Informationen ist bei steigender Informationsmenge und gleichzeitiger beschränkter Informationsaufnahmekapazität zu berücksichtigen. Im Rahmen eines Experiments zur Produktentscheidung von Konsumenten konnte HOFACKER bestätigen, daß mit steigender Anzahl der angebotenen Alternativen:[2]

- der Umfang der Informationsaufnahme absolut zwar zu, jedoch relativ abnahm,
- die Breite der Informationsaufnahme zu und die Tiefe abnahm.

Für die Anzahl der Attribute je Alternative konnte lediglich nur nachgewiesen werden, daß

- der Umfang der Informationsaufnahme absolut zwar zu, jedoch relativ abnahm (allerdings ist der Alternativeneffekt signifikant höher als der Attributeffekt),
- die Breite der Informationsaufnahme zunahm.

Werden Entscheidungen unter **Zeitdruck** getroffen, so kommt ein weiterer Faktor dazu, der die Komplexität erhöhen kann. Entscheidungen unter Zeitdruck verursachen beim Entscheider selbst Streß. Auf diesen reagieren Personen unterschiedlich. So ist es möglich, die Zeit, die pro Einzelinformation verwendet wird, zu reduzieren.[3] Eine andere Möglichkeit ist es, sich auf weniger Informationen zu konzentrieren, also eine Art Filterung durchzuführen.[4] Auch die unterschiedliche Nutzung von Entscheidungsregeln gehört in diesen Kontext, da Eliminationsregeln bei solchen Entscheidungen unter Zeitdruck eher verwendet werden als kompensatorische.[5] In jedem Falle spielt der Zeit-

---

[1] DÖRNER (1993), S. 66.

[2] Vgl. HOFACKER (1985), S. 207ff.

[3] Vgl. BEN ZUR/BREZNITZ (1981), MILLER (1960); PAYNE/BETTMAN/JOHNSON (1988).

[4] Vgl. BEN ZUR/BREZNITZ (1981); WRIGHT (1974); MILLER (1960); BETSCH/FIEDLER/BRINKMANN (1998), S. 864f.

[5] Vgl. die Studien von BEN ZUR/BREZNITZ (1981); MILLER (1960); JOHNSON/PAYNE/BETTMAN (1993) und zu allen drei genannten Möglichkeiten PIETERS/WARLOP (1999), S. 4ff.

aspekt aber eine entscheidende Rolle im Rahmen der Lösung eines Entscheidungsproblems,[1] der zu folgenden Effekten führen kann:[2]

- eine verringerte Informationsaufnahme und -verarbeitung,
- eine Höhergewichtung von negativ behafteten Informationen,
- das Negieren oder Leugnen von wichtigen Informationen,
- das Bestätigen einer bereits getroffenen Entscheidung.

Auch der Zeitdruck läßt sich für viele der am Aktienmarkt getroffenen Entscheidungen, v.a. in umsatzstarken Phasen, annehmen.[3]

3.5.3.2 Präsentation einer Entscheidung

Die Präsentation einer Entscheidungsaufgabe kann als separate Determinante des Entscheidungsprozesses aufgefaßt werden, indem man alle diejenigen Einflußfaktoren berücksichtigt, die entweder als **äußerer Rahmen der Entscheidungssituation** oder als Darstellung der Entscheidungsaufgabe an sich das Verhalten des Entscheiders beeinflussen (Framing-Effekt). KÜHBERGER führt eine Meta-Analyse zum Framing-Effekt durch und unterscheidet in seiner Definition dabei zwischen folgenden Ausprägungen:[4]

- *Framing Manipulation*: Einfluß durch explizites Benennen einer Entscheidungsaufgabe als Gewinn- und Verlustsituation (äquivalent zur obengenannten Definition).
- *Response Mode*: Einfluß durch die Typisierung einer Aufgabe in eine Auswahlentscheidung oder Bewertungsaufgabe.
- *Comparison*: Einfluß durch die Methodik eines „within-subjects“ versus eines „between-subjects“-Designs.
- *Unit of Analysis*: Einfluß durch die Möglichkeit der Formulierung einer Aufgabe als Individual- oder einer Gruppenentscheidung.
- *Problem Domain*: Einfluß durch die betroffene Domäne einer Aufgabe, beispielsweise der Finanzmarktkontext, Werbekontext etc.

---

[1] Vgl. SVENSON/EDLAND (1989), S. 234f.

[2] Vgl. ZAKAY (1993), S. 60 und die dort angegebene Literatur.

[3] Vgl. OEHLER (1995), S. 46.

[4] Vgl. KÜHBERGER (1998), S. 26ff.; es werden hier lediglich die Unterscheidungen aufgenommen, die die Aufgabencharakteristika betreffen. KÜHBERGER unterscheidet weiterhin innerhalb des Risikofaktors, der allerdings nicht grundsätzlicher Gegenstand dieser Arbeit ist.

Der Einfluß des Framing-Effektes im Rahmen von Informationsverarbeitungsprozessen ist ebenfalls empirisch überprüft. Da durch die entsprechende Formulierung eines Entscheidungsproblems die Aufmerksamkeit des Entscheiders entsprechend gelenkt werden kann, werden die entsprechenden Informationen stärker gewichtet; der Framingeffekt verstärkt sich somit mit steigender Informationsmenge.[1] Wird die Informationslage innerhalb eines Entscheidungsproblems betrachtet, so konnte nachgewiesen werden, daß bei fehlenden positiven Nachrichten niedrigere Bewertungen erfolgen als bei fehlenden negativen Nachrichten bei gleichzeitigem hohem Niveau objektiver Nachrichten.[2]

Obwohl es eine Vielzahl an empirischen Forschungsstudien bezüglich des Framing-Effektes gibt, die diesen auch nachweisen, können einige kritische Anmerkungen bezüglich Design und Methodik nicht unterbleiben.[3] Neben der fehlenden theoretischen Fundierung des Framing-Effektes ist eine Kritik v.a. bezüglich der Frage angebracht, inwieweit Veränderungen des Kontextes selber den Framing-Effekt verändern. Er selbst ist Teil des Kontextes, der bereits auf kleine Veränderungen reagiert, so daß isolierte Effekte schwer darstellbar sind. Hier ist insbesondere auch auf die bereits beschriebenen Einflußfaktoren der Aufgabenmerkmale hinzuweisen, da beispielsweise der Framing-Effekt verschwinden kann, wenn eine Aufgabe nicht unter Zeitdruck gelöst werden muß.[4]

Ein weiterer Einflußfaktor, der sich durch die Präsentation einer Aufgabe ergibt, ist die **Reihenfolge,** mit der die Attribute der verschiedenen Alternativen präsentiert werden.[5] Bei einer sequentiellen Informationsaufnahme muß der dargebotenen Reihenfolge ebenfalls eine Wirkung auf den Entscheidungsprozeß zugewiesen werden. In der Literatur werden dazu zwei verschiedene Effekte genannt:[6]

- *Primacy-Effekt*: Dieser besagt, daß die zuerst dargebotenen Informationen einen höheren Einfluß auf die Entscheidung haben. Die zuerst vom Ent-

---

[1] Vgl. GANZACH/SCHUL (1995), S. 32.

[2] Vgl. LEVIN et al. (1985), S. 372.

[3] Vgl. UNSER (1999), S. 246f. und die dort angegebene Literatur.

[4] Vgl. SVENSON/BENSON (1993).

[5] Vgl. MOORE (1999); LEVIN/JOHNSON/DAVIS (1987) ; GIERL/HÖSER (2002), S. 13.

[6] Vgl. zu einer ausführlichen Beschäftigung mit diesem Phänomen die Studie von IGOU (2001); weiterhin IRLE (1975), S. 122ff. ; FELSER (1997), S. 118f.; SILBERER (1983), S. 575 und die dort angegebene Literatur.

scheider aufgenommenen Informationen erzeugen somit eine Einstellung, die die weitere Informationsaufnahme leitet; der Zusammenhang mit der Entscheidungsheuristik der Verankerung und Anpassung ist deutlich. In empirischen Untersuchungen konnte der Primacy-Effekt mehrfach nachgewiesen werden, er verringert sich jedoch, wenn die Versuchspersonen darauf aufmerksam gemacht wurden, daß verschiedene unter Umständen sich widersprechende Informationen präsentiert würden.[1] IRLE nennt sechs Voraussetzungen, unter denen im Laborexperiment am ehesten Primacy-Effekte auftreten[2]:

- es werden widersprüchliche Informationen dargeboten,
- die Informationen stammen aus einer Informationsquelle,
- die Informationen werden in einer steten Reihenfolge nacheinander dargeboten,
- die Versuchsleitung greift nicht in den Informationsprozeß ein,
- der Entscheider determiniert nicht für sich selbst zukünftige Entscheidungen,
- der Entscheider tritt nicht in Interaktion mit anderen Personen.

- *Recency-Effekt*: Dieser besagt, daß die zuletzt dargebotenen Informationen einen höheren Einfluß auf die Entscheidung haben. Sie sind am Ende einer Informationskette im Gedächtnis des Entscheiders sehr präsent und leiten somit die Auswahlentscheidung nach der Informationsverarbeitung ein. Experimentell wurde dieser Effekt nachgewiesen, indem Versuchspersonen mehrere Informationsblöcke erhielten und die Entscheider nach dem ersten Block bereits ein erstes Urteil treffen mußten. Der Gesamteindruck nach allen Informationsblöcken richtete sich stets nach dem letzten Block aus.[3] Dieser Effekt verstärkt sich, wenn verschiedene Informationsquellen verwendet wurden[4] oder die Darbietung akustisch erfolgte.[5]

ARONSON führt aus, daß die Entscheidung, ob der Primacy- oder der Recency-Effekt überwiegt, ausschließlich von der Zeitspanne, die nach der letzten Information und der Entscheidung liegt, determiniert wird. Muß der Entschei-

---

[1] Vgl. die Studien von LUCHINS (1957a und b); ANDERSON/HUBERT (1963); STEWART (1965).

[2] Vgl. IRLE (1975), S. 125.

[3] Vgl. die Studien von LUCHINS (1958); BRISCOE/WOODYARD/SHAW (1967); auch HOGARTH/EINHORN (1992).

[4] Vgl. die Studien von WALSTER et al. (1966); WALSTER/PRESHOLT (1966).

[5] Vgl. die Studie von KROSNICK/ALWIN (1987).

dungsträger unmittelbar danach seine Entscheidung präsentieren, so überwiegt der Recency-Effekt, da die zuletzt genannte Information die Entscheidung einleitet, liegt eine größere Zeitspanne zwischen der Informationspräsentation und der Entscheidung, so überwiegt der Primacy-Effekt, da die zuletzt genannten Informationen nun aufgrund des Erinnerungsvermögens eher in den Hintergrund gedrängt werden.[1]

Bedeutend ist auch die **Darstellungsform** einer Entscheidungsaufgabe. GEMÜNDEN untersucht einen möglichen Zusammenhang zwischen einzelnen Darstellungsformen und der Effizienz von Entscheidungen.[2] In seiner Meta-Analyse von empirischen Untersuchungen zur Darstellung mittels Graphik oder Tabelle konnte er keine eindeutige statistische Signifikanz zugunsten einer Präsentationsform erkennen. Ähnlich sind auch die Ergebnisse, die PETERSEN in seiner Studie zusammenfaßt.[3] Er merkt allerdings an, daß die bisher genannten Studien lediglich auf der Basis von Input-Output-Analysen zustandegekommen sind, eine explizite Berücksichtigung des Prozeßgedankens somit unterbleibt. In seiner eigenen Untersuchung kann er einen Einfluß der Datenpräsentation in Tabellen versus Baumstrukturen auf die Objektorientierung nachweisen, indem Baumstrukturen eine stärker objektorientierte Ablauforganisation unterstützen.[4]

---

[1] Vgl. ARONSON (1994), S. 108ff. ; dazu auch die Studien von MILLER/CAMPBELL (1959) ; INSKO (1964).

[2] Vgl. GEMÜNDEN (1986), S. 62ff.

[3] Vgl. PETERSEN (1988), S. 91f.

[4] Vgl. PETERSEN (1988), S. 292.

4 Methodische Grundlagen

4.1 Feld- und Laborexperimente als Methode empirischer Forschung

Experimentelle Forschungen sind in den verschiedenen Disziplinen, mit denen diese Arbeit in Zusammenhang steht - Kapitalmarktforschung, Konsumentenforschung, Psychologie - üblich. Mittels Experimenten ist es möglich, das tatsächliche Verhalten von Individuen zu beobachten und anhand vorher aufgestellter Hypothesen zu erklären. Diese Kategorie der explikativen Forschung versucht, die Veränderung einer abhängigen Variablen durch eine oder mehrere unabhängigen Variablen zu erklären.[1] In der Regel wird eine Experimentalgruppe unter Verwendung der abhängigen Variablen und eine Kontrollgruppe unter Veränderung dieser Variablen gebildet und deren unterschiedliches Verhalten registriert. Alle weiteren unabhängigen Variablen müssen dabei möglichst gleich gehalten werden, um einen genauen Ursache-Wirkung-Zusammenhang untersuchen zu können. Dabei unterscheidet man zwischen zwei Varianten: Im *Feldexperiment* werden die Versuchspersonen unter ihren natürlichen sozialen Bedingungen beobachtet.[2] Diese Experimentform ist im Rahmen der vorliegenden Problemstellung nicht möglich.

Möglich sind dagegen *Laborexperimente*. Diese finden unter künstlich erzeugten Bedingungen statt und erlauben es, die gleichen Experimente unter stets gleichen Bedingungen und unter Kontrolle möglicher Störvariablen zu reproduzieren.[3] Auch der Einsatz technischer Apparaturen für eine optimale Datengewinnung ist problemlos möglich. Diese genannten Vorteile führen zu einem zunehmenden Einsatz dieser Experimentanordnung insbesondere in der Finanzmarktforschung („Börse im Labor").[4]

Als Nachteile der Labor-Forschung werden in der Regel die folgenden drei genannt:[5]

---

[1] Vgl. ZENTES (1998), S. 394; MEYER (1996), S. 49ff.; KARMASIN/KARMASIN (1977), S. 56; VON ROSENSTIEL (2000), S. 23.

[2] Vgl. WISWEDE (2000), S. 48ff.; BEREKOVEN/ECKERT/ELLENRIEDER (2001), S. 154f. Bekanntestes Beispiel sind die HAWTHORNE-Experimente, bei denen ein Zusammenhang zwischen Arbeitsplatzbeleuchtung und Arbeitsleistung untersucht werden sollte und diese Untersuchung eben am realen Arbeitsplatz der Versuchspersonen stattfand.

[3] Vgl. HEILMANN/LÄGER/OEHLER (2000), S. 362; OEHLER (2002b), S. 2; OEHLER (1995), S. 124ff.; WIENDIECK/BUNGARD/LÜCK (1983), S. 42; ARONSON (1994), S. 407ff.

[4] Vgl. HEILMANN/LÄGER/OEHLER (2001b), S. 176; OEHLER (2000a), S. 1.

[5] Vgl. WISWEDE (2000), S. 49f.

- *Versuchsleiter-Effekt*: Verstärkung eines bestimmten Verhaltens der Versuchspersonen durch explizite oder implizite Sanktionen.
- *Versuchspersonen-Effekt*: Veränderung des Verhaltens aufgrund des Bewußtseins der Zugehörigkeit zu einem Forschungsprojekt.
- *Realismusferne*: Problematik der Nachbildung der komplexen Realität.

Auch wenn diese Nachteile akzeptiert werden müssen, ist es möglich, sinnvoll Laborexperimente durchzuführen. Bereits das Wissen um diese Nachteile kann helfen, die Experimentbedingungen so zu gestalten, daß diese weniger zum Tragen kommen. Dies gilt insbesondere für die Rolle des Versuchsleiters. Dem Nachteil der Realismusferne steht insbesondere der Vorteil der Komplexitätsreduktion und mögliche Kontrolle gegenüber.[1] Dieser Nachteil begründet sich somit nicht durch die experimentelle Methode an sich, sondern durch eine unangemessene Ausgestaltung des Experiments.[2]

Gemessen werden Experimente an ihrer Zuverlässigkeit (interne Validität, Reliabilität) und ihrer Generalisierbarkeit (externe Validität).[3] Das erstgenannte Kriterium soll gewährleisten, daß die ausgewählten Methoden die theoretischen Aspekte hinreichend abbilden und die zu untersuchenden Variablen nicht durch Störgrößen beeinträchtigt werden. Gelingt eine hinreichende Güte an Reliabilität, ist auch eine Generalisierung möglich, d.h. eine Übertragbarkeit der beobachteten Wirkungen im Laborexperiment auf die Allgemeinheit. Entscheidende Determinante ist in diesem Falle die Kontrollierbarkeit der Laborsituation. Es entsteht somit ein trade-off zwischen Kontrolle (d.h. einer möglichst starken Vereinfachung der Situation, um die Variablen „im Griff" zu haben) und Generalisierbarkeit, da bei einer zu starken Vereinfachung eine Verallgemeinerung schwer möglich ist.

Zur Datengewinnung unter experimentellen Bedingungen haben sich verschiedene Instrumente etabliert. Diese Instrumente sollen in den folgenden Kapiteln vorgestellt werden.

---

[1] Vgl. HEILMANN/LÄGER/OEHLER (2000), S. 362.

[2] Vgl. MEYER (1996), S. 50f.; ARONSON (1994), S. 412f.

[3] Vgl. OEHLER (1995), S. 129f.; KUß (1987), S. 63f.; VON ROSENSTIEL/EWALD (1983), S. 189ff.; BUNGARD/SCHULTZ-GAMBARD (1999), S. 618ff.

4.2 Instrumente experimenteller Studien

4.2.1 Beobachtung

Eine Möglichkeit, Aufschluß über bestimmte Hypothesen zu gewinnen, ist die Beobachtung von Versuchspersonen unter kontrollierten Bedingungen.[1] Diese Methode hat den Vorteil, daß die Versuchspersonen je nach Experimentdesign eine Handlung vornehmen können, ohne daß eine direkte Beeinflussung durch den Versuchsleiter notwendig wird. Aus der Beobachtung können Rückschlüsse auf das Verhalten von Individuen gezogen werden, ohne daß diese explizit über ihr Verhalten nachdenken und dann eventuell verfälschte Aussagen machen. Die verschiedenen Ausprägungsformen werden durch die Stellung des Versuchsleiters determiniert. Ist dieser während eines Experiments anwesend, spricht man von einer *unverdeckten*, andernfalls von einer *verdeckten* Beobachtung. Dies ist wie bereits oben erwähnt ein nicht zu vernachlässigender Faktor, da nicht auszuschließen ist, daß sich Versuchspersonen anders verhalten, wenn der Versuchsleiter anwesend ist.[2] Nimmt der Versuchsleiter sogar aktiv am Geschehen teil, spricht man von einer *teilnehmenden* versus einer *nicht-teilnehmenden* Beobachtung. Eine weitere Unterteilung von Beobachtungen ist abhängig von der Art der Datengewinnung. Werden diese nach einem bestimmten Kategorienschema ermittelt, handelt es sich um eine *strukturierte* Beobachtung, andernfalls um eine *nicht-strukturierte* Beobachtung. Für eine hypothesenadäquate Beobachtung werden häufig Techniken eingesetzt, die dem Bereich der Prozeßverfolgung entstammen.

Dabei bieten sich folgende Möglichkeiten an:[3]

Blickaufzeichnung:[4] Diese Technik wird schon seit langem v.a. in der Konsumentenforschung angewandt. Die Blickbewegungen unterliegen als spontane Reaktion keiner kognitiven Kontrolle; daher ist es möglich, aus den Bewegungen der Iris bei der Informationsaufnahme auf die Zahl, die Art, die Reihenfolge und die Dauer der Informationsaufnahme zu schließen. Vorteilhaft ist die hohe Flexibilität in der Informationsdarbietung, da verschiedenste Präsentationsformen (Bilder, Texte oder auch realistische Einkaufssimulationen) verwendet werden können. Als Nachteile gelten der hohe technische Aufwand, da spezielle Geräte (meist Brillen) verwendet werden müssen, und die alleinige Konzentration auf die externe Informationsaufnahme. Die interne Aufnahme

---

[1] Vgl. zum folgenden OEHLER (1995), S. 118; BEREKOVEN/ECKERT/ELLENRIEDER (2001), S. 146f.; LAATZ (1993), S. 169ff.; ONKVISIT/SHAW (1994), S. 545f.

[2] Vgl. WISWEDE (2000), S. 47f.; MEFFERT (1992), S. 200.

[3] Vgl. für einen ersten Überblick PETERSEN (1988), S. 97ff.

[4] Vgl. SCHIERSCH (1997); KUß (1987), S. 100ff.; JUST/CARPENTER (1976), S. 441ff.; KROEBER-RIEL/WEINBERG (1999), S. 261ff.

als wesentlicher Teil des Informationsprozesses bleibt völlig unberücksichtigt. Auch die Auswertung der Daten ist sehr zeitintensiv, da die Codierer sorgfältig geschult werden müssen und die aufgezeichneten Blickbewegungen nur in sehr stark verzögerter Form weiterverarbeitet werden können.

Verbale Protokolle („Laut-Denken-Protokolle"):[1] Bei diesem Verfahren wird die Versuchsperson aufgefordert, während der Entscheidungsfindung alle Überlegungen und Gedanken sofort laut zu äußern. Dies ermöglicht ein nahezu vollständiges Abbild des Informationsprozesses solange vorausgesetzt wird, daß die Versuchsperson in der Lage ist und die Bereitschaft hat, sämtliche Gedanken zu äußern. Diese Möglichkeit ist in der Literatur nicht unumstritten, weil die Frage offen bleibt, ob eine Verbalisierung nicht auch den kognitiven Prozeß an sich beeinflußt, trotzdem wird dieses Verfahren sehr häufig angewendet, da eben sowohl die interne als auch die externe Informationsaufnahme und auch die Entscheidungsfindung an sich beobachtet werden können. Außerdem ist dieses Instrument sehr einfach anwendbar und daher kostengünstig. Als Nachteil läßt sich die Zeitintensität anführen, da immer nur eine Versuchsperson und somit nur ein Informationsprozeß gleichzeitig untersucht werden kann, da die ständige Anwesenheit eines Versuchsleiters erforderlich ist (der ggf. die Versuchsperson an das „Laute Denken" erinnern muß). Ein weiteres Problem entsteht durch die aufwendige Auswertung der Daten, die in der Regel als Tonbänder oder Videobänder vorliegen und zunächst in auswertbare Daten transformiert werden müssen.

Information-Display-Matrix (IDM):[2] Bei dieser Technik wird einer Versuchsperson ein Informationsangebot entweder über papierne oder elektronische Medien zur Verfügung gestellt. Nun können die Informationen entweder am Bildschirm aufgerufen oder aber durch das Ziehen bzw. Aufdecken von Informationskarten beschafft werden. Die Beobachtung der Informationsaufnahme gestaltet sich relativ einfach, da entweder die gezogenen Informationskarten eingesammelt werden (und somit in der Reihenfolge und Art vorliegen) oder aber bereits am PC die erforderlichen Daten aufgezeichnet werden können. Nachteilig bei dieser Technik ist, daß wie bei der Blickaufzeichnung die interne Informationsaufnahme unberücksichtigt bleibt. Eine Beeinflussung der Entscheidungsstrategie durch die Gestaltung der Informationstafel wird in der Literatur kontrovers diskutiert.[3]

---

[1] Vgl. PAYNE (1976b), S. 366ff.; NISBETT/WILSON (1977), S. 246ff.; BIGGS/MOCK (1983), S. 236ff.; ERICSSON/SIMON (1980), S. 215ff.; DEFFNER (1982), S. 141ff.; FLAHERTY (1975), S. 229ff.

[2] Vgl. JACOBY et al. (1976), S. 306ff.; JACOBY (1977), S. 209ff.; KAAS/HOFACKER (1983), S. 76ff.

[3] Vgl. SUNDSTROEM (1989), S. 220ff.

Multi-Measurement Ansatz:[1] Eine Möglichkeit, Vorteile verschiedener Verfahren zu nutzen bzw. die Nachteile einzelner Verfahren auszuschalten, ist es, verschiedene Verfahren zu kombinieren. Welche Verfahren kombiniert werden, ist abhängig von der Problemstellung.[2] In der vorliegenden Untersuchung bietet sich eine Kombination aus IDM zur Darbietung verschiedener Informationen und verbaler Protokolle zur Erfassung des kompletten Entscheidungsprozesses an.

4.2.2 Befragung

Sollen nicht tatsächliche Handlungen beobachtet werden, sondern Daten über die Motive, Einstellungen, Erwartungen oder Erfahrungen ermittelt werden, bietet sich das Verfahren der Befragung an.[3] Gleichzeitig lassen sich hier die soziodemographischen Variablen ermitteln, wenn auch diese Daten für das Experiment benötigt werden. Generell unterliegen Befragungen dem Nachteil, zeitpunktbezogen zu sein und daher dem Prozeßgedanken nicht Rechnung zu tragen.[4] Soll daher eine Untersuchung im Zusammenhang mit dem Prozeßcharakter von Entscheidungen durchgeführt werden, so können Befragungen höchstens als Zusatzelement dienen. Fragen, die im Anschluß an Kaufentscheidungen beispielweise über das Kaufverhalten selbst gestellt werden, können über den tatsächlichen Verlauf der Entscheidung nur einen subjektiv verfälschten Eindruck geben, da die wenigsten Probanden in der Lage sind, ihr eigenes Verhalten objektiv zu reflektieren und korrekt wiederzugeben, so daß eher die Erinnerung an den Entscheidungsprozeß als dieser selbst gemessen wird. Daher kommen für das vorliegende Experiment nur folgende Erhebungsmethoden in Betracht:

Mündliche Befragungen: Hier handelt es sich um Interviews, die mehr oder weniger strukturiert ablaufen können. *Standardisierte Interviews* sind solche, bei denen der Interviewer bei allen Befragten nicht nur die gleichen Fragen in der gleichen Formulierung stellt, sondern dazu auch eine festgelegte Reihenfolge verwendet. Mögliche Antworten sind in der Regel bereits vorgegeben. *Teil-strukturierte Interviews* zeichnen sich dadurch aus, daß der Interviewer je

---

[1] Vgl. PAYNE/BRAUNSTEIN/CARROLL (1978), S. 17ff.; LOHSE/JOHNSON (1996), S. 28ff.; KAAS/HOFACKER (1983), S. 76ff.; PAYNE/BRAUNSTEIN/CARROLL (1978), S. 39ff.

[2] PAETZOLD/STÄUDEL (1985) verwenden beispielsweise eine Kombination aus Beobachtung und dazwischengeschalteter schriftlicher Befragung zur Erfassung emotionalen und nonverbalen Verhaltens.

[3] Vgl. für das folgende Kapitel OEHLER (1995), S. 121ff.; WIENDIECK/BUNGARD/LÜCK (1983), S. 39ff.; WISWEDE (2000), S. 46f.; ZENTES (1998), S. 397f.; BÖHLER (1992), S. 76ff.

[4] Vgl. KUß (1987), S. 69; KROEBER-RIEL/WEINBERG (1999), S. 259.

nach Situation weitere Fragen hinzufügen kann oder auch Formulierungen oder Reihenfolgen ändert. Das *unstrukturierte Interview* (Tiefeninterview) gibt solche Fragen überhaupt nicht mehr vor. Diese Technik wird insbesondere dann angewandt, wenn es um Emotionen, Motive oder Einstellungen geht, die über standardisierte Fragen schwerlich zu ermitteln sind. Hier bietet es sich an, eher indirekte Fragen zu stellen und dann je nach Antwortqualität weiterzufragen.

Problematisch an mündlichen Befragungen ist der Interviewereinfluß, der mit sinkendem Standardisierungsgrad zunimmt. Dieser Einfluß ist gleichzeitig auch Hauptkritikpunkt bei Tiefeninterviews, da anzunehmen ist, daß die Antworten auch sogenannte „erwünschte" Antworten sein können (beispielsweise bei Fragestellungen im sozialen Umfeld).[1] Gleichzeitig ist auch ein Einfluß des Interviewers beim Erfassen der Daten durch den subjektiven Eindruck möglich.

Schriftliche Befragungen: Diese werden mittels standardisierter Fragebögen (gegebenenfalls auch PC-gestützt) durchgeführt, die entweder in Anwesenheit des Versuchsleiters ausgefüllt oder auf postalischem Wege versandt werden. Nur die erstgenannte Variante kommt bei Laborexperimenten in Kombination mit anderen Instrumenten in Frage.

Befragungen können auch für die vorliegende Problemstellung als ergänzendes Element eingesetzt werden, um verschiedene Persönlichkeitsvariablen zu erfassen.

4.2.3 Inhaltsanalyse

Das Verfahren der Inhaltsanalyse ermöglicht es, aus sprachlichen Äußerungen, die zunächst in einer aufgezeichneten Form (meist auf Tonband oder Video) vorliegen, systematisch Daten zu extrahieren, die nicht-sprachliche Eigenschaften aufweisen.[2] Es werden also aus einem sprachlichen Ursprungsmaterial Rückschlüsse auf Eigenschaften, Stimmungen oder Intentionen gezogen, die der Proband nicht explizit benennen kann. Dabei muß auch dieses Verfahren regelgeleitet (d.h. die Analyse folgt vorher fest definierten Regeln) und theoriegeleitet (d.h. die Ergebnisse werden unter einer theoretisch ausgewiesenen Fragestellung analysiert) sein.

---

[1] Vgl. MEFFERT (1992), S. 204.

[2] Vgl. zum folgenden Kapitel MAYRING (2000), S. 11ff.; das Lehrbuch von MERTEN (1995) gibt einen umfassenden Einblick in Techniken und Vorgehensweise der Inhaltsanalyse; ebenso HUGL (1995); OEHLER (1995), S. 119.

MAYRING unterscheidet in seinem richtungsweisenden Lehrbuch drei grundsätzliche Techniken:[1]

- **Häufigkeitsanalyse**: Es werden vorher festgelegte Elemente des Datenmaterials ausgezählt und mit den anderen Elementen dieses Datenmaterials verglichen.
- **Valenz- und Intensitätsanalyse**: Es werden ganze Textbestandteile bipolar (Valenzanalyse, z.B. plus/minus) oder mehrstufig (Intensitätsanalyse, z.B. sehr stark - stark - mittel - weniger stark - gar nicht) skaliert.
- **Kontingenzanalyse**: Filterung von Textbestandteilen, die besonders häufig im gleichen Zusammenhang auftauchen.

Die Vorgehensweise orientiert sich am vorhandenen Datenmaterial und an der gewählten Technik. Grundsätzlich läßt sich aber folgende Vorgehensweise durchführen, die anhand der Häufigkeitsanalyse (nach einer entsprechenden Feststellung der Problemstellung und Bestimmung der Materialstichprobe) dargestellt werden kann:[2]

1. Aufstellen des Kategoriensystems und Definition der Kategorien.
2. Bestimmung von Kodier- und Kontexteinheit (z.B. Wörter, Silben, Sätze etc.).
3. Kodierung.
4. Berechnung der Häufigkeiten.
5. Darstellung und Interpretation der Ergebnisse.

Diese Vorgehensweise gestaltet sich relativ einfach, wenn beispielsweise in einem Text bestimmte Wörter gezählt und in Relation zu anderen Wörtern gesetzt werden. Schwieriger wird es, wenn nicht explizit Wörter oder Sätze vorliegen, die gleichzeitig eine einzelne Kategorie darstellen, sondern diese Kategorien anhand von Beispielwörtern oder -sätzen gebildet werden müssen, die die jeweilige Kategorie hinreichend repräsentieren.

Wird des weiteren der Vorteil der Inhaltsanalyse genutzt, auch non-verbale Äußerungen auswerten zu können, gestaltet sich insbesondere die Kodierung als schwierig aber auch als zentral für eine zielgerichtete und hypothesengerechte Analyse. Da es sich gerade bei verbalen Protokollen um umfangreiches Material handelt, ist es notwendig, bei einer Interpretation die Protokolle hin-

---

[1] S.a. LISSMANN (1997), S. 23ff.; ähnlich stellt RUST (1981), S. 130ff. die Analyseformen dar.

[2] Vgl. MAYRING (2000), S. 14ff. und S. 56ff.; MERKENS (1984), S. 93ff.; FRÜH (1998); S. 132ff.; FRÜH (2001), S. 119ff.

reichend zu reduzieren, ohne den wesentlichen Gehalt der Daten zu verlieren.[1] Daher ist es notwendig, folgende Schritte nacheinander durchzuführen:

- *Zusammenfassung*: Reduktion des Ursprungsmaterials bei gleichzeitigem Erhalt der wesentlichen Inhalte (Selektion und Streichen von „überflüssigen" Wörtern und Sätzen).
- *Explikation*: Erweiterung des zusammengefaßten Materials um Sätze, Wörter etc., die zu einem Verständnis beitragen.
- *Strukturierung*: Filterung des explizierten Materials zur Festlegung einer Struktur innerhalb des Textes.

Mittlerweile existiert eine Reihe von PC-Programmen, die eine Inhaltsanalyse unterstützen.[2]

Aus den soeben genannten Techniken und Vorgehensweisen wird klar, daß insbesondere eine qualitative Inhaltsanalyse nicht nur zeitaufwendig ist, sondern einen sorgfältigen Umgang mit dem vorliegenden Datenmaterial erfordert. Dann ist es aber möglich, „sinnvolle, aussagekräftige und methodisch abgesicherte qualitative Forschung"[3] zu betreiben. Dies gilt auch für die vorliegende Untersuchung, bei der aus den Daten weitere Informationen zur Analyse des Informations- und Entscheidungsprozesses gewonnen werden können.

---

[1] Vgl. FRÜH (1998), S. 57f.; LISSMANN (1997), S. 39ff.

[2] Vgl. die Beispiele im Sammelband von BOS/TARNAI (1996) und LISSMANN (1997); einen Überblick über neuere Entwicklungen bei ZÜLL/ALEXA (2001).

[3] MAYRING (2000), S. 117.

III Experimentelle Untersuchung des Informations- und Entscheidungsprozesses individueller Anleger

1 Hypothesen zum Informations- und Entscheidungsverhalten individueller Anleger

Die theoretischen Grundlagen der vorangegangenen Kapitel bieten die Möglichkeit, eine Fülle von Hypothesen aufzustellen, deren Überprüfung das Informations- und Entscheidungsverhalten individueller Anleger erhellen könnte. Gemäß der Zielsetzung fokussiert die experimentelle Untersuchung auf diejenigen Verhaltenselemente, die das Grundgerüst des Informations- und Entscheidungsprozesses bilden. Dadurch entsteht ein überblicksartiger, umfassender Einblick, der sich nicht auf Einzelaspekte beschränkt.

Hypothesen werden in der angewandten Statistik üblicherweise als Null-/Alternativhypothesen formuliert. Dabei wird die Nullhypothese auf das Verwerfen konstruiert; die Alternativhypothese repräsentiert die komplementäre Annahme, die beim Verwerfen der Nullhypothese signifikant ist.[1] Es handelt sich um eine asymmetrische Formulierung, da die Nullhypothese in der Regel eher vage, die Alternativhypothese dagegen eher konkret formuliert ist. Diese Asymmetrie resultiert aus der ebenfalls asymmetrisch existierenden Irrtumswahrscheinlichkeit (Fehler 1. und 2. Art), bei der nur die Wahrscheinlichkeit, die Nullhypothese abzulehnen, explizit modelliert ist. Die inhaltlich interessante und damit zu testende Aussage ist somit in der Alternativhypothese eingebunden.[2] In empirischen Studien existieren zu den Problemstellungen geeignete (Alternativ-)Hypothesen, die als Arbeitshypothesen konkretisiert und dann getestet werden.[3] Dieser Vorgehensweise wird auch hier gefolgt.

Die folgenden Hypothesen orientieren sich in ihrer Gliederung an dem in Kapitel II 3 aufgestellten Informations- und Entscheidungsprozeß. Dieser ist in seinem Ablauf nicht exakt festgelegt; eine Gliederung erfolgt daher entlang der Hauptlinie: die ersten Hypothesen beschäftigen sich mit dem Gebiet der Ambiguität, da definitorisch jede Entscheidung am Aktienmarkt diese Eigenschaft aufweist.[4] Es folgen Hypothesen zum Informationsprozeß und abschließend zu den beeinflussenden Determinanten.

---

[1] Vgl. BORTZ/LIENERT/BOEHNKE (1990), S. 29ff.; BORTZ (1999), S. 108ff.

[2] Vgl. PODDIG/DICHTL/PETERSMEIER (2001), S. 273f.

[3] Vgl. exemplarisch HEILMANN/LÄGER/OEHLER (2000); HEILMANN/LÄGER/OEHLER (2001b); WEBER (1990); KEPPE(1997).

[4] Vgl. Kapitel II 1.1.1. Vgl. hierzu OEHLER (1996), S. 771ff.

1.1 Hypothesen zum Entscheidungsverhalten unter Ambiguität

Entscheidungen, bei denen die Wahrscheinlichkeit eines Ereigniseintritts nicht genau bestimmt werden kann, werden als ambiguitätsbehaftet bezeichnet. Individuen versuchen dabei, ein vorhandenes Unsicherheitsmaß zu verringern; dies kann Auswirkungen auf die benötigte Informationsmenge und den Zeitbedarf haben. Dies führt zu den Hypothesen:

H1-1: Entscheidungen höheren Ambiguitätsgrades benötigen mehr Informationen als solche niedrigeren Ambiguitätsgrades.

H1-2: Entscheidungen höheren Ambiguitätsgrades gehen mit einem erhöhten Zeitbedarf einher.

Personen fühlen sich in ambiguitätsbehafteten Situationen weniger kompetent. Liegen einem Individuum mehrere Entscheidungen verschiedenen Ambiguitätsgrades vor, so wird er die exakte der ambiguitätsbehafteten Entscheidung vorziehen, da er sich in der exakten kompetenter wahrnimmt.

H1-3: Müssen Individuen mehrere Entscheidungen verschiedenen Ambiguitätsgrades treffen, so ist das Maß an Vertrauen in die eigene Entscheidung bei den niedrigeren höher als bei denjenigen höheren Ambiguitätsgrades.

Ergebnisse bereits getroffener Entscheidungen fungieren selbst als Information für weitere Entscheidungen. Erfahrungsbildung in Situationen höheren Ambiguitätsgrades beeinflußt den Informations- und Entscheidungsprozeß bei Situationen niedrigeren Ambiguitätsgrades.

H1-4: Individuen handeln zielorientierter, wenn Sie - bei einer Serie von mehreren Entscheidungen - zuerst Situationen höheren Ambiguitätsgrades beurteilen müssen.

1.2 Hypothesen zum Informationsprozeß

1.2.1 Selektive Wahrnehmung einzelner Informationen

Im gesamten Informationsprozeß unterliegt ein Individuum aufgrund seiner beschränkten Informationsaufnahme- und verarbeitungskapazität einer als „selektive Wahrnehmung" beschriebenen Tendenz, bestimmte Informationen zu Lasten anderer zu übergewichten. Es konnte nachgewiesen werden, daß Menschen dazu neigen, eher positive Informationen zu filtern oder Uminterpretationen in eine positive Richtung vorzunehmen, wenn auch ein allgemein positives Aktienmarktklima vorliegt. BOWER (1981) betont in seiner Studie eine vorherrschende Asymmetrie: Positive Stimmungen führen zum Abruf positiver Erlebnisse, diese heben allerdings auch negative Stimmungen auf. Eine Tendenz zum Abruf positiver Informationen wäre danach unabhängig vom Zeitraum der Experimente gegeben. Gleichzeitig spielt auch die Repräsentativitätsheuristik eine entscheidende Rolle: liegt ein allgemein günstiges

Aktienmarktklima vor, so werden positive Informationen stärker wahrgenommen, bei der Entscheidungsfindung also auch stärker berücksichtigt.[1] Es resultiert folgende Hypothese:

H2A: Bedingt durch das Prinzip der selektiven Wahrnehmung werden einseitig positive Informationen gesucht.

1.2.2 Die Bedeutung bestimmter Einzelinformationen

Selektive Wahrnehmung kann dazu führen, daß bestimmte einzelne Informationen eine größere Bedeutung erlangen als andere. Am Beispiel des Unternehmensklassifikators BBR®[2] läßt sich aus zweierlei Gründen die Bedeutung im Kontext der anderen Einzelinformationen untersuchen. Zum einen haben Urteile von Experten bzw. Anlageempfehlungen mittlerweile eine starke Bedeutung bei der Urteilsbildung erlangt, zum anderen nimmt der N-Wert durch seine Funktion zwischen qualitativen und quantitativen Informationen eine besondere Stellung ein. Auch wird hier der Zusammenhang zwischen einzelnen Informationen und kognitiven Einflußvariablen besonders deutlich. Es konkurrieren eine mögliche Delegationsbereitschaft mit dem Wunsch, die Entscheidung selbst im Griff zu haben. Da letztgenannte Eigenschaft bei den Probanden in höherem Maße vermutet wird, kommt es zu folgender Hypothese:

H2B: Individuelle Anleger messen einem Unternehmensklassifikator als Expertenmeinung keine herausragende Bedeutung bei.

1.2.3 Primacy-/Recency-Effekt

Die bei der Entscheidungsfindung berücksichtigten Informationen sind nicht nur in ihrer einzelnen Bedeutung sondern auch in der aufgenommenen Reihenfolge interessant. Dabei können sowohl zuerst als auch zuletzt aufgenommene Informationsblöcke in ihrer Bedeutung höher gewichtet werden (Primacy- oder Recency-Effekt). Auch die Verfügbarkeitsheuristik nimmt auf die Reihenfolge aufgenommener Informationsblöcke Bezug. In Verbindung mit den Entscheidungsheuristiken ist das Auftreten des Primacy-Effektes im genannten Kontext wahrscheinlicher. Es ergibt sich folgende Hypothese:

H2C: Die als erste aufgenommenen Informationen (Informationsblock) haben für die Entscheidung eine größere Bedeutung als die weiteren.

---

[1] Im Zeitraum der vorliegenden Experimente (1999/2000) herrschte eine sehr positive Aktienmarktstimmung vor, die die Untersuchung in diesem Sinne beeinflußt haben dürfte.

[2] Vgl. Kapitel II 1.4.2.3.

1.2.4 Explizite Verwendung von Heuristiken

Neben den bereits implizit und explizit überprüften Heuristiken der Repräsentativität und der Verfügbarkeit verbleibt noch diejenige der Verankerung und Anpassung, die als Folge einer beschränkten Informationsverarbeitungsleistung als Vereinfachungsstrategie eingesetzt werden kann. Nach diesem Prinzip orientieren sich Anleger zu Beginn des Entscheidungsprozesses an einem selbst gesetzten oder extern vorgegebenen Anker. Die im weiteren gesammelten Informationen werden dann an diesen Richtwert angepaßt, so daß eine Verzerrung in Richtung dieses Ankers erfolgt. Auch zur Vermeidung einer kognitiven Dissonanz selektiert ein Entscheider nachfolgende Informationen entsprechend eines Ankerwertes. Unter Beachtung dieser Gegebenheiten wird die nächste Hypothese formuliert:

H2D: Individuelle Anleger versuchen, eine bereits getroffene Entscheidung mit Hilfe weiterer Informationen zu bestätigen.

1.2.5 Erfahrungsbildung

Werden mehrere qualitativ ähnliche Entscheidungen von Individuen verlangt, ist es möglich, daß sich der Informationsprozeß im Verlauf dieser Entscheidungen aufgrund der auftretenden Vertrautheit mit der Situation ändert. Die im folgenden getroffenen Hypothesen versuchen, die Erfahrung, die ein Anleger im Laufe von mehreren Entscheidungen sammelt, umzusetzen. Veränderungen können sich dabei beim Zeitbedarf, der Informationsmenge, dem subjektiv wahrgenommenen Maß an Vertrauen und im Ablauf des Entscheidungsprozesses selbst ergeben. Es ergeben sich folgende Hypothesen:

H2E-1: Der Zeitbedarf pro Einzelentscheidung verringert sich, wenn mehrere Entscheidungen hintereinander getroffen werden müssen.

H2E-2: Die Anzahl der gewählten Informationen pro Einzelentscheidung verringert sich, wenn mehrere Entscheidungen hintereinander getroffen werden müssen.

H2E-3: Das Vertrauen in die eigene Entscheidung nimmt zu, wenn mehrere Entscheidungen hintereinander getroffen werden müssen.

H2E-4: Die Informationssuche nimmt zugunsten der Informationsbewertung ab, wenn mehrere Entscheidungen hintereinander getroffen werden müssen.

1.3 Hypothesen zu ausgewählten prozeßbeeinflussenden Determinanten

1.3.1 Person der Anlegers

1.3.1.1 Subjektive Kompetenz

Die subjektive Kompetenz gibt den Grad der Selbsteinschätzung von Personen an. Personen, die ihr Wissen im hier relevanten Bereich des Finanzmarktes für überdurchschnittlich hoch halten, glauben, die entsprechenden Daten verstehen und interpretieren zu können, was zu einer erhöhten erlebten Kontrolle über die Situation führt. Dies impliziert folgende Charakteristika:

- Qualitative Daten werden weniger zur Entscheidungsfindung benötigt, da deren Inhalt zu stark von Interpretationen abhängig ist.
- Eine erhöhte Delegationsbereitschaft führt nach OEHLER (1995) zu einem Kontrollverlust.
- Eine erhöhte Informationsmenge führt zu einer höheren erlebten Kontrolle.
- Subjektiv erlebte Kontrolle führt zu einem zielorientierten Entscheidungsablauf (geringere Anzahl an Planungsphasen, höhere Anzahl an Explorationsphasen).

Es lassen sich folgende Hypothesen entwickeln:

H3A-1: Anleger mit einer hohen subjektiven Kompetenz im Bereich des finanzwirtschaftlichen Wissens bevorzugen quantitative Daten.

H3A-2 Anleger mit einer hohen subjektiven Kompetenz im Bereich des finanzwirtschaftlichen Wissens weisen eine geringere Delegationsbereitschaft auf.

H3A-3: Anleger mit einer hohen subjektiven Kompetenz im Bereich des finanzwirtschaftlichen Wissens nutzen eine höhere Informationsmenge.

H3A-4: Anleger mit einer hohen subjektiven Kompetenz im Bereich des finanzwirtschaftlichen Wissens und des Allgemeinwissens handeln deutlich entschiedener.

1.3.1.2 Wissensstand

Die subjektive Kompetenz und die erlebte Kontrolle ist eng mit dem Wissensstand verknüpft. Treffen die dort aufgestellten Hypothesen zu, so führt dies zu einer generell erhöhten Informationsmenge und daher auch zu einem erhöhten Wissensstand. Durch die Äquivalenz der Voraussetzungen können auch die Hypothesen äquivalent aufgestellt werden:

H3B-1: Anleger mit einem hohen Wissensstand im Bereich des finanzwirtschaftlichen Wissens bevorzugen quantitative Daten.

H3B-2: Anleger mit einem hohen Wissensstand im Bereich des finanzwirtschaftlichen Wissens weisen eine geringere Delegationsbereitschaft auf.

H3B-3: Anleger mit einem hohen Wissensstand im Bereich des finanzwirtschaftlichen Wissens nutzen eine höhere Informationsmenge

H3B-4: Anleger mit einem hohen Wissensstand im Bereich des finanzwirtschaftlichen Wissens und des Allgemeinwissens handeln deutlich entschiedener.

1.3.1.3 Kontrollüberzeugung

Das Konzept der Kontrollüberzeugung ist eine weitere kognitive Determinante, die das Informations- und Entscheidungsverhalten beeinflussen kann. Individuen mit einer internen Kontrollüberzeugung glauben, die Entscheidungssituation selbst gut kontrollieren zu können und reagieren weniger auf externe Einflüsse. Verknüpft man das Konzept der Kontrollüberzeugung mit dem der subjektiven Kompetenz bzw. dem Wissensstand, so liegt es nahe, die Einflüsse auf Informationsmenge, Zeitbedarf und zielgerichtetes Handeln bzw. der Delegationsbereitschaft auch hier zu testen.

H3C-1: Anleger mit einer internen Kontrollüberzeugung legen selbst eine Reihenfolge für die Informationsaufnahme fest.

H3C-2: Anleger mit einer internen Kontrollüberzeugung nehmen eine höhere Anzahl von Informationen auf und benötigen daher mehr Zeit für ihre Entscheidungen.

H3C-3: Anleger mit einer internen Kontrollüberzeugung weisen eine geringere Delegationsbereitschaft auf.

H3C-4: Anleger mit einer internen Kontrollüberzeugung weisen ein zielgerichteteres Handeln auf.

1.3.2 Framing

Eine Vielzahl von situativen Faktoren kann den Informations- und Entscheidungsprozeß beeinflussen. Schaltet man bei einem Experiment durch Generalisierung der externen Gegebenheiten räumliche und örtliche Einflüsse aus, verbleibt der Einfluß, der durch die Reihenfolge der von extern vorgegebenen Informationen auf das Untersuchungsergebnis entstehen kann.[1] Es entwickelt sich folgende Hypothese:

---

[1] Im Gegensatz zum Primacy-/Recency-Effekt, bei dem der Einfluß der selbst gewählten Reihenfolge durch den Entscheider getestet wird.

H3D: Die Bedeutung einzelner Informationen bzw. Informationskategorien steigt, wenn diese innerhalb eines Informationskatalogs an erster Stelle liegen.

2 Experimentelles Design

2.1 Darstellung des Informationsangebots

Es existiert eine Vielzahl möglicher Informationen, für die sich individuelle Anleger am Aktienmarkt und damit auch die Probanden bei einer Anlageentscheidung interessieren könnten. Neben den Daten des zu beurteilenden Unternehmens selbst sind dies insbesondere makroökonomische Informationen, der Aktienkurs und qualitative Informationen. Für eine experimentelle Untersuchung ist es ratsam, einen Informationskatalog zu verwenden, der die Probanden nicht durch ein Zuviel an Informationen überfordert,[1] gleichzeitig aber verschiedene Informationsquellen berücksichtigt. Es ist insbesondere darauf zu achten, daß die angebotenen Informationen auch inhaltlich verstanden werden können.

Vor der Gestaltung des Experimentdesigns wurde daher ein Fragebogen ausgearbeitet.[2] Die Befragten (N=47) waren dabei nicht mit den späteren Probanden identisch, um Einblicke von Seiten der Probanden in das Experimentdesign zu vermeiden. Folgende Ergebnisse können festgehalten werden:

- Auf einer Skala von 1 (sehr wichtig) bis 5 (unwichtig) sollten die Befragten angeben, welche von den vorgegebenen Informationsquellen als wichtig erachtet würden. Im Ergebnis kristallisierten sich als wichtigste Informationsquellen Presseberichte über ein Unternehmen selbst (2,16) und über die Unternehmensbranche (2,21) heraus. Nahezu ebenso wichtig waren Informationen von Rating-Agenturen (2,5) und Zwischenberichte der Unternehmen (2,6). Am unwichtigsten waren die Bilanz, der Bericht des Aufsichtsrates, Ratschläge von Freunden (jeweils 3,39) und der Bericht des Wirtschaftsprüfers (3,53).
- Die Befragten wurden gebeten, den Einfluß verschiedener Kennzahlen, die im Fragebogen definiert wurden, auf ein Unternehmen einzuschätzen, wenn diese eine Steigerung erführe. Aus einer richtigen oder falschen Beantwortung dieser Frage kann auf das inhaltliche Verständnis der Kennzahlen geschlossen werden. Dies gewährleistet, daß in den Folgeexperimenten möglichst alle Versuchspersonen die angebotenen Informationen auch richtig interpretieren und demzufolge kein Wissensgefälle unter den Probanden - was wiederum die Ergebnisse beeinträchtigen könnte - auftreten kann. Als Ergebnis können eindeutig die Kennzahlen „Verschuldung", „Finanzkraft", „Rentabilität" und „kurzfristige Rückzahlungsfähigkeit"

---

[1] Vgl. ARONSON (1994), S. 144.

[2] Der Text des Fragebogens findet sich in Anhang 2.

als solche festgehalten werden, die einwandfrei interpretiert werden und daher als Informationen für das Experiment dienen können.[1]

Es ergeben sich nun - unter Berücksichtigung der Ergebnisse des Fragebogens und der bereits beschriebenen vorliegenden Studien - folgende Einzelinformationen, die als Informationskatalog dienen können:

Informationsart	**Informationsattribut**	**Ausprägungen**
Kennzahlen	▪ Verschuldung (V) ▪ Finanzkraft (CFK) ▪ Rentabilität (CR) ▪ kurzfristige Rückzahlungsfähigkeit (KRF)	jeweils: ▪ Wert im vergangenen Berichtsquartal (t=0) ▪ Wert in t-1 ▪ Wert in t-2 ▪ Abweichung vom Branchendurchschnitt in t=0
Pressemeldung	▪ Mitteilung in einer Wirtschaftszeitung über das Unternehmen selbst (ZM(F)) ▪ Mitteilung in einer Wirtschaftszeitung über die betroffene Branche (ZM(B)) ▪ Schlagzeile in der Tagespresse über das Unternehmen (SZ)	jeweils in t=0
Rating	Unternehmensklassifikator (UK)	in t=0

[1] Definitionen der einzelnen Kennzahlen finden sich im Fragebogen (Anhang 2).

Aktienkurs	AK	▪ Schlußkurs des vergangenen Tages ▪ Verlauf des Aktienkurses im vergangenen Quartal (Linienchart) ▪ Verlauf des Aktienkurses in den vergangenen 2 Jahren (Linienchart)
Firmengröße	FG	in ▪ Umsatz in DM ▪ Anzahl der Mitarbeiter

Tabelle 4: Informationskatalog der Experimente

Bei der konkreten Ausgestaltung des Informationskatalogs ist zu berücksichtigen, daß das Informationsverhalten eines Individuums auch von der Güte des zu beurteilenden Unternehmens abhängig sein kann. Es werden daher drei Kategorien an Unternehmen gebildet: ein „gutes", ein „nicht eindeutiges" und ein „schlechtes", die jeweils getrennt betrachtet werden müssen. Das zuerst und das zuletzt genannte Unternehmen sind gleichzeitig Unternehmen der exakten Kategorie im Gegensatz zu der ambiguitätsbehafteten Variante (s.a. H1).

Die jeweiligen Ausprägungen der einzelnen Attribute sind nicht unproblematisch. Zwar ist Eindeutigkeit auf der einen Seite erwünscht, um eine Differenzierung des Informationsverhaltens sichtbar werden zu lassen, eine zu starke Eindeutigkeit könnte aber wieder großen Einfluß auf Anzahl und Art der dargebotenen Informationen nehmen. Ebenso muß der Zusammenhang zwischen den einzelnen Informationen berücksichtigt werden (z.B. zwischen dem Unternehmensklassifikator und den Kennzahlen).[1]

Bei den Daten handelt es sich um ein fiktives Unternehmen. Damit sollte vermieden werden, daß einzelne Probanden aufgrund bestimmter Informationen ein tatsächliches Unternehmen wiedererkennen könnten, was wiederum einen Einfluß auf die Prognose haben könnte.

---

[1] Einen Überblick über den gesamten Informationskatalog findet sich in Anhang 4.

2.2 Durchführung des Experiments

In einer ersten Versuchsreihe wurden - im Zeitraum August bis Oktober 1999 - insgesamt 58 Versuchspersonen (Vpn), in einer zweiten Versuchsreihe nochmals 43 Versuchspersonen im Zeitraum März bis Mai 2000 in ihrem Entscheidungsverhalten beobachtet. Die Experimente fanden im Videolabor der Universität Bamberg statt. Eine Beeinflussung durch veränderbare äußere Parameter (Raum, Raumtemperatur, Experimentaufstellung etc.) wurde damit explizit ausgeschlossen.

In der Versuchsreihe 1 wurden die Vpn in folgende Gruppen eingeteilt:

I. Diese Gruppe erhielt die Informationen in der Reihenfolge [Kennzahlen – Aktienkurs – Unternehmensklassifikator – Firmengröße – Zeitungsmeldungen].

II. Diese Gruppe erhielt die Informationen in umgekehrter Reihenfolge.

Eine weitere Unterscheidung erfolgte anhand der Güte des fiktiven Unternehmens:[1]

G) Diese Gruppe erhielt Informationen, die auf ein „gutes" Unternehmen hinwiesen (positive Kennzahlen; positive Zeitungsmeldungen; steigender Aktienkurs).

S) Diese Gruppe erhielt Informationen, die auf ein „schlechtes" Unternehmen hinwiesen (negative Kennzahlen; negative Zeitungsmeldungen; sinkender Aktienkurs).

M) Diese Gruppe erhielt Informationen, die kein eindeutiges Bild des Unternehmens ergaben.

Die beiden Gruppierungsmöglichkeiten wurden miteinander verknüpft, so daß jeweils 10 Vpn in einer bestimmten Reihenfolge eine Unternehmensvariante erhielt.[2]

In der Versuchsreihe 2 wurden folgende Aufteilungen vorgenommen:

III. Diese Gruppe erhielt 3 gleichartige Unternehmenstypen (s.o. Gruppe G, S oder M).

IV. Diese Gruppe erhielt 3 verschiedene Unternehmenstypen (s.o. Gruppe G, S und M).

Innerhalb der letztgenannten Gruppe wurde nochmals unterschieden, in welcher Reihenfolge die Güte des Unternehmens präsentiert wurde.

---

[1] Vgl. jeweils Anhang 4.

[2] Durch kurzfristige Absagen von Teilnehmern, die nicht alle ersetzt werden konnten, verblieben in der Gruppe IIG acht Teilnehmer.

Auf einer Tafel wurden die Informationen mittels Kärtchen so befestigt, daß diese von dem jeweiligen Probanden leicht abgenommen, aber auch wieder befestigt werden konnten.[1] Auf der Vorderseite der Karten war jeweils ein Attribut zu sehen (z.B. „Firmengröße"), auf der Rückseite die tatsächliche Ausprägung. Eine Versuchsperson durfte nacheinander die Informationskarten abnehmen und sich die Ausprägung auf der Rückseite der Karte betrachten. Vor der Aufnahme weiterer Informationskarten mußte jede Karte wieder zurückgehängt werden. (Ausnahme: Innerhalb der jeweiligen Information „Kennzahl" war es den Probanden erlaubt, alle Informationskarten gleichzeitig aufzudecken, um den Verlauf der Kennzahlen besser sehen zu können.) Auch das Mitschreiben war nicht erlaubt. Damit wurde zwar in gewisser Weise die Merkfähigkeit der Probanden gefordert, bei einer Erlaubnis, die Informationskarten aufgedeckt liegen zu lassen bzw. mitzuschreiben würde es aber keinen Sinn mehr machen, überhaupt mit Vorder- und Rückseiten der Karten zu arbeiten. Nur diese Vorgehensweise erlaubt es aber, genau die Reihenfolge der Informationsaufnahme zu beobachten, da im Fall von mehreren aufgedeckten Karten nur noch mit Hilfe des Blickaufzeichnungsverfahrens diese Reihenfolge beobachtet werden könnte. Gleichzeitig wurden die Versuchspersonen aufgefordert, möglichst viel zu erzählen, was ihnen durch den Kopf geht („Laut-Denken").

Mehrere Tage vor Beginn des jeweiligen Experimentes erhielten die Teilnehmer eine ausführliche Teilnehmeranleitung,[2] in der ihnen neben den bereitgestellten Informationskategorien v.a. auch die Methodik erläutert wurde. Damit wurde gewährleistet, daß alle Probanden unter möglichst gleichen Bedingungen zu dem Experiment antraten und sie auch von der Methodik des „Lauten Denkens" unter Videobedingungen nicht überrascht wurden. Eine Videoaufzeichnung hat den Vorteil, die lückenlose Beobachtung des Entscheidungsprozesses während des Experiments in eine lückenlose Aufzeichnung umzusetzen. Die Videokamera ermöglicht neben der vollständigen Erfassung des „lauten Denkens" die Beobachtung der Gestik und Mimik der Probanden, so daß die Gesamtsituation im Nachhinein mehrfach betrachtet werden kann, was v.a. für die weitere Codierung der Daten von Nutzen ist.[3]

Die Probanden sollten anhand des Informationskatalogs eine Entscheidung bezüglich der Aktienkursentwicklung eines Unternehmens für die kommenden

---

[1] Tafelgröße: 120 cm x 60 cm; Kartengröße: 9 cm x 8,5 cm bzw. 12,5 cm x 13 cm.

[2] Die Teilnehmeranleitung befindet sich in Anhang 3.

[3] Vgl. RENNER (1994); DETJE (1999), S. 95; MITTENECKER (1987), S. 17; der letztgenannte Autor beschäftigt sich auch mit den Nachteilen der Videotechnik. Diese bestehen hauptsächlich in der Beeinflußbarkeit des Experimentablaufs durch die Technik selbst. Es ist daher auf ein möglichst unauffälliges Technikdesign zu achten, z.B. dürfen die Probanden nicht merken, wann die Kamera an- oder abschaltet.

3 Monate treffen. Dabei wurde eine klare Aussage im Sinne von „der Aktienkurs wird steigen/fallen/gleichbleiben" verlangt. Sie wurden ausdrücklich darauf hingewiesen, daß sie alle Informationen in einer von ihnen gewünschten Reihenfolge betrachten könnten, dieses aber nicht müßten. Auch auf Fragen, die die Vpn aufgrund des Durcharbeitens der Teilnehmeranleitung hatten, wurde ausführlich eingegangen. Lediglich Fragen zum Sinn des Experiments wurden zurückgestellt, um den Probanden nicht schon vor Beginn der Untersuchung einen zu starken Einblick in dieses zu gewähren.[1] Zur Einübung der für die Probanden ungewohnten Methodik und zur Eingewöhnung an das Experiment wurde mit jeder Vpn ein kurzer Probedurchgang durchgeführt, bei dem lediglich durch die Präsentation von vier Informationen eine Entscheidung gefällt werden mußte. Im Anschluß an jedes Experiment führte die Versuchsleiterin mit jedem Probanden ein kurzes Gespräch. Hier wurde nochmals der Entscheidungsablauf reflektiert (dies war v.a. dann notwendig, wenn der Proband seine Entscheidung trotz mehrfacher Aufforderung wenig kommentiert hatte und damit sein Verhalten nicht eindeutig zu beschreiben war). Die Vpn erhielten dabei auch die Gelegenheit, Anmerkungen zum Experimentablauf zu machen. Probanden der Versuchsreihe 2 wurden zusätzlich gefragt, bei welcher Entscheidung sie sich am sichersten gefühlt hatten, um das Vertrauen in die eigene Entscheidung als Variable in das Experiment miteinzubeziehen.

Zusätzlich wurden den Vpn der Versuchsreihe 2 im Anschluß an jede Entscheidung Kärtchen vorgelegt, auf denen mögliche Aktienkursverläufe dargestellt waren, d.h. hatte ein Proband sich beispielsweise für einen steigenden Aktienkurs entschieden, so bekam er drei mögliche steigende Aktienkursverläufe (Liniencharts) präsentiert. Diese unterschieden sich bezüglich der Steilheit der Verläufe bzw. der Volatilität. Damit konnte zwischen „eindeutigen" und „unentschlossenen" Aktienkursprognosen differenziert werden. Als „eindeutig" wurden dabei die Verläufe definiert, die die größte Steilheit aufwiesen bzw. nur schwach volatil waren, als „unentschlossen" diejenigen mit geringerer Steilheit bzw. starker Volatilität.

Vpn der Versuchsreihe 2 erhielten zur Erfassung ausgewählter kognitiver Determinanten nach dem Video-Experiment einen Fragebogen, der folgende Kategorien enthielt:[2]

- Zur Erfassung der subjektiven Kompetenz mußten die Probanden eine Selbsteinschätzung bezüglich ihrer Kompetenz in den Fachgebieten „Allgemeinwissen", „Finanzwirtschaftliches Fachwissen" und „Kennzahlenwis-

---

[1] Vgl. zu dieser Thematik auch BLOCK/HARPER (1991); ASH (1946); IYENGAR/KINDER (1987), S. 65ff.. Außerdem sollten die Probanden nicht das Gefühl haben, durch die Versuchsleiterin in ihrer Entscheidung eingeengt zu werden; neben den Versuchsleitereffekten (s. Kapitel II 4.1) können auch Reaktanzeffekte erzeugt werden. S.dazu DICKENBERGER/GNIECH/GRABITZ (1993), S. 243ff.

[2] Vgl. Anhang 5.

sen" vornehmen. Dazu stand ihnen eine Skala von 1 bis 5 zur Verfügung, wobei mit 1 die Einschätzung „überhaupt nicht kompetent" und mit 5 die Klassifizierung „sehr kompetent" erfolgte.

- Zur Erhebung des Wissensstandes wurde ein Teil eines Eingangstests zu einem MBA-Programm um Fragen des finanzwirtschaftlichen Wissens und der Jahresabschlußanalyse ergänzt. In 6 Fragen wurde dabei das Allgemeinwissen abgefragt, wobei positive Punkte für richtige und negative Punkte für falsche Antworten vergeben wurden, in 5 Fragen das finanzwirtschaftliche Wissen und im Bereich der Jahresabschlußanalyse (im weiteren als „Kennzahlenwissen" charakterisiert) mittels 9 Fragen.
- Auch für den Bereich der Kontrollüberzeugung gibt es bereits vorgefertigte Fragen, mittels derer die Probanden charakterisiert werden können. Allerdings haben sowohl der Original-Fragebogen nach ROTTER (eindimensionale Skala) als auch dessen Weiterentwicklung nach LEVENSON (mehrdimensionale Skala) den Nachteil, daß mit weit über 20 Fragen ein sehr zeitintensives Instrument vorliegt. Um den aus den Wissensfragen entstandenen Fragebogen nicht weiter aufzublähen, wurde daher auf eine Kurzskala nach JAKOBY/JACOB[1] zurückgegriffen. Hier wird LEVENSONS Fragebogen auf die 6 Items reduziert, die eine ausreichende Trennschärfe zwischen den beiden Polen „externe" und „interne Kontrollüberzeugung" erlauben. Diese Kurzskala ist hinreichend validiert und kann daher für die hier vorliegende Untersuchung als ausreichend gelten. Die Probanden mußten daher für jede Aussage einen Wert zwischen 1 (völlige Zustimmung) und 5 (völlige Ablehnung) angeben.

In beiden Versuchsreihen war die Versuchsleiterin während der Experimente ständig anwesend. Dies erlaubte ein jederzeitiges Eingreifen in den Versuchsablauf, um die Zielsetzung der Experimente genau einzuhalten.

2.3 Auswahl und Ausstattung der Probanden

Als Teilnehmer wurden ausschließlich Studierende der Sozial- und Wirtschaftswissenschaften der Universität Bamberg ausgewählt. Dies entspricht der Forderung nach einem möglichst homogenen Teilnehmerkreis, der eine gewisse Repräsentativität und damit Generalisierbarkeit für individuelle Anleger gewährleistet. Die Frage, ob studentische Versuchspersonen diesen Anforderungen genügen, wird in der Literatur kontrovers diskutiert.[2] Ausschlaggebend für das folgende Experiment war jedoch neben der Praktikabilität die Tatsache, daß die in der Literatur vielfältig beschriebenen Verhaltensanomalien

---

[1] Vgl. JAKOBY/JACOB (1999).

[2] Vgl. die Ausführungen bei OEHLER (1995), S. 137f.; auch: SHANTEAU (1992); FRIEDMAN/SUNDER (1994); CUNNINGHAM/ANDERSON/MURPHY (1974).

für alle Gruppen individueller Anleger gelten. Auch Kritiker dieser Vorgehensweise stellen fest, daß das Informationsaufnahmeverhalten von Experten und Laien sehr ähnlich ist.[1] Ebenso kann ein Abweichen von den Prinzipien rationalen Verhaltens für alle individuelle Anleger konstatiert werden. Durch eine ausführliche Teilnehmeranleitung kann außerdem gewährleistet werden, daß eine gewisse einheitliche Ausgangsbasis geschaffen wurde, mit Hilfe derer die Experimente auch für Anlegergruppen mit niedriger oder höherer ökonomischer Bildung durchgeführt werden könnten.

Die Entlohnung von Experimentteilnehmern ist ebenfalls ein Problem, das in der Literatur kontrovers diskutiert wird.[2] Es muß daher wohl für jedes Experiment neu entschieden werden, ob eine Motivation intrinsischer oder extrinsischer Art dem Verhalten der Experimentteilnehmer im jeweiligen Experiment abträglich ist oder nicht. Tatsächlich wird in der Literatur nachgewiesen, daß steigende Anreize nicht notwendigerweise zu rationalem Verhalten führen.[3] Außerdem „dürfte es in den meisten Testsituationen schwieriger sein, die Antworten systematisch zu verfälschen als aufrichtig zu antworten."[4] Wird eine Entlohnung der Probanden angestrebt, ist insbesondere in der Finanzmarktforschung die Frage nach einer leistungsabhängigen oder einer -unabhängigen Entlohnung zu beantworten. Auch zu diesem Aspekt lassen sich verschiedene Argumentationsmuster finden.[5] In Abwägung dieser wurde entschieden, allen Teilnehmern für ihren Aufwand der Anfahrt zum Versuchsraum und der zur Verfügung gestellten Zeit eine Entschädigung in Höhe von 30,-DM pro Experiment zu zahlen.

Die für alle Probanden identische Zielsetzung könnte bei einer Entscheidung am Aktienmarkt eine Auswahl aus mehreren Anlagealternativen sein. Dies bedeutete aber, weitere Variablen in das Experiment miteinzubeziehen, die das Informationsverhalten in einer Weise beeinflussen könnten, die eine Vergleichbarkeit der Daten nicht mehr gewährleistet. So müßte beispielsweise eine einheitliche finanzielle Ausgangsbasis geschaffen werden, außerdem

---

[1] Vgl. SHANTEAU (1995).

[2] Vgl. die ausführliche Abhandlung zu dieser Thematik bei OEHLER (1995), S. 131ff.; CAMERER/HOGARTH (1999); LEE et al. (1999); JENKINS et al. (1998); SPRINKLE (2000).

[3] Vgl. SCHOEMAKER (1982), S.535f., der gleiches Verhalten von Personen unter Laborbedingungen und Realität feststellt und beispielsweise die Experimente von COURSEY/HOVIS/SCHULZE (1987).

[4] FREY/EICHENBERGER (1989), S.88.

[5] Vgl. OEHLER (1995), S. 134ff. Experimente, bei denen die Teilnehmer selber mit Wertpapieren handeln, werden üblicherweise leistungsabhängig entlohnt. S. dazu beispielhaft OEHLER et al. (2003); HEILMANN/LÄGER/OEHLER (2000); HEILMANN/LÄGER/OEHLER (2001a); HEILMANN/LÄGER/OEHLER (2001b).

wäre die unterschiedliche Risikobereitschaft der Anleger zu berücksichtigen. Insbesondere die letztere ist so komplex, daß sie explizit als Determinante ausgeschlossen werden sollte, um die Ergebnisse nicht zu verfälschen. Aus diesem Grund wurde die Zielsetzung dahingehend modifiziert, daß keine Entscheidung aus mehreren Alternativen, sondern die Einschätzung der Wertentwicklung **eines** Anteilswertes (Aktie) eines Unternehmens abgegeben werden sollte. Auch der Zeithorizont wurde genau festgelegt (kommendes Quartal), um die verschiedenen möglichen Anlagestrategien je nach Zeithorizont zu eliminieren.

2.4 Allgemeine Operationalisierungen

Zur Operationalisierung der Hypothesen ist es notwendig, Maßgrößen zu definieren. Die Ausprägungen der einzelnen Maßgrößen können für jede Vpn einzeln aus den Videoaufnahmen erfaßt werden. Da sie für mehrere Hypothesen gelten, sollen die Ausprägungen den Ergebnissen vorangestellt werden.

MAßGRÖßE	AUSPRÄGUNG
Bedeutung Unternehmensklassifikator	1 = große Bedeutung 2 = gleichbedeutend mit anderen Informationen 3 = untergeordnete Bedeutung 4 = Bestätigungswert 5 = keine Bedeutung
Rangfolge	1 = die zuerst betrachteten Informationen sind wichtig 2 = ein Teil der zuerst betrachteten Informationen sind wichtig 3 = die zuletzt betrachteten Informationen sind wichtig 4 = ein Teil der zuletzt betrachteten Informationen sind wichtig 5 = sowohl die zuerst als auch die zuletzt betrachteten Informationen sind wichtig 6 = die in der Mitte des Informationsprozesses liegenden Informationen sind wichtig
Wiederholte Informationszugriffe	Anzahl pro Information
Ergebnis	1 = steigend-steil 2 = steigend-mittel 3 = steigend-flach 4 = gleichbleibend-stark volatil 5 = gleichbleibend-mittel 6 = gleichbleibend-schwach volatil 7 = fallend-steil 8 = fallend-mittel 9 = fallend-flach 1/6/7 = entschlossen; 2/3/4/5/8/9 = unentschlossen

Ankerwert	1=Informationen nach Vorabergebnis stützen dieses 2=Informationen nach Vorabergebnis stützen dieses nicht
Zeitbedarf	Gemessen in Min/Sek[1]
Anzahl Informationen	1,2,3 usw.[2]
Sicherheitsgefühl	1=sicher 2=unsicher
Anzahl Planungsphasen	1,2,3 usw.
Anzahl Phasenwechsel	1,2,3 usw.
Subjektive Kompetenz	Skala von 1 bis 5 (Selbsteinschätzung) mit 1 = überhaupt nicht kompetent 5 = sehr kompetent 1+2 = subjektiv niedrige Kompetenz 4+5 = subjektiv hohe Kompetenz
Informationskategorie	1 = qualitativ 2 = gleichbedeutend 3 = quantitativ
Anzahl Explorationsphasen	1,2,3 usw.
Wissensstand:	
▪ Kennzahlenwissen	Skala von –9 bis +9 -9 – 0: sehr gering 1 – 3: gering 4 – 5: mittel 6 – 7: hoch 8 – 9: sehr hoch
▪ Fachwissen	Skala von –25 bis +25 -25 – 0: sehr gering 1 – 7: gering

1 Jeweils von der Abnahme der ersten Informationskarte bis zur Mitteilung des Ergebnisses.

2 Mehrfachbetrachtungen zählen jeweils nur einmal, um eine Verzerrung dieser Kenngröße zu vermeiden. Würden Mehrfachbetrachtungen jeweils als ein Informationszugriff gewertet, so hätte beispielsweise ein Experiment, bei dem der Proband nur 2 Informationen nutzte, diese aber dreifach aufrief, die gleiche Bedeutung wie ein anderes Experiment, bei dem 6 verschiedene Informationen genutzt würden.

▪ Allgemeinwissen	8 – 13: mittel 14 – 19: hoch 20 – 25: sehr hoch Skala von –28 bis +28 -28 – 0: sehr gering 1 – 7: gering 8 – 14: mittel 15 – 21: hoch 22 – 28: sehr hoch
Kontrollüberzeugung	Skala von 6 bis 30 (Punktvergabe nach Selbsteinschätzung anhand verschiedener Aussagen) <=22: externe Kontrollüberzeugung >=25: interne Kontrollüberzeugung
Reihenfolge	1 = alle Informationen von links oben nach rechts unten in der vorgegebenen Reihenfolge durchgehen 2 = Reihenfolge vorab festlegen und danach vorgehen 3 = Reihenfolge vorab festlegen, dann aber je nach Datenlage davon abweichen

Tabelle 5: Maßgrößen und deren Ausprägungen

Komplettiert werden die Auswertungen durch eine inhaltsanalytische Untersuchung. Damit werden auch Prozesse und Einflüsse indirekter Art sichtbar gemacht und untersucht. Auf eine qualitative Inhaltsanalyse im engeren Sinne (s.a. Kap. II 4.2.3) wurde aus Praktikabilitätsgründen verzichtet.[1] Zur Minimierung des Aufwandes bei maximalem Nutzen wurde in dieser Untersuchung eine auf die Hypothesen zugeschnittene Protokollierung verwendet. Im einzelnen wurde folgende Codierung festgelegt:[2]

Phasenweise Protokollierung:

Festgehalten wurde in jedem Protokoll, welche Phasen der Proband während seiner Entscheidungsfindung durchläuft. Die hier anschließende Aufzählung beinhaltet die gewählte Abkürzung zur Codierung und eine nähere Erläuterung dazu.

---

[1] Eine solche Inhaltsanalyse erfordert nicht nur eine wortgenaue Protokollierung mit anschließender Codierung sondern auch mehrere unabhängige Protokollanten. Bei insgesamt 187 Experimenten entsteht ein ungemein hoher Aufwand, der hier in keinem Verhältnis zum entsprechenden Nutzen steht.

[2] Die Protokollierung erfolgte in Anlehnung an STÄUDEL (1987), S. 220ff. bzw. STÄUDEL/TISDALE (1986), S. 5ff.

PHASENART	ABKÜRZUNG	AUSPRÄGUNG
Planung	O	Orientierung auf der Informationstafel
	P	Planung der weiteren Schritte
Exploration	EXSIT	Aufdecken, Anschauen, Bewerten der Informationskarten
	EXUR	Ursachenforschung; gezielter Übergang zu anderen Informationskarten
	EXEX	Verknüpfung zu externem Wissen
Ergebnis	ZE	Mitteilung eines Zwischenergebnisses
	EE	Mitteilung des Endergebnisses

Tabelle 6-1: Ausprägungen der Entscheidungsphasen

Sequenzweise Protokollierung:

Auf eine wortgenaue Protokollierung wurde aus obengenannten Gründen verzichtet. Auch die satzgemäße Protokollierung wurde insoweit vereinfacht, daß nicht einzelne Sätze sondern ganze Satzsequenzen codiert wurden. Im einzelnen wurde dabei zwischen folgenden Sequenzen unterschieden:

SEQUENZ	ABKÜRZUNG	TYPISCHE BEISPIELE
Neutrale Sätze/ Überleitungen	N	„Das nehme ich jetzt zur Kenntnis und schaue mal weiter“
Suche	S	„Was mache ich jetzt?“
Bestätigung	B	„Das zeigt auch, daß..“; „Das paßt ins Bild“
Verknüpfung mit anderen Informationen	V	„Wenn ich das jetzt in Zusammenhang mit ... sehe, dann..“
Externe Erklärungen/ Wissen	X	„Nun ist es so, daß Kennzahlen ja leicht manipulierbar sind. Ich weiß z.B....“
Fragen	R	„Hm, was heißt das hier eigentlich?“
Überraschung	A	„Das zeigt jetzt einen ganz anderen Aspekt auf.“

Skepsis	K	„Naja, ich weiß nicht so recht, ob ich diesen Zahlen trauen darf"
Suche nach Erklärungen	L	„Da muß ich mir jetzt gleich die Information XX ansehen, vielleicht finde ich ja da eine Erklärung für den Einbruch bei YY"
Erleichterung	E	„Na, das sieht jetzt aber wieder gut aus" (nach negativen Meldungen)
Freude	F	„Auch das ist wieder positiv zu bewerten" (positive Meldungen im Kontinuum)
Enttäuschung	T	„Das ist jetzt allerdings weniger gut" (nach positiven Meldungen)
Genugtuung	G	„Auch das ist eher negativ" (negative Meldungen im Kontinuum)

Tabelle 6-2: Ausprägungen der Satzsequenzen

Wortgenaue Protokollierung:

Zur Überprüfung von H2B wurde noch genauer spezifiziert, welchen Eindruck der Unternehmensklassifikator bei der Versuchsperson hinterließ. Dabei wurden die Reaktionen in dem Moment, in dem der Proband die entsprechende Karte aufdeckte, folgendermaßen festgehalten:

BEDEUTUNGSART	ABKÜRZUNG	TYPISCHE BEISPIELE
Hohe Wichtigkeit/ Richtungsänderung im Sinne des UK	W	„Wenn Experten das so sehen, dann finde ich auch daß.."
Wichtigkeit, aber höhere Priorität für eigene Entscheidung	E	„Naja, eigentlich halte ich den UK schon für bedeutend, warum ist der jetzt anders als meine Einschätzung?"
Skepsis	S	„Was Experten so sagen.."
Bestätigung	B	„Genauso habe ich das auch gesehen"
Ablehnung	A	„Der sagt mir sowieso nichts"; „Den schaue ich mir gar nicht an"
Neutralität	N	„Aha – Experten sagen also, daß.."

Tabelle 6-3: Ausprägungen der wortgenauen Protokollierung

Die ersten fünf Kategorien stehen dabei in dieser Reihenfolge auch für die entsprechende Codierung bei den Maßgrößen, die sechste Kategorie (Neutralität) ermöglicht es, alle restlichen Teilnehmer ebenfalls in das Schema einteilen zu können.

Memos:

Zusätzlich zu den genannten Codierungen wurden ganze Sätze oder Reaktionen notiert, wenn sich aus diesen Besonderheiten ableiten ließen. Auch gefühlsmäßige Beobachtungen wurden aufgeschrieben, um die Stimmung des Experimentes festzuhalten. Dabei konnte insbesondere auf H2A und H2D eingegangen werden.

3 Ergebnisse

3.1 Entscheidungsverhalten unter Ambiguität

H1-1: Entscheidungssituationen höheren Ambiguitätsgrades benötigen mehr Informationen als solche niedrigeren Ambiguitätsgrades.

Zur Operationalisierung dieser Hypothese wird die Maßgröße „Anzahl an Informationen" verwendet. [1] Die Hypothese kann dann nicht abgelehnt werden, wenn im „nicht eindeutigen" Unternehmenstyp (Gruppe M) mehr Informationen verwendet werden als in den anderen beiden Unternehmenstypen (Gruppe G oder S).[2] Dies läßt sich für alle Versuchsgruppen darstellen, wobei in der Gruppe I-III ein Vergleich zwischen den einzelnen Vpn stattfindet (da diese nur Entscheidungen eines Unternehmenstyps zu treffen hatten), während in der Gruppe IV ein Vergleich auch innerhalb eines Experiments (1 Vpn) möglich ist.

H1-1 - Maßgröße „Anzahl Informationen"

Verfahren	Unternehmenstyp	Anzahl Informationen
Arithmetisches Mittel		
▪ Gruppe I	„Gut"	9,50
	„Nicht eindeutig"	9,60
	„schlecht"	9,50
▪ Gruppe II	„Gut"	9,00
	„Nicht eindeutig"	8,80
	„schlecht"	9,00
▪ Gruppe III	„Gut"	9,20
	„Nicht eindeutig"	9,10
	„schlecht"	9,30
▪ Gruppe IV	„Gut"	8,50
	„Nicht eindeutig"	8,70

[1] Maßgrößen metrischer Art werden im folgenden mit Hilfe des arithmetischen Mittels und der Standardabweichung charakterisiert. Das arithmetische Mittel stellt das Zentrum einer Beobachtungsreihe dar, die Standardabweichung die Abweichung von diesem Zentrum. Diese errechnet sich aus der Quadratwurzel der Varianz und hat daher den Vorteil der gleichen Maßeinheit wie die Beobachtungswerte selbst. Vgl. dazu VOGEL (1991), S. 22ff.; BORTZ (1999), S. 38ff.; HARTUNG/ELPELT (1995), S. 23.

[2] Für alle folgenden Hypothesen gilt, daß die „nicht eindeutige" Gruppe M als diejenige höheren Ambiguitätsgrades, die - in Abgrenzung dazu „exakt" genannten - Gruppen G und S als diejenigen niedrigeren Ambiguitätsgrades definiert werden.

	„schlecht“	8,10
Standardabweichung		
▪ Gruppe I	„Gut“ „Nicht eindeutig“ „schlecht“	0,67 0,92 0,67
▪ Gruppe II	„Gut“ „Nicht eindeutig“ „schlecht“	1,32 1,33 1,00
▪ Gruppe III	„Gut“ „Nicht eindeutig“ „schlecht“	1,42 1,29 0,60
▪ Gruppe IV	„Gut“ „Nicht eindeutig“ „schlecht“	1,94 1,10 2,07

Tabelle 7-1: Auswertungen zur Maßgröße „Anzahl Informationen“ (Unternehmenstyp)

Nur in der Gruppe I und IV haben die Vpn tatsächlich für den nicht eindeutigen Unternehmenstyp mehr Informationen verwendet als bei den anderen. Die Streuung ist nicht in allen Gruppen beim nicht eindeutigen Unternehmenstyp größer als bei den anderen.

H1-1 – Zusammenhang „Ambiguitätsgrad" und „Anzahl Informationen“			
Verfahren		**Signifikanzniveau**	**N**
Korrelation (Spearman-Rho) r^s [1]	0,00030	α=0,01	101
Wilcoxon-Mann-Whitney-Test u [2]	0,0522	α=0,1	101

Tabelle 7-2: Auswertungen zum Zusammenhang zwischen „Ambiguitätsgrad“ und „Anzahl Informationen“

[1] Die Rangkorrelation nach Spearman erfaßt den Zusammenhang zwischen ordinalskalierten Rangreihen. Dabei ist die Methode bei verbundenen Rängen anzuwenden. Dieser Signifikanztest ist unabhängig von der Voraussetzung einer bivariaten Normalverteilung. Die Werte liegen im Bereich von 0 bis +1, wobei Werte nahe 0 keinen Zusammenhang darstellen. Vgl. BORTZ (1999), S. 223ff.; BORTZ/LIENERT/BOEHNKE (1990), S. 414ff.

[2] Es wird hier der U-Test nach WILCOXON, MANN UND WHITNEY in seiner Erweiterung nach RAATZ verwendet. Mittels dieses Tests werden Unterschiede in der zentralen Tendenz von Verteilungen bei kleiner Stichprobenanzahl gemessen. Auch dieser Test ist ein verteilungsfreies Verfahren. Vgl. CLAUSS (1999), S. 215; BORTZ (1999), S. 146ff.

Beide Werte zeigen weder einen statistisch signifikanten Zusammenhang zwischen den beiden Größen noch einen Unterschied zwischen den Unternehmenstypen die Anzahl an Informationen betreffend. **Die Hypothese muß daher abgelehnt werden.**

H1-2: Entscheidungssituationen höheren Ambiguitätsgrades gehen mit einem erhöhten Zeitbedarf einher.

Analog zu H1-1 wird statt der „Anzahl der Informationen" der „Zeitbedarf" zur Operationalisierung verwendet. Soll die Hypothese nicht abgelehnt werden, so müßten grundsätzlich Experimente, in denen eine Entscheidung bei einem „nicht eindeutigen" Unternehmenstyp verlangt wird (Gruppe M), einen höheren Zeitbedarf erfordern als die anderen (Gruppe G oder S).

H1-2 - Maßgröße „Zeitbedarf"		
Verfahren	**Unternehmenstyp**	**Zeitbedarf [Min:Sek]**
Median		
▪ Gruppe I	„Gut"	10:12
	„Nicht eindeutig"	20:18
	„schlecht"	8:54
▪ Gruppe II	„Gut"	7:22
	„Nicht eindeutig"	3:30
	„schlecht"	7:12
▪ Gruppe III	„Gut"	6:57
	„Nicht eindeutig"	8:03
	„schlecht"	7:13
▪ Gruppe IV	„Gut"	4:53
	„Nicht eindeutig"	5:42
	„schlecht"	4:47
Standardabweichung		
▪ Gruppe I	„Gut"	4:32
	„Nicht eindeutig"	9:16
	„schlecht"	1:42
▪ Gruppe II	„Gut"	3:11
	„Nicht eindeutig"	14:50
	„schlecht"	3:30
▪ Gruppe III	„Gut"	3:21

	„Nicht eindeutig"	3:23
	„schlecht"	1:30
▪ Gruppe IV	„Gut"	2:33
	„Nicht eindeutig"	2:06
	„schlecht"	2:10

Tabelle 7-3: Auswertungen zur Maßgröße „Zeitbedarf" (Unternehmenstyp)

Alle Gruppen - außer Gruppe 2 - haben für den nicht eindeutigen Unternehmenstyp teilweise deutlich mehr Zeit aufgewendet als für die anderen. In Gruppe I-III ist auch die Standardabweichung deutlich höher als bei den exakten Entscheidungen. Auffallend ist weiterhin, daß in der ambiguitätsbehafteten Situation ein deutlich geringerer Zeitaufwand für die einzelnen Versuche benötigt wird. Dieses Phänomen läßt sich auch durch weitere Analysen der Videos nicht rational erklären, da die Vpn keine anderen Handlungsweisen verwenden als in den anderen Experimenten auch.

H1-2– Zusammenhang „Ambiguitätsgrad" und „Zeitbedarf"			
Verfahren		**Signifikanzniveau**	**N**
Korrelation (Spearman-Rho) r^s	0,000051	α=0,01	101
Wilcoxon-Mann-Whitney-Test u	1,1851	α=0,1	101

Tabelle 7-4: Auswertungen zum Zusammenhang zwischen „Ambiguitätsgrad" und „Zeitbedarf"

Der Unterschied zwischen den ambiguitätsbehafteten und den exakten Situationen ist auch statistisch signifikant, ein Zusammenhang dagegen nicht nachweisbar. **Die Hypothese kann nicht abgelehnt werden.**

Zusammen mit den Ausführungen zu H1-1 bedeutet dies, daß die Vpn nicht etwa deswegen einen erhöhten Zeitbedarf haben, weil sie mehr Informationen verwenden; anscheinend wird in ambiguitätsbehafteten Situationen mehr Zeit für die einzelnen Informationen benötigt.

H1-3: Müssen Individuen mehrere Entscheidungen verschiedenen Ambiguitätsgrades treffen, so ist das Maß an Vertrauen in die eigene Entscheidung bei den niedrigeren höher als bei denjenigen höheren Ambiguitätsgrades.

Für eine Überprüfung dieser Hypothese kann nur Gruppe IV der Versuchsreihe 2 herangezogen werden, da nur diese die in der Hypothese genannte Ambiguitätssituation darstellt. Gefragt wurden die Teilnehmer ex-post, bei welcher der drei getroffenen Entscheidungen sie sich am sichersten gefühlt haben. Diese Maßgröße „Sicherheitsgefühl" kann zur Operationalisierung verwendet werden und muß - laut Arbeitshypothese - bei einer exakten Entscheidung höher sein als bei einer ambiguitätsbehafteten. [1]

H1-3- Maßgröße „Sicherheitsgefühl (Gruppe IV)"		
Verfahren		**N**
Median	2 [von 3 Versuchen]	18
Entropie S(U)	1,498	18
Streuungsmaß $S(U)_{norm}$	0,749	18

Tabelle 7-5: Auswertungen zur Maßgröße „Sicherheitsgefühl" (Gruppe IV)

Der „schlechte" Unternehmenstyp ist derjenige, bei der sich die Probanden am sichersten gefühlt hatten; die Streuungsmaße tendieren zu einer empirischen Gleichverteilung.

H1-3– Zusammenhang „Ambiguitätsgrad" und „Sicherheitsgefühl"			
Verfahren		**Signifikanzniveau**	**N**
Korrelation (Spearman-Rho) r^s	0,00038	α=0,01	18
Wilcoxon-Mann-Whitney-Test u	4,1316	α=0,01	18

Tabelle 7-6: Auswertungen zum Zusammenhang zwischen „Ambiguitätsgrad" und „Sicherheitsgefühl"

Der Unterschied zwischen den exakten und ambiguitätsbehafteten Situationen ist auch statistisch signifikant, so daß **die Hypothese nicht abgelehnt werden kann**.

[1] Die Charakterisierung von Maßgrößen komparativen Typs geschieht stets mit den Maßen Median (Maß der zentralen Tendenz) und Entropie (Maß der Streuung). Der Median zeigt den Wert an, der von 50% der erhobenen Daten über- bzw. unterschritten wird. Das Streuungsmaß S(U) ist in den Grenzen 0 (empirische Ein-Punkt-Verteilung) und k-1 (empirische Gleichverteilung) definiert, das normierte Maß $S(U)_{norm}$ in den Grenzen 0 und 1. Vgl. dazu VOGEL (1991), S. 18ff; HARTUNG/ELPELT (1986), S. 22; RINNE (1995), S. 56ff.

H1-4: Individuen handeln zielorientierter, wenn Sie - bei einer Serie von mehreren Entscheidungen – zuerst Situationen höheren Ambiguitätsgrades beurteilen müssen.

Zielorientiertes Handeln kann sich auf zwei Ebenen vollziehen: zum einen kann der prognostizierte Aktienkurs (Maßgröße „Ergebnis") eine hohe Steilheit bzw. geringe Volatilität aufweisen, zum anderen eine bestimmte Kombination der Entscheidungsphasen auftreten (Anteil Explorationsphasen ist hoch bei gleichzeitigem Anteil Planungsphasen ist gering). Die Frage ist hier, wie diese Maßgrößen sich verändern, wenn ambiguitätsbehaftete Entscheidungssituationen in einer Reihe von Entscheidungen als erstes beurteilt werden müssen. Die Hypothese unterstellt, daß die eindeutigen Ergebnisse in den weiteren (dann exakten) Entscheidungen zunehmen müßten, da die Vpn an den ambiguitätsbehafteten geschult sind. Gleiches gilt für eine Abnahme der Planungs- und eine Zunahme der Explorationsphasen. Auch hier können nur Probanden der Gruppe IV (Versuchsreihe 2) herangezogen werden.

1.) Maßgröße „Ergebnis"[1]

H1-4- Maßgröße „Ergebnis"		
Verfahren		**N**
Modus ▪ zuerst ambiguitätsbehaftete Situation ▪ zuerst exakte Situation	1,5 [1=eindeutig 2 2=unentschlossen]	10 10
Entropie H(A) ▪ zuerst ambiguitätsbehaftete Situation ▪ zuerst exakte Situation	1 0,8113	10 10

[1] Die Charakterisierung der klassifikatorischen Maßgrößen geschieht stets mit Hilfe der Maße Modus (Maß der zentralen Tendenz) und der Entropie bzw. dem Maß vom Typ HERFINDAHL (Maß der Streuung). Der Modus gibt den häufigsten Wert an, der in einer Reihe von klassifikatorischen Merkmalen auftritt. Mit der Entropie bzw. dem Maß vom Typ HERFINDAHL läßt sich eine Aussage darüber treffen, ob die Daten einer empirischen Gleichverteilung oder einer empirischen Ein-Punkt-Verteilung folgen. Die relative Entropie ist in den Grenzen 0 und 1 definiert, wobei R(A)=0 für eine empirische Ein-Punkt-Verteilung und R(A)=1 für eine empirische Gleichverteilung steht. Das normierte Maß vom Typ HERFINDAHL ist ebenfalls zwischen 0 und 1 definiert; dabei stehen die Ergebnisse allerdings in umgekehrter Reihenfolge. Es bestimmt die Konzentration der zu messenden Größen. Das darauf aufbauende normierte Streuungsmaß $S_H(A)_{norm}$ wird zusätzlich berechnet, da eine große Konzentration eine kleine Streuung bedeutet und umgekehrt. Auch dieses Maß ist in den Grenzen 0 und 1 definiert, wobei 0 eine empirische Ein-Punkt-Verteilung und 1 eine empirische Gleichverteilung bedeuten. Vgl. dazu VOGEL (1991), S. 15ff.; HARTUNG/ELPELT (1986), S. 33; BORTZ (1999), S. 37; RINNE (1995), S. 56ff.

Relative Entropie R(A)		
▪ zuerst ambiguitätsbehaftete Situation	1	10
▪ zuerst exakte Situation	0,8113	10
Streuungsmaß HERFINDAHL $K_H(A)$		
▪ zuerst ambiguitätsbehaftete Situation	0,5	10
▪ zuerst exakte Situation	0,625	10
Normiertes Streuungsmaß $S_H(A)_{norm}$		
▪ zuerst ambiguitätsbehaftete Situation	1	10
▪ zuerst exakte Situation	0,75	10

Tabelle 7-7: Auswertungen zur Maßgröße „Ergebnis“

In der Gruppe der Vpn, die zuerst eine ambiguitätsbehaftete Entscheidungssituation lösen mußten, liegt der Modus zwischen den beiden Extrema; es liegt daher eine empirische Gleichverteilung vor. In der anderen Gruppe sind die Ergebnisse im Mittel „unentschlossen“, die Streuungsmaße nahe der empirischen Gleichverteilung.

H1-4– Zusammenhang „Ambiguitätsgrad” und „Ergebnis“			
Verfahren		**Signifikanzniveau**	**N**
Korrelation (Spearman-Rho) r^s	0,00073	α=0,01	20
Wilcoxon-Mann-Whitney-Test u	1,6125	α=0,01	20

Tabelle 7-8: Auswertungen zum Zusammenhang zwischen „Ambiguitätsgrad“ und „Ergebnis“

Der Unterschied zwischen den Gruppen, die zuerst eine ambiguitätsbehaftete oder eine exakte Entscheidungssituation vorgelegt bekommen, ist statistisch signifikant. **Die Hypothese kann daher aus Sicht des Ergebnisses nicht abgelehnt werden.**

Für eine Ergänzung dieser statistischen Maße lassen sich die erhobenen Daten folgendermaßen darstellen: Probanden, die als erstes eine ambiguitätsbehaftete Situation erlebten, entschieden sich zu 50% in den weiteren Experimenten für eindeutige und zu 50% für „unentschlossene“ Aktienkursverläufe. Die Vpn, die dagegen als erstes eine exakte Entscheidung vorgelegt bekamen, entschieden sich zu 75% für die unentschlossenen Möglichkeiten und nur zu 25% für die eindeutigen.

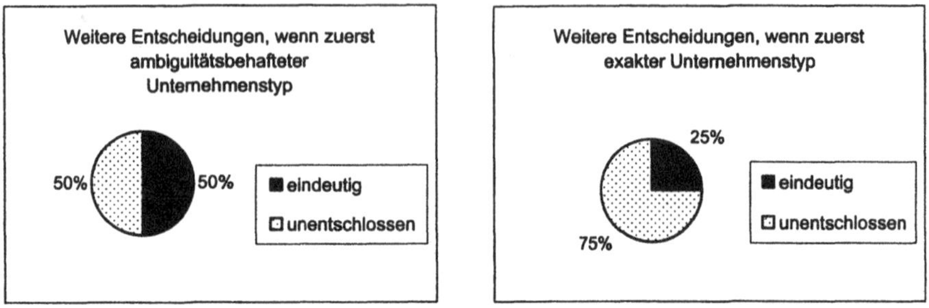

Abbildung 3.1: Eindeutigkeit des Ergebnisses in Abhängigkeit des Ambiguitätsgrades

2.) Die Anzahl der Planungs-/Explorationsphasen können weitere Hinweise geben:

H1-4 – Maßgröße „Anzahl Explorationsphasen"		
Verfahren	**Anzahl Explorationsphasen**	**N**
Arithmetisches Mittel		
▪ zuerst ambiguitätsbehaftete Situation	3,60	10
▪ zuerst exakte Situation	5,20	10
Standardabweichung		
▪ zuerst ambiguitätsbehaftete Situation	2,71	10
▪ zuerst exakte Situation	3,40	10

Tabelle 7-9: Auswertungen zur Maßgröße „Anzahl Explorationsphasen"

H1-4 – Maßgröße „Anzahl Planungsphasen"		
Verfahren	**Anzahl Planungsphasen**	**N**
Arithmetisches Mittel		
▪ zuerst ambiguitätsbehaftete Situation	0,40	10
▪ zuerst exakte Situation	0,75	10
Standardabweichung		
▪ zuerst ambiguitätsbehaftete Situation	0,86	10

▪ zuerst exakte Situation	1,13	10

Tabelle 7-10: Auswertungen zur Maßgröße „Anzahl Planungsphasen"

Der Median gibt hier die Anzahl der Explorations-/Planungsphasen in den *weiteren Versuchen* wieder. Es wurden also deutlich weniger Planungsphasen benötigt, wenn zuerst eine ambiguitätsbehaftete Entscheidungssituation vorgestellt wurde. Gleiches gilt allerdings auch für die Explorationsphasen. Die Streuung ist in beiden Fällen geringer.

H1-4– Zusammenhang „Ambiguitätsgrad" und „Anzahl Explorationsphasen"			
Verfahren		**Signifikanzniveau**	**N**
Korrelation (Spearman-Rho) r^s	0,0003	α=0,01	20
Wilcoxon-Mann-Whitney-Test u	0,3307	α=0,1	20

Tabelle 7-11: Auswertungen zum Zusammenhang zwischen „Ambiguitätsgrad" und „Anzahl Explorationsphasen"

H1-4– Zusammenhang „Ambiguitätsgrad" und „Anzahl Planungsphasen"			
Verfahren		**Signifikanzniveau**	**N**
Korrelation (Spearman-Rho) r^s	0,00582	α=0,01	20
Wilcoxon-Mann-Whitney-Test u	1,5229	α=0,1	20

Tabelle 7-12: Auswertungen zum Zusammenhang zwischen „Ambiguitätsgrad" und „Anzahl Planungsphasen"

Auch im Zusammenhang der jeweiligen Maßgrößen ist erkennbar, daß es einen Unterschied zwischen den Gruppen nur bei der Anzahl der Planungsphasen gibt, nicht jedoch bei den Explorationsphasen. Da jedoch nur bei entsprechender Veränderung beider Maßgrößen die Hypothese abgelehnt bzw. nicht abgelehnt werden kann, **muß dieser aus Sicht der Planungs-/Explorationsphasen abgelehnt werden**.

Weitere Analysen ergänzen das Bild: Bei den Explorationsphasen ist auffallend, daß das Segment „>=91%" nur bei den exakten Unternehmenstypen vorkommt; die beiden nächstkleineren Segmente verhalten sich eher gegenläufig. Auch die kleineren Phasenanteile kommen alle nur beim exakten Unternehmenstyp vor.

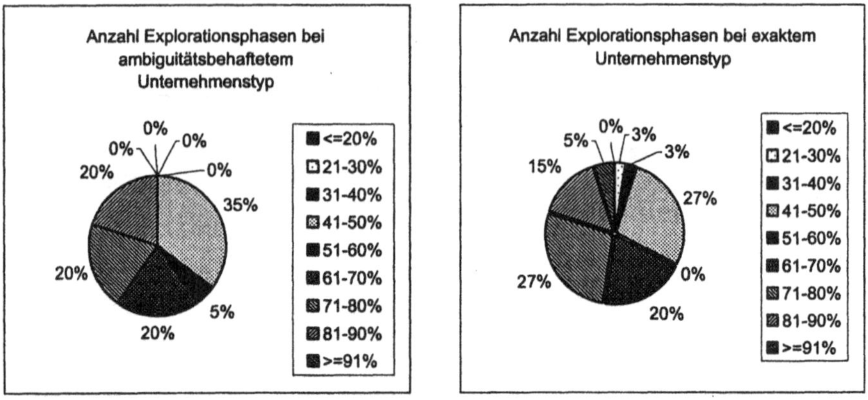

Abbildung 3.2: Anteil Explorationsphasen in Abhängigkeit des Ambiguitätsgrades

Ein etwas anderes Bild ergibt sich bei den Planungsphasen. Tatsächlich nutzt ein sehr hoher Prozentsatz von Probanden mit exakten Unternehmensdaten einen geringen Anteil an Planungsphasen (25%). Der Wert ist deutlich höher als beim ambiguitätsbehafteten Unternehmenstyp. Von „21-40%" liegt der Anteil der Probanden beim ambiguitätsbehafteten Unternehmenstyp wieder deutlich höher. Allerdings ist das Segment „41-50%" nur bei exakten Unternehmensdaten vorhanden.

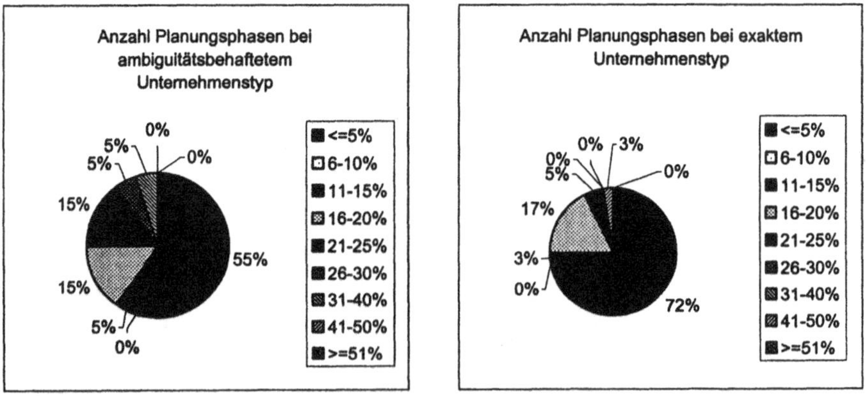

Abbildung 3.3: Anteil Planungsphasen in Abhängigkeit des Ambiguitätsgrades

3.2 Informationsprozeß

3.2.1 Selektive Wahrnehmung einzelner Informationen

H2A: Das Prinzip der selektiven Wahrnehmung führt bei Entscheidungen am Aktienmarkt regelmäßig zur Suche nach positiven Informationen.

Zur Überprüfung der Hypothese betrachtet man zunächst die Maßgröße „Ergebnis", d.h. wieviele Vpn einen steigenden, fallenden oder gleichbleibenden Aktienkurs prognostiziert haben. Wird überproportional häufig ein steigender Aktienkurs prognostiziert, kann dies mit einer grundsätzlich positiven Grundeinstellung dem Unternehmen gegenüber gleichgesetzt werden. Die Vpn werden dann eher dazu neigen, selektiv positive Informationen zu suchen. Folgende statistische Werte erlauben eine erste Bewertung:

H2A - Maßgröße „Ergebnis"		
Verfahren		**N**
Modus	1 [steigend]	101
Entropie H(A)	1,4337	101
Relative Entropie R(A)	0,9045	101
Streuungsmaß HERFINDAHL $K_H(A)$	0,4032	101
Normiertes Streuungsmaß $S_H(A)_{norm}$	0,8952	101

Tabelle 8-1: Auswertungen zur Maßgröße „Ergebnis"

Der Modus zeigt trotz der Streuungsmaße, die alle eine empirische Gleichverteilung konstatieren, daß ein steigendes Ergebnis insgesamt (also auch bei negativen Informationen) am häufigsten prognostiziert wurde. Obwohl nur 33% aller Versuche „gute" Unternehmen darstellten, wurde also überproportional oft ein steigender Aktienkurs vorhergesagt.

H2A – Zusammenhang „Ergebnis" und „Unternehmensqualität"			
Verfahren		**Signifikanzniveau**	**N**
Korrelation (Spearman-Rho) r^s	0,00022	α=0,01	101
Wilcoxon-Mann-Whitney-Test u	7,529	α=0,01	101

Tabelle 8-2: Auswertungen zum Zusammenhang zwischen „Ergebnis" und „Unternehmensqualität"

Den Zusammenhang zwischen prognostiziertem Ergebnis und der Qualität des dargestellten Unternehmens überprüft das Korrelationsmaß; dieses bewegt sich auf einem statistisch nicht signifikanten Niveau. Ein Unterschied zwischen den Qualitäts-Gruppen bezüglich des Ergebnisses ist auf dem dargestellten Niveau allerdings statistisch signifikant. **Die Hypothese kann somit nicht verworfen werden.**

Für eine ergänzende Analyse lassen sich die erhobenen Daten auf zwei Arten darstellen:

1.) Vergleicht man die Daten in ihrem Ergebnisanteil je nach Unternehmenstyp, lassen sich folgende Schlüsse ziehen:

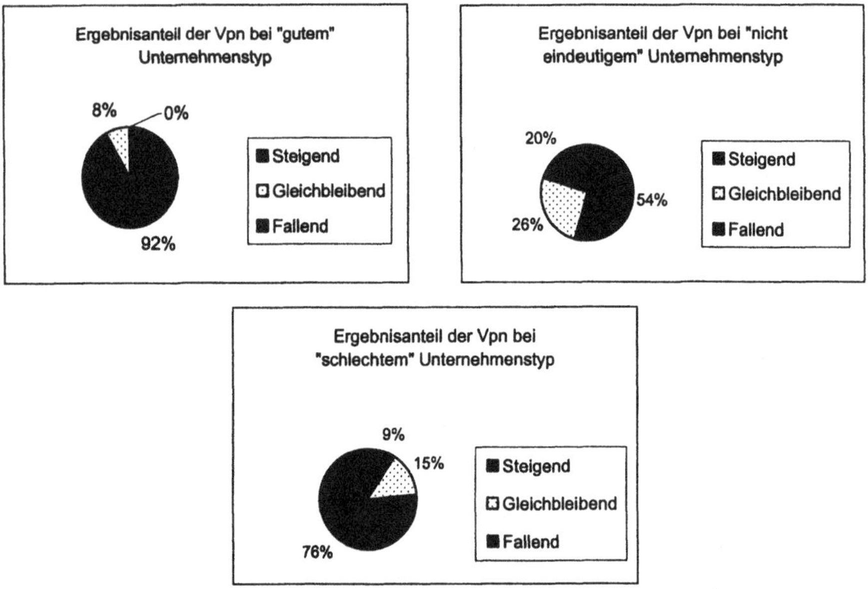

Abbildung 4: Prognostizierte Ergebnisse in Abhängigkeit des Unternehmenstyps

Selbst beim „schlechten" Unternehmenstyp prognostiziert ein Anteil von 9% an Versuchspersonen steigende Aktienkurse, während beim „guten" Unternehmenstyp keine fallenden Aktienkurse vorhergesagt werden. Auch der Anteil der Personen, die dem „nicht eindeutigen" Unternehmenstyp einen steigenden Aktienkurs zutrauen, ist überproportional hoch.

Differenziert man die Zahlen weiter nach den einzelnen Versuchsreihen und deren Untergruppierungen, so können folgende Ergebnisse festgehalten werden: In der Versuchsreihe 1 werden ähnliche Werte wie oben dargestellt erzielt. Eine Beurteilung der Versuchsreihe 2 in der Differenzierung nach den einzelnen Unternehmenstypen ist schwierig, da aufgrund der Tatsache der

geforderten Beurteilung von drei Unternehmen auch Reihenfolgeeffekte auftreten können (s.H2E). In der Versuchsreihe 2 verhält sich beispielsweise diejenige Gruppe, die drei Unternehmen der „nicht eindeutigen" Kategorie zu sehen bekommt, folgendermaßen: Hier sind es nur 43%, die an steigende Aktienkurse glauben, gegenüber 27% gleichbleibend und 30% fallend. Da der hohe Anteil an fallenden Aktienkursen bereits im 2. Versuch erzielt wurde, während im 3. Versuch nahezu die gleichen Ergebnisse prognostiziert wurden wie beim 1. Versuch, scheidet ein potentieller Reihenfolgeeffekt als Erklärungsversuch aus. Es handelt sich – nach einer genaueren Überprüfung des Experimentablaufs – um ein datenspezifisches Phänomen, das im Zusammenspiel des Aktienkurses mit den Zeitungsmeldungen entstand.
Bei der „schlechten" Variante (Gruppe 3) sind es mit 60% wiederum eher wenige Personen, die einen fallenden Kurs vorhersagen, es gibt hier also wieder ein recht ausgeprägtes Phänomen des „positiven Denkens" (13% steigend, 27% gleichbleibend).
Interessant sind auch die Zahlen der Gruppe IV. Bei der „guten" Unternehmensvariante tendieren 95% zu einem steigenden Aktienkurs und 5% zu einem gleichbleibenden Verlauf. Bei der mittleren Variante sind dies 65% für steigend, 20% gleichbleibend und 15% fallend, bei der schlechten Kategorie 5% für steigend und 95% für fallend. Die Ergebnisse der beiden letztgenannten Gruppen stützen also ebenfalls die Hypothese.

2.) Untersucht man nun per inhaltsanalytischem Verfahren die einzelnen Videoprotokolle, so lassen sich folgende Ergebnisse festhalten:
In einem ersten Schritt wurden die Protokolle mittels der erstellten Memos analysiert.[1] In 21 (von 125) Versuchen wurden schlechtere Informationen weniger beachtet, positive Informationen in ihrer Bedeutung übergewichtet oder besondere Freude über positive Elemente ausgedrückt (16,8%).[2] Diese zunächst gering erscheinende Zahl gewinnt an Bedeutung, wenn man berücksichtigt, daß die Gegenprobe einen Wert von 0 ergibt (d.h. es gab keinen Versuch, in dem das Gegenteil probiert wurde). In weiteren 13 Experimenten

---

[1] Diese erste Untersuchung beschränkt sich auf die Vpn, die die mittlere und schlechte Unternehmensvariante erhielten. Bei den Personen, die ein gutes Unternehmen zur Beurteilung vorgelegt bekamen, läßt sich nicht trennen, ob ein positiver Eindruck aufgrund der vorliegenden Zahlen oder aufgrund der selektiven Wahrnehmung erfolgte. Uminterpretationen zum Positiven können ebenfalls nicht stattfinden, da die vorgelegten Zahlen durchwegs positiv waren.

[2] Typische Beispielsätze solcher Memos sind: „Alle Informationen lassen meine Entscheidung auf und ab gehen, aber trotzdem denke ich, daß der Aktienkurs steigen wird." „Hm, eigentlich ist das (CFK) ja jetzt negativ, aber ich schätze das jetzt nicht so wichtig ein." „Das (Kennzahlen) ist zwar alles nicht so toll, aber man sieht Anstrengungen zur Verbesserung." „Oje (AK) – massiver Abwärtstrend, aber das muß ja irgendwann mal aufhören, eine Besserung ist in Sicht." „Das (ZM) bringt mich jetzt durcheinander, hoffentlich zeigt mir die Schlagzeile was Positives".

(10,4%) fanden Uminterpretationen statt, d.h. eigentlich negative Meldungen wurden als positiv eingestuft.[1] In immerhin 1 Versuch läßt sich auch das Gegenteil nachweisen: hier wurden positive Informationen negativ interpretiert (0,8%). 4 Probanden (3,2%) suchten ausdrücklich nach Anhaltspunkten für einen steigenden Aktienkurs, keiner dagegen für einen fallenden.[2] In insgesamt 30,4% aller Versuche wurde also positives Denken praktiziert, in nur 0,8% dagegen negatives Denken.

In einem weiterem Schritt wurden die Satzsequenzen der Protokolle in Kategorien eingeteilt, die eine Einstellung widerspiegeln können (s. III 2.5). Kategorien der Größe E und F zeigen eine positive, T und G eine negative Gefühlsregung auf.[3] Gewichtet man nun die Anteile, die diese Kategorien bezogen auf die Gesamtsumme aller auftretenden Sequenzen haben, so zeigt sich, daß die Versuche der „guten" und der „nicht eindeutigen" Unternehmensvariante den höchsten Anteil bei F haben (29% bzw. 40,3%). In der „schlechten" Variante überwiegt dagegen die Kategorie G (12,1%). Zusammen mit dem Ergebnis, daß gerade bei der mittleren Variante sogar der höchste Anteil an F überhaupt zu verzeichnen ist, stützt dies die aufgestellte Hypothese.

Bei neutralem Verhalten müßten die Kategorien G und T bei der schlechten Variante ungefähr gleichgewichtet zu den Anteilen E und F bei der guten Variante sein. Auch hier ist allerdings die Gewichtung zugunsten der positiven Einstellung verschoben (31,8% E und F (gute Variante) bei 21,5% G und T (schlechte Variante)). Auch im umgekehrten Verhältnis (Anteil G und T bei gutem Unternehmenstyp gegenüber E und F bei schlechter Variante) zeigt sich eine positive Einstellung (7,6% E und F in der schlechten Variante bei nur 2,9% G und T (gute Variante)).

Eine weitere Möglichkeit der Untersuchung der Hypothese erwächst im Vergleich der Kategorien mit den zum Schluß prognostizierten Aktienkursen. Bei neutralem Verhalten müßte ein steigender Aktienkurs mit hohen Anteilen an E und F bzw. geringen Anteilen T und G, ein fallender mit umgekehrten Anteilen korrespondieren. Dies läßt sich auch für beide Bereiche zeigen (93,34% aller Versuche hatten weniger als 10%-T und G-Anteile, 45,76% mehr als 10% E

---

[1] Beispiele hierfür: „Der Unternehmensklassifikator –hm risikobehaftet –aber wenn ich Gewinn machen will, dann muß ich auch Risiko eingehen"; „der CFK ist ja auch schlecht, aber er ist besser als CR".

[2] Entsprechendes Zitat „Ich sehe hier nichts, was für einen steigenden Aktienkurs sprechen könnte" versus „Ich sehe hier nichts, was für einen fallenden Aktienkurs sprechen könnte".

[3] Diese zweite Untersuchung berücksichtigt nur Protokolle der Versuchsreihe I. Wie in den weiteren Hypothesen nachzuweisen ist, hat die Darbietung mehrerer Unternehmen Einfluß auf die Anzahl der gewählten Informationen und damit auch Einfluß auf die Satzsequenzen. Es kann daher nicht ausgeschlossen werden, daß diese verkürzten Protokolle einen verfälschenden Eindruck auf die Ergebnisse haben könnten.

und F-Anteile („gute" Variante); 98,08% weniger als 10% E und F-Anteile, 47,06% mehr als 10% T und G-Anteile („schlechte" Variante)). Ein gleichbleibender Aktienkurs ging mit ähnlichen Anteilen positiver und negativer Art einher (73,91% weniger als 10% T und G-Anteile, 80,95% weniger als 10% E und F-Anteile). Es lassen sich also aus diesem Zusammenhang keine Schlüsse zur aufgestellten Hypothese ziehen.

Zusammenfassend kann für den inhaltsanalytischen Bereich ebenfalls von einer Nicht-Ablehnung der Hypothese gesprochen werden, da sämtliche zu berücksichtigenden Faktoren eine selektive Wahrnehmung in Richtung Positiva der Probanden entweder bestätigen oder zumindest nicht ablehnen.

Auch hier muß nochmals ausdrücklich darauf hingewiesen werden, daß zum Zeitpunkt des Stattfindens der Experimente eine euphorische Stimmung am Aktienmarkt herrschte, die die Probanden sicherlich beeinflußt haben dürfte. Ob bei einer gedrückten Aktienmarktstimmung - wie sie beispielsweise nach dem 11. September 2001 vorgeherrscht hat - ebenfalls eine so hohe Anzahl an Probanden steigende Kurse vorhergesagt hätte, ist zu bezweifeln. Der Beweis dafür steht allerdings noch aus.[1]

3.2.2 Bedeutung bestimmter Einzelinformationen

> *H2B: Individuelle Anleger messen einem Unternehmensklassifikator als Expertenmeinung keine herausragende Bedeutung bei.*

Zur Operationalisierung bieten sich zwei Maßgrößen an: die „Bedeutung des UK" gibt an, wie die Probanden selbst die Wichtigkeit dieser Information einschätzen (ex-post-Befragung). Die Arbeitshypothese lautet dann: Werden Probanden nach der Bedeutung des Unternehmensklassifikators befragt, so ist diese höchstens gleichbedeutend wie die weiteren Informationen (minimal Wert 2). Die „Wiederholten Informationszugriffe" können ebenfalls zum Hypothesentest herangezogen werden. Wird der Unternehmensklassifikator nicht wiederholt aufgerufen, so ist diese Information nicht von besonderer Bedeutung.

1.) Die Ergebnisse zur „Bedeutung des UK" finden sich in der folgenden Tabelle.

---

[1] Wie bereits einleitend erwähnt wird, kann die Repräsentativitätsheuristik verstärkend eingreifen. Obwohl diese Heuristik nicht explizit untersucht wird, da diese ursächlich Wahrscheinlichkeitsschätzungen als Versuchsanordnung verlangt, lassen die genannten Argumente für ein positives Denken jedoch auch diese Heuristik als verwendete Entscheidungsstrategie vermuten.

H2B - Maßgröße „Bedeutung des UK"		
Verfahren		**N**
Median	2 [gleichbedeutend mit anderen Informationen]	40
Entropie S(U)	2,5152	40
Streuungsmaß $S(U)_{norm}$	0,6288	40

Tabelle 8-3:Auswertungen zur Maßgröße „Bedeutung des Unternehmensklassifikators"

Der Blick auf den Median zeigt, daß dem Unternehmensklassifikator eine ähnliche Bedeutung wie den anderen Informationen beigemessen wird. Die Streuung bewegt sich im mittleren Bereich. **Aus statistischer Sicht kann die Hypothese nach der ex-post-Befragung nicht abgelehnt werden.** Folgende weitere Hinweise ergänzen das Bild:

Die Anzahl der Vpn ergibt sich nach folgenden Überlegungen:

- Zum einen ist nicht sichergestellt, ob der Proband den Inhalt des UK auch richtig verstanden hat. Stellt sich nämlich z.B. heraus, daß ein Proband den UK für unwichtig in seiner Bedeutung hält, eine große Bedeutung aber gleichzeitig für die Kennzahl „CR" apostrophiert, so kann sein Verhalten als inkonsistent bezeichnet werden, da CR den UK maßgeblich beeinflußt. Dieser Proband müßte demzufolge aus den weiteren Untersuchungen ausgeschlossen werden. Das gleiche gilt natürlich auch für die anderen Kennzahlen, da alle vier für den Informationskatalog ausgewählte Kennzahlen einen großen Einfluß auf den UK haben.
- Zum anderen ist es möglich, daß ein Proband die Bedeutung für seine Entscheidung selbst unter- oder überschätzt, also ein inkonsistentes *Verhalten* an den Tag legt. Dies ist dann der Fall, wenn er beispielsweise im Gespräch eine große Bedeutung des UK betont, seine spontanen Reaktionen während des Experiments aber nur auf eine untergeordnete Rolle des UK hinweisen.

Um diese beiden Faktoren auszuschließen, wurde eine Konsistenzprüfung in zwei Richtungen durchgeführt.

- Für den ersten Test wurden alle diejenigen Vpn ausgeschlossen, die unterschiedliche Bedeutungen für die einzelnen Kennzahlen und gleichzeitig für den UK angaben. Es verbleiben für eine Hypothesenüberprüfung 50 Probanden.
- Bei einem zweiten Test wurden die Aussagen, die während der Entscheidung über den UK selbst fielen, mit den Aussagen im Gespräch verglichen. Bei 11 Probanden konnte dabei eine deutliche Überschätzung, bei 11 weiteren Probanden eine Unterschätzung der Bedeutung des UK für die ei-

gene Entscheidung festgestellt werden.[1] Da insgesamt nur bei 69 Personen diese Überprüfung möglich war (die anderen machten während des Aufdeckens der UK-Karte keine Aussagen), verbleiben 47 Vpn zur Überprüfung.

Verbindet man diese beiden Tests, so stehen 40 Probanden zu Verfügung, bei denen die aufgestellte Hypothese sinnvoll getestet werden kann.

Eine Klassifizierung zeigt nochmals die Einschätzung im Vergleich zu den anderen Informationen auf: 44% der Teilnehmer halten den UK für sehr wichtig, 37% für gleichbedeutend mit anderen Informationen, nur 8% halten ihn für untergeordnet, 3% nutzen ihn als Bestätigungswert und 8% messen ihm keine Bedeutung bei. Um die Bedeutung des UK in Zusammenhang mit den anderen Informationen zu erfassen, kann eine Rangfolge der Informationen aufgestellt werden, die der Proband im Laufe des Gesprächs als die ihm wichtigen nennt (nur konsistente Teilnehmer). Hier nimmt der UK einen mittleren Rangplatz ein.[2]

2.) Die Maßgröße „Wiederholte Informationszugriffe" läßt auf die Bedeutung einer Information schließen, wenn man davon ausgeht, daß die Probanden die Informationen, die ihnen wichtig sind, häufiger aufdecken als andere. In diesem konkreten Fall kann (auch in Anbetracht der Tatsache, daß kein konsistenter Proband den UK mehrfach aufdeckte) darauf verzichtet werden. Daraus nämlich eine absolut nachrangige Bedeutung des UK zu schließen, wäre zu kurz gegriffen, denn nach Aufdecken dieser Zahl und entsprechender Reflexion verbleibt ein – wie auch immer gearteter – Eindruck, der nicht durch nochmaliges Aufdecken wiederholt werden muß.[3]

---

[1] Eine Überschätzung wurde dann festgestellt, wenn die Aussagen während des Experiments auf eine eindeutig nachrangige Bedeutung des UK hinwiesen, im anschließenden Gespräch aber die Bedeutung herausgestrichen wurde; eine Unterschätzung kann bei umgekehrtem Verhalten konstatiert werden (Vergleich zwischen entsprechender Maßgröße und Codierung der wortweisen Protokollierung des inhaltsanalytischen Verfahrens). Generell ist hier auf die nicht unproblematische Verwendung von Gesprächen über das Experiment zu verweisen. Diese Vorgehensweise kann zu einem Rechtfertigungsdruck bei den Probanden führen, die eine verzerrte Wahrnehmung nach sich ziehen kann. Zur Rolle der Rechtfertigung von Probanden im Rahmen experimenteller Untersuchungen s. ARONSON (1994), S. 206ff.; BÖHM/PFISTER (1996), S.135ff.

[2] Die Rangfolge der Informationen (2 Konsistenzprüfungen): ZM(F) und ZM(B): 21 Nennungen (jeweils 15%), SZ: 20 Nennungen (14,29%), AK und CR: 18 Nennungen (jeweils 12,86%), UK: 12 Nennungen (8,57%), V: 11 Nennungen (7,14%), CFK: 9 Nennungen (6,43%), KRF: 6 Nennungen (4,29%), FG: 5 Nennungen (3,57%).

[3] Die UK-Karte ist die einzige im Informationskatalog, die tatsächlich nicht nur aus einer Zahl sondern auch nur aus einem Element besteht und daher besonders leicht behalten werden kann.

3.2.3 Primacy-/Recency-Effekt

H2C: Die als erste aufgenommenen Informationen (Informationsblock) haben für die Entscheidung eine größere Bedeutung als die weiteren.

Zur Operationalisierung von H2C werden zwei Maßgrößen verwendet: mittels der „Rangfolge" läßt sich klassifizieren, welche Informationsblöcke bevorzugt für die Entscheidungsfindung verwendet wurden. Die ermittelten Werte je Proband ergeben sich aus der ex-post-Befragung, in der die Vpn angeben sollten, welche Informationen ihnen wichtig gewesen waren, und dem Vergleich mit der Stelle dieser Information im Informationsprozeß. Ist dies überwiegend der zuerst betrachtete Informationsblock (Wert 1), so besitzt dieser eine besondere Bedeutung bei der Entscheidungsfindung.

Die „Wiederholten Informationszugriffe" geben die Bedeutung bestimmter Einzelinformationen wieder. Werden die zuerst aufgedeckten Informationen häufiger wiederholt, so wird diesen eine höhere Bedeutung als den später aufgenommenen Informationen beigemessen.

1.) Zum Hypothesentest mittels der „Rangfolge" werden alle Vpn herangezogen, die in der Befragung eine Rangfolge der Informationsbedeutung erkennen ließen. Es müssen projektspezifisch 2 Personen aus Plausibilitätsgründen von den Auswertungen eliminiert werden. [1]

H2C - Maßgröße „Rangfolge"		
Verfahren		**N**
Modus	1 [zuerst betrachtete Informationen wichtig]	74
Entropie H(A)	2,5693	74
Relative Entropie R(A)	0,9152	74
Streuungsmaß HERFINDAHL $K_H(A)$	0,1918	74
Normiertes Streuungsmaß $S_H(A)_{norm}$	0,9429	74

Tabelle 8-4: Auswertungen zur Maßgröße „Rangfolge"

Der Wert des Modus weist auf die Dominanz des Primacy-Effektes hin. Alle anderen Werte dagegen zeigen eine starke Tendenz zur empirischen Gleich-

[1] Einer gab an, sein Verhalten in den einzelnen Versuchen nur deshalb geändert zu haben, weil er die Projektleitung verwirren wollte, ein weiterer wählte insgesamt nur 2 Informationen und steht daher in dieser Kategorie kaum für weitere Auswertungen zur Verfügung.

verteilung zwischen den einzelnen Kategorien auf. **Die Hypothese kann aus dieser Sicht daher nicht abgelehnt werden.**

Zu einem ähnlichen Ergebnis kommt man, wenn man die Anzahl der Personen, die den einzelnen Ausprägungen zuzuordnen sind, zählt: Faßt man die Ausprägungen 1 und 2 zum Primacy-, die Ausprägungen 3 und 4 zum Recency-Effekt zusammen, so ist mit 34 Personen (45,95%) der Primacy-Effekt gegenüber 12 Personen (16,22%) dominant. Die Argumentation schwächt sich allerdings ab, wenn man die drei zuletzt genannten Gruppen miteinbezieht, da immerhin 37,84% aller betrachteten Vpn weder dem Primacy- noch dem Recency-Effekt unterlagen.

2.) Die „Wiederholten Informationszugriffe (Rangfolge)" können ebenfalls Hinweise auf den Stellenwert der Informationen geben. Hier werden alle Vpn in die Auswertung miteinbezogen, die wiederholt Informationen aufgenommen haben.

Die Tabelle gibt die statistischen Werte wieder:

H2C - Maßgröße „Wiederholte Informationszugriffe (Rangfolge)"		
Verfahren		**N**
Modus	1 [zuerst betrachtete Informationen wichtig]	73
Entropie H(A)	1,4087	73
Relative Entropie R(A)	0,8886	73
Streuungsmaß HERFINDAHL $K_H(A)$	0,4137	73
Normiertes Streuungsmaß $S_H(A)_{norm}$	0,8794	73

Tabelle 8-5: Auswertungen zur Maßgröße „Wiederholte Informationszugriffe (Rangfolge)"

Die Ergebnisse zeigen ähnliche Werte wie die Maßgröße „Rangfolge": der Modus weist auf den Primacy-Effekt hin, die Streuungs- und Konzentrationsmaße dagegen zeigen eine deutliche Tendenz zur empirischen Gleichverteilung. **Auch aus dieser Sicht kann daher die Hypothese nicht abgelehnt werden.**

Angreifbar ist diese Betrachtungsweise deshalb, da die Frage, ob Wiederholungen ein zulässiges Kriterium für die Wichtigkeit von Informationen sein können oder ob nicht die Tatsache, daß die Informationen, die man nicht „auswendiglernen" kann, öfter wiederholt werden, nicht abschließend geklärt werden kann. Als Bestätigung für die hier vertretene Auffassung, es sei zulässig, kann der Hinweis gelten, daß der Aktienkurs und Teile der Kennzahlen am häufigsten wiederholt wurden, obwohl der Verlauf in seiner Tendenz sicherlich leichter zu behalten ist als eine lange Zeitungsmeldung. Trotzdem wurden die Zeitungsmeldungen weniger oft wiederholt. Bleibt die Frage, ob die häufigeren Wiederholungen der zuerst betrachteten Informationen nicht darauf zurückzuführen sind, daß diese aufgrund der Dauer des Experiments nicht bis zum Ende behalten werden konnten.

3.2.4 Explizite Verwendung von Heuristiken

H2D: Individuelle Anleger versuchen, eine bereits getroffene Entscheidung mit Hilfe weiterer Informationen zu bestätigen.

Die Maßgröße „Ankerwert" gibt an, ob die Vpn nach dem Äußern eines Vorabergebnisses ihre Meinung aufgrund der danach folgenden Informationen geändert haben oder diese Informationen zu einer Stützung des Vorabergebnisses geführt haben. Das zuletzt genannte Verhalten wird - laut Hypothese - bevorzugt auftreten (Wert 1). Diese Maßgröße wird einer statistischen Analyse unterworfen:

H2D - Maßgröße „Ankerwert"		
Verfahren		**N**
Modus	1 [Stützung durch Vorabergebnis]	30
Entropie H(A)	0,6508	30
Relative Entropie R(A)	0,6508	30
Streuungsmaß HERFINDAHL $K_H(A)$	0,7222	30
Normiertes Streuungsmaß $S_H(A)_{norm}$	0,5556	30

Tabelle 8-6: Auswertungen zur Maßgröße „Ankerwert"

Es ist zunächst zu konstatieren, daß nur in 44 Experimenten ein Vorabergebnis explizit genannt wurde, also eine (Vor-)Entscheidung getroffen wurde, die als Ankerwert dienen könnte. Nur bei 30 Experimenten war auch der Zeitabstand zwischen dem Experimentbeginn und Vorabergebnis höchstens genauso groß wie zwischen Vorab- und Endergebnis (und nur dann kann man von einem Experimentablauf im Sinne der Hypothese sprechen). 25 von diesen 30 Versuchen (83,33%) waren tatsächlich solche, bei denen das Ergebnis wie im Vorabergebnis ausfiel und damit zu einem Nicht-Ablehnen der Hypothese führen können. Die errechneten Werte liegen - außer dem Modus, nach dem die Hypothese nicht verworfen werden kann - alle in einem mittleren Bereich zwischen der empirischen Gleichverteilung und der Ein-Punkt-Verteilung mit einer leichten Tendenz zur empirischen Gleichverteilung. **Die Hypothese kann somit nicht verworfen werden.**

Die eigentliche Intention der Hypothese, daß nämlich Informationen unkritisch betrachtet werden, um das Vorabergebnis halten zu können, läßt sich jedoch in diesem Falle besser in einer qualitativen Analyse beurteilen. Diese fällt dann besonders schwer, wenn die Daten eigentlich kein anderes als das bereits getroffene Urteil erlauben. Setzt beispielsweise ein Proband frühzeitig einen steigenden Aktienkurs als seinen Ankerwert fest und die weiteren Informationen deuten tatsächlich auch darauf hin, so läßt sich schwerlich ermitteln, ob er aufgrund der dargebotenen Informationen oder aufgrund seines Wunsches nach guten Informationen die Prognose beibehält. Eine Trennung läßt sich nur vornehmen, betrachtet man die aus der inhaltsanalystischen Untersuchung gewonnenen Memos im Einzelfall.

Bei 11 Experimenten, bei denen das Zwischenergebnis beibehalten wird, handelt es sich um die „gute" bzw. „schlechte" Unternehmensvariante, bei der aufgrund der Datenlage kaum eine Revision des Urteils zu erwarten war. Die Probanden machten hier auch keine Äußerungen bezüglich der aufgestellten Hypothese. In weiteren 11 Fällen kann explizit von einer Tendenz zur Überbewertung urteilstützender Informationen gesprochen werden. Dabei werden entweder negative (positve) Meldungen untergewichtet (wenn ein positives (negatives) Zwischenergebnis gefällt wurde)[1], oder die nach dem Zwischenergebnis betrachteten Informationen rasch und ohne weiteres Hinterfragen aufgedeckt.[2] In den 5 Fällen, bei denen das Zwischenergebnis revidiert wurde, geschah dies tatsächlich aufgrund der Datenlage. Es verbleiben 3 Versuche des „nicht eindeutigen" Unternehmenssegmentes, bei denen das Endergebnis zwar beibehalten wurde, aber keine weiteren Argumente gefunden werden können. Der Anteil der Fälle, die zu einer Nicht-Ablehnung der Hypothese führen, liegt somit bei 57,89%.

3.2.5 Erfahrungsbildung

H2E-1: Der Zeitbedarf pro Einzelentscheidung verringert sich, wenn mehrere Entscheidungen hintereinander getroffen werden müssen.

Zur Operationalisierung dieser Hypothese eignet sich die Maßgröße „Zeitbedarf", mit der die Zeit gemessen wird, die ein Proband vom Beginn des Expe-

---

[1] Beispielhafte Zitate: „Hm, leider ist hier der Branchendurchschnitt sehr schlecht, aber na ja.."; „ der (UK) ist jetzt nicht so toll, aber irgendwie doch positiven touch", „die Finanzdaten sind gar nicht so negativ, aber ich bleibe trotzdem dabei, der AK wird fallen", „auch das kann mein negatives Urteil nicht mehr revidieren".

[2] Beispielhafte Zitate: „die (weiteren Informationen) sind jetzt keine Entscheidungshilfe mehr", „nichts, was meine bisherige Einschätzung ändern könnte".

riments bis zur Bekanntgabe des Ergebnisses benötigt. Die Arbeitshypothese lautet: Der Zeitbedarf wird im Laufe der einzelnen Versuche immer geringer.

H2E-1 - Maßgröße „Zeitbedarf“		
Verfahren	**Versuch**	**Zeitbedarf [Min:Sek]**
Arithmetisches Mittel		
▪ „Gutes“ Unternehmen	1. Versuch	07:11
	2. Versuch	06:46
	3. Versuch	06:55
▪ „Nicht eindeutiges“ Unternehmen	1. Versuch	09:11
	2. Versuch	07:31
	3. Versuch	07:27
▪ „Schlechtes“ Unternehmen	1. Versuch	08:03
	2. Versuch	06:33
	3. Versuch	07:05
Standardabweichung		
▪ „Gutes“ Unternehmen	1. Versuch	03:48
	2. Versuch	03:25
	3. Versuch	02:45
▪ „Nicht eindeutiges“ Unternehmen	1. Versuch	04:01
	2. Versuch	02:37
	3. Versuch	03:04
▪ „Schlechtes“ Unternehmen	1. Versuch	01:29
	2. Versuch	01:11
	3. Versuch	01:24

Tabelle 8-7: Auswertungen zur Maßgröße „Zeitbedarf“ (Anzahl Versuche)

Der benötigte Zeitbedarf verringert sich jeweils vom 1. auf den 2. Versuch erheblich, ist dann aber im 3. Versuch nahezu gleichbleibend oder sogar höher als im 2. Versuch. Ein Effekt kann also nur vom 1. auf die weiteren Versuche konstatiert werden, d.h., daß nach dem 1. Versuch eine so hohe Vertrautheit mit der Situation erreicht ist, daß keine weiteren Zeitvorteile mehr erzielt werden können.

H2E1 – Zusammenhang „Zeitbedarf" und „Anzahl Versuche"			
Verfahren		**Signifikanzniveau**	**N**
Korrelation (Spearman-Rho) r^s	0,0001624	α=0,01	23
Wilcoxon-Mann-Whitney-Test u	1,07522	α=0,01	23

Tabelle 8-8: Auswertungen zum Zusammenhang zwischen „Zeitbedarf" und „Anzahl Versuche"

Mit einem Wert von u=1,07522 im Wilcoxon-Mann-Whitney-Test ist der Unterschied zwischen dem 1. und den weiteren Versuchen statistisch signifikant; ein Zusammenhang mittels Spearman-Rho nicht nachweisbar. **Die Hypothese kann somit nicht verworfen werden.**

H2E-2: Die Anzahl der gewählten Informationen pro Einzelentscheidung verringert sich, wenn mehrere Entscheidungen hintereinander getroffen werden müssen.

Die Maßgröße „Anzahl der Informationen" zeigt die Zahl der Informationen auf, die die Probanden für ihre Entscheidung benötigen. Tritt der vermutete Erfahrungsbildungs-Effekt ein, so verringert sich diese Anzahl im Lauf der Versuche.

H2E-2 - Maßgröße „Anzahl Informationen"		
Verfahren	**Versuch**	**Anzahl Informationen**
Arithmetisches Mittel		
▪ „Gutes" Unternehmen	1. Versuch	9,4
	2. Versuch	8,6
	3. Versuch	9,4
▪ „Nicht eindeutiges" Unternehmen	1. Versuch	9,3
	2. Versuch	8,9
	3. Versuch	9,0
▪ „Schlechtes" Unternehmen	1. Versuch	9,6
	2. Versuch	9,0
	3. Versuch	9,4
Standardabweichung		
▪ „Gutes" Unternehmen	1. Versuch	0,857
	2. Versuch	2,058

	3. Versuch	0,857
▪ „Nicht eindeutiges" Unternehmen	1. Versuch	1,1
	2. Versuch	1,640
	3. Versuch	0,994
▪ „Schlechtes" Unternehmen	1. Versuch	0,489
	2. Versuch	0,632
	3. Versuch	0,489

Tabelle 8-9: Auswertungen zur Maßgröße „Anzahl Informationen" (Anzahl Versuche)

Ein ähnliches Bild wie beim Zeitaufwand ergibt sich hier. Auch die Anzahl der Informationen verringert sich vom 1. auf den 2. Versuch, um dann aber wieder anzusteigen oder gleichzubleiben.

H2E-2 – Zusammenhang „Anzahl Informationen" und „Anzahl Versuche"			
Verfahren		**Signifikanzniveau**	**N**
Korrelation (Spearman-Rho) r^s	0,0001431	α=0,01	23
Wilcoxon-Mann-Whitney-Test u	1,10311	α=0,01	23

Tabelle 8-10: Auswertungen zum Zusammenhang zwischen „Anzahl Informationen" und „Anzahl Versuche"

Auch hier ist der Zusammenhang nur schwach ausgeprägt, der Test auf Unterschiede zwischen den Gruppierungen dagegen statistisch signifikant. **Die Hypothese kann daher nicht verworfen werden.**

Die beiden zuletzt genannten Hypothesen H2E-1 und H2E-2 sind eng miteinander verknüpft. Es lohnt sich daher in einer genaueren Analyse, das Zusammenspiel der beiden Faktoren „Zeitaufwand" und „Anzahl Informationen" näher zu betrachten.

Zunächst muß nochmals festgehalten werden, daß die Probanden zwischen den einzelnen Versuchen kein Feed-back erhalten, d.h. sie haben keinen externen Richtwert, an dem sich das weitere Verhalten orientieren könnte, um vielleicht dadurch den Aufwand in den beiden genannten Maßgrößen geringer zu halten. Ein verändertes Verhalten in den weiteren Versuchen ist daher alleine davon abhängig, ob die Vpn mit der Situation und dem Entscheidungsproblem nach der ersten Entscheidung so weit vertraut sind, daß die weiteren einen geringeren Aufwand erfordern. Da diese Voraussetzungen unabhängig von der Qualität des Unternehmenstyps sind, kann Gruppe IV für eine ergänzende Analyse herangezogen werden. Hier muß aber eine weitere Trennung in die Gruppierungen vorgenommen werden, die ein Unternehmen des ambiguitätsbehafteten Typs zuerst erhalten haben versus diejenigen, bei denen dieses Unternehmen als letztes erscheint.

Bezüglich des Zeitbedarfes ergeben sich folgende Werte:

H2E-2 - Maßgröße „Zeitbedarf" (Gruppe IV)		
Verfahren	**Versuch**	**Zeitbedarf [Min:Sek]**
Arithmetisches Mittel		
▪ Ambiguitätsbehaftete Situation	1. Versuch (nicht eindeutig)	06:21
	2. Versuch (schlecht)	04:35
	3. Versuch (gut)	04:25
▪ Exakte Situation	1. Versuch (gut)	05:22
	2. Versuch (schlecht)	05:00
	3. Versuch (nicht eindeutig)	05:03
Standardabweichung		
▪ Ambiguitätsbehaftete Situation	1. Versuch (nicht eindeutig)	02:06
	2. Versuch (schlecht)	02:32
	3. Versuch (gut)	02:48
▪ Exakte Situation	1. Versuch (gut)	02:28
	2. Versuch (schlecht)	01:37
	3. Versuch (nicht eindeutig)	01:54

Tabelle 8-11: Auswertungen zur Maßgröße „Zeitbedarf" (Gruppe IV)

H2E-2 – Zusammenhang „Zeitbedarf" (Gruppe IV)" und „Anzahl Versuche"			
Verfahren		**Signifikanzniveau**	**N**
Korrelation (Spearman-Rho) r^s	0,0007217	α=0,01	23
Wilcoxon-Mann-Whitney-Test u	0,2671	α=0,01	23

Tabelle 8-12: Auswertungen zum Zusammnhang zwischen „Zeitbedarf" und „Anzahl Versuche"

Auch dort zeigt sich der höchste Zeitbedarf jeweils in Versuch 1. Allerdings ist hier auch der Unterschiedstest nicht statistisch signifikant. Ähnlich verhält es sich bei der „Anzahl der Informationen".

H2E-2 - Maßgröße „Anzahl Informationen“ (Gruppe IV)“		
Verfahren	**Versuch**	**Anzahl Informationen**
Arithmetisches Mittel		
▪ Ambiguitätsbehaftete Situation	1. Versuch (nicht eindeutig)	8,5
	2. Versuch (schlecht)	7,7
	3. Versuch (gut)	8,1
▪ Exakte Situation	1. Versuch (gut)	8,5
	2. Versuch (schlecht)	9,0
	3. Versuch (nicht eindeutig)	8,7
Standardabweichung		
▪ Ambiguitätsbehaftete Situation	1. Versuch (nicht eindeutig)	1,360
	2. Versuch (schlecht)	2,491
	3. Versuch (gut)	2,343
▪ Exakte Situation	1. Versuch (gut)	1,360
	2. Versuch (schlecht)	1,099
	3. Versuch (nicht eindeutig)	0,667

Tabelle 8-13: Auswertungen zur Maßgröße „Anzahl der Informationen“ (Gruppe IV)

H2E-2 – Zusammenhang „Anzahl Informationen“ und „Anzahl Versuche“ (Gruppe IV)			
Verfahren		**Signifikanzniveau**	**N**
Korrelation (Spearman-Rho) r^s	0,0003406	α=0,01	23
Wilcoxon-Mann-Whitney-Test u	0,1705	α=0,01	23

Tabelle 8-14: Auswertungen zum Zusammenhang zwischen „Anzahl Informationen“ und „Anzahl Versuche“ (Gruppe IV)

Der beschriebene Effekt gilt zwar nur in der ambiguitätsbehafteten Situation, da in der exakten im 2. und 3. Versuch sogar mehr Informationen abgerufen werden als im ersten. Da ein Zusammenhang mit dem Ambiguitätseffekt aber ausgeschlossen werden kann,[1] und auch der Wilcoxon-Mann-Whitney-Test keinen statistisch signifikanten Wert ergibt, spielt der Inhalt der dargestellten Informationen wohl keine Rolle. Das aus der Norm fallende Verhalten der Gruppe IVE hat daher keinen aus diesen Faktoren erklärbaren Grund. Das Verhalten der Gruppen III und IV ist also bezüglich des „Zeitbedarfes" und der „Anzahl der gewählten Informationen" ähnlich: es entsteht vom ersten auf die weiteren Versuche ein solches Maß an Vertrautheit mit der Situation, daß beide Variablen sich verringern. Diese Änderung ist allerdings nach dem ersten Versuch abgeschlossen, gilt aber für alle Unternehmenstypen unabhängig von dem Maß der Ambiguität.

H2E-3: Das Vertrauen in die eigene Entscheidung nimmt zu, wenn mehrere Entscheidungen hintereinander getroffen werden müssen.

Durch die ex-post-Befragung wurde die Maßgröße „Sicherheitsgefühl" ermittelt; die Vpn mußten angeben, bei welcher der drei Entscheidungen sie sich subjektiv am sichersten gefühlt hatten. Ist dies regelmäßig der 3. Versuch, so kann die Hypothese nicht abgelehnt werden.

H2E-3- Maßgröße „Sicherheitsgefühl"		
Verfahren		**N**
Median	1 [sicher]	29
Entropie S(U)	1,4601	29
Streuungsmaß $S(U)_{norm}$	0,76005	29

Tabelle 8-15: Auswertungen zur Maßgröße „Sicherheitsgefühl" (Gruppe III)

H2E-3 – Zusammenhang „Sicherheitsgefühl" und „Anzahl Versuche"			
Verfahren		**Signifikanzniveau**	**N**
Korrelation (Spearman-Rho) r^s	0,00116	α=0,01	22
Wilcoxon-Mann-Whitney-Test u	1,6489	α=0,1	22

Tabelle 8-16: Auswertungen zum Zusammenhang zwischen „Sicherheitsgefühl" und „Anzahl Versuche"

[1] Vgl. H1-1: Hier wurde ein Zusammenhang zwischen der „Anzahl der Informationen" und dem „Ambiguitätsgrad" abgelehnt.

Die Hypothese muß nach den vorliegenden Daten abgelehnt werden. Im Mittel fühlen sich die Probanden im 1. Versuch am sichersten. Der Unterschied zwischen dem ersten und den weiteren Versuchen ist auch statistisch signifikant. Erklären läßt sich dies wohl – mit Rückgriff auf H2E-1 – damit, daß der hohe Zeitaufwand zu einem erhöhten Sicherheitsgefühl beiträgt. Offensichtlich fühlen sich die Probanden bei dem am gründlichsten behandelten Versuch auch am sichersten. Das Sicherheitsgefühl ist dann unabhängig von der Vertrautheit mit der Situation.

Die Gruppe IV kann hier nicht als Vergleichsgruppe dienen, da dort das Maß der Ambiguitätsbehaftetheit eine Rolle beim Sicherheitsgefühl gespielt haben könnte.

H2E-4: Die Informationssuche nimmt ab, wenn mehrere Entscheidungen hintereinander getroffen werden müssen.

Zur Operationalisierung dieser Hypothese können zwei Maßgrößen untersucht werden. Die „Anzahl der Planungsphasen“ wird im Laufe mehrerer Versuche immer geringer; dies trifft auch auf die „Phasenwechsel“ zu.

1.) Die „Anzahl der Planungsphasen“ und damit die Informationssuche nimmt ab, da die gesteigerte Vertrautheit mit der Situation mit einer zunehmenden Planungssicherheit und damit mit einer proportional geringeren Planungsdauer einhergeht.

H2E-4 - Maßgröße „Anzahl Planungsphasen“		
Verfahren	**Anzahl Planungsphasen**	**N**
Arithmetisches Mittel		
▪ 1. Versuch	1,42	8
▪ 2. Versuch	0,54	10
▪ 3. Versuch	0,42	5
Standardabweichung		
▪ 1. Versuch	1,846	8
▪ 2. Versuch	0,763	10
▪ 3. Versuch	0,812	5

Tabelle 8-17: Auswertungen zur Maßgröße „Anzahl Planungsphasen“ (Anzahl Versuche)

H2E4 – Zusammenhang „Anzahl Planungsphasen“ und „Anzahl Versuche“			
Verfahren		**Signifikanzniveau**	**N**
Korrelation (Spearman-Rho) r^s	0,000072	α=0,01	23
Wilcoxon-Mann-Whitney-Test u	2,20092	α=0,05	23

Tabelle 8-18: Auswertungen zum Zusammenhang zwischen „Anzahl Planungsphasen“ und „Anzahl Versuche“

Die Anzahl der Planungsphasen ist insgesamt äußerst gering. Es ist jedoch deutlich sichtbar, daß die Anzahl der Planungsphasen vom ersten auf die weiteren Versuche abgenommen hat. Ebenso ist auch der Unterschied statistisch signifikant, so daß **die Hypothese nicht abgelehnt werden kann**.

2.) Die Anzahl der „Phasenwechsel“ nimmt in Folge der verringerten Anzahl der Planungsphasen ebenfalls ab.

H2E-4 - Maßgröße „Anzahl Phasenwechsel“		
Verfahren	**Anzahl Phasenwechsel**	**N**
Arithmetisches Mittel		
▪ 1. Versuch	8,21	8
▪ 2. Versuch	5,58	10
▪ 3. Versuch	5,0	5
Standardabweichung		
▪ 1. Versuch	4,690	8
▪ 2. Versuch	3,818	10
▪ 3. Versuch	2,901	5

Tabelle 8-19: Auswertungen zur Maßgröße „Phasenwechsel“

H2E-4 – Zusammenhang „Phasenwechsel“ und „Anzahl Versuche“			
Verfahren		**Signifikanzniveau**	**N**
Korrelation (Spearman-Rho) r^s	0,1272	α=0,01	23
Wilcoxon-Mann-Whitney-Test u	1,3710	α=0,1	23

Tabelle 8-20: Auswertungen zum Zusammenhang zwischen „Phasenwechsel“ und „Anzahl Versuche“

Hier wiederholt sich das Bild, da auch die Phasenwechsel deutlich vom ersten auf die weiteren Versuche abnehmen. Sowohl der Test auf Unterschiede zwischen den Versuchen als auch der Test auf einen Zusammenhang zwischen Versuch und Anzahl Phasenwechsel ist statistisch signifikant. **Die Hypothese kann somit nicht abgelehnt werden.**

Für eine ergänzende Analyse lassen sich die Probanden mittels der Memos genauer klassifizieren. 10 Vpn (43,48%) verhalten sich im 2. und 3. Versuch so deutlich anders, daß dies in den Memos festgehalten wurde (so wurde beispielsweise notiert, wenn sich ein Proband wesentlich gelöster gab, sicherer im Verhalten wirkte oder ohne weitere Kommentare in den weiteren Versuchen Informationen aufdeckte, die im 1. Versuch ausführlich behandelt worden waren). Ein weiteres Indiz innerhalb der Memos können eindeutige Zitate sein.[1]

Auch hier ist ein Vergleich mit der Gruppe IV nicht angebracht, da unterschiedlich ambiguitätsbehaftete Entscheidungsprobleme auch unterschiedliche Entscheidungsphasen mit sich bringen können.

3.3 Prozeßbeeinflussende Determinanten

3.3.1 Subjektive Kompetenz

H3A-1: Anleger mit einer hohen subjektiven Kompetenz im Bereich des finanzwirtschaftlichen Wissens bevorzugen quantitative Daten.

Die Maßgröße „Informationskategorie" gibt die Art der Datenkategorie an, die ein Proband bevorzugt verwendet. Sie ist daher geeignet, als Variable im Hypothesentest zu dienen. Als Arbeitshypothese wird festgelegt: Vpn, die subjektiv ihre Kompetenz im finanzwirtschaftlichen Wissen hoch einschätzen, verwenden für ihre Entscheidungsfindung bevorzugt quantitative Daten (z.B. Kennzahlen).

H3A-1 - Maßgröße „Informationskategorie"		
Verfahren		**N**
Modus	3 [quantitativ]	43
Entropie H(A)	0,9495	43

[1] Beispielhafte Zitate: „Das hat man ja auch schon beim vorigen Unternehmen gesehen.", „Das ist schon wieder die gleiche Abwärtsbewegung (AK), die Kennzahlen sind sogar noch schlechter, also kann ich hier gleich sagen, daß...", „Jetzt gehe ich anders vor und sehe mir gleich die Zeitungsmeldungen an, dann kann ich mir die anderen sparen".

Relative Entropie R(A)	0,9545	43
Streuungsmaß HERFINDAHL $K_H(A)$	0,0059	43
Normiertes Streuungsmaß $S_H(A)_{norm}$	0,9411	43

Tabelle 9-1: Auswertungen zur Maßgröße „Informationskategorie"

Die Vpn bevorzugen also tatsächlich - unabhängig von ihrer subjektiven Kompetenz - eher quantitative Informationen, wobei eine starke Streuung in Richtung empirischer Gleichverteilung vorherrscht.

Finanzwirtschaftliches Wissen ist in den beiden Unterkategorien „Kennzahlenwissen" und „Fachwissen" definiert; beide Größen wurden aus dem ex-post-Fragebogen ermittelt.

H3A-1 - Maßgröße „Subjektive Kompetenz"		
Verfahren		**N**
Median		
▪ Kennzahlenwissen	4 [subj. hohe Kompetenz]	43
▪ Fachwissen	3 [subj. mittlere Kompetenz]	43
Entropie S(U)		
▪ Kennzahlenwissen	2,4570	43
▪ Fachwissen	2,4963	43
Streuungsmaß $S(U)_{norm}$		
▪ Kennzahlenwissen	0,6143	43
▪ Fachwissen	0,6173	43

Tabelle 9-2: Auswertungen zur Maßgröße „Subjektive Kompetenz"

Die Vpn schätzen sich selbst im Bereich Kennzahlenwissen als kompetent ein, im Bereich Fachwissen dagegen wird die Kompetenz nur mittel eingeschätzt. Die Streuung ist in beiden Fällen in der mittleren Kategorie anzusiedeln.

H3A-1 – Zusammenhang „subjektive Kompetenz" und „Informationskategorie"			
Verfahren		**Signifikanzniveau**	**N**
Korrelation (Spearman-Rho)			
▪ Kennzahlenwissen r^s	0,00004	α=0,01	43

▪ Fachwissen r^s	0,000436	α=0,01	43
Wilcoxon-Mann-Whitney-Test			
▪ Kennzahlenwissen u	0,4901	α=0,1	43
▪ Fachwissen u	0,7196	α=0,1	43

Tabelle 9-3: Auswertungen zum Zusammenhang zwischen „subjektiver Kompetenz" und „Informationskategorie"

Statistische Signifikanz läßt sich weder mittels Spearman's Rho noch mit dem Wilcoxon-Mann-Whitney-Test nachweisen. **Die Hypothese ist daher abzulehnen.**

Ergänzend lassen sich folgende Auswertungen anführen:

Im Bereich des Kennzahlenwissens ist die Gruppe der Personen, die ihre Entscheidungen von den quantitativen Informationen abhängig macht, bei hoher subjektiver Kompetenz zwar am größten, doch ist sie dies auch in der Gruppe mit niedriger Kompetenz. Vergleicht man die Werte mit aufsteigendem Kompetenzgrad, so ist die Affinität zu quantitativen Informationen bei niedriger Kompetenz am höchsten. Die Zahl der Vpn, denen die verschiedenen Informationskategorien gleichbedeutend sind, nimmt mit steigender Kompetenz ab (von 44% in der niedrigen zu 40% in der mittleren bis hin zu 25% bei der hohen Kompetenz). Mit steigender subjektiver Kompetenz scheint also die Neigung zu einer bestimmen Informationskategorie (qualitativ oder quantitativ) ausgeprägter zu werden. Eindeutig ist auch, daß Personen mit niedriger Kompetenz nicht zu Informationen qualitativer Art neigen.

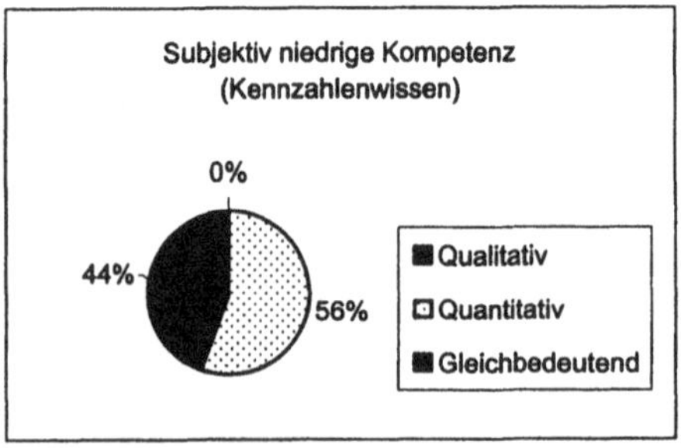

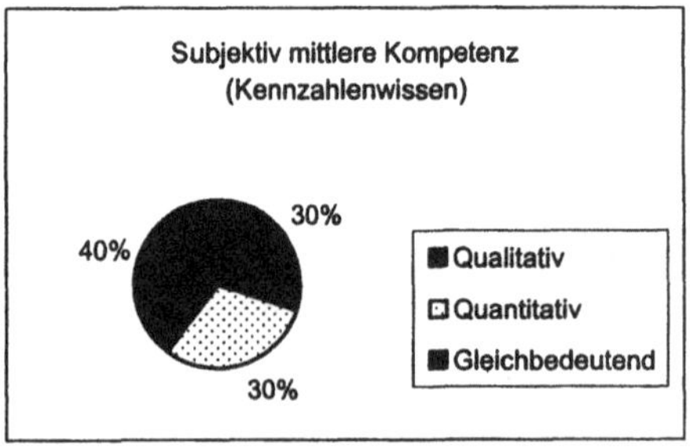

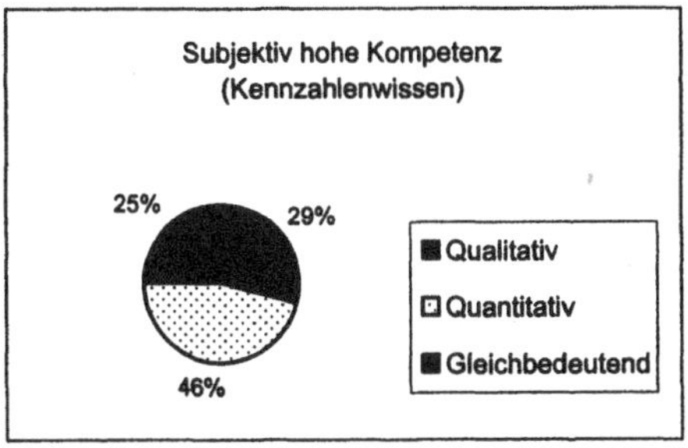

Abbildung 5.1: Bedeutung der Informationskategorie in Abhängigkeit der subjektiven Kompetenz (Kennzahlenwissen)

Im Bereich des Fachwissens ist das Bild sehr ähnlich. Auch hier ist bei singulärer Betrachtung die Bedeutung quantitativer Informationen in der Gruppe mit niedriger und hoher Kompetenz am höchsten. Im Vergleich der einzelnen Kompetenzgruppen nimmt dabei die Gruppe mit niedriger Kompetenz die größere Anzahl ein. Die Bereitschaft zur qualitativen Informationskategorie ist hier in der mittleren Kompetenzgruppe am ausgeprägtesten; ebenso ist der Effekt der sinkenden Gleichbedeutung nicht so stark wie im Kennzahlenwissen-Bereich.

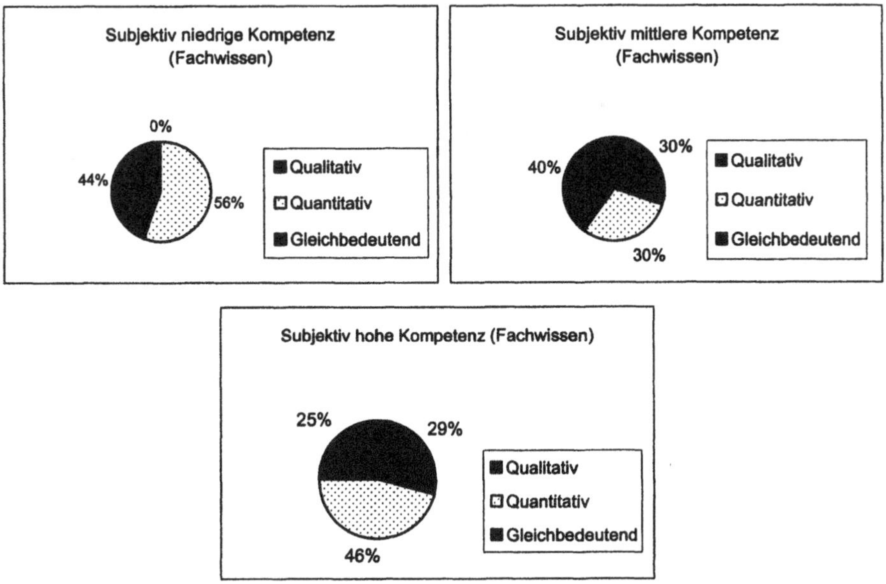

Abbildung 5.2: Bedeutung der Informationskategorie in Abhängigkeit der subjektiven Kompetenz (Fachwissen)

H3A-2 Anleger mit einer hohen subjektiven Kompetenz im Bereich des finanzwirtschaftlichen Wissens weisen eine geringere Delegationsbereitschaft auf.

Zur Operationalisierung ist die Maßgröße „Bedeutung Unternehmensklassifikator“ geeignet. Der Unternehmensklassifikator bündelt mehrere Bilanzkennzahlen, wird aber aus Sicht des Probanden von extern erstellt. Weist ein Proband dieser Information eine hohe Bedeutung zu, so ist seine Bereitschaft, die Informationssuche und –bewertung zu delegieren, höher, als wenn er dieser Information keine Bedeutung beimißt. Ein Zusammenhang mit der subjektiven Kompetenz läßt sich in der Arbeitshypothese zusammenfassen: Probanden mit einer hohen subjektiven Kompetenz werden aus Angst vor einem Kontrollverlust lieber ihren eigenen subjektiven Analysen vertrauen und daher dem Unternehmensklassifikator keine große Bedeutung bei der Entscheidungsfindung beimessen (minimal Wert 2).

Zur Erfassung des gesamten Spektrums der Hypothese müssen sowohl der Kennzahlen- als auch der finanzwirtschaftliche Bereich überprüft werden. Generell können auch hier nur Teilnehmer in die Untersuchung aufgenommen werden, die ein konsistentes Verhalten im Sinne der Hypothese H2B aufweisen.

H3A-2 - Maßgröße „Bedeutung UK“		
Verfahren		**N**
Median	2 [gleichbedeutend mit anderen Informationen]	14
Entropie S(U)	1,9558	14
Streuungsmaß $S(U)_{norm}$	0,4889	14

Tabelle 9-4: Auswertungen zur Maßgröße „Bedeutung Unternehmensklassifikator“

Der Unternehmensklassifikator zeigt die Gleichbedeutung mit den anderen Informationen auf, die Streuung ist im mittleren Bereich anzusiedeln.

H3A-2 – Zusammenhang „subjektive Kompetenz“ und „Bedeutung UK“			
Verfahren		**Signifikanzniveau**	**N**
Korrelation (Spearman-Rho)			
▪ Kennzahlenwissen r^s	0,00034	α=0,01	14
▪ Fachwissen r^s	0,000882	α=0,01	14

Wilcoxon-Mann-Whitney-Test			
▪ Kennzahlenwissen u	1,7321	α=0,1	14
▪ Fachwissen u	1,6713	α=0,1	14

Tabelle 9-5: Auswertungen zum Zusammenhang zwischen „subjektiver Kompetenz" und „Bedeutung Unternehmensklassifikator"

In beiden Bereichen ist der Test auf Unterschiede zwischen den einzelnen Kompetenzgruppen statistisch signifikant. **Die Hypothese kann daher nicht abgelehnt werden.**

Der Unterschiedstest gibt nur einen Hinweis auf einen Unterschied zwischen den Gruppierungen, läßt allerdings die Richtung offen. Daher können weitere Analysen das Ergebnis ergänzen: Im Bereich des Kennzahlenwissens ist zwar eine Abnahme der Kategorie „große Bedeutung" von 100% auf 25% zu konstatieren, jedoch bei gleichzeitiger Steigerung der „Gleichbedeutung" von 0% auf 62%. Die anderen Kategorien weisen keinen Trend auf.

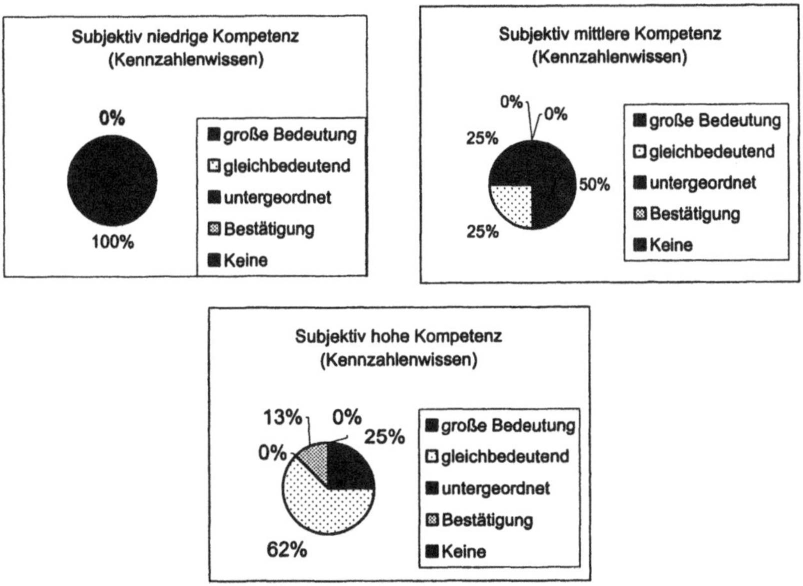

Abbildung 5.3 Delegationsbereitschaft in Abhängigkeit der subjektiven Kompetenz (Kennzahlenwissen)

Beim finanzwirtschaftlichen Fachwissen fällt die „große Bedeutung" von 100% auf 25% ab, während die „Gleichbedeutung" von 0% auf 49% ansteigt. Die Kategorie „untergeordnet" und „Bestätigung" tauchen jedoch sogar nur bei

Personen mit hoher Kompetenz auf, was ebenfalls die Nicht-Ablehnung der Hypothese bestätigt.

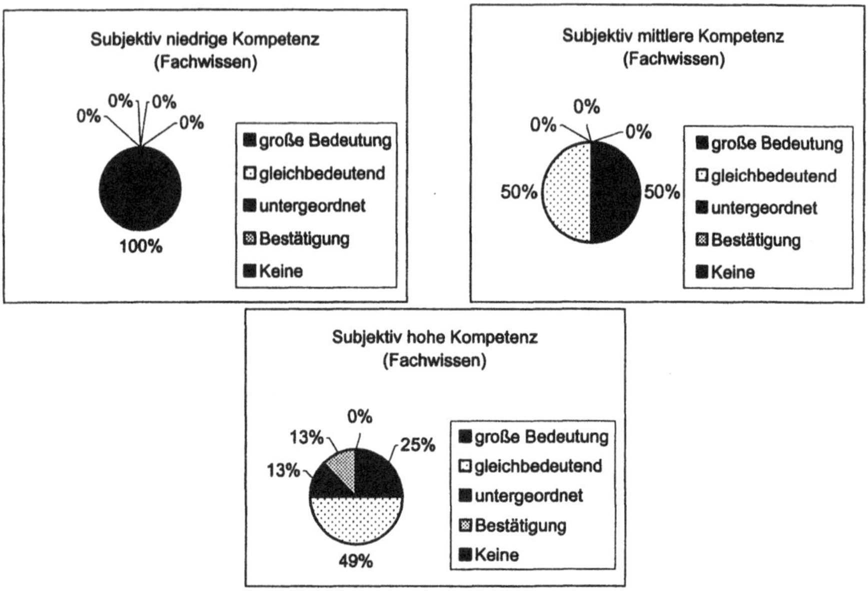

Abbildung 5.4: Delegationsbereitschaft in Abhängigkeit der subjektiven Kompetenz (Fachwissen)

H3A-3: Anleger mit einer hohen subjektiven Kompetenz im Bereich des finanzwirtschaftlichen Wissens nutzen eine höhere Informationsmenge.

Für eine Operationalisierung kann wieder auf die Maßgröße „Anzahl Informationen" zurückgegriffen und der Zusammenhang zur subjektiven Kompetenz ermittelt werden. Da Personen mit einer hohen subjektiven Kompetenz ihre Fähigkeiten in diesem Bereich besonders hoch einschätzen, werden sie sich bei der Entscheidungsfindung hoch involviert fühlen und die Anzahl der benötigten Informationen hoch sein. Da auch diese Hypothese auf das Involvement im Bereich des finanzwirtschaftlichen Wissens abzielt, genügt eine Unterteilung in das Kennzahlen- und das finanzwirtschaftliche Fachwissen.

H3A-3 – „Anzahl Informationen"		
Verfahren	**Anzahl Informationen**	**N**
Arithmetisches Mittel	9,4	43

Standardabweichung	2,03	43

Tabelle 9-6: Auswertungen zur Maßgröße „Anzahl Informationen"

Im Mittel verwendeten die Probanden 9,4 Informationen, um zu einem Ergebnis zu gelangen. Da maximal 10 Informationen zur Verfügung standen, ist die Zahl der verwendeten Informationen sehr hoch.

H3A-3 – Zusammenhang „subjektive Kompetenz" und „Anzahl Informationen"			
Verfahren		**Signifikanzniveau**	**N**
Korrelation (Spearman-Rho)			
▪ Kennzahlenwissen r^s	0,00033	α=0,01	43
▪ Fachwissen r^s	0,000051	α=0,01	43
Wilcoxon-Mann-Whitney-Test			
▪ Kennzahlenwissen u	1,3352	α=0,1	43
▪ Fachwissen u	0,6724	α=0,1	43

Tabelle 9-7: Auswertungen zum Zusammenhang zwischen „subjektiver Kompetenz" und „Anzahl Informationen"

Im Bereich des Kennzahlenwissens ist der Test auf Unterschiede zwischen den Gruppierungen statistisch signifikant, so daß trotz des geringen Zusammenhangsmaßes **die Hypothese nicht abgelehnt werden kann.** Die Kompetenzgruppen zeigen **beim Fachwissen** dagegen keinen Unterschied auf, so daß hier die **Hypothese abgelehnt werden muß.**

Auch hier bietet sich eine genauere Datenanalyse an: Im Bereich des Kennzahlenwissens hat zwar mit 44% die Nutzung von 10 Informationen den höchsten Anteil bei den Personen mit hoher Kompetenz, doch ist der Anteil dieser Personen mit niedriger Kompetenz noch höher (57%). 7,8 oder 9 Informationen werden dagegen von mehr Personen mit hoher Kompetenz abgerufen. Auch die Kategorie „6 Informationen" weist bei Probanden mit niedriger Kompetenz einen höheren Wert auf (vgl. Abbildung 5.5).

Ähnlich verhält es sich im Bereich des finanzwirtschaftlichen Fachwissens. Auch hier ist der Anteil der Experimente, bei denen 10 Informationen verwendet werden, bei Personen mit hoher Kompetenz mit 42% sehr hoch, doch ist dies auch bei den Probanden mit geringer Kompetenz in noch stärkerem Maße der Fall. Hier gestalten sich sämtliche Verläufe der einzelnen Anteilssegmente uneinheitlich (vgl. Abbildung 5.6).

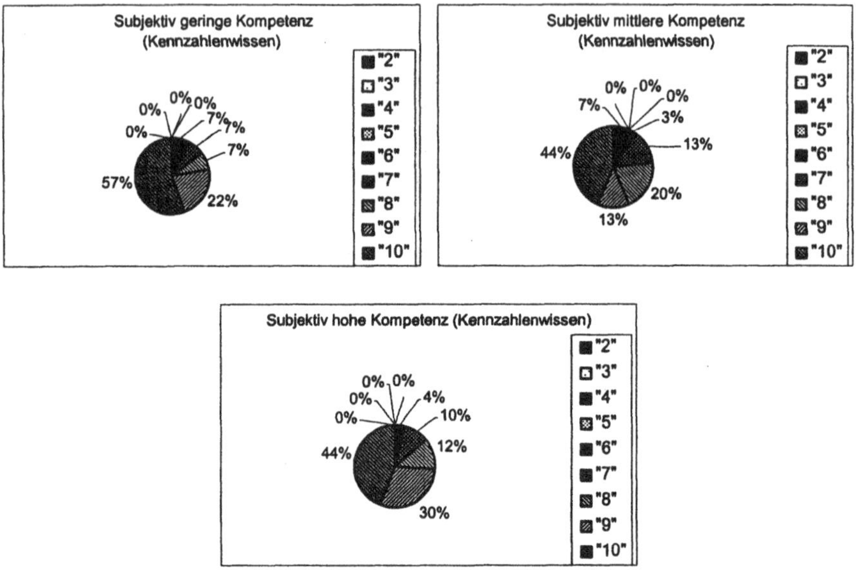

Abbildung 5.5: Anzahl der Informationen in Abhängigkeit der subjektiven Kompetenz (Kennzahlenwissen)

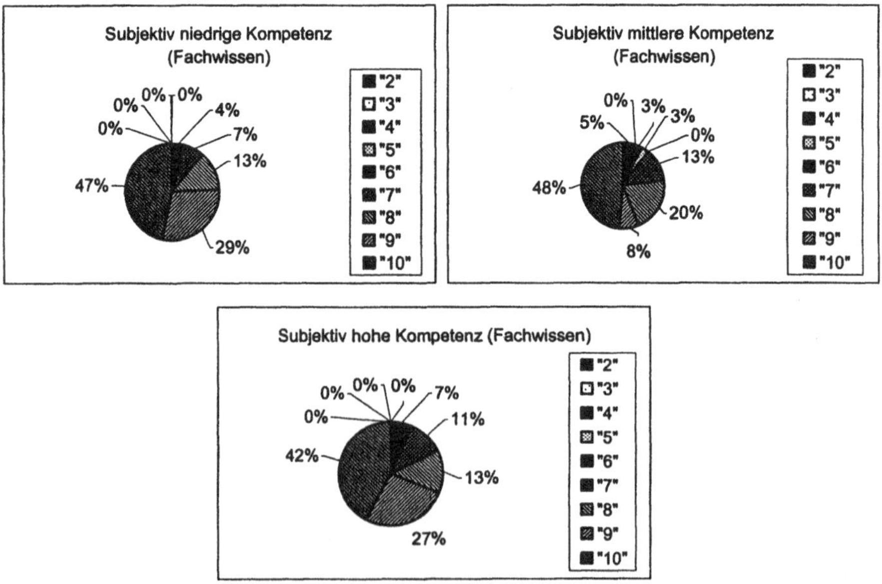

Abbildung 5.6: Anzahl der Informationen in Abhängigkeit der subjektiven Kompetenz (Fachwissen)

H3A-4: Anleger mit einer hohen subjektiven Kompetenz im Bereich des finanzwirtschaftlichen Wissens und des Allgemeinwissens handeln deutlich entschiedener.

Analog zu H1-4 wird entschiedenes Handeln in zwei Varianten operationalisiert: zum einen weist der prognostizierte Aktienkurs eine hohe Steilheit bzw. geringe Volatilität auf, zum anderen ist der Anteil der Explorationsphasen hoch und der Anteil der Planungsphasen gering. Diese Ausprägungen entschiedenen Handelns sind - laut Arbeitshypothese - vorhanden, wenn die Vpn ihre Kompetenz hoch einschätzen. Dabei werden alle drei Bereiche (Kennzahlenwissen, Fachwissen, Allgemeinwissen) einbezogen, da zunächst nicht ausgeschlossen werden kann, daß es hier einen Zusammenhang gibt.

1.) Die Maßgröße „Ergebnis“ wurde in ihren Unterteilungen in der Versuchsreihe 2 erfaßt. Folgende Zahlen veranschaulichen diese Variable:

H3A-4- Maßgröße „Ergebnis“		
Verfahren		**N**
Modus	2 [unentschlossen]	43
Entropie H(A)	0,8751	43
Relative Entropie R(A)	0,8751	43
Streuungsmaß HERFINDAHL $K_H(A)$	0,5844	43
Normiertes Streuungsmaß $S_H(A)_{norm}$	0,8312	43

Tabelle 9-8: Auswertungen zur Maßgröße „Ergebnis“

Die als unentschlossen definierten Ergebnisse wurden am häufigsten prognostiziert, alle Streuungsmaße weisen eine starke Nähe zur empirischen Gleichverteilung auf.

Die subjektive Kompetenz wird nun noch um das Allgemeinwissen erweitert:

H3A-4 - Maßgröße „Subjektive Kompetenz”		
Verfahren		**N**
Median		
▪ Kennzahlenwissen	4 [subj. hohe Kompetenz]	43
▪ Fachwissen	3 [subj. mittlere Kompetenz]	43
▪ Allgemeinwissen	3 [subj. mittlere Kompetenz]	43

Entropie S(U)		
▪ Kennzahlenwissen	2,4570	43
▪ Fachwissen	2,4963	43
▪ Allgemeinwissen	2,0181	43
Streuungsmaß $S(U)_{norm}$		
▪ Kennzahlenwissen	0,6143	43
▪ Fachwissen	0,6173	43
▪ Allgemeinwissen	0,5205	43

Tabelle 9-9: Auswertungen zur Maßgröße „subjektive Kompetenz"

Die Kompetenzeinschätzung des Allgemeinwissens folgt dem Fachwissen, da auch hier nur eine mittlere Kompetenzeinschätzung erfolgt. Die Streuung ist hier allerdings geringer als bei den anderen beiden Wissensgruppen.

Im weiteren wird mittels statistischer Tests ein Zusammenhang der Größen „subjektive Kompetenz" und „Ergebnis" vorgenommen:

H3A-4 – Zusammenhang „subjektive Kompetenz" und „Ergebnis"			
Verfahren		**Signifikanzniveau**	**N**
Korrelation (Spearman-Rho)			
▪ Kennzahlenwissen r^s	0,000027	α=0,01	43
▪ Fachwissen r^s	0,000527	α=0,01	43
▪ Allgemeinwissen r^s	0,000442	α=0,01	43
Wilcoxon-Mann-Whitney-Test			
▪ Kennzahlenwissen u	0,6789	α=0,1	43
▪ Fachwissen u	0,6729	α=0,1	43
▪ Allgemeinwissen u	0,4202	α=0,1	43

Tabelle 9-10: Auswertungen zum Zusammenhang zwischen „subjektiver Kompetenz" und „Ergebnis"

In allen drei Kompetenzgruppen kann keine statistische Signifikanz nachgewiesen werden. Es gibt weder einen Unterschied noch einen Zusammenhang zwischen den dargestellten Größen. **Die Hypothese muß daher für den Teil „Ergebnis" abgelehnt werden.**

Ergänzende Analyse stützen diesen Schluß: Im Bereich des Kennzahlenwissens verhalten sich die Gruppen mit niedriger und mittlerer Kompetenz bezüglich der Eindeutigkeit der Aktienkursprognose identisch (33% eindeutiges Verhalten, 67% unentschlossen).[1] Personen mit hoher subjektiver Kompetenz gehen sogar noch unentschlossener vor (74% unentschlossen).

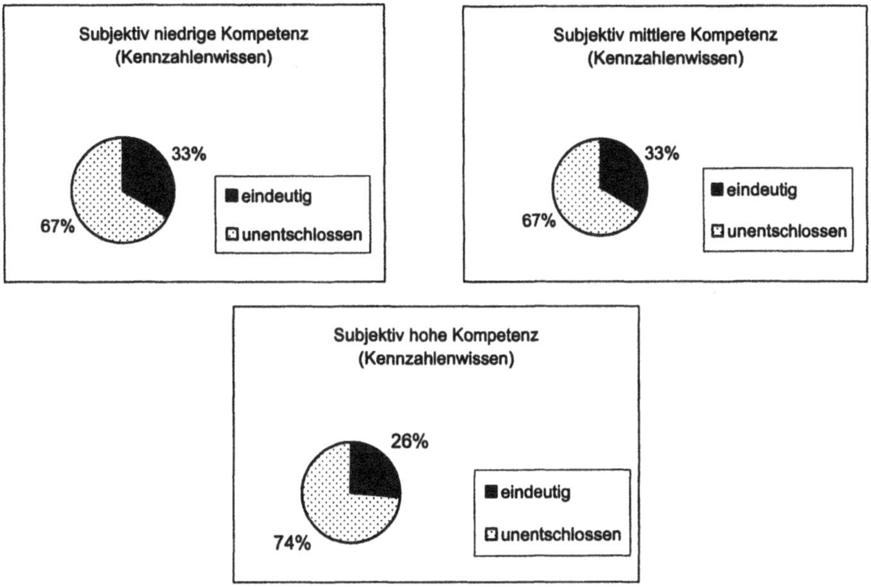

Abbildung 5.7: Eindeutigkeit des Ergebnisses in Abhängigkeit der subjektiven Kompetenz (Kennzahlenwissen)

Fast ebenso eindeutig sind die Ergebnisse für den finanzwirtschaftlichen Bereich. Probanden mit hoher Kompetenz handeln deutlich vorsichtig; auch im Vergleich mit den anderen beiden Kompetenzgruppen ist keine Tendenz zu einem weniger vorsichtigen Verhalten erkennbar (vgl. Abbildung 5.8).

Ähnlich ist auch das Ergebnis im Bereich des Allgemeinwissens. Zwar ist hier der Anteil der Personen mit einer eindeutigen Prognose im Vergleich zu den anderen Wissensbereichen erstaunlich hoch, jedoch zeigt der Vergleich zu den anderen Kompetenzgruppen keine eindeutige Bewegung hin zu insgesamt eindeutigeren Aktienkursvorhersagen (vgl. Abbildung 5.9).

---

[1] zur Definition s. Kapitel III 2.3.

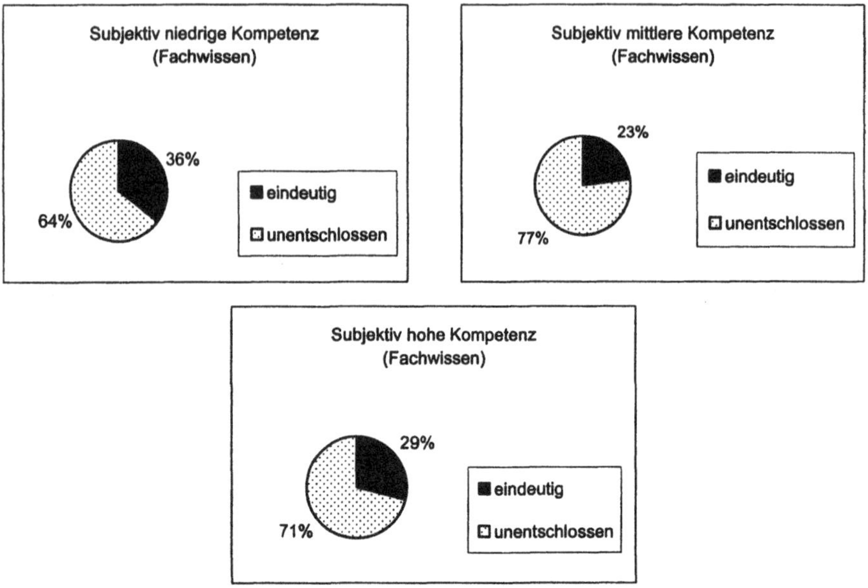

Abbildung 5.8: Eindeutigkeit des Ergebnisses in Abhängigkeit der subjektiven Kompetenz (Fachwissen)

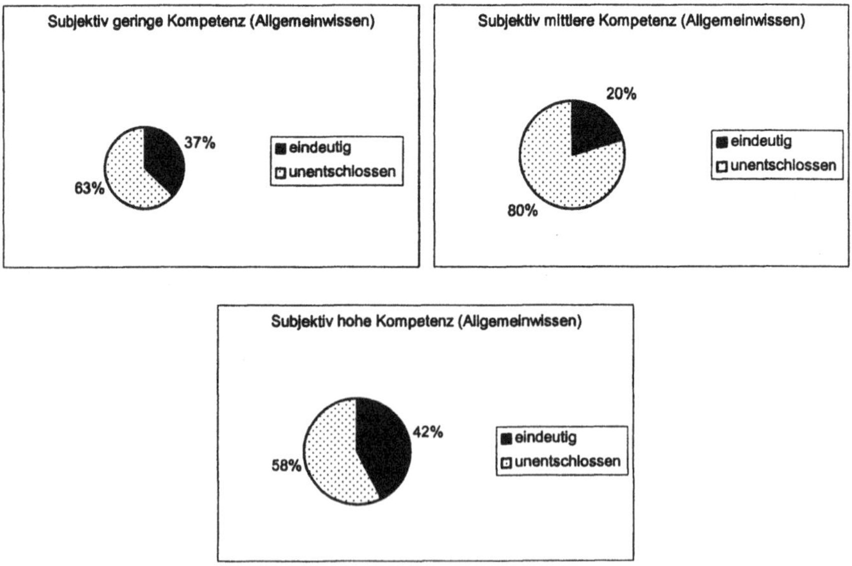

Abbildung 5.9: Eindeutigkeit des Ergebnisses in Abhängigkeit der subjektiven Kompetenz (Allgemeinwissen)

2.) Die Anzahl der Explorations- bzw. Planungsphasen wird mit der subjektiven Kompetenz in Verbindung gebracht, indem untersucht wird, ob eine hohe subjektive Kompetenz mit einer erhöhten Anzahl an Explorationsphasen, eine niedrige subjektive Kompetenz mit einer erhöhten Anzahl an Planungsphasen einhergeht.

H3A-4 – Maßgröße „Anzahl Explorationsphasen"		
Verfahren	**Anzahl Explorationsphasen**	**N**
Arithmetisches Mittel	4,40	43
Standardabweichung	3,06	43

Tabelle 9-11: Auswertungen zur Maßgröße „Anzahl Explorationsphasen"

H3A-4 – Maßgröße „Anzahl Planungsphasen"		
Verfahren	**Anzahl Planungsphasen**	**N**
Arithmetisches Mittel	0,98	43
Standardabweichung	1,43	43

Tabelle 9-12: Auswertungen zur Maßgröße „Anzahl Planungsphasen"

Der Anteil der Planungsphasen ist im Gegensatz zu den Explorationsphasen äußerst gering; auch herrscht hier eine geringere Streuung vor.

H3A-4 – Zusammenhang „subjektive Kompetenz" und „Anzahl Explorationsphasen"			
Verfahren		**Signifikanzniveau**	**N**
Korrelation (Spearman-Rho)			
▪ Kennzahlenwissen r^s	0,000279	α=0,01	43
▪ Fachwissen r^s	0,000277	α=0,01	43
▪ Allgemeinwissen r^s	0,000105	α=0,01	43
Wilcoxon-Mann-Whitney-Test			
▪ Kennzahlenwissen u	0,2458	α=0,1	43
▪ Fachwissen u	0,5648	α=0,1	43

▪ Allgemeinwissen u	0,9831	α=0,1	43

Tabelle 9-13: Auswertungen zum Zusammenhang zwischen „subjektiver Kompetenz" und „Anzahl Explorationsphasen"

H3A-4 – Zusammenhang „subjektive Kompetenz" und „Anzahl Planungsphasen"			
Verfahren		**Signifikanzniveau**	**N**
Korrelation (Spearman-Rho)			
▪ Kennzahlenwissen r^s	0,00042	α=0,01	43
▪ Fachwissen r^s	0,00037	α=0,01	43
▪ Allgemeinwissen r^s	0,00034	α=0,01	43
Wilcoxon-Mann-Whitney-Test			
▪ Kennzahlenwissen u	0,4692	α=0,1	43
▪ Fachwissen u	0,9114	α=0,1	43
▪ Allgemeinwissen u	0,7594	α=0,1	43

Tabelle 9-14 : Auswertungen zum Zusammenhang zwischen „subjektiver Kompetenz" und „Anzahl Planungsphasen"

Die statistischen Auswertungen zeigen deutlich unterschiedliche Werte je nach Wissensgruppe. Der Test auf einen Zusammenhang zwischen den jeweiligen Maßgrößen ist in keinem Falle statistisch signifikant. Es gibt jedoch einen statistisch signifikanten Unterschied zwischen den Kompetenz-Gruppen beim Fachwissen und den Planungsphasen und beim Allgemeinwissen und den Explorationsphasen. Der Wert für einen Unterschied von Allgemeinwissen und Planungsphasen liegt knapp unter der Signifikanzgrenze. **Die Hypothese muß somit in allen Bereichen abgelehnt werden,** da nur ein Zusammenspiel zwischen den Planungs- und Explorationsphasen zu einer Nicht-Ablehnung führen könnte. Gerade bei uneinheitlichen Ergebnissen sind ergänzende Analysen angebracht:

32% aller Anleger mit einer subjektiv hohen Kompetenz (Kennzahlenwissen) haben einen Anteil von 71-80% an Explorationsphasen. Der vergleichbare Wert bei den Personen mit geringer subjektiver Kompetenz fällt deutlich niedriger aus. Auch das nächsthöhere Segment erfährt eine Steigerung bei ebenfalls steigender subjektiver Kompetenz. Es gilt jedoch zu beachten, daß die niedrigen Kategorien sehr ähnliche Anteile zu verzeichnen haben.

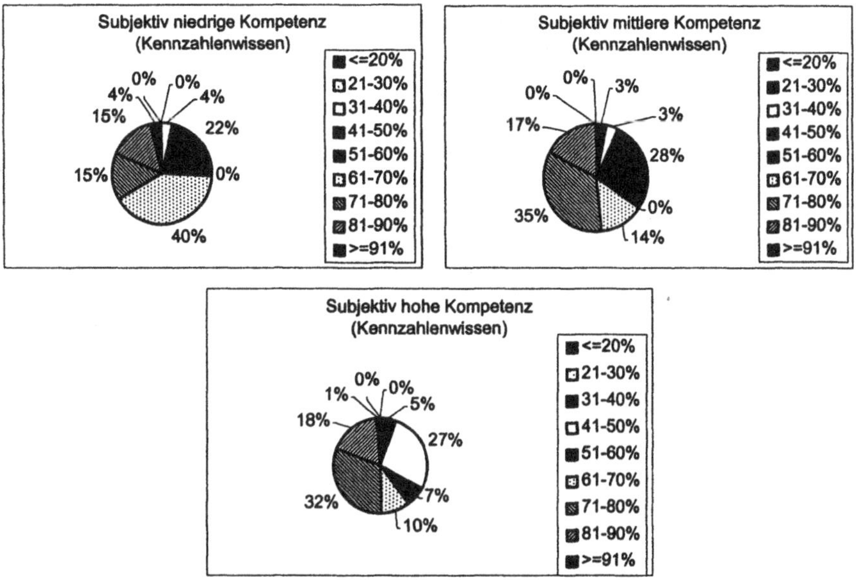

Abbildung 5.10: Anteil Explorationsphasen in Abhängigkeit der subjektiven Kompetenz (Kennzahlenwissen)

Die Planungsphasen zeigen ein ähnliches Bild. Personen mit geringer subjektiver Kompetenz haben zwar einen hohen Anteil am kleinsten Anteilssegment; dieser fällt allerdings am geringsten von allen drei Kompetenzgraden aus. Die für die Hypothese relevanten hohen Segmente sind in allen drei Kompetenzbereichen sehr gering ausgeprägt, allerdings im niedrigsten noch am stärksten vertreten.

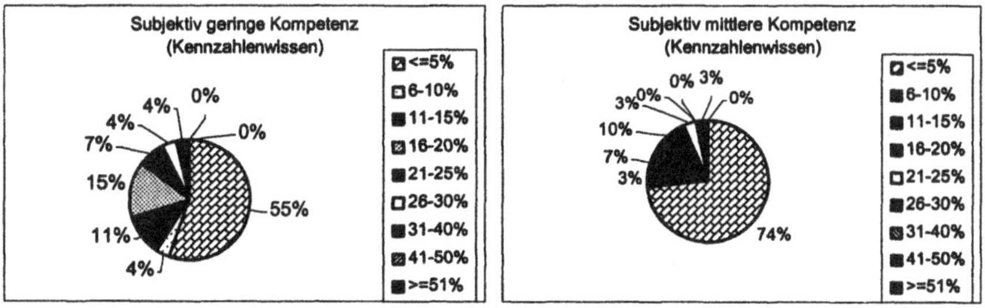

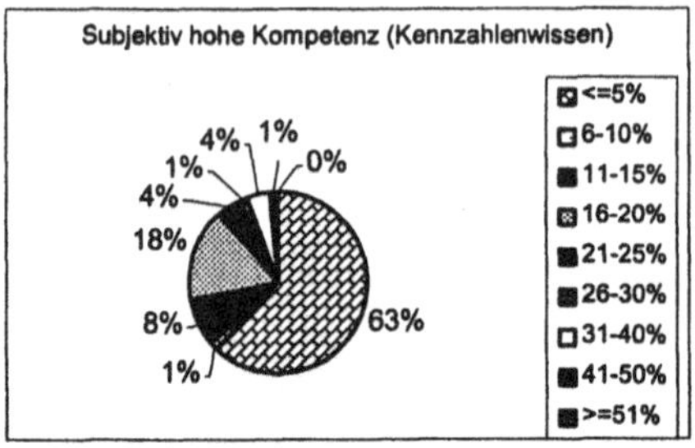

Abbildung 5.11: Anteil Planungsphasen in Abhängigkeit der subjektiven Kompetenz (Kennzahlenwissen)

Betrachtet man das Fachwissensgebiet und die Anteile an Explorationsphasen, so wird der höchste Wert bei Anlegern mit subjektiv hoher Kompetenz tatsächlich bei einem Segment von 81-90% erreicht. Dieser ist auch deutlich höher als in den beiden anderen Kompetenzkategorien. Allerdings ist im hohen Kompetenzsegment der Anteil 41-50% nahezu gleich häufig vertreten, was die soeben getroffene Interpretation wieder etwas abschwächt. Der Verlauf der anderen Anteilssegmente ist wieder uneinheitlich, sieht man von den anderen beiden hohen Segmenten „71-80%" und „61-70%" ab, die beide einen abnehmenden Verlauf haben.

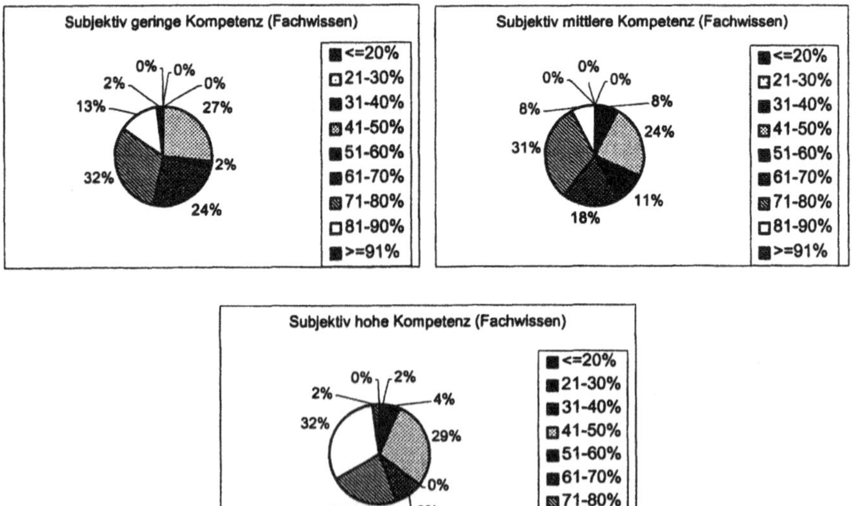

Abbildung 5.12: Anteil Explorationsphasen in Abhängigkeit der subjektiven Kompetenz (Fachwissen)

Einen interessanten Verlauf haben die entsprechenden Anteile, betrachtet man die Planungsphasen. Sowohl der Einzelwert des Segmentes „<=5%" im geringen Kompetenzbereich als auch dessen Vergleich mit den anderen beiden Kompetenzbereichen zeigt den geringen Anteil an Planungsphasen. Der Anteil dieser Phasenart ist bei Personen mit hoher subjektiver Kompetenz noch stärker ausgeprägt als bei den anderen, was zunächst für eine Nicht-Ablehnung der Hypothese sprechen könnte. Die Segmente „>26%" dagegen sind sogar nur im mittleren und hohen Kompetenzbereich vorhanden.

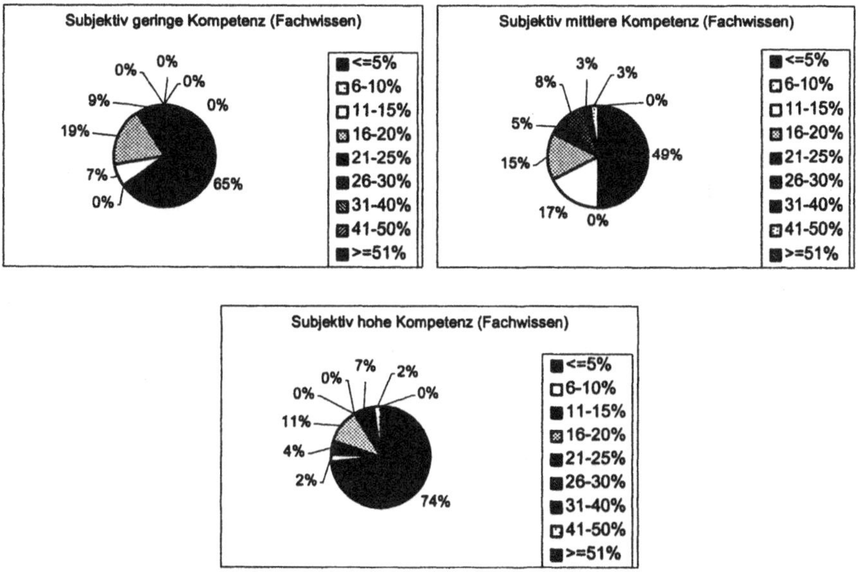

Abbildung 5.13: Anteil Planungsphasen in Abhängigkeit der subjektiven Kompetenz (Fachwissen)

Betrachtet man das Allgemeinwissen in Zusammenhang mit der Anzahl der Explorationsphasen, so ergibt sich ein uneinheitliches Bild. Die beiden obersten Anteilssegmente sprechen wegen ihrer vergleichsweise hohen Werte bei Personen mit subjektiv hoher Kompetenz für eine Nicht-Ablehnung der Hypothese, allerdings ist hier auch das Segment „41-50%" stark ausgeprägt. Der Verlauf der anderen Segmente ist uneinheitlich.

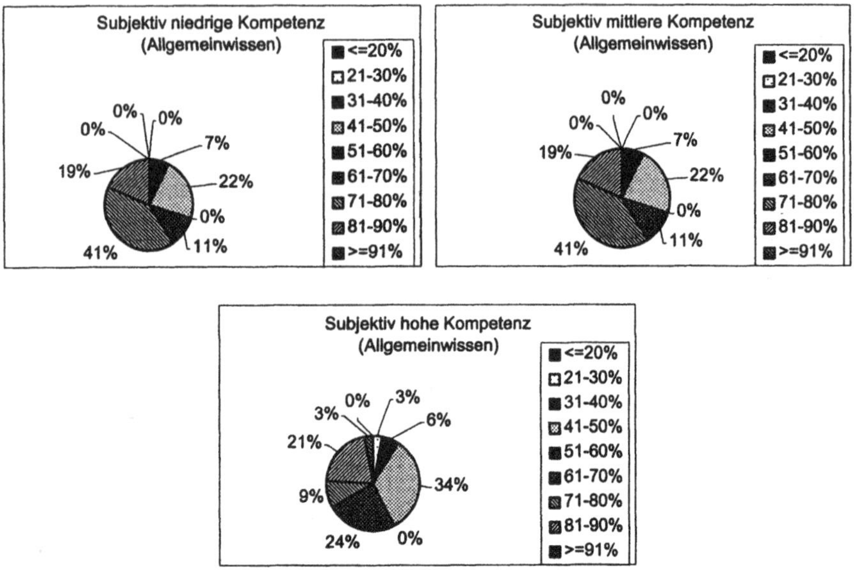

Abbildung 5.14: Anteil Explorationsphasen in Abhängigkeit der subjektiven Kompetenz (Allgemeinwissen)

Zieht man die Planungsphasen in Betracht, so ergibt sich ein ähnliches Bild wie beim finanzwirtschaftlichen Fachwissen. Auch hier haben die Anleger mit geringer subjektiver Kompetenz zu 72% weniger als 5% Planungsphasen. Der höchste Wert bei allen drei Kompetenzgraden wird in diesem Segment erreicht. Personen mit mittlerer und hoher subjektiver Kompetenz sind die einzigen mit Anteilen in den Kategorien „>41%". Dies zeigt auch hier, daß die größeren Anteile an Planungsphasen entgegen der Hypothese bei Menschen mit hoher subjektiver Kompetenz auftreten.

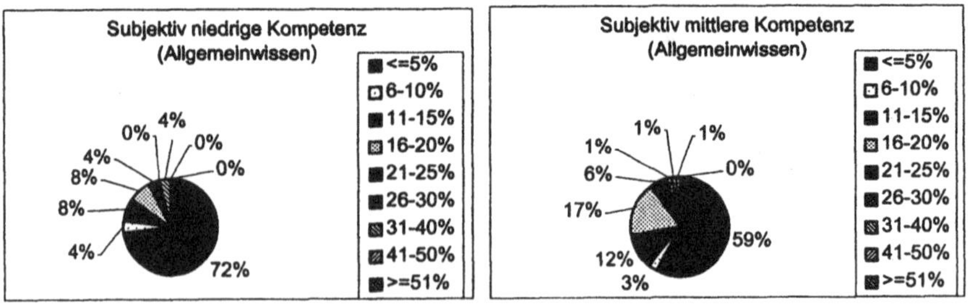

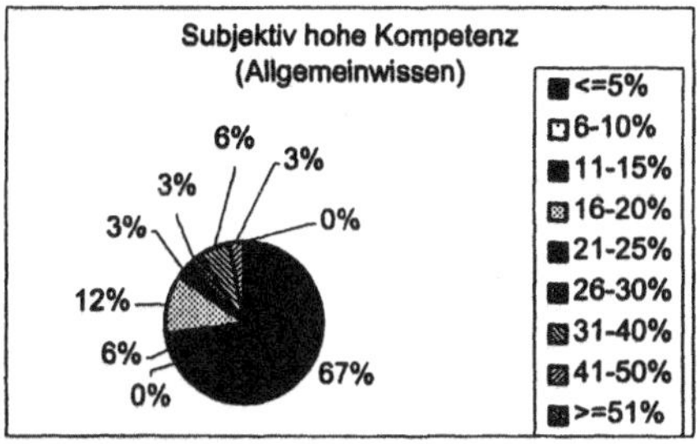

Abbildung 5.15: Anteil Planungsphasen in Abhängigkeit der subjektiven Kompetenz (Allgemeinwissen)

3.3.2 Wissensstand

H3B-1: Anleger mit einem hohen Wissensstand im Bereich des finanzwirtschaftlichen Wissens bevorzugen quantitative Daten.

Für diese Hypothese werden die beiden Maßgrößen „Wissensstand" und „Informationskategorie" benötigt. Es wird apostrophiert, daß bevorzugt quantitative Daten verwendet werden, wenn ein hoher Wissensstand vorliegt . Dieser Wissensstand beschränkt sich hier auf die beiden Wissensgebiete Kennzahlenwissen (minimal Wert 6) und finanzwirtschaftliches Fachwissen (minimal Wert 14).

H3B-1 - Maßgröße „Informationskategorie"		
Verfahren		**N**
Modus	3 [quantitativ]	43
Entropie H(A)	0,9495	43
Relative Entropie R(A)	0,9545	43
Streuungsmaß HERFINDAHL $K_H(A)$	0,0059	43
Normiertes Streuungsmaß $S_H(A)_{norm}$	0,9411	43

Tabelle 10-1: Auswertungen zur Maßgröße „Informationskategorie"

Da die gleichen Vpn ex post zur subjektiven Kompetenz und zum Wissensstand befragt wurden, sind auch die Auswertungen zur „Informationskategorie" identisch. Es werden generell bevorzugt quantitative Daten verwendet.

H3B-1 - Maßgröße „Wissensstand"		
Verfahren		**N**
Median		
▪ Kennzahlenwissen	8 [sehr hoch]	43
▪ Fachwissen	15 [hoch]	43
Entropie S(U)		
▪ Kennzahlenwissen	3,0789	43
▪ Fachwissen	7,9856	43
Streuungsmaß $S(U)_{norm}$		
▪ Kennzahlenwissen	0,3848	43
▪ Fachwissen	0,3071	43

Tabelle 10-2: Auswertungen zur Maßgröße „Wissensstand"

Im Bereich des Kennzahlenwissens herrscht ein sehr hoher Wissensstand bei geringer Streuung vor (8 von maximal 9 Punkten). Im Fachwissen wird mit 15 Punkten knapp die Gruppe „hohe Kompetenz" (14-20 Punkten) erreicht. Die Vpn haben also schon - ohne einen Zusammenhang zur Entscheidungsfindung zu testen - in beiden Kategorien einen hohen Wissensstand aufzuweisen. Auch hier ist die Streuung eher gering einzuschätzen.

H3B-1 – Zusammenhang „Wissensstand und „Informationskategorie"			
Verfahren		**Signifikanzniveau**	**N**
Korrelation (Spearman-Rho)			
▪ Kennzahlenwissen r^s	0,00012	α=0,01	43
▪ Fachwissen r^s	0,000075	α=0,01	43
Wilcoxon-Mann-Whitney-Test			
▪ Kennzahlenwissen u	0,7407	α=0,1	43
▪ Fachwissen u	0,2609	α=0,1	43

Tabelle 10-3: Auswertungen zum Zusammenhang zwischen „Wissensstand" und „Informationskategorie"

Alle Werte liegen unter der statistischen Signifikanzgrenze. **Die Hypothese ist daher abzulehnen.** Ergänzende Analysen sind dennoch angebracht.

Betrachtet man zunächst den Zusammenhang zwischen dem Wissensstand beim Kennzahlenwissen und der Informationskategorie, so läßt sich zunächst festhalten, daß Personen mit sehr hohem Wissensstand Daten quantitativer Art bevorzugen. In der Abstufung zu den anderen beiden vergebenen Kategorien „hoher" und „mittlerer" Wissensstand nimmt aber der prozentuale Anteil vom mittleren (25%) zum hohen (50%) Segment stark zu, um dann aber wieder abzufallen (45%). Die Bewegung der qualitativen Informationen ist allerdings nicht gegenläufig, sondern abfallend vom mittleren zum sehr hohen Segment, da die Anzahl der Personen mit gleichbedeutender Meinung kontinuierlich ansteigt. Die Polarisierung zwischen den beiden Informationskategorien „qualitativ" und „quantitativ" nimmt also mit steigendem Wissensstand ab.

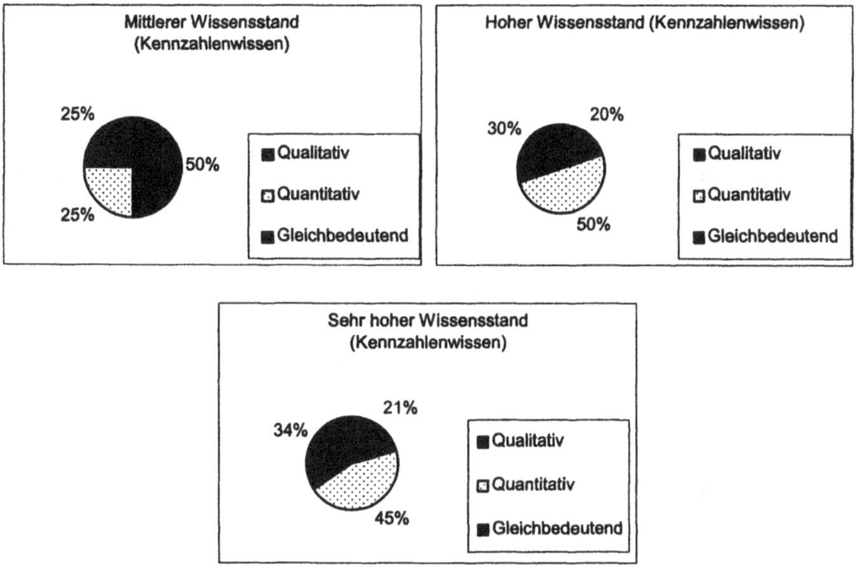

Abbildung 6.1: Bedeutung der Informationskategorie in Abhängigkeit des Wissensstandes (Kennzahlenwissen)

Im Bereich des Fachwissens bevorzugen Vpn mit sehr hohem Wissensstand zu 50% quantitative Informationen. Im Zusammenspiel mit den anderen Wissenskategorien steigt die Bedeutung der quantitativen Informationen von der Gruppe mit geringem Wissen (25%) zu der mit mittlerem und hohem Wissensstand (42% bzw. 40%) an, und wächst dann nochmals in der Gruppe mit sehr hohem Wissen auf 50%. Die Bewegungen der anderen beiden Kategorien „qualitativ" und „gleichbedeutend" sind dagegen uneinheitlich.[1]

[1] Die Grafik der Gruppe mit sehr niedrigem Wissensstand wird nicht angezeigt, da mit nur 2 Vpn die Gruppengröße vergleichsweise sehr gering ist (100% qualitative Informationen).

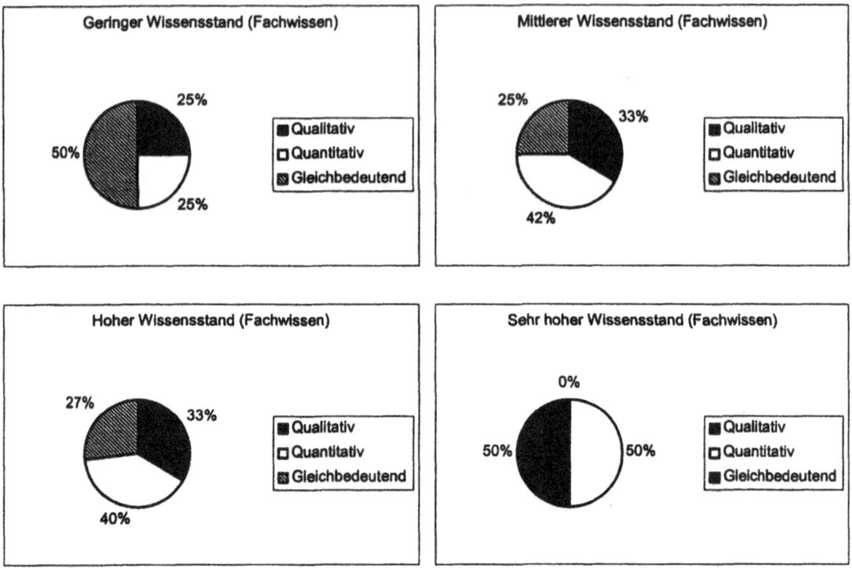

Abbildung 6.2: Bedeutung der Informationskategorie in Abhängigkeit des Wissensstandes (Fachwissen)

H3B-2: Anleger mit einem hohen Wissensstand im Bereich des finanzwirtschaftlichen Wissens weisen eine geringere Delegationsbereitschaft auf.

Wie in H3A-2 wird die Delegationsbereitschaft mittels der Bedeutung des Unternehmensklassifikators operationalisiert. Auch hier sind diese Werte mit denen bei der genannten Hypothese identisch. Personen mit einem hohen Wissensstand (minimaler Wert: 6 (Kennzahlenwissen) bzw. 14 (Fachwissen)) werden laut der ex-post-Befragung dem Unternehmensklassifikator maximal die gleiche Bedeutung beimessen wie den weiteren Informationen (minimal Wert 2).

H3B-2 - Maßgröße „Bedeutung UK“		
Verfahren		**N**
Median	2 [gleichbedeutend mit anderen Informationen]	14
Entropie S(U)	1,9558	14
Streuungsmaß $S(U)_{norm}$	0,4889	14

Tabelle 10-4: Auswertungen zur Maßgröße „Bedeutung UK“

H3B-2 – Zusammenhang „Wissensstand" und „Bedeutung UK"			
Verfahren		**Signifikanzniveau**	**N**
Korrelation (Spearman-Rho)			
▪ Kennzahlenwissen r^s	0,000583	α=0,01	14
▪ Fachwissen r^s	0,000311	α=0,01	14
Wilcoxon-Mann-Whitney-Test			
▪ Kennzahlenwissen u	1,5505	α=0,1	14
▪ Fachwissen u	1,3765	α=0,1	14

Tabelle 10-5: Auswertungen zum Zusammenhang zwischen „Wissensstand" und „Bedeutung UK"

Ein Zusammenhang zwischen den beiden Maßgrößen ist statistisch nicht signifikant, allerdings gibt es einen Unterschied zwischen den Kompetenz-Gruppen. **Die Hypothese kann daher nicht abgelehnt werden.** Gerade hier ist eine ergänzende Analyse angebracht, da nur durch eine Betrachtung der einzelnen Ergebnisse ein vollständiges Bild entstehen kann.

Die Beurteilung der Daten im Bereich Kennzahlenwissen fällt schwer, da selbst die Kategorie des mittleren Wissensstandes nur mit einer Person besetzt ist (gleichbedeutend). Ein alleiniger Vergleich der Bereiche „ hoher" und „sehr hoher" Wissensstand zeigt, daß die Kategorie „große Bedeutung" deutlich ab-, die „gleichbedeutende" Kategorie deutlich zunimmt. Auch die beiden Kategorien „untergeordnet" und „Bestätigung" tauchen nur bei sehr hohem Wissensstand auf.

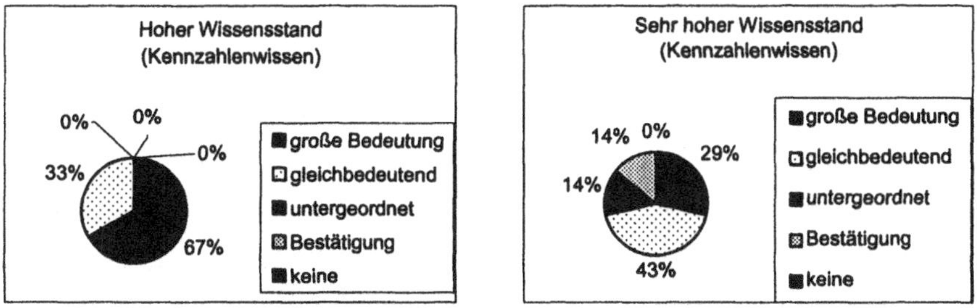

Abbildung 6.3: Delegationsbereitschaft in Abhängigkeit des Wissensstandes (Kennzahlenwissen)

Im Bereich des finanzwirtschaftlichen Fachwissens ist die Unterscheidung ebenfalls schwierig, da die Vpn mit mittlerem und sehr hohem Wissensstand die gleiche Verteilung über die einzelnen Bedeutungskategorien aufweisen.

Insofern ist aufgrund der Daten im Segment „hoher Wissensstand" kein Trend für oder gegen eine Ablehnung der Hypothese nachweisbar. Es ist lediglich festzuhalten, daß die Kategorien „untergeordnet" und „Bestätigung" nur bei hohem Wissensstand auftreten. Vergleicht man also nur die beiden oberen Wissenskategorien miteinander, so ist selbst hier der Trend uneinheitlich.

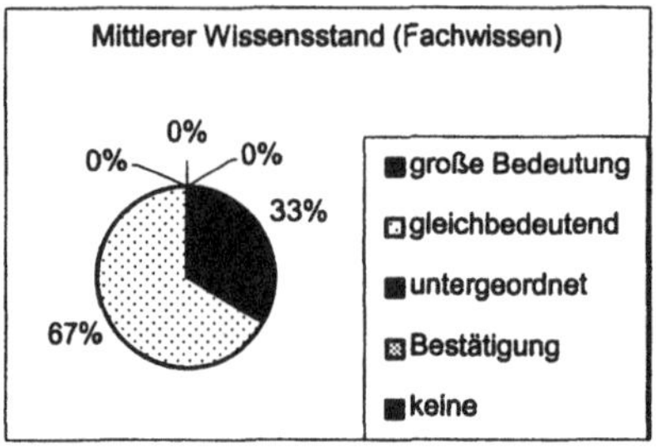

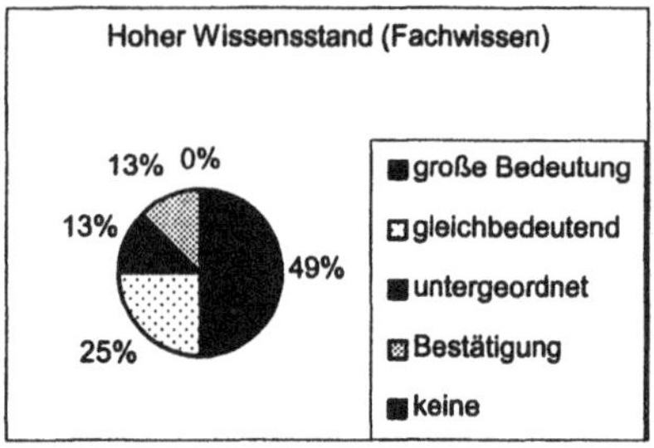

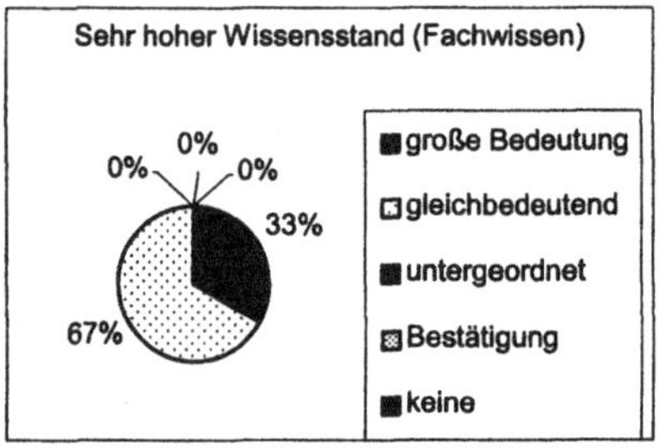

Abbildung 6.4: Delegationsbereitschaft in Abhängigkeit des Wissensstandes (Fachwissen)

H3B-3: Anleger mit einem hohen Wissensstand im Bereich des finanzwirtschaftlichen Wissens nutzen eine höhere Informationsmenge

Analog zu H3A-3 werden die Maßgrößen „Anzahl Informationen" und „Wissenstand" in einen Zusammenhang gebracht. Steigt die Anzahl der Informationen bei steigendem Wissensstand, so kann die Hypothese nicht abgelehnt werden.

H3B-3 – Maßgröße „Anzahl Informationen"		
Verfahren	**Anzahl Informationen**	**N**
Arithmetisches Mittel	9,4	43
Standardabweichung	2,03	43

Tabelle 10-6: Auswertungen zur Maßgröße „Anzahl Informationen"

Im Mittel verwendeten die Probanden 9,4 Informationen, um zu einem Ergebnis zu gelangen, was bei der Maximalzahl an 10 Informationen sehr hoch ist.

H3B-3 – Zusammenhang „Wissensstand" und „Anzahl Informationen"			
Verfahren		**Signifikanzniveau**	**N**
Korrelation (Spearman-Rho)			
▪ Kennzahlenwissen r^s	0,000133	α=0,01	43
▪ Fachwissen r^s	0,000125	α=0,01	43
Wilcoxon-Mann-Whitney-Test			
▪ Kennzahlenwissen u	0,1912	α=0,1	43
▪ Fachwissen u	0,9869	α=0,1	43

Tabelle 10-7: Auswertungen zum Zusammenhang zwischen „Wissensstand" und „Anzahl Informationen"

Statistische Signifikanz läßt sich nur für den Unterschied zwischen den Wissensstand-Gruppen im Bereich des Fachwissens nachweisen, so daß **die Hypothese in diesem Bereich nicht abgelehnt werden kann. Für das Kennzahlenwissen dagegen muß die Hypothese abgelehnt werden.**

Ergänzende Analysen vervollständigen das Bild:

Personen mit sehr hohem Wissensstand benötigen zu 44% 10 Informationen. Dieser Wert wird aber bei hohem Wissensstand noch übertroffen. Betrachtet man die anderen Zahlen, so läßt sich festhalten, daß Personen mit mittlerem Wissensstand stets mindestens 6 Informationen nutzen, während die kleineren Anzahl-Kategorien im Bereich des sehr hohen Wissensstandes zumindest teilweise besetzt werden. Auch der Verlauf einzelner Anzahl-Kategorien ist uneinheitlich.

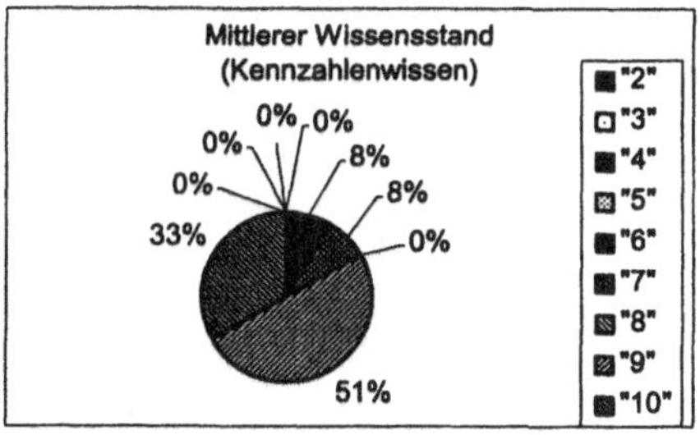

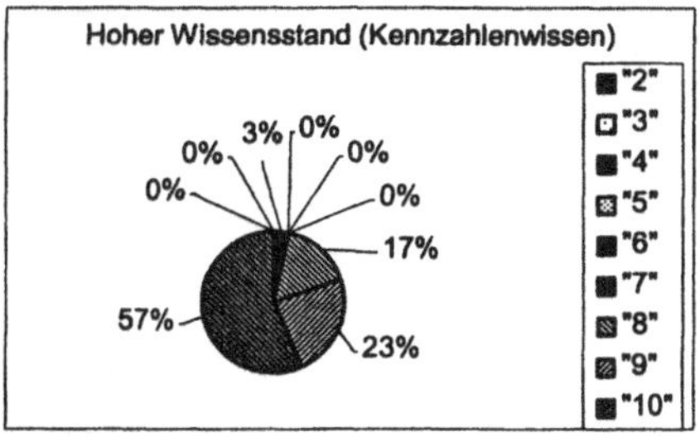

Abbildung 6.5: Anzahl der Informationen in Abhängigkeit des Wissenstandes (Kennzahlenwissen)

Im Bereich des finanzwirtschaftlichen Fachwissens stellt sich dagegen eine andere Situation dar. Hier ist mit 57% der Anteil mit 10 Informationen bei sehr hohem Wissensstand am höchsten, er ist es sogar auch im Vergleich mit den anderen Wissenskategorien. Nimmt man dazu noch den Anteil von 9 Informationen dazu, so ist auch hier mit 30% der höchste Wert zu verzeichnen. Die Anteile mit 8 und 7 Informationen sind bei Personen mit sehr geringem Wissensstand noch häufiger vertreten als bei Personen mit sehr hohem Wissensstand. Probanden, die weniger als 6 Informationen benötigen, gibt es nur im mittleren Wissenssegment.

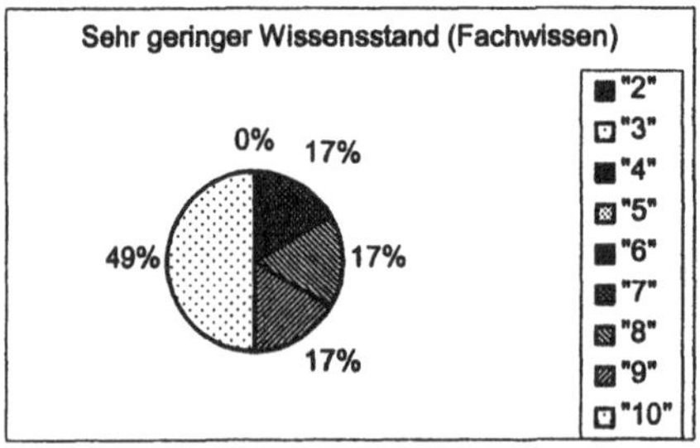

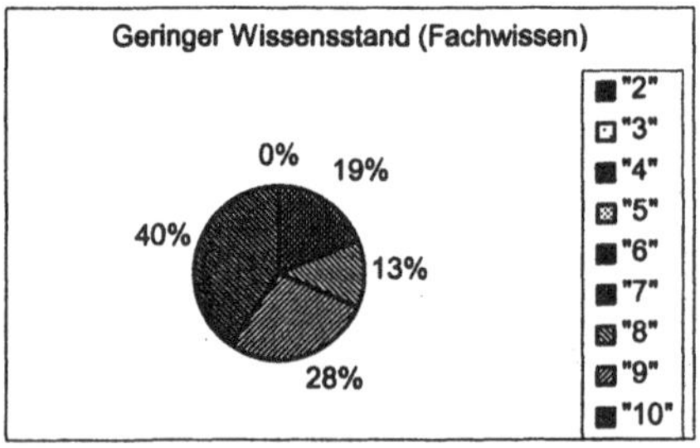

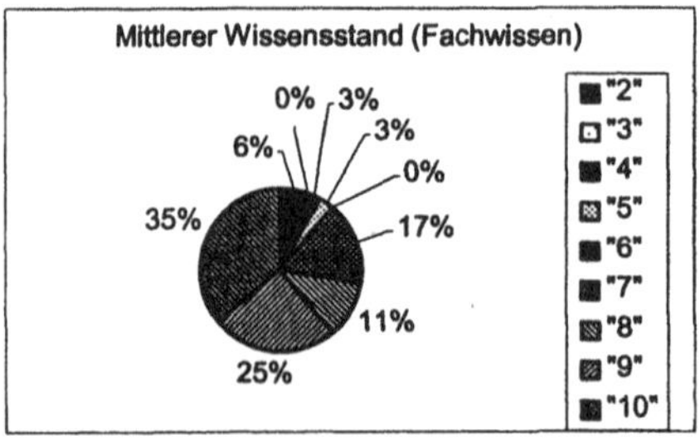

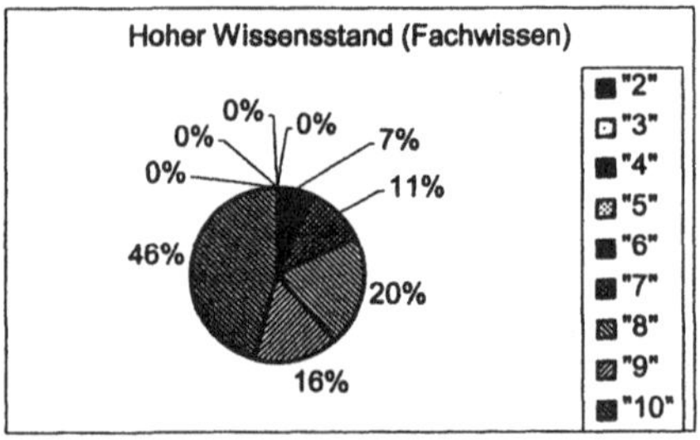

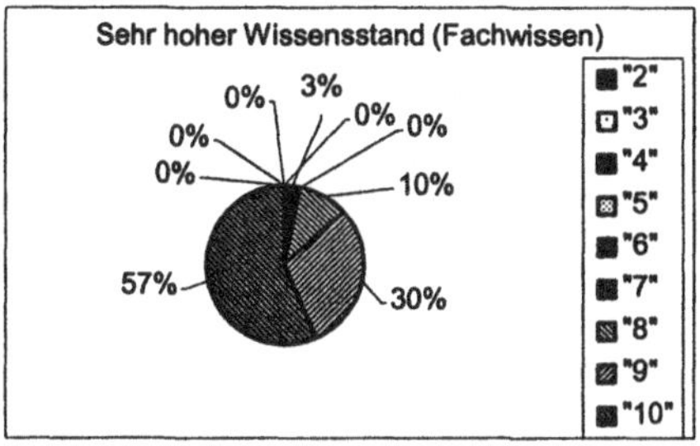

Abbildung 6.6: Anzahl der Informationen in Abhängigkeit des Wissenstandes (Fachwissen)

H3B-4: Anleger mit einem hohen Wissensstand im Bereich des finanzwirtschaftlichen Wissens und des Allgemeinwissens handeln deutlich entschiedener.

Auch hier werden die Maßgrößen „Ergebnis" und „Anzahl Planungs-/Explorationsphasen" benutzt, um differenziert ein entschiedenes Handeln zu operationalisieren. Ein Zusammenhang wird so dargestellt, daß Personen mit einem hohen Wissensstand eindeutigere Ergebnisse vorhersagen und eine geringere Anzahl an Planungs-, dafür eine höhere Anzahl an Explorationsphasen aufweisen. Ein hoher Wissensstand ist definiert mit Minimalwerten von 6 (Kennzahlenwissen), 14 (Fachwissen) bzw. 15 (Allgemeinwissen).

1.) Zunächst wird die Maßgröße „Ergebnis" dargestellt.

H3B-4- Maßgröße „Ergebnis"		
Verfahren		**N**
Modus	2 [unentschlossen]	43
Entropie H(A)	0,8751	43
Relative Entropie R(A)	0,8751	43
Streuungsmaß HERFINDAHL $K_H(A)$	0,5844	43
Normiertes Streuungsmaß $S_H(A)_{norm}$	0,8312	43

Tabelle 10-8: Auswertungen zur Maßgröße „Ergebnis"

Die als unentschlossen definierten Ergebnisse wurden am häufigsten prognostiziert, alle Streuungsmaße weisen eine starke Nähe zur empirischen Gleichverteilung auf.

Der Wissensstand wird nun noch um das Allgemeinwissen erweitert:

H3B-4 - Maßgröße „Wissensstand"		
Verfahren		**N**
Median		
▪ Kennzahlenwissen	8 [sehr hoch]	43
▪ Fachwissen	15 [hoch]	43
▪ Allgemeinwissen	18 [hoch]	43
Entropie S(U)		
▪ Kennzahlenwissen	3,0789	43
▪ Fachwissen	7,9856	43
▪ Allgemeinwissen	5,3764	43
Streuungsmaß $S(U)_{norm}$		
▪ Kennzahlenwissen	0,3848	43
▪ Fachwissen	0,3071	43
▪ Allgemeinwissen	0,192	43

Tabelle 10-9: Auswertungen zur Maßgröße „Wissensstand"

Die Probanden erreichen einen hohen Wissensstand beim Allgemeinwissen (Kategorie 15-21 Punkte) bei einer sehr geringen Streuung.

Die folgende Tabelle zeigt einen möglichen Zusammenhang zwischen den Maßgrößen „Wissensstand" und „Ergebnis" auf.

H3B-4 – Zusammenhang „Wissensstand" und „Ergebnis"			
Verfahren		**Signifikanzniveau**	**N**
Korrelation (Spearman-Rho)			
▪ Kennzahlenwissen r^s	0,000071	α=0,01	43
▪ Fachwissen r^s	0,000065	α=0,01	43
▪ Allgemeinwissen r^s	0,000042	α=0,01	43

Wilcoxon-Mann-Whitney-Test			
▪ Kennzahlenwissen u	1,0166	α=0,1	43
▪ Fachwissen u	0,5538	α=0,1	43
▪ Allgemeinwissen u	0,7231	α=0,1	43

Tabelle 10-10: Auswertungen zum Zusammenhang zwischen „Wissensstand" und „Ergebnis"

Statistisch signifikant ist der Unterschied zwischen den Wissensgraden im Bereich des Kennzahlenwissens. Hier sind die Ergebnisse in Abhängigkeit des Wissensstandes unterschiedlich. Alle anderen Werte dagegen sind deutlich unterhalb der statistischen Signifikanzgrenze. **Die Hypothese kann daher nur im Bereich Kennzahlenwissen nicht abgelehnt werden.**

Weiterführende Analysen bestätigen das getroffene Urteil. Das Vorwissen im Bereich Kennzahlen hat anscheinend einen deutlichen Einfluß auf den prognostizierten Aktienkurs. Absolut betrachtet ist der Anteil der Personen mit sehr hoher Kompetenz, die einen eindeutigen Aktienkurs vorhersagen, geringer als derjenigen mit einem sogenannten „unentschlossenen" Aktienkurs, doch läßt der Verlauf zwischen den einzelnen Kompetenzgruppen darauf schließen, daß mit steigendem Wissensstand der Trend zu eindeutigen Aktienkursprognosen zunimmt.

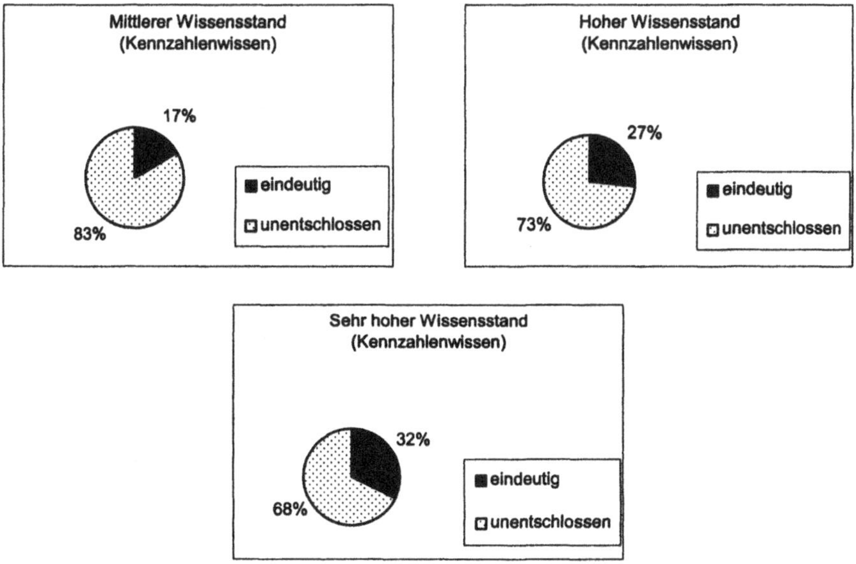

Abbildung 6.7: Eindeutigkeit des Ergebnisses in Abhängigkeit des Wissensstandes (Kennzahlenwissen)

Das Vorwissen im Bereich finanzwirtschaftliches Fachwissen läßt weniger Rückschlüsse auf den prognostizierten Aktienkurs zu. Abstrahiert man (aufgrund der geringen Teilnehmerzahl) hier von der Gruppe der Personen mit sehr geringem Wissen, so steigt zwar auch hier der Anteil der Personen mit einem eindeutigen Ergebnis in den weiteren Kompetenzgruppen an, sinkt dann aber in der Gruppe mit sehr hoher Kompetenz wieder ab. Der Anteil der Personen mit einer eindeutigen Aktienkursprognose ist auch hier deutlich geringer als derjenige mit einer unentschlossenen.

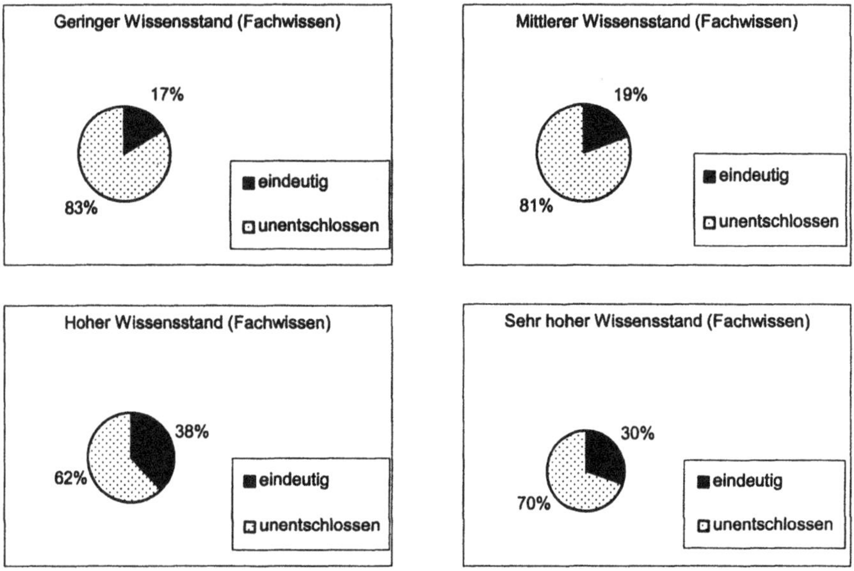

Abbildung 6.8: Eindeutigkeit des Ergebnisses in Abhängigkeit des Wissensstandes (Fachwissen)

Im Bereich des Allgemeinwissens ist das Ergebnis noch weniger eindeutig als beim finanzwirtschaftlichen Fachwissen, denn nicht nur in der Gruppe mit sehr hohem Wissen dominiert die unentschlossene Vorgehensweise; auch im Vergleich mit den anderen Kompetenzgruppen ist kein eindeutiger Trend nachweisbar.

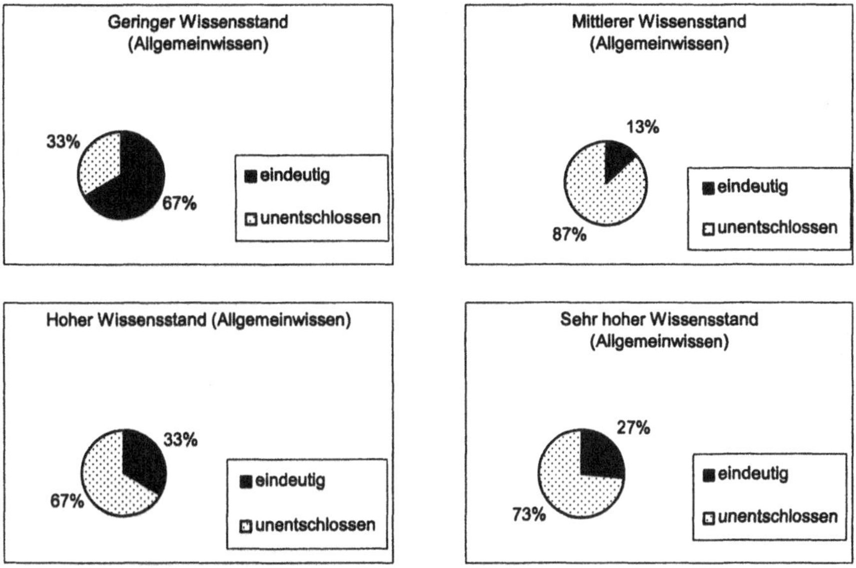

Abbildung 6.9: Eindeutigkeit des Ergebnisses in Abhängigkeit des Wissensstandes (Allgemeinwissen)

2.) Die „Anzahl Planungs-/Explorationsphasen“ sind als weitere Maßgrößen zur Operationalisierung geeignet.

H3B-4 – Maßgröße „Anzahl Explorationsphasen”		
Verfahren	**Anzahl Explorationsphasen**	**N**
Arithmetisches Mittel	4,4	43
Standardabweichung	3,06	43

Tabelle 10-11: Auswertungen zur Maßgröße „Anzahl Explorationsphasen“

H3B-4 – Maßgröße „Anzahl Planungsphasen”		
Verfahren	**Anzahl Planungsphasen**	**N**
Arithmetisches Mittel	0,98	43
Standardabweichung	1,43	43

Tabelle 10-12: Auswertungen zur Maßgröße „Anzahl Planungsphasen“

Der Anteil der Planungsphasen ist im Gegensatz zu den Explorationsphasen äußerst gering; auch herrscht hier eine geringere Streuung vor.

H3B-4 – Zusammenhang „Wissensstand" und „Anzahl Explorationsphasen"			
Verfahren		**Signifikanzniveau**	**N**
Korrelation (Spearman-Rho)			
▪ Kennzahlenwissen r^s	0,000315	α=0,01	43
▪ Fachwissen r^s	0,00033	α=0,01	43
▪ Allgemeinwissen r^s	0,000329	α=0,01	43
Wilcoxon-Mann-Whitney-Test			
▪ Kennzahlenwissen u	0,3132	α=0,1	43
▪ Fachwissen u	0,8068	α=0,1	43
▪ Allgemeinwissen u	0,5459	α=0,1	43

Tabelle 10-13: Auswertungen zum Zusammenhang zwischen „Wissensstand" und „Anzahl Explorationsphasen"

H3B-4 – Zusammenhang „Wissensstand" und „Anzahl Planungsphasen"			
Verfahren		**Signifikanzniveau**	**N**
Korrelation (Spearman-Rho)			
▪ Kennzahlenwissen r^s	0,000301	α=0,01	43
▪ Fachwissen r^s	0,000326	α=0,01	43
▪ Allgemeinwissen r^s	0,000453	α=0,01	43
Wilcoxon-Mann-Whitney-Test			
▪ Kennzahlenwissen u	1,0116	α=0,1	43
▪ Fachwissen u	0,4840	α=0,1	43
▪ Allgemeinwissen u	0,3202	α=0,1	43

Tabelle 10-14: Auswertungen zum Zusammenhang zwischen „Wissensstand" und „Anzahl Planungsphasen"

Der einzige Bereich mit statistischer Signifikanz ist der Unterschied zwischen den Gruppierungen des Kennzahlenwissens und der Anzahl der Planungsphasen. Dies reicht jedoch nicht aus, um die Hypothese nicht abzulehnen. **Die Hypothese ist somit in allen Bereichen abzulehnen.**

Die ergänzenden Analysen geben weitere Hinweise: Das einzige Indiz, was für einen Zusammenhang zwischen den Explorationsphasen und dem Wissensstand im Bereich Kennzahlenwissen spricht, ist die Tatsache, daß das Segment „>=91%" ausschließlich in der Kategorie „sehr hoher Wissensstand" vorkommt (d.h. 2% aller Probanden mit sehr hohem Wissensstand hatten einen sehr hohen Anteil an Explorationsphasen). Der höchste Anteil ist dagegen im Segment „41-50%" zu finden (27%), bei mittlerem Wissensstand dagegen bei einem höheren Anteil von „71-80%" (37%).

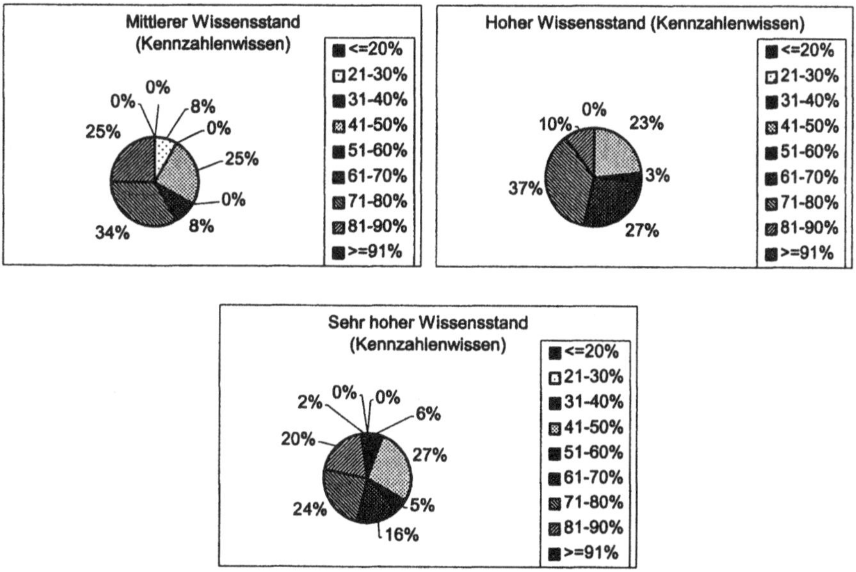

Abbildung 6.10: Anteil Explorationsphasen in Abhängigkeit des Wissensstandes (Kennzahlenwissen)

Die Anzahl der Planungsphasen ändert sich mit verändertem Wissensstand (Kennzahlenwissen). Zum einen steigt der Anteil der niedrigsten Anteilskategorie (<=5%) mit steigendem Wissensstand ständig an, zum anderen fällt der Anteil der höchsten Kategorie (>=51%) mit steigendem Wissensstand ab. Die anderen Bereiche verlaufen dagegen uneinheitlich.

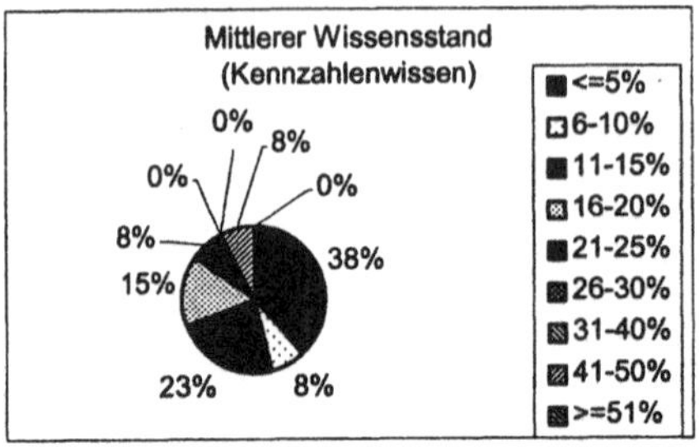

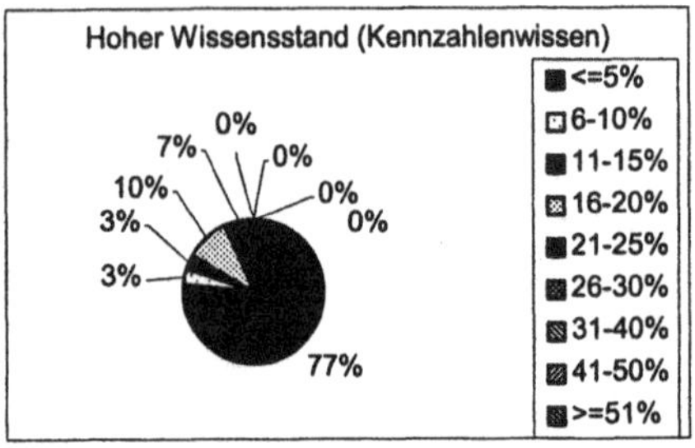

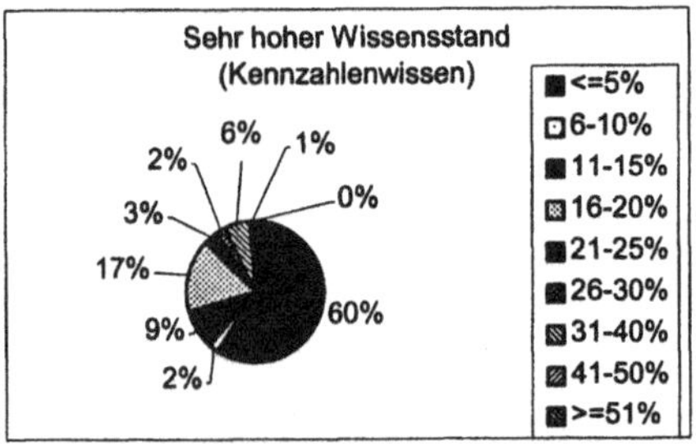

Abbildung 6.11: Anteil Planungsphasen in Abhängigkeit des Wissensstandes (Kennzahlenwissen)

Der Bereich des Fachwissens ist wieder in allen Kompetenzkategorien besetzt, so daß sich hier genauer der Verlauf zwischen den einzelnen Anteilssegmenten untersuchen läßt.

Es folgt zunächst die Prüfung eines Zusammenhanges mit den Explorationsphasen. Probanden mit sehr hohem Wissensstand haben den höchsten Anteil mit 27% im Segment „71-80%". Auch hier ist dies die einzige Wissenskategorie, bei der der Anteil „>=91%" überhaupt vorkommt. Es muß allerdings konstatiert werden, daß die Einzelwerte in den beiden oberen Anteilskategorien auch bei der sehr geringen und geringen Kompetenzgruppe vergleichsweise hoch liegen. Die Verläufe der einzelnen Anteilssegmente sind wieder uneinheitlich.

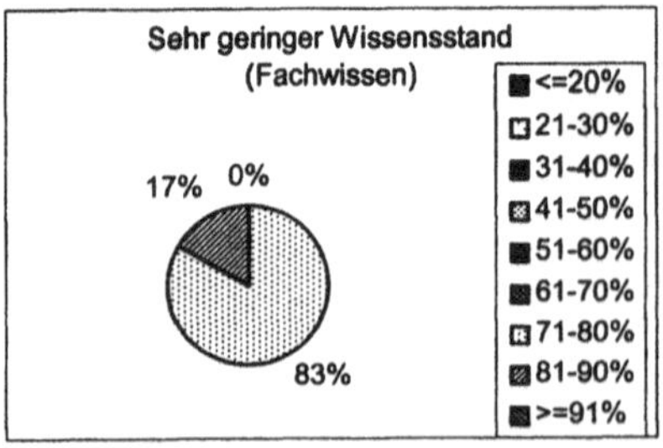

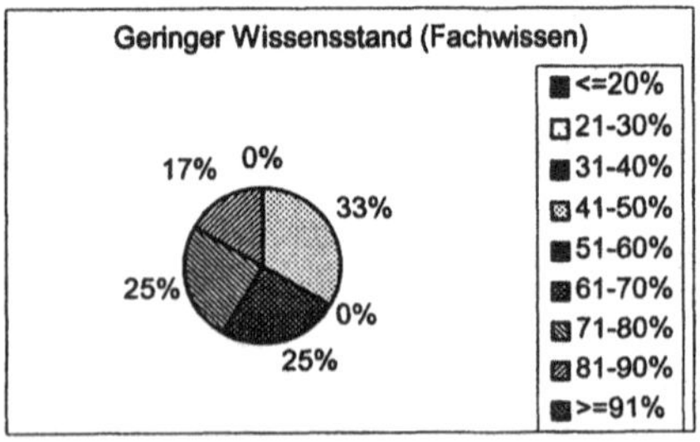

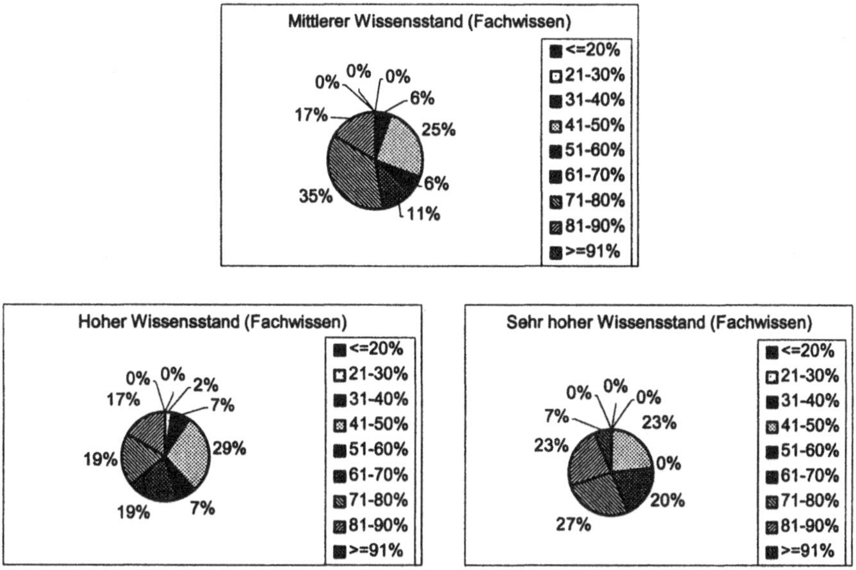

Abbildung 6.12: Anteil Explorationsphasen in Abhängigkeit des Wissensstandes (Fachwissen)

Die Planungsphasen sind in der Gruppe der Vpn mit sehr geringem Wissensstand (Fachwissen) mit dem geringsten Anteil von allen Wissensgruppen vertreten. Allerdings ist in allen Wissenssegmenten diese Kategorie am deutlichsten ausgeprägt. Auch hier sind die Verläufe der einzelnen Anteilssegmente uneinheitlich.

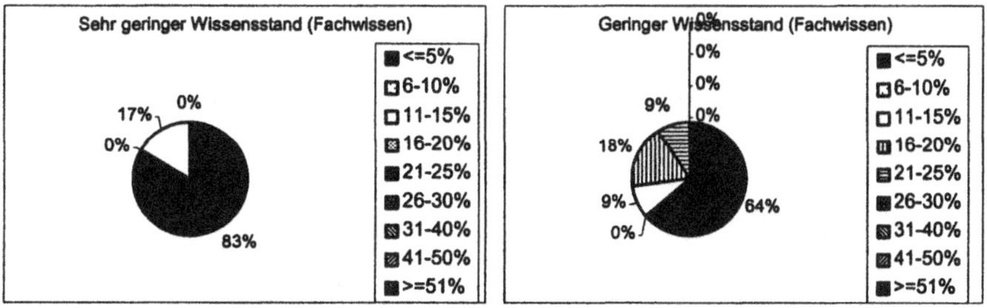

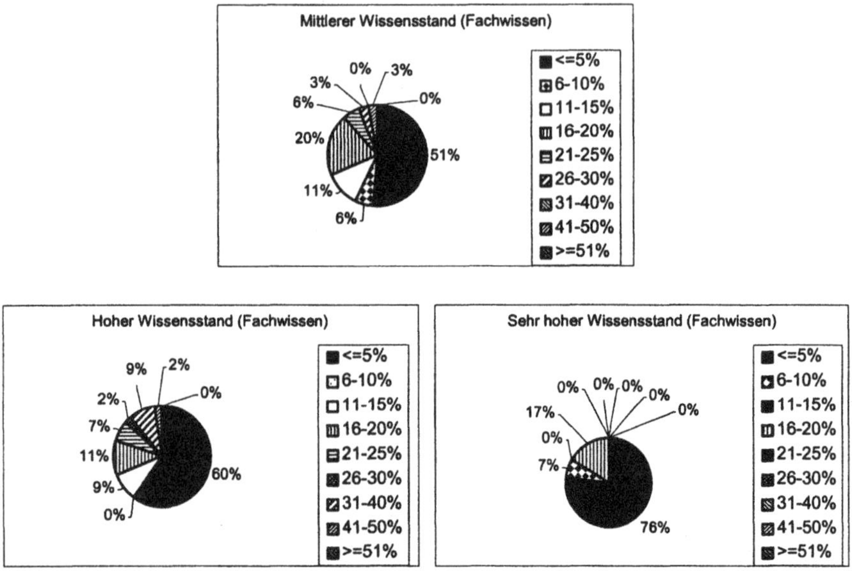

Abbildung 6.13: Anteil Planungsphasen in Abhängigkeit des Wissensstandes (Fachwissen)

Auch die Auswertungen im Bereich des Allgemeinwissens lassen auf keinen Zusammenhang zwischen den Informationsphasen und Wissensstand schließen. Der Anteil „>=91%“ ist wieder nur in der Kategorie mit hohem und sehr hohem Wissensstand vertreten, der höchste Anteil liegt aber nur bei „41-50%“. Bei sehr geringem Wissensstand sind dagegen ausschließlich die Segmente „>71%“ vertreten, so daß auch hier ein relativ hoher Wert an Explorationsphasen erreicht wird. Beide Anteile nehmen mit steigendem Wissen sogar ab. Die Verläufe der einzelnen Anteilssegmente sind wieder uneinheitlich.

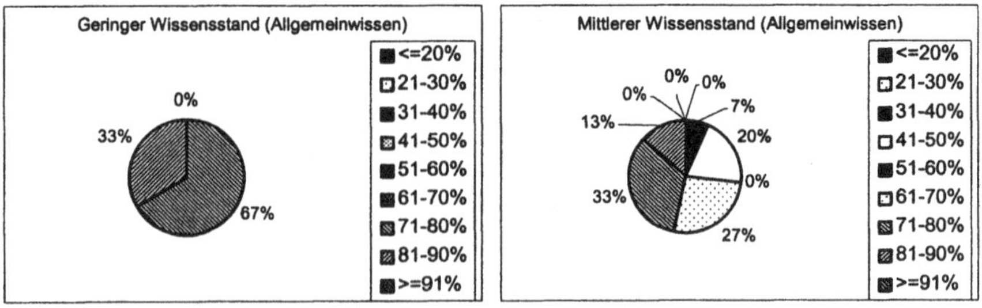

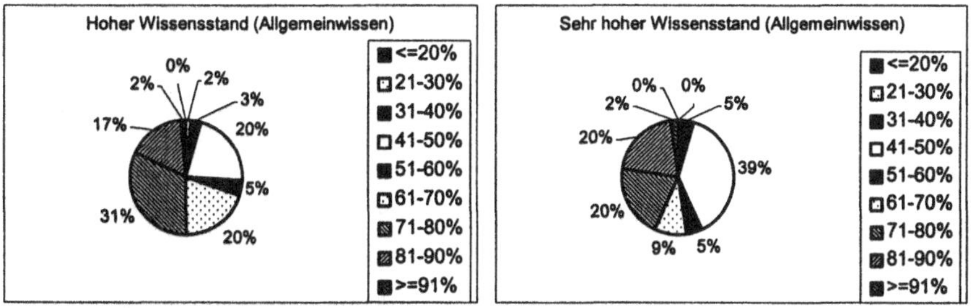

Abbildung 6.14: Anteil Explorationsphasen in Abhängigkeit des Wissensstandes (Allgemeinwissen)

Personen mit geringem Wissensstand haben ausschließlich einen sehr geringen Anteil an Planungsphasen. Betrachtet man den Verlauf der einzelnen Anteilssegmente der drei oberen Wissenskategorien, so zeigt sich eine leichte Zunahme der geringeren Anteilskategorien. Die weiteren Anteilssegmente verlaufen dagegen uneinheitlich.

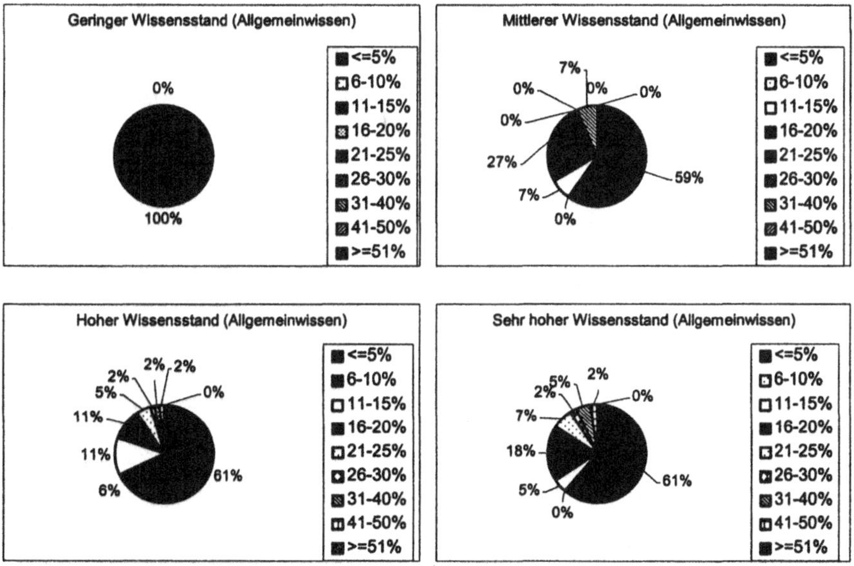

Abbildung 6.15: Anteil Planungssphasen in Abhängigkeit des Wissensstandes (Allgemeinwissen)

3.3.3 Kontrollüberzeugung

H3C-1: Anleger mit einer internen Kontrollüberzeugung legen selbst eine Reihenfolge für die Informationsaufnahme fest.

Zur Operationalisierung werden die Maßgrößen „Kontrollüberzeugung" und „Reihenfolge" benötigt. Werden die Strategien 2 oder 3 häufiger verwendet, wenn die Kontrollüberzeugung interner Natur ist (minimaler Wert: 25), so kann die Hypothese nicht abgelehnt werden.

H3C-1 - Maßgröße „Kontrollüberzeugung"		
Verfahren		**N**
Median	24 [keiner Ausprägung eindeutig zuordenbar]	43
Entropie S(U)	5,1115	43
Streuungsmaß $S(U)_{norm}$	0,213	43

Tabelle 11-1: Auswertungen zur Maßgröße „Kontrollüberzeugung"

Der Median zeigt einen Wert knapp unter der festgelegten Grenze der internen Kontrollüberzeugung. Die Streuung ist gering.

H3C-1 - Maßgröße „Reihenfolge"		
Verfahren		**N**
Modus	2 [Vorgehen nach selbst festgelegter Reihenfolge]	43
Entropie H(A)	1,2787	43
Relative Entropie R(A)	0,8086	43
Streuungsmaß HERFINDAHL $K_H(A)$	0,1963	43
Normiertes Streuungsmaß $S_H(A)_{norm}$	0,8037	43

Tabelle 11-2: Auswertungen zur Maßgröße „Reihenfolge"

Die meisten Vpn verwendeten die Strategie 2, legten somit selber die Reihenfolge fest und gingen auch während des Experiments danach vor. Die Streuung neigt stark zu einer empirischen Gleichverteilung.

H3C-1 – Zusammenhang „Kontrollüberzeugung" und „Reihenfolge"			
Verfahren		**Signifikanzniveau**	**N**
Korrelation (Spearman-Rho) r^s	0,00033	α=0,01	43
Wilcoxon-Mann-Whitney-Test u	0,1378	α=0,1	43

Tabelle 11-3: Auswertungen zum Zusammenhang zwischen „Kontrollüberzeugung" und „Reihenfolge"

Offensichtlich gibt es keinen Zusammenhang zwischen den beiden Maßgrößen, auch ein Unterschied zwischen Personen mit interner und externer Kontrollüberzeugung bezüglich der gewählten Reihenfolge ist statistisch nicht meßbar. **Die Hypothese ist daher abzulehnen.**

Ergänzende Analysen stützen dieses Ergebnis: alle eindeutig Internen wählen Strategie 2 oder 3. Da aber auch die Externen dieses tun, kann von keinem Unterscheidungsmerkmal gesprochen werden. Auch der Unterschied zwischen Strategie 2 und 3 selbst ist so gering, daß sich keine Schlüsse daraus ziehen lassen.

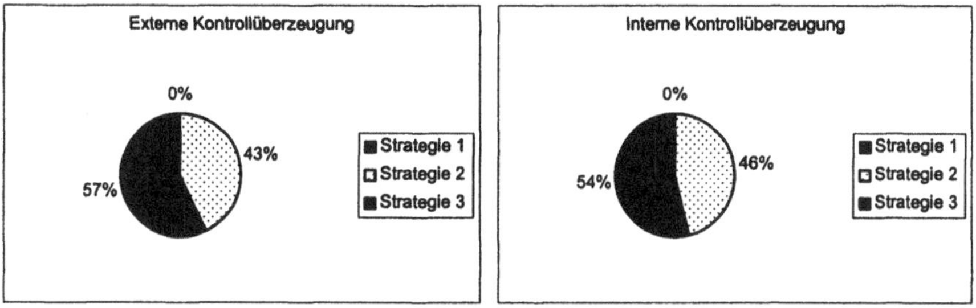

Abbildung 7.1: Strategie in Abhängigkeit der Kontrollüberzeugung

H3C-2: Anleger mit einer internen Kontrollüberzeugung nehmen eine höhere Anzahl von Informationen auf und benötigen daher mehr Zeit für ihre Entscheidungen.

Neben der Maßgröße „Kontrollüberzeugung" werden für einen Hypothesentest die Maßgrößen „Anzahl Informationen" und „Zeitbedarf" verwendet. Beide müßten bei einer Nicht-Ablehnung der Hypothese ansteigen.

H3C-2 – Maßgröße „Anzahl Informationen“		
Verfahren	**Anzahl Informationen**	**N**
Arithmetisches Mittel	9,4	43
Standardabweichung	2,03	43

Tabelle 11-4: Auswertungen zur Maßgröße „Anzahl Informationen“

H3C-2 – Maßgröße „Zeitbedarf“		
Verfahren	**Zeitbedarf [Min:Sek]**	**N**
Arithmetisches Mittel	6:23	43
Standardabweichung	3:01	43

Tabelle 11-5: Auswertungen der Maßgröße „Zeitbedarf“

Im Mittel benötigten die Personen der Versuchsreihe II 6,5 Minuten für eine Entscheidung und verwendeten dazu 9 Informationen.

H3C-2 – Zusammenhang „Kontrollüberzeugung” und „Anzahl Informationen“			
Verfahren		**Signifikanzniveau**	**N**
Korrelation (Spearman-Rho) r^s	0,00006	α=0,01	43
Wilcoxon-Mann-Whitney-Test u	1,3784	α=0,1	43

Tabelle 11-6 : Auswertungen zum Zusammenhang zwischen „Kontrollüberzeugung“ und „Anzahl Informationen“

Obwohl auch hier der Test auf einen Zusammenhang keine statistische Signifikanz ergibt, zeigt der Test auf Unterschiede bei den Kontrollüberzeugungs-Gruppierungen einen statistisch signifikanten Unterschied. **Die Hypothese kann daher für den Teilbereich der Anzahl der Informationen nicht abgelehnt werden.**

Dieses Ergebnis wird auch durch die ergänzenden Analysen erhärtet. Sowohl eine Anzahl von 8, als auch von 9 oder 10 Informationen werden in der Gruppe der Internen öfter gewählt als in der Gruppe der Externen. 7 und weniger Informationen werden in der internen Gruppe im Gegensatz zu der externen kaum aufgenommen.

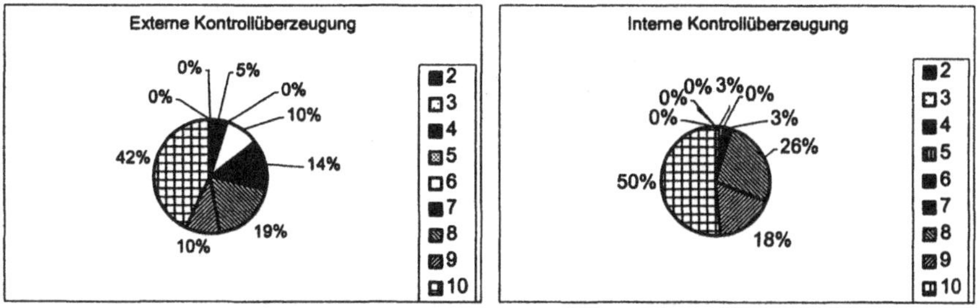

Abbildung 7.2: Anzahl der Informationen in Abhängigkeit der Kontrollüberzeugung

H3C-2 – Zusammenhang „Kontrollüberzeugung" und „Zeitbedarf"

Verfahren		Signifikanzniveau	N
Korrelation (Spearman-Rho) r^s	0,000113	α=0,01	43
Wilcoxon-Mann-Whitney-Test u	0,9724	α=0,1	43

Tabelle 11-7: Auswertungen zum Zusammenhang zwischen „Kontrollüberzeugung" und „Zeitbedarf"

Korrespondierend mit der Anzahl der Informationen verläuft der Zeitbedarf. Auch hier ist der Unterschied zwischen einer internen und externen Kontrollüberzeugung statistisch signifikant. **Die Hypothese kann also auch hier nicht abgelehnt werden.**

Die weiteren Analysen decken diese Auffassung. Die Zeitsegmente höheren Grades (9-10 Min.; > 10 Minuten) haben bei Personen mit interner Kontrollüberzeugung einen höheren Anteil als bei denen mit externer Kontrollüberzeugung. Ab einem Zeitverbrauch von 7 Minuten und weniger ist der Anteil bei den Personen mit externer Kontrollüberzeugung zum Teil deutlich höher als bei denjenigen mit interner Kontrollüberzeugung. Da die Internen insgesamt mehr Informationen als die Externen aufnehmen, ist dieses Ergebnis nicht weiter überraschend.

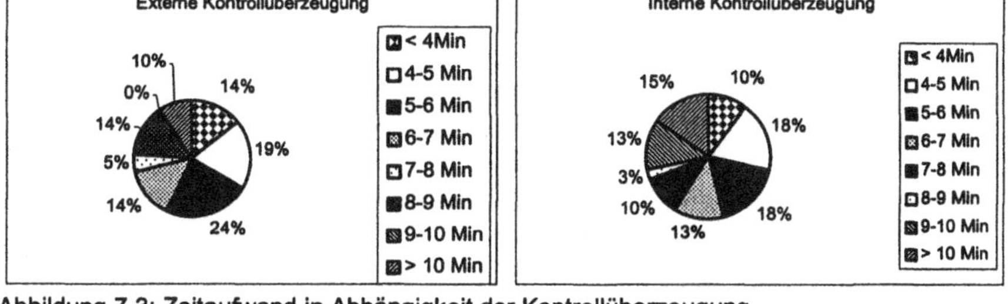

Abbildung 7.3: Zeitaufwand in Abhängigkeit der Kontrollüberzeugung

H3C-3: Anleger mit einer internen Kontrollüberzeugung weisen eine geringere Delegationsbereitschaft auf.

Die Delegationsbereitschaft wird wieder mit der „Bedeutung des Unternehmensklassifikators" operationalisiert. Vpn, die von sich überzeugt sind und daher der Gruppe der Internen zuzuordnen sind, müßten - bei Hypothesenkonformität - dem Unternehmensklassifikator einen Minimal-Wert von 2 zuweisen.

H3C-3 - Maßgröße „Bedeutung UK"		
Verfahren		**N**
Median	2 [gleichbedeutend mit anderen Informationen]	14
Entropie S(U)	1,9558	14
Streuungsmaß $S(U)_{norm}$	0,4889	14

Tabelle 11-8: Auswertungen zur Maßgröße „Bedeutung UK"

Singulär zeigen diese Daten eine Gleichbedeutung aller Informationen auf; erst im Zusammenhang mit der „Kontrollüberzeugung" läßt sich die Hypothese testen.

H3C-3 – Zusammenhang „Kontrollüberzeugung" und „Bedeutung UK"			
Verfahren		**Signifikanzniveau**	**N**
Korrelation (Spearman-Rho) r^s	0,000288	α=0,01	43
Wilcoxon-Mann-Whitney-Test u	0,1633	α=0,1	43

Tabelle 11-9: Auswertungen zum Zusammenhang zwischen „Kontrollüberzeugung" und „Bedeutung UK"

Nach diesen Werten wird die Hypothese abgelehnt. Beide Tests zeigen keine statistische Signifikanz.

Auch die ergänzenden Daten stützen dieses Bild: Die Daten zeigen zunächst sogar eine höhere Delegationsbereitschaft bei Personen mit interner Kontrollüberzeugung, da es offensichtlich einen höheren Anteil an Personen gibt, die dem Unternehmensklassifikator eine „große Bedeutung" beimessen. Es gibt allerdings auch einen Anteil an Probanden (20%), die dieser Information nur eine untergeordnete Rolle zuweisen.

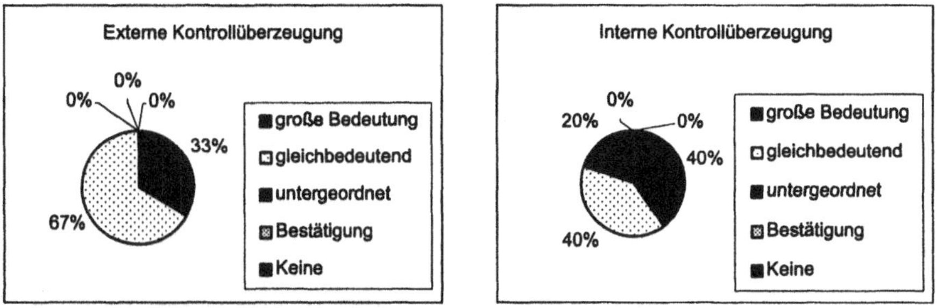

Abbildung 7.4: Delegationsbereitschaft in Abhängigkeit der Kontrollüberzeugung

H3C-4: Anleger mit einer internen Kontrollüberzeugung weisen ein zielgerichteteres Handeln auf.

Zielgerichtetes Handeln läßt sich mittels der Maßgrößen „Anzahl Planungsphasen" und „Anzahl Explorationsphasen" operationalisieren. Eine interne Kontrollüberzeugung beinhaltet den Glauben an die Kontrollierbarkeit von Entscheidungssituationen durch einen selbst. Daher müßte - wenn die Hypothese nicht abgelehnt wird - eine interne Kontrollüberzeugung mit einer verringerten Anzahl an Planungsphasen und einer erhöhten Anzahl an Explorationsphasen einhergehen.

H3C-4 – Maßgröße „Anzahl Explorationsphasen"		
Verfahren	**Anzahl Explorationsphasen**	**N**
Arithmetisches Mittel	4,4	43
Standardabweichung	3,06	43

Tabelle 11-10: Auswertungen zur Maßgröße „Anzahl Explorationsphasen"

H3C-4 – Maßgröße „Anzahl Planungsphasen"		
Verfahren	**Anzahl Planungsphasen**	**N**
Arithmetisches Mittel	0,98	43
Standardabweichung	1,43	43

Tabelle 11-11: Auswertungen zur Maßgröße „Anzahl Planungsphasen"

Die emittelten Werte zeigen die grundsätzliche höhere Anzahl an Explorations- gegenüber Planungsphasen.

H3C-4 – Zusammenhang „Kontrollüberzeugung" und „Anzahl Planungsphasen"			
Verfahren		**Signifikanzniveau**	**N**
Korrelation (Spearman-Rho) r^s	0,00030	α=0,01	43
Wilcoxon-Mann-Whitney-Test u	1,1418	α=0,1	43

Tabelle 11-12: Auswertungen zum Zusammenhang zwischen „Kontrollüberzeugung" und „Anzahl Planungsphasen"

H3C-4 – Zusammenhang „Kontrollüberzeugung" und „Anzahl Explorationsphasen"			
Verfahren		**Signifikanzniveau**	**N**
Korrelation (Spearman-Rho) r^s	0,00034	α=0,01	43
Wilcoxon-Mann-Whitney-Test u	0,1774	α=0,1	43

Tabelle 11-13: Auswertungen zum Zusammenhang zwischen „Kontrollüberzeugung" und „Anzahl Explorationsphasen"

Die Hypothese muß abgelehnt werden. Es kann lediglich ein signifikanter Unterschied zwischen den Kontrollüberzeugungsgruppen für den Bereich der Planungsphasen erkannt werden, der allerdings nicht ausreicht, um die Hypothese nicht abzulehnen, da nur das Zusammenspiel zwischen Planungs- und Explorationsphasen die Hypothese testen kann. Daher sind folgende Ergänzungen angebracht:

Probanden mit einer internen Kontrollüberzeugung haben den höchsten Wert zwar in der Kategorie „71-80%" Planungsphasen, doch ist dies auch bei Personen mit externer Kontrollüberzeugung der Fall. Auch die Verteilung auf die einzelnen Anteilssegmente ist bei Personen mit interner und externer Kontrollüberzeugung ähnlich, lediglich im mittleren Bereich sind Unterschiede auszumachen. Das einzig eindeutige Indiz ist die Tatsache, daß das Segment „>=91%" nur bei interner Kontrollüberzeugung vorkommt (vgl. Abbildung 7.5).

Klarer ist das Bild im Bereich der Planungsphasen. Externe Probanden haben zwar mit 61% den höchsten Wert im Segment „<=5%", doch ist dieser Wert immer noch geringer als bei den Internen. Auch das Segment „>=51%" ist nur bei den externen Personen vertreten. Die Verläufe der Segmente ab 11% nehmen im Verlauf von den externen zu internen Personen alle ab, was eine abnehmende Neigung zu Planungsphasen dokumentiert (vgl. Abbildung 7.6).

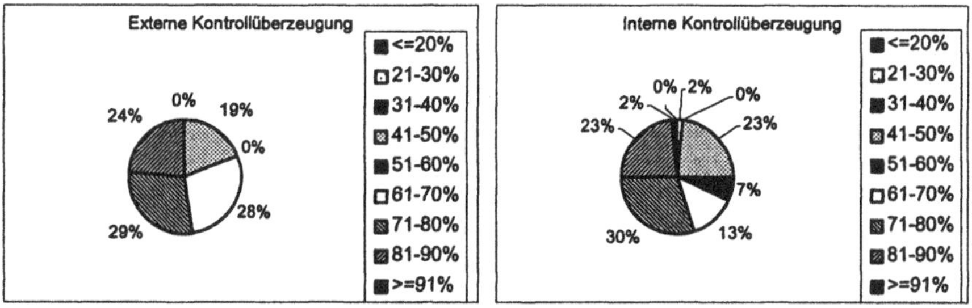

Abbildung 7.5: Anteil Explorationsphasen in Abhängigkeit der Kontrollüberzeugung

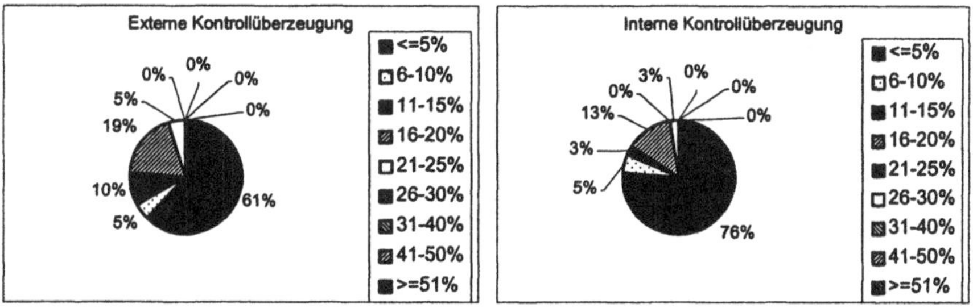

Abbildung 7.6: Anteil Planungsphasen in Abhängigkeit der Kontrollüberzeugung

3.3.4 Framing

H3D: Die Bedeutung einzelner Informationen bzw. Informationskategorien steigt, wenn diese innerhalb eines Informationskatalogs an erster Stelle liegen.

Zur Operationalisierung bietet sich zum einen die „Informationskategorie" (da in den beiden Gruppen jeweils eine andere Informationskategorie als erstes auf der Tafel befestigt war), zum anderen die „Bedeutung des UK" exemplarisch für die Bedeutung von Einzelinformationen an. Als Arbeitshypothesen lassen sich formulieren: Die quantitativen Informationen haben für Probanden der Gruppe I eine höhere Bedeutung als für Probanden der Gruppe II. Der Unternehmensklassifikator hat in Gruppe II eine höhere Bedeutung als in Gruppe I.

1.) Maßgröße „Informationskategorie“

H3D - Maßgröße „Informationskategorie“		
Verfahren		**N**
Modus		
▪ Gruppe I	3 [quantitativ]	30
▪ Gruppe II	3 [quantitativ]	28
Entropie H(A)		
▪ Gruppe I	1,4362	30
▪ Gruppe II	1,4582	28
Relative Entropie R(A)		
▪ Gruppe I	0,90612	30
▪ Gruppe II	0,92	28
Streuungsmaß HERFINDAHL $K_H(A)$		
▪ Gruppe I	0,4023	30
▪ Gruppe II	0,3957	28
Normiertes Streuungsmaß $S_H(A)_{norm}$		
▪ Gruppe I	0,8965	30
▪ Gruppe II	0,9065	28

Tabelle 12-1: Auswertungen zur Maßgröße „Informationskategorie“ (getrennt nach Gruppen)

In beiden Gruppen liegt der Modus bei den quantitativen Informationen, die Streuungsmaße sind sehr ähnlich und nahe der empirischen Gleichverteilung.

H3D– Zusammenhang „Gruppe” und „Informationskategorie“			
Verfahren		**Signifikanzniveau**	**N**
Korrelation (Spearman-Rho) r^s	0,00012	α=0,01	58
Wilcoxon-Mann-Whitney-Test u	0,5414	α=0,1	58

Tabelle 12-2: Auswertungen zum Zusammenhang zwischen „Gruppe“ und „Informationskategorie“

Beide Werte zeigen keinen statistisch signifikanten Zusammenhang bzw. Unterschied zwischen den beiden Versuchsgruppen. **Die Hypothese muß daher**

aus Sicht der Informationskategorie abgelehnt werden. Es macht keinen Unterschied, ob auf der Informationstafel zunächst die qualitativen oder die quantitativen Informationen angezeigt wurden.

Weitere Anmerkungen und Analysen ergänzen diesen Hypothesentest: Durch die Erlaubnis, die Informationen mehrfach aufzudecken, verliert die unterschiedliche Befestigungsreihenfolge bereits an Bedeutung. Berücksichtigt man zusätzlich die verschiedenen Strategiemöglichkeiten, nach denen die Probanden in Gruppen eingeteilt werden können, so muß man außerdem feststellen, daß lediglich bei Strategie 1 und 3 unterschiedliche Verhaltensmöglichkeiten erkennbar sein könnten, da die Personen mit Strategie 2 ihre Vorgehensweise bereits im voraus festlegen und danach handeln, gleich welche Anordnung die Informationen auf der Tafel haben. Personen mit Strategie 3 kommen ebenfalls mit einer im voraus festgelegten Strategie, ändern dann aber ihr Verhalten aufgrund der präsentierten Daten. Auch diese dürften keinem derartigen Reihenfolge-Effekt unterliegen. Es verbleiben lediglich die Probanden, die mit Strategie 1 klassifiziert werden (7 Personen). Die Ergebnisse der Hypothesentests sind daher nicht weiter überraschend.

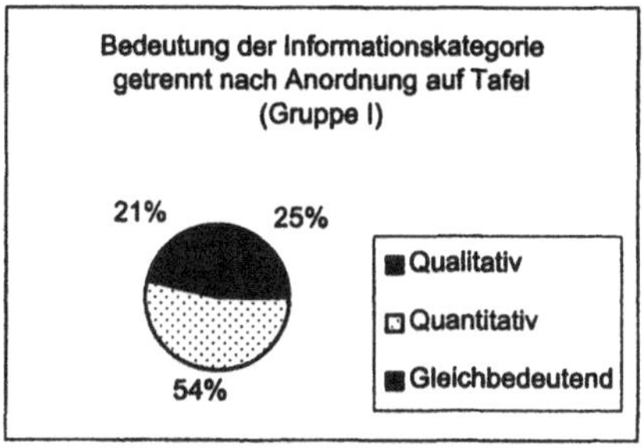

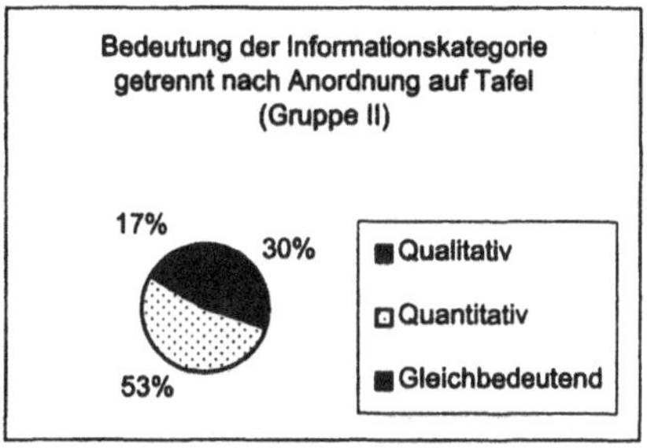

Abbildung 8.1: Bedeutung der Informationskategorie in Abhängigkeit der Informationsdarbietung

Die quantitativen Informationen überwiegen in beiden Reihen mit über 50% deutlich; lediglich die Bedeutung der qualitativen und gleichbedeutenden Informationen ist verschoben, doch ist dieser Unterschied so gering, daß eine Beeinflussung durch die Darstellungsreihenfolge nahezu ausgeschlossen werden kann.

2.) Maßgröße „Bedeutung des UK"

H3D - Maßgröße „Bedeutung des UK"		
Verfahren		**N**
Median		
▪ Gruppe 1	2 [gleichbedeutend mit	30

	anderen Informationen]	
▪ Gruppe 2	3 [untergeordnete Bedeutung]	28
Entropie S(U)		
▪ Gruppe 1	2,903	30
▪ Gruppe 2	3,2991	28
Streuungsmaß $S(U)_{norm}$		
▪ Gruppe 1	0,7258	30
▪ Gruppe 2	0,8247	28

Tabelle 12-3: Auswertungen zur Maßgröße „Bedeutung des Unternehmensklassifikators" (getrennt nach Gruppen)

Der Mittelwert unterscheidet sich in den beiden Gruppen: Gruppe 1 hält den Unternehmensklassifikator für gleichbedeutend mit anderen Informationen, Gruppe 2 dagegen für untergeordnet in seiner Bedeutung. Die Streuungsmaße tendieren alle zu einer empirischen Gleichverteilung mit höheren Werten in Gruppe 2. Dies bedeutet, daß diejenige Gruppe, die den Unternehmensklassifikator früher dargeboten bekommen hat, ihn in seiner Bedeutung geringer einschätzt als die andere Gruppe.

H3D– Zusammenhang „Gruppe" und „Bedeutung UK"			
Verfahren		**Signifikanzniveau**	**N**
Korrelation (Spearman-Rho) r^s	0,00047	α=0,01	58
Wilcoxon-Mann-Whitney-Test u	5,9702	α=0,01	58

Tabelle 12-4: Auswertungen zum Zusammenhang zwischen „Gruppe" und „Bedeutung UK"

Der Test auf Unterschiede zwischen den Gruppen zeigt eine statistische Signifikanz auf, sagt allerdings nichts über die Richtung des Unterschiedes aus. Zusammen mit den Auswertungen zu der Maßgröße läßt sich schließen: **Die Hypothese kann daher aus Sicht der Bedeutung des Unternehmensklassifikators abgelehnt werden**.

Ergänzende Analysen sind besonders hier angebracht:

Der prozentuale Anteil derjenigen Vpn, die dem Unternehmensklassifikator eine große Bedeutung beimessen, ist in beiden Gruppen ähnlich. Der größte Unterschied liegt in der „gleichbedeutenden" Kategorie, die in der Gruppe I wesentlich stärker ausgeprägt ist. Dafür ist in der Gruppe II der Anteil der Personen mit einem Bestätigungswert und auch mit „keiner" Bedeutung deutlich höher. Obwohl diese Personen den Unternehmensklassifikator früher auf der Tafel präsentiert bekamen als diejenigen der Gruppe I, schätzen sie die Bedeutung geringer ein.

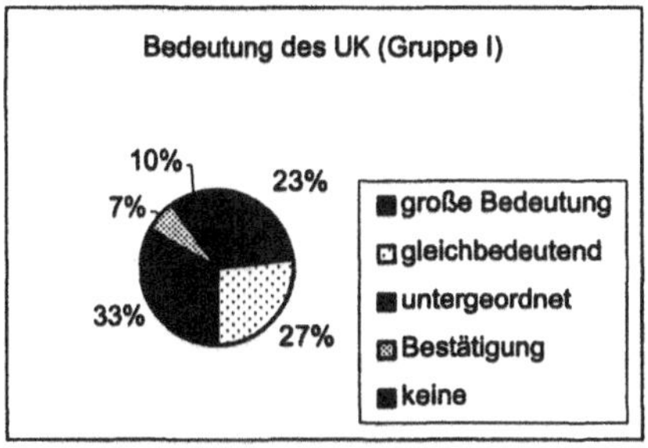

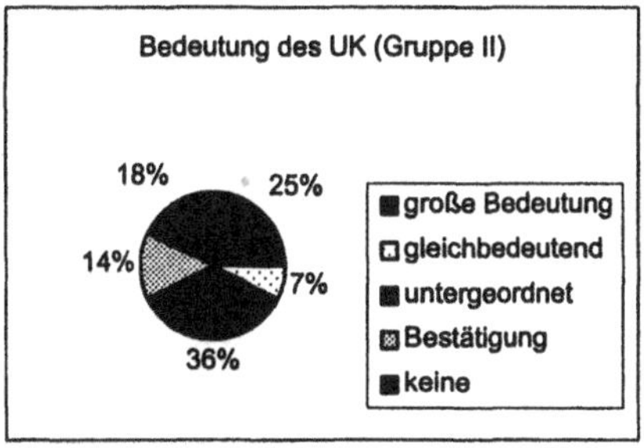

Abbildung 8.2: Bedeutung des Unternehmensklassifikators in Abhängigkeit der Versuchsgruppe

IV Zusammenfassung und Diskussion der Ergebnisse

Ziel der vorliegenden Arbeit war es, ausgehend von einer theoretischen Basis den Informations- und Entscheidungsprozeß von Anlegern mittels geeigneter Hypothesen und deren Tests zu beschreiben.

Der erste Hauptteil der Arbeit widmete sich daher den theoretischen und methodischen Grundlagen. Im finanzierungstheoretischen Teil wurde die Notwendigkeit herausgearbeitet, unter Berücksichtigung der empirisch nachgewiesenen systematischen Abweichungen vom vorausgesetzt rationalen Verhalten der Neoklassik, einzelwirtschaftlich orientierte Finanzmarktforschung zu betreiben. Insbesondere der Forschungsansatz der Behavioral Finance erweitert bestehende Ansätze mittels der Verwendung verhaltenswissenschaftlicher Elemente. Die Black Box des Anlegers wird geöffnet und das Entscheidungsverhalten dieser als Marktteilnehmer analysiert. Aus theoretischer Sicht wurde daher der Informations- und Entscheidungsprozeß in seinen einzelnen Phasen und mit seinen beeinflussenden Determinanten beschrieben, der gleichzeitig das Zentrum der experimentellen Arbeit bildet. Die Darstellung möglicher methodischer Verfahren zur Erfassung des Informations- und Entscheidungsprozesses individueller Anleger bildet das Bindeglied zwischen dem theoretischen und dem experimentellen Teil der Arbeit.

Der zweite Hauptteil beschäftigte sich ausschließlich mit der experimentellen Untersuchung. Die Probanden befanden sich dabei in einer Situation, in der sie mittels ausgewählter Informationen eine Entscheidung darüber treffen sollten, wie sich der Aktienkurs eines (fiktiven) Unternehmens im kommenden Quartal entwickeln würde. Das Verfahren des „Lauten Denkens“ diente dazu, den kompletten Informations- und Entscheidungsprozeß der Probanden zu erfassen und anhand der aufgestellten Hypothesen zu beschreiben.

Folgende Erkenntnisse lassen sich aus der experimentellen Untersuchung ableiten:

Die *Eigenschaft der Ambiguität* einer Aktienmarktentscheidung hat in verschiedener Hinsicht Einfluß auf das Informations- und Entscheidungsverhalten. Es zeigte sich, daß ambiguitätsbehaftete Entscheidungsprobleme nicht mehr Informationen benötigen, jedoch mit einem höheren Zeitaufwand verbunden sind. Es wird somit für jede einzelne Information mehr Zeit aufgewendet. Exakte Entscheidungen hinterlassen bei den Vpn im Gegensatz zu ambiguitätsbehafteten ein erhöhtes subjektives Sicherheitsgefühl. Erleben die Vpn mehrere Entscheidungen verschiedenen Ambiguitätsgrades nacheinander, so ist nicht generell ein zielorientierteres Verhalten bei den späteren Entscheidungen festzustellen, wenn die Probanden zunächst ambiguitätsbehaftete kennengelernt haben. Lediglich die prognostizierten Ergebnisse lassen auf einen solchen Effekt schließen.

Der *Informationsprozeß* selbst war Gegenstand des zweiten Hypothesenblocks. Die selektive Wahrnehmung von Individuen führte regelmäßig zu einer Suche nach positiven Informationen, was durchaus auch zu Uminterpretationen eigentlich negativer Informationen geführt hat. Insbesondere die Memos der zusätzlich durchgeführten inhaltsanalytischen Untersuchung zeigen diesen Effekt auf, wobei auch hier nochmals ausdrücklich auf die möglicherweise beeinflussende positive Aktienmarktstimmung zum Zeitpunkt der Experimente hingewiesen werden muß. Der Unternehmensklassifikator als Beispiel für eine Expertenmeinung hatte allerdings keine herausragende Stellung. Der Primacy-Effekt konnte nachgewiesen werden, denn die zuerst aufgenommenen Informationen - dargestellt als Informationsblock - hatten für die Vpn eine höhere Bedeutung als die weiteren. Gleichzeitig neigen Anleger dazu, eine bereits getroffene Entscheidung mit Hilfe weiterer Informationen zu bestätigen (Heuristik der Verankerung und Anpassung). Auch dieses Ergebnis ist allerdings mit einer gewissen Vorsicht zu behandeln, da es schwierig ist festzustellen, ob aufgrund der dargebotenen Informationen oder aufgrund der Verankerungsheuristik die Prognose beibehalten wurde.

Ein weiterer Hypothesenblock beschäftigte sich mit den Veränderungen der Informationsverarbeitung, wenn mehrere gleichartige Entscheidungen hintereinander verlangt wurden. Nicht abgelehnt wurden die Hypothesen des verringerten Zeitaufwandes und der verringerten Anzahl an verarbeiteten Informationen. Dabei veränderten sich diese Parameter aber stets nur vom ersten auf den zweiten Versuch signifikant. Daraus kann geschlossen werden, daß ein Erfahrungsbildungsprozeß seine Wirkung v.a. am Anfang entfaltet, die weiteren erfahrungsbildenden Maßnahmen dagegen einen immer weniger meßbaren Effekt aufweisen. Interessanterweise nahm das Vertrauen in die eigene Entscheidung im Laufe mehrerer Entscheidungen nicht zu. Verknüpft man dieses Ergebnis mit den soeben erläuterten Effekten, so ist es möglich, daß ein subjektiv erhöhtes Sicherheitsgefühl dann empfunden wird, wenn ein erhöhter Zeitaufwand mit einer relativ hohen Informationszahl einhergeht. Bestätigen ließ sich die Annahme, daß eine Vertrautheit mit einer Entscheidungssituation mit einer verringerten Anzahl an Planungsphasen und auch einer verringerten Anzahl an Phasenwechseln einhergeht.

Ein großer Hypothesenblock beschäftigte sich mit den *beeinflussenden Determinanten*. Betrachtet man zunächst den Einfluß der subjektiven Kompetenz als kognitive Persönlichkeitsvariable, so läßt sich deren Einfluß folgendermaßen beschreiben: Die Vpn mit einer vergleichsweise hohen subjektiven Kompetenz in den Bereichen des Kennzahlen- und des Fachwissens greifen nicht in einem signifikant höheren Bereich auf quantitative Daten zurück. Eine geringere Delegationsbereitschaft im Sinne einer geringeren Bewertung des Unternehmensklassifikators konnte für das finanzwirtschaftliche Wissen nachgewiesen werden. Eine Verbindung zwischen der subjektiven Kompetenz und der verwendeten Informationsmenge kann nach den vorliegenden Ergebnissen nur für den Bereich des Kennzahlenwissens nicht abgelehnt werden. Das gleiche gilt für die Hypothesen zu einem möglichen Zusammenhang zwischen einem entschiedenen Handeln im Sinne der aufgestellten Definition und der Höhe der subjektiven Kompetenz, da alle Ergebnisse zu einer Ablehnung der aufgestellten Hypothese führten.

Der Zusammenhang zwischen einem vorhandenen Wissensstand bei den Vpn und einer erhöhten Nutzung von quantitativen Daten kann eindeutig abgelehnt werden. Allerdings sind die Ergebnisse auch für den Bereich der qualitativen Daten uneinheitlich, so daß der mögliche Umkehrschluß nicht angewendet werden kann. Es scheint eher gar keinen Zusammenhang zwischen den genannten Größen zu geben. Die mögliche Delegationsbereitschaft verläuft parallel zu den Erkenntnissen, die aus dem Bereich der subjektiven Kompetenz gezogen wurden. Vpn mit einem hohen Wissensstand im Bereich des Kennzahlenwissens messen dem Unternehmensklassifikator tatsächlich eine geringere Bedeutung bei, vermuteterweise deshalb, weil sie auf ihr eigenes Wissen (wenn auch vielleicht unbewußt) zurückgreifen. Gleiches gilt für das finanzwirtschaftliche Fachwissen. Vpn mit einem hohen Wissensstand beim Kennzahlenwissen nutzen keine höhere Informationsmenge, während dieser Zusammenhang beim Fachwissen nachgewiesen werden konnte. Betrachtet man die Ergebnisse zu einem möglichen Zusammenhang zwischen dem Kenntnisstand und einer entschiedenen Handlungsweise, so konnte hier kein Zusammenhang festgestellt werden. Eine Ausnahme bildet der Kenntnisstand des Kennzahlenwissens. Hier führt ein hoher Wissensstand zu eindeutigeren Ergebnissen.

Die kognitive Persönlichkeitsvariable Kontrollüberzeugung ist Variable der nächsten Hypothesen. Ein Zusammenhang zu einer möglichen Präferenz für eine selbstgewählte Reihenfolge der Aufnahme von Informationen ist nach diesen Experimenten abzulehnen. Vielmehr ist kaum ein Unterschied im Verhalten der Personen mit interner oder externer Kontrollüberzeugung festzustellen. Hingegen sind die Unterschiede bei der Variablen der Anzahl der Informationen und dem Zeitaufwand deutlich. Die Vpn, die also glauben, die Entscheidungssituation im Griff zu haben und sich für ihre Entscheidungen selbst verantwortlich fühlen, wenden mehr Informationen auf, um zu einer solchen zu kommen und benötigen auch mehr Zeit. Die im Konzept der Kontrollüberzeugung dargestellte Eigenschaft der Delegationsbereitschaft konnte hingegen nicht abgebildet werden. Gleiches gilt für ein mögliches zielgerichteteres Handeln bei Personen mit interner Kontrollüberzeugung.

Ein Einfluß der von extern vorgegebenen Reihenfolge auf die Bedeutung der Informationen für den Probanden bestätigte sich nicht (Framing-Effekt).

Betrachtet man die soeben zusammengefaßten Ergebnisse im Überblick, so ist festzuhalten, daß das gesteckte Ziel dieser Arbeit - die Black Box des Informations- und Entscheidungsprozesses zu öffnen und ein Grundgerüst desselben zu entwickeln - erfüllt werden konnte. Insbesondere im Bereich der beeinflussenden Determinanten können erstmals umfassende Schlüsse gezogen werden. Dies gelingt insbesondere durch die Anwendung des inhaltsanalytischen Verfahrens in einem Bereich, der bisher weitestgehend mittels quantitativer Methoden untersucht worden ist. Durch die vergleichsweise hohe Anzahl an Probanden ist es auch möglich, die Ergebnisse zu generalisieren.

Das Verhalten individueller Anleger kann mit den Ergebnissen dieser Forschungsarbeit nicht abschließend erklärt werden. Zuviele Parameter und zuviele individuelle Merkmale beeinflussen dieses, als daß sich daraus eine Theorie des Aktienkurses mittels verhaltenswissenschaftlicher Elemente entwickeln ließe. Insbesondere im Bereich der personalen Determinanten des Informations- und Entscheidungsprozesses ist noch ausreichend Potential für weitere Forschung vorhanden. Die aus dieser Arbeit entwickelten Ergebnisse zeigen jedoch, daß es lohnt, auch ungewöhnliche Methodiken aus anderen Forschungsdisziplinen anzuwenden. Der einzelwirtschaftlich orientierten Finanzmarktforschung konnte damit ein neuer Baustein hinzugefüht werden.

Anhang

Anhang 1.1: Aufbau des BBR®

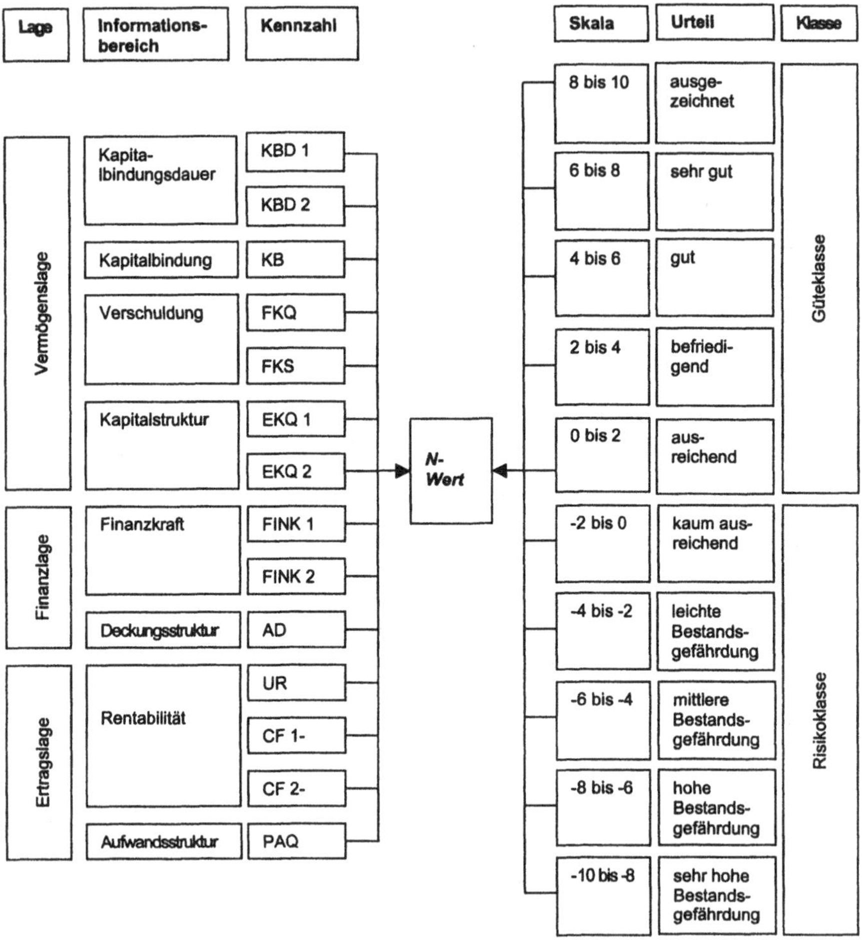

Quelle: BAETGE/MANOLOPOULOS (1999), S. 357

Anhang 1.2: Kennzahlen des BBR, deren Definitionen und Einfluß auf den N-Wert

Kennzahl	Definition	Rang (Einfluß der Kennzahl auf den N-Wert)
KBD1	((Akzepte + Verbindlichkeiten aus Lieferungen und Leistungen) x 360) : Gesamtleistung	7
KBD2	((Akzepte + Verbindlichkeiten aus Lieferungen und Leistungen) x 360) : Umsatz	9
KB	Kfr. Bankverbindlichkeiten + kfr. Verbindlichkeiten aus Lieferungen und Leistungen + Akzepte + kfr. Sonstige Verbindlichkeiten) : Umsatz	11
FKQ	Kfr. Fremdkapital – erhaltene Anzahlungen : Bilanzsumme	1
FKS	(Verbindlichkeiten aus Lieferungen und Leistungen + Akzepte + Bankverbindlichkeiten) : (Fremdkapital – erhaltene Anzahlungen)	8
EKQ1	(Wirtschaftliches Eigenkapital – immaterielle Vermögensgegenstände) : (Bilanzsumme – immaterielle Vermögensgegenstände – flüssige Mittel – Grundstücke und Bauten)	5
EKQ2	(Wirtschaftliches Eigenkapital + Rückstellungen) : (Bilanzsumme – flüssige Mittel – Grundstücke und Bauten)	3
FINK1	Ertragsw. Cash-Flow : (Fremdkapital – erhaltene Anzahlungen)	4
FINK2	Ertragsw. Cash-Flow (intern) : (kfr. Fremdkapital + mfr. Fremdkapital – erhaltene Anzahlungen)	12
AD	Wirtschaftliches Eigenkapital : (Sachanlagevermögen – Grundstücke und Bauten)	13
UR	Ordentliches Betriebsergebnis : Umsatz	10
CF1-ROI	Ertragswirt. Cash-Flow : Bilanzsumme	6
CF2-ROI	(Ertragswirt. Cash-Flow + Zuführungen zu den Pensionsrückstellungen) : Bilanzsumme	2
PAQ	Personalaufwand : Gesamtleistung	14

Quelle: BAETGE (1998), S. 24; BAETGE/JERSCHENSKY (1996), S. 1582

Anhang 2: Fragebogen zur Ermittlung relevanter Informationen

Otto-Friedrich Universität Bamberg

Lehrstuhl für Betriebswirtschaftslehre, insbesondere Finanzwirtschaft
Prof. Dr. Andreas Oehler

Projektleiterin: Dipl.-Wirtsch.Inf. Jutta Schmidt

Liebe Teilnehmerinnen und Teilnehmer!

Der folgende Fragebogen ist Teil eines Experiments, das sich mit dem Informationsverhalten von Anlegern beschäftigt. Ziel des gesamten Projektes ist es, herauszufinden, wie bestimmte vorgegebene Informationen von den Anlegern verarbeitet werden. In dieser ersten Phase, in der wir uns befinden, interessiert uns aber zunächst, welche Informationen ein Entscheider überhaupt zu seiner Entscheidungsfindung nutzt. Dies ist auch gleichzeitig Ziel dieses Fragebogens. Seien Sie versichert, daß Ihre Antworten nur zu dem oben genannten Zweck verwendet werden. Selbstverständlich bleibt auch die Anonymität in allen erhobenen Daten gewahrt.

Versuchen Sie bitte, die folgenden Fragen sorgfältig zu beantworten. Nur dann können die Folgeexperimente aufgebaut werden und es kann letztendlich eine sinnvolle Auswertung und Analyse der Daten erfolgen. Selbstverständlich sind wir für weitere Anregungen, die uns bei unserem Experiment weiterhelfen, dankbar.

Im voraus bedanken wir uns herzlich für Ihre Mühe.

Stellen Sie sich nun vor, Sie wollten sich auf dem Aktienmarkt engagieren und müßten daher eine Bewertung eines Anteilswerts (Aktie) des Unternehmens A vornehmen.

1. Schätzen Sie im folgenden auf einer Skala von 1(sehr wichtig) bis 5(unwichtig) ein, welche Informationsquellen für Ihre Entscheidung von Bedeutung wäre.

Einzelne Positionen der Bilanz (z.B. Forderungen, Verbindlichkeiten etc.) des vergangenen Geschäftsjahres des Unternehmens A	1——2——3——4——5

Einzelne Positionen der Gewinn- und Verlustrechnung (z.B. Aufwands-, Gewinngrößen) des vergangenen Geschäftsjahres des Unternehmens A	1——2——3——4——5
Informationen aus dem Anhang (z.B. über Beteiligungen, Bewertungsmethoden)	1——2——3——4——5
Informationen über die Entwicklung der Geschäftstätigkeit bzw. die aktuelle wirtschaftliche Lage aus dem Zwischenbericht	1——2——3——4——5
Der Bericht des Vorstandes über die aktuelle Lage und die Erwartungen über die zukünftige Aussichten des Unternehmens A	1——2——3——4——5
Der Bericht des Aufsichtsrates über die aktuelle Lage und die Erwartungen über die zukünftige Aussichten des Unternehmens A	1——2——3——4——5
Den Bericht des Wirtschaftsprüfers über das vergangene Geschäftsjahr des Unternehmens A	1——2——3——4——5
Berichte in der Wirtschaftspresse über das Unternehmen A	1——2——3——4——5
Berichte in der Wirtschaftspresse über die Unternehmensbranche	1——2——3——4——5
Informationen von Rating-Agenturen	1——2——3——4——5

Statistisches Zahlenmaterial über die betroffene Unternehmensbranche — 1——2——3——4——5

Ratschläge von Anlageberatern — 1——2——3——4——5

Ratschläge von Freunden/ Bekannten/ Verwandten — 1——2——3——4——5

2. Stellen Sie sich nun vor, die Bilanz wäre Ihre einzige Informationsquelle. Welche genaueren Analysen würden Sie vornehmen?

- ❑ Vergleich der jetzigen Zahlen einzelner Positionen zu denen des Vorjahres
- ❑ Vergleich der jetzigen Zahlen einzelner Positionen zu denen der vergangenen fünf Jahre
- ❑ Vergleich der Zahlen des Unternehmens A zu den Zahlen anderer Unternehmen der gleichen Branche
- ❑ Vergleich zu Normvorgaben (bspw. Goldene Bilanzregel)
- ❑ Bildung von Kennzahlen
- ❑ Verdichten mehrerer Kennzahlen zu einem Wert (Index) und Vergleich dieses Index mit dem anderer Unternehmen der gleichen Branche
- ❑ Aufstellen einer Kapitalflußrechnung
- ❑ andere, z.B. ....

....

....

3. Welcher Aussage stimmen Sie zu?

Die zukünftige wirtschaftliche Lage eines Unternehmens.......

- ❑ kann mit Hilfe des Jahresabschlusses zuverlässig ermittelt werden.
- ❑ kann mit Hilfe des Jahresabschlusses nicht eindeutig beurteilt werden.
- ❑ kann mit Hilfe des Jahresabschlusses nicht ermittelt werden.

4. Im folgenden finden Sie verschiedene Kennzahlen und eine kurze Definition. Beurteilen Sie - unter der Annahme, daß die einzelnen Kennzahlen isoliert betrachtet werden können - für jede Kennzahl, ob eine **Steigerung** derselben positiv oder negativ für das betrachtete Unternehmen wäre:

■ Verschuldung V:

V=kurzfristiges Fremdkapital/Bilanzsumme;

❑ positiv ❑ negativ ❑ weiß ich nicht

■ Kapitalstruktur KS

KS=korr. Eigenkapital/korr. Bilanzsumme

❑ positiv ❑ negativ ❑ weiß ich nicht

■ Finanzkraft FK:

FK=Cash-Flow/Fremdkapital

❑ positiv ❑ negativ ❑ weiß ich nicht

■ Rentabilität R

R=Cash-Flow/Bilanzsumme

❑ positiv ❑ negativ ❑ weiß ich nicht

■ Liquidität L:

L=Umlaufvermögen/Verbindlichkeiten

❑ positiv ❑ negativ ❑ weiß ich nicht

■ Aktienrendite AR:

AR=Jahresüberschuß/Marktwert

❑ positiv ❑ negativ ❑ weiß ich nicht

■ Eigenkapitalrendite EKR:

EKR=Jahresüberschuß/Eigenkapital

❑ positiv ❑ negativ ❑ weiß ich nicht

■ Eigenkapitalquote EKQ

EKQ=Eigenkapital/Gesamtkapital

❑ positiv ❑ negativ ❑ weiß ich nicht

- Kapitalbindungsdauer

KBD=(Verbindlichkeiten aus Lieferung u. Leistungx360)/Umsatz

❑ positiv ❑ negativ ❑ weiß ich nicht

- Kapitalbindung

KB=(Verbindlichkeiten aus Lieferung u. Leistung+sonst. Verbindlichkeiten)/Umsatz

❑ positiv ❑ negativ ❑ weiß ich nicht

- Personalaufwandsquote

PA=Personalaufwand/Gesamtleistung

❑ positiv ❑ negativ ❑ weiß ich nicht

5. Stellen Sie sich nun vor, es gäbe einen Index, der **die Ihnen wichtigsten** Kennzahlen zusammenfaßte. Würden Sie dann zukünftig diesen Index zu Ihrer Unternehmensbeurteilung nutzen oder nicht?

   ❑ ja ❑ nein ❑ weiß nicht

6. Würden Sie einen Index, der aufgrund wissenschaftlicher Erkenntnisse einen guten Indikator für die Bonität eines Unternehmens darstellt, für Ihre Entscheidung nutzen, auch wenn dieser Kennzahlen enthält, die Sie nicht für wichtig oder sogar für falsch erachtet haben?

   ❑ ja ❑ nein ❑ weiß nicht

7. Versuchen Sie bitte im folgenden eine kurze Definition der angegebenen Begriffe:

   - Eigenkapital: ❑ weiß ich nicht

   ....
   ....

   - Fremdkapital ❑ weiß ich nicht

   ....
   ....

■ Verbindlichkeiten ❑ weiß ich nicht

....

....

■ Cash-Flow ❑ weiß ich nicht

....

....

■ Jahresüberschuß ❑ weiß ich nicht

....

....

■ Umlaufvermögen ❑ weiß ich nicht

....

....

■ Marktwert ❑ weiß ich nicht

....

....

Nun noch einige Fragen zu Ihrer Person:

- Geschlecht: ❑ männlich ❑ weiblich
- Alter: ❑ zwischen 20-25 Jahre
  ❑ zwischen 25-35 Jahre
  ❑ zwischen 35-45 Jahre
  ❑ zwischen 45-55 Jahre

- Sind Sie am Aktienmarkt aktiv und/oder waren dies bereits in der Vergangenheit?

  ❑ ja ❑ nein

wenn ja: Nehmen Sie bei Aktienmarktentscheidungen den Rat anderer Personen in Anspruch?

❑ ja ❑ nein

wenn ja, welche:

❑ Bankberater

❑ Freunde

❑ Verwandte

❑

andere:..

....

- Haben Sie aus beruflichen oder privaten Gründen Erfahrungen mit der Jahresabschlußanalyse?

  ❑ beruflich ❑ privat ❑ nein

- Haben Sie aus beruflichen oder privaten Gründen Erfahrungen mit Unternehmensbewertungen?

  ❑ beruflich ❑ privat ❑ nein

- Lesen Sie regelmäßig...

  ❑ den Wirtschaftsteil einer überregionalen Tageszeitung

  ❑ Wirtschaftszeitungen (z.B. Handelsblatt, Börsenzeitung)

  ❑ Wirtschaftszeitschriften (z.B. WirtschaftsWoche, Capital)?

Anhang 3: Teilnehmeranleitung

Otto-Friedrich Universität Bamberg

Lehrstuhl für Betriebswirtschaftslehre, insbesondere Finanzwirtschaft

Prof. Dr. Andreas Oehler

Projektleiterin: Dipl.-Wirtsch. Inf. Jutta Schmidt

Teilnehmer-Anleitung zur Untersuchung „Informationsverhalten am Aktienmarkt"

1 Einführung

Die Untersuchung, an der Sie teilnehmen, ist Teil eines Projektes, das sich mit dem Informationsverhalten von Anlegern beschäftigt. Ziel des gesamten Projektes ist es, herauszufinden, wie bestimmte vorgegebene Informationen von Anlegern verarbeitet werden. In diesem ersten Teil geht es darum, den Prozeß der Informationsaufnahme der Versuchspersonen zu beobachten. Da Ihnen die Methodik zur Beobachtung dieses Prozesses vermutlich neu ist, lesen Sie sich bitte zunächst die folgenden Instruktionen genau durch.

Gehen Sie bei dieser Untersuchung folgendermaßen vor: **Denken Sie möglichst viel „laut". Sprechen Sie alles, was Ihnen in den Sinn kommt, laut aus. Versuchen Sie sich vorzustellen, Sie seien alleine im Raum und Sie würden während der Untersuchung mit sich selbst sprechen.** Denken Sie daran, daß es uns weniger auf Ihr abschließendes Ergebnis als vielmehr darauf ankommt, möglichst viel über den Ablauf Ihres Denkens zu erfahren. Wenn Sie über einen längeren Zeitraum nicht sprechen, werden Sie von der anwesenden Projektleiterin an das „Laute Denken" erinnert werden.

Um Sie mit dieser Methode vertraut zu machen, starten wir zunächst einen Probelauf. Dieser ist ähnlich aufgebaut wie die eigentliche Untersuchung, damit Sie die Vorgehensweise kennenlernen und auch eventuell auftauchende Fragen geklärt werden können.

In den nun folgenden Abschnitten dieser Teilnehmer-Anleitung bekommen Sie eine Einführung in die Vorgehensweise der Untersuchung. Lesen Sie sich bitte diese genau durch. Sie sollten diese Anleitung auch zur Durchführung mitnehmen, damit Sie die folgenden Informationen bei Unklarheiten jederzeit zur Verfügung haben.

2 Vorgehensweise

Sie als Privatanleger sollen bei unserer Untersuchung eine Einschätzung darüber abgeben, wie sich der Anteilswert (Aktie) des Unternehmens ABC im kommenden Quartal (3 Monate) entwickeln wird, d.h. ob der Aktienkurs steigen, fallen oder gleich bleiben wird. Für diese Entscheidung stehen Ihnen eine Reihe verschiedenartiger Informationen zum Unternehmen ABC auf Karten zur Verfügung. Auf den Karten sind die im nächsten Abschnitt beschriebenen Informationen verzeichnet, wobei Sie zunächst nur die Vorderseite mit den Informationsbezeichnungen sehen können. Nach freier Wahl können Sie nun die Karten einzeln aufnehmen und auf der Rückseite die für das Unternehmen ABC entsprechende Informationsausprägung ansehen, **allerdings dürfen Sie nicht mehrere Karten verschiedener Ausprägungen gleichzeitig aufdecken**. Sie können die einzelnen Karten solange betrachten, wie Sie möchten; vergessen Sie aber nicht, alle Gedanken, die Ihnen dabei in den Sinn kommen, laut auszusprechen. Sie können auch Karten, deren Information Sie bereits gelesen haben, erneut aufnehmen. Selbstverständlich brauchen Sie nicht alle Informationen zu beachten; die Reihenfolge und Vorgehensweise für Ihre Entscheidungsfindung bestimmen alleine Sie. Nachdem Sie die Ihnen wichtigen Informationen verarbeitet haben, geben Sie Ihre Einschätzung über den Kurs des Anteilswertes ab.

Im Anschluß an dieses Experiment erhalten Sie einen Fragebogen. Diesen füllen Sie bitte aus und geben ihn bei der Projektleiterin oder einer anderen anwesenden Projektbeteiligten ab. Folgen Sie dabei den im Fragebogen angegebenen Instruktionen.

3 Erläuterungen zum Informationsangebot

Die Ihnen angebotenen Informationen werden im folgenden näher erläutert. Diese Erklärungen können Sie auch während der Untersuchung nutzen, wenn Ihnen die Bedeutung der jeweiligen Information nicht mehr klar ist.

1. Es werden Ihnen 4 Kennzahlen angeboten. Diese Kennzahlen wurden in vergangenen Untersuchungen von den Teilnehmern als bedeutende Hinweise für die zukünftige erfolgreiche oder nicht erfolgreiche Entwicklung eines Unternehmens eingestuft. Es handelt sich dabei um Kennzahlen, die aus den Jahresabschlüssen bzw. den Quartalsberichten des Unternehmens gewonnen werden können, die also vierteljährlich ermittelt werden.

   ⇒ **Verschuldung V**:

   Diese Kennzahl wurde entwickelt, um einen Aufschluß über die Zusammensetzung des Kapitals einer Unternehmung zu erhalten, entstammt also der Kapitalstrukturanalyse. Hierbei werden verschiedene Teile des Kapitals einer Unternehmung zueinander in Beziehung gesetzt.

Die Definition für V lautet: $\frac{\textit{kurzfristiges Fremdkapital}}{\textit{Bilanzsumme}}$

Bisherige Expertenauswertungen von Unternehmen zeigten bei dieser Kennzahl eine Bewegung zwischen den Werten 0% und +100%, wobei der Mittelwert bei 65% liegt. Bei isolierter Betrachtung dieser Kennzahl zeichnen also tendenziell sinkende V-Werte eher erfolgreiche Unternehmen aus während nicht erfolgreiche Unternehmen tendenziell eine Erhöhung ihrer kurzfristigen Verschuldung erkennen lassen.

⇒ **Finanzkraft CFK:**

Eine wichtige Rolle bei Unternehmensbeurteilungen spielt der Cash-Flow. Dieser Überschuß der Einzahlungen aus Umsätzen und ähnlichen Einzahlungen über die laufenden Auszahlungen kann Hinweise auf das tatsächliche Zahlungsmittelvolumen eines Unternehmens geben. Cash-Flow-Kennzahlen setzen diese Größe zu anderen in Beziehung.

Die Definition für CFK lautet: $\frac{\textit{Cash Flow}}{\textit{Fremdkapital}}$

Betrachtet man Fremdkapital als Schulden, so gibt diese Kennzahl Auskunft darüber, inwieweit ein Unternehmen die Schulden aus eigener Kraft tragen kann.

Bisherige Expertenauswertungen von Unternehmen zeigten bei dieser Kennzahl eine Bewegung zwischen den Werten -20% und +155%, wobei der Mittelwert bei 33% liegt. Bei isolierter Betrachtung von CFK drücken steigende Werte eher eine erfolgreiche, fallende hingegen eine eher nicht erfolgreiche Unternehmensentwicklung aus.

⇒ **Rentabilität CR:**

Werden Ergebniswerte, wie der Cash Flow unter Beachtung obiger Definition oder auch der Jahresüberschuß, in Beziehung zu Vermögensgrößen gesetzt, spricht man von Rendite- oder Rentabilitätskennzahlen. Sie treffen eine Aussage darüber, welches Ergebnis pro 1 DM eingesetztes Kapital erwirtschaftet wurde.

Die Definition für CR lautet: $\frac{\textit{Cash Flow}}{\textit{Bilanzsumme}}$

Diese Kennzahl drückt somit eine Art Gesamtrentabilität aus (da die Bilanzsumme die Summe aus Eigen- und Fremdkapital darstellt).

Bisherige Expertenauswertungen von Unternehmen zeigten bei dieser Kennzahl eine Bewegung zwischen den Werten -15% und +65%, wobei der Mittelwert bei 15% liegt. Bei isolierter Betrachtung von CR zeigen steigende Werte eher eine erfolgreiche, fallende Werte eher eine nicht erfolgreiche Unternehmensentwicklung an.

⇒ **Kurzfristige Rückzahlungsfähigkeit KRF:**

Die Definition für KRF lautet: $\frac{\textit{(Akzepte + Verbindlichkeiten)*360}}{\textit{Umsatz}}$

Sie gibt Aufschluß darüber, in wieviel Tagen das Unternehmen in der Lage ist, seinen Verpflichtungen aus Lieferungen und Leistungen bzw. aus Wechseln aus dem Umsatz nachzukommen. Damit gibt diese Kennzahl Auskunft über die Kapitalbindungsdauer.

Bisherige Expertenauswertungen von Unternehmen zeigten bei dieser Kennzahl eine Bewegung zwischen den Werten 0 und +150 Tage, wobei der Mittelwert bei 25 Tagen liegt. Bei isolierter Betrachtung zeichnen tendenziell sinkende KRF-Werte eher erfolgreiche, tendenziell steigende Werte eher nicht erfolgreiche Unternehmen aus.

Zu jeder Kennzahl erhalten Sie:

- den Wert am Ende des letzten Quartals, also am 31.12.99 (in Prozent bzw. in Tagen (KRF)),
- die Werte am Ende der vergangenen zwei Quartale, also am 30.09.99 und am 30.06.99 (in Prozent bzw. in Tagen (KRF)),
- die prozentuale Abweichung vom Branchendurchschnitt am Ende des letzten Quartals, also am 31.12.99.

[Diese drei Karten einer Kennzahl dürfen Sie auch gleichzeitig aufdecken!]

2. Informationen zum <u>Aktienkurs</u>:

Sie erhalten:

- den gestrigen Schlußkurs je 50 DM-Aktie,
- eine Grafik mit der Aktienkursentwicklung im vergangenen vierten Quartal 1999 (Linienchart),
- eine Grafik mit der Aktienkursentwicklung der vergangenen 2 Jahre (Linienchart).

3. Der Unternehmensklassifikator:

Dieser Klassifikator stellt eine Kombination von verschiedenen Kennzahlenwerten dar, die aus Jahresabschlußdaten berechnet werden. Mit Hilfe eines Künstlich Neuronalen Netzes wurde dabei eine Gesamtmenge von 259 Kennzahlen auf die 14 aussagefähigsten Kennzahlen reduziert, die die beste Klassifikationsleistung zur Trennung von solventen bzw. insolventen Unternehmen bieten. Durch entsprechende Gewichtung dieser 14 Kennzahlen entsteht ein sogenannter Unternehmensklassifikator („N-Wert") der auf einer Skala von -10 bis +10 normiert ist und über den weitere zu untersuchende Unternehmen in folgende Güte- oder Risikoklassen eingestuft werden können.

Klassifikatorwert	Klassenart	Klassenbezeichnung
10 bis 8	Güteklassen	ausgezeichnet
8 bis 6		sehr gut
6 bis 4		gut
4 bis 2		befriedigend
2 bis 0		ausreichend
0 bis -2		kaum ausreichend
-2 bis -4	Risikoklassen	leichte Bestandsgefährdung
-4 bis -6		mittlere Bestandsgefährdung
-6 bis -8		hohe Bestandsgefährdung
-8 bis -10		sehr hohe Bestandsgefährdung

Der Klassifikator wurde von Experten ermittelt und in vielen Untersuchungen bereits erfolgreich getestet. Er kann somit als Einschätzung für die Solvenz bzw. Insolvenzgefährdung eines Unternehmens dienen.

4. Die Firmengröße wird Ihnen anhand der Werte

- Umsatz in Mio
- Anzahl der Mitarbeiter

(Stichtag: 31.12.99) präsentiert.

5. Sie erhalten 2 Zeitungsmeldungen, die im vergangenen Quartal (30.09.99 - 31.12.99) in der Wirtschaftspresse erschienen sind:

- Meldung über die Branchenentwicklung
- Meldung über die Firmenentwicklung.

6. Sie sehen eine Schlagzeile, die in der Tagespresse im vergangenen Quartal (30.09.99-31.12.99) über das Unternehmen ABC erschienen ist.

4 Abschließende Hinweise

Denken Sie daran, möglichst viel laut zu sprechen, so wie Sie das bereits im Probelauf kennengelernt haben. Seien Sie sich immer bewußt, daß in dieser Untersuchung nicht Sie oder Ihre Entscheidung beurteilt werden. Es geht einzig und allein darum, herauszufinden, wie Ihre Entscheidung zustandekommt und welche Informationen Sie dazu nutzen. Dieser Prozeß wird mit einer Videokamera aufgenommen und später ausgewertet.
Wenn Sie Fragen zum Ablauf und/oder den Informationen haben, so können Sie diese selbstverständlich vor Beginn oder auch jederzeit während der Untersuchung stellen.

Herzlichen Dank für Ihre Mithilfe!

Anhang 4.1: Ausprägungen der Informationen excl. Aktienkurs

	Gutes Unternehmen I				Gutes Unternehmen II				Gutes Unternehmen III			
KENNZAHLEN	*31.12.99*	*30.09.99*	*30.06.99*	*Branchen vergleich 31.12.99*	*31.12.99*	*30.09.99*	*30.06.99*	*Branchen vergleich 31.12.99*	*31.12.99*	*30.09.99*	*30.06.99*	*Branchen vergleich 31.12.99*
Verschuldung V	27,5%	22%	16,1%	-57,7%	32,7%	25,0%	22,7%	-49,7%	28,8%	23,1%	16,9%	-55,7%
Rentabilität CR	31,2%	23,8%	21,6%	+58,7%	26,1%	20,9%	11,1%	+74%	29,6%	22,6%	20,5%	+97,3%
Finanzkraft CFK	107,2%	106,4%	128,8%	+166%	101,8%	101,1%	122,8%	+208,0%	96,5%	95,8%	115,9%	+192,4%
Kfr. Rückzahlungs-fähigkeit KRF	5 Tage	9 Tage	12 Tage	-80,0%	6 Tage	10 Tage	11 Tage	-76,0%	6 Tage	11 Tage	9 Tage	-76,0%
UNTERNEHMENS KLASSIFIKATOR	+7,93				+8,12				+7,56			
	Umsatz [Mio DM]		*Anzahl MA*		*Umsatz [Mio DM]*		*Anzahl MA*		*Umsatz [Mio DM]*		*Anzahl MA*	
FIRMENGRÖßE	330.000		104.073		1.101		3.648		106		518	

	Gutes Unternehmen I	Gutes Unternehmen II	Gutes Unternehmen III
ZEITUNGSMELDUNG (WIRTSCHAFTSPRESSE) ÜBER BRANCHENENTWICKLUNG	Mit der YYY-Branche hat sich ein neues, schnell wachsendes Marktsegment entwickelt. Produkte dieser Branche werden in den kommenden Jahren in größerem Umfang benötigt.	Die Branche YYY blickt auf ein erfolgreiches Jahr 1999 zurück. Mit dem Export habe die Branche einen historischen Rekord erreicht, sagte der Präsident des Verbandes ZZZ.	Großen Bedarf an Mitarbeitern meldet die Branche YYY. Sie setzten eigenen Angaben zufolge im vergangenen Jahr 40% mehr Angebote auf den Stellenmarktseiten als 1998.
ZEITUNGSMELDUNG (WIRTSCHAFTSPRESSE) ÜBER FIRMENENTWICKLUNG	ABC will sein Kerngeschäft durch weitere Firmenübernahmen in Deutschland und Westeuropa weiter stärken.	Nach einer deutlichen Ergebnisverbesserung im ersten Quartal hat ABC seine Prognosen für das kommende Geschäftsjahr angehoben.	„Wir werden wieder an die goldenen Jahre anknüpfen." Mit diesen Worten umschreibt der Verantwortliche für Marketing und Vertrieb die Ziele der nächsten Jahre. Schon 1999 sei ein überraschender Erfolg geglückt.
SCHLAGZEILE (TAGESPRESSE)	ABC wächst stärker als die Branche	ABC wächst durch neue Tochtergesellschaften.	ABC kann Ergebnis mehr als verdoppeln.

	Nicht eindeutiges Unternehmen I				Nicht eindeutiges Unternehmen II				Nicht eindeutiges Unternehmen III			
KENNZAHLEN	*31.12.99*	*30.09.99*	*30.06.99*	*Branchen vergleich 31.12.99*	*31.12.99*	*30.09.99*	*30.06.99*	*Branchen vergleich 31.12.99*	*31.12.99*	*30.09.99*	*30.06.99*	*Branchen vergleich 31.12.99*
Verschuldung V	36,7%	43,5%	40,1%	-43,5%	38,6%	45,8%	42,2%	-40,7%	40,5%	48,1%	44,3%	-37,7%
Rentabilität CR	19,0%	16,3%	26,5%	+26,6%	18,1%	15,5%	25,2%	+20,7%	17,2%	14,7%	23,9%	+14,6%
Finanzkraft CFK	35,2%	20,5%	24,8%	+6,6%	33,5%	19,5%	23,6%	-16,25%	31,8%	18,5%	22,4%	-3,6%
Kfr. Rückzahlungs-fähigkeit KRF	20 Tage	25 Tage	18 Tage	-20,0%	18 Tage	20 Tage	18 Tage	-28,0%	17 Tage	21 Tage	19 Tage	-32,0%
UNTERNEHMENS KLASSIFIKATOR	+0,93				+0,74				+0,57			
	Umsatz [Mio DM]		*Anzahl MA*		*Umsatz [Mio DM]*		*Anzahl MA*		*Umsatz [Mio DM]*		*Anzahl MA*	
FIRMENGRÖßE	530		5.015		4.500		524		85		759	

	Nicht eindeutiges Unternehmen I	**Nicht eindeutiges Unternehmen II**	**Nicht eindeutiges Unternehmen III**
ZEITUNGSMELDUNG (WIRTSCHAFTSPRESSE) ÜBER BRANCHENENTWICKLUNG	In den vergangenen Jahren hat die Branche schmerzlich erfahren, daß eine größere Konsumbereitschaft der Verbraucher sich noch lange nicht in den Umsatzzahlen niederschlagen muß.	Die Hoffnung auf eine Ertragssteigerung in der Branche KKK in diesem Jahr scheint sich offenbar nicht zu erfüllen.	Für die schwache Umsatzentwicklung der Branche YYY wird insbesondere der Preisverfall verantwortlich gemacht, der sich im vergangenen Jahr fortgesetzt hat.
ZEITUNGSMELDUNG (WIRTSCHAFTSPRESSE) ÜBER FIRMENENTWICKLUNG	ABC hat seine Produktion 1999 erstmals seit langer Zeit beträchtlich einschränken müssen. Es wurden rund 14% weniger Produkte als im Vorjahr hergestellt.	Trotz des schwierigen Branchenumfeldes hofft der Vorstandsvorsitzende auf steigenden Umsatz..	Der Hersteller von XXX strafft die Produktion weiter und muß Arbeitsplätze streichen..
SCHLAGZEILE (TAGESPRESSE)	ABC trotz Umsatzeinbruch profitabel	ABC erhöht Investitionen für das Marketing.	Übernahmeangebot für ABC.

	Schlechtes Unternehmen I				Schlechtes Unternehmen II				Schlechtes Unternehmen III			
KENNZAHLEN	*31.12.99*	*30.09.99*	*30.06.99*	*Branchen vergleich 31.12.99*	*31.12.99*	*30.09.99*	*30.06.99*	*Branchen vergleich 31.12.99*	*31.12.99*	*30.09.99*	*30.06.99*	*Branchen vergleich 31.12.99*
Verschuldung V	58,1%	60,0%	55,2%	-10,6%	55,2%	57,0%	51,4%	-15,1%	60,1%	62,0%	57,8%	-7,54%
Rentabilität CR	-8,6%	-26,4%	-20,5%	-157,3%	-7,9%	-24,8%	-19,4%	-152,6%	-9,1%	-27,7%	-21,5%	-160,6%
Finanzkraft CFK	-10,1%	-28,8%	-24,8%	-125,25%	-27,4%	-9,6%	-23,5%	-129,1%	-10,6%	-30,2%	-26,1%	-132,1%
Kfr. Rückzahlungs-fähigkeit KRF	83 Tage	83 Tage	75 Tage	+232,0%	78 Tage	77 Tage	69 Tage	+212,0%	81 Tage	82 Tage	79 Tage	+224,0%
UNTERNEHMENS KLASSIFIKATOR	-6,97				-7,31				-6,62			
	Umsatz [Mio DM]		*Anzahl MA*		*Umsatz [Mio DM]*		*Anzahl MA*		*Umsatz [Mio DM]*		*Anzahl MA*	
FIRMENGRÖßE	10.500		2.040		266		947		486		1.296	

	Schlechtes Unternehmen I	**Schlechtes Unternehmen II**	**Schlechtes Unternehmen III**
ZEITUNGSMELDUNG (WIRTSCHAFTSPRESSE) ÜBER BRANCHENENTWICKLUNG	Expertenprognosen erwarten in den kommenden 10 Jahren einen Aufwärtstrend für die Branche ZZZ.	Die Branche ZZZ kämpft gegen eigene Überkapazitäten und gegen massiven Preisdruck der großen Abnehmer im Handel. Viele Hersteller werden diesen Kampf nicht überstehen.	Die Branche ZZZ hatte 1999 zum dritten Mal hintereinander ein schwieriges Jahr. Darauf haben Vertreter der Branche anläßlich einer Messe hingewiesen. Das lag zum einen an einer niedrigen Ausfuhr, zum anderen waren Produkte dieser Art beim Verbraucher weniger gefragt.
ZEITUNGSMELDUNG (WIRTSCHAFTSPRESSE) ÜBER FIRMENENTWICKLUNG	ABC hat ein drastisches Umstrukturierungsprogramm angekündigt, um einen Verlust im laufenden Geschäft auch für dieses Jahr noch abzuwenden.	Die Rating-Agenturen haben ihre Bewertung für den Hersteller von XXX aufgrund niedriger Margen, sinkenden Umsätzen , hoher Verschuldung und Schwierigkeiten in Fertigung und Vertrieb weiter heruntergesetzt.	Nach dem Ergebniseinbruch im abgelaufenen Geschäftsjahr will ABC seine Kapitalstruktur neu ordnen.
SCHLAGZEILE (TAGESPRESSE)	ABC in der Krise!	ABC erleidet abermals herben Rückschlag.	Kein Ende der Spekulationen um ABC.

Anhang 4.2 Aktuelle Aktienkurse und Liniencharts

Gutes Unternehmen I

Aktueller Kurs: 1830,20 DM

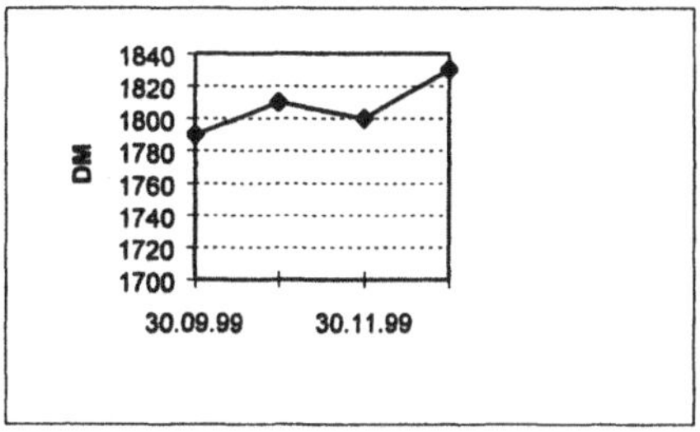

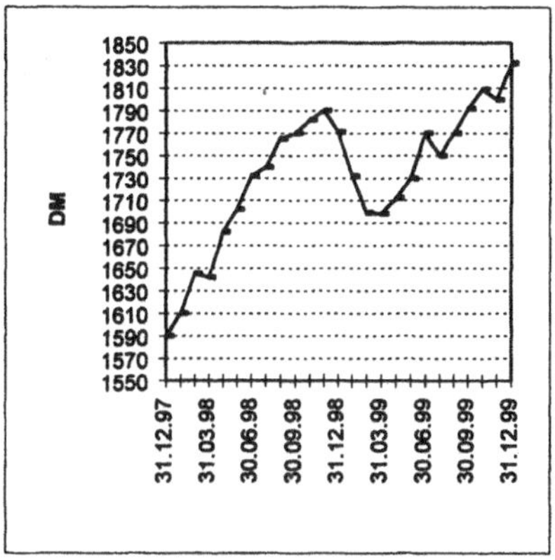

Gutes Unternehmen II

Aktueller Kurs 1795,30 DM

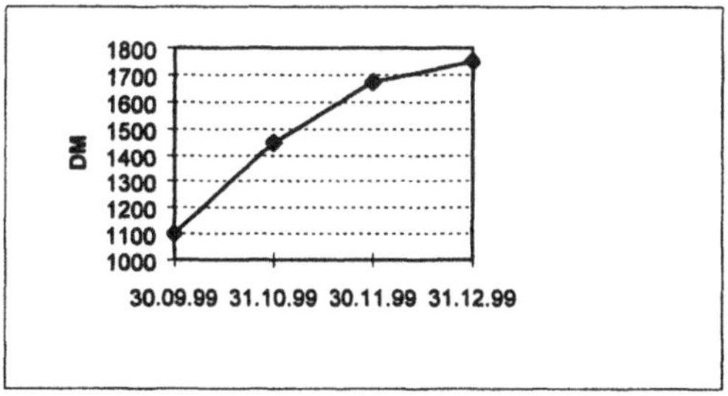

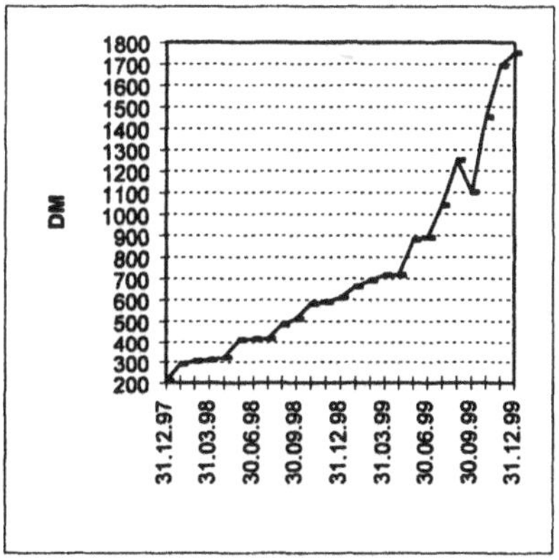

Gutes Unternehmen III

Aktueller Kurs: 275,30 DM

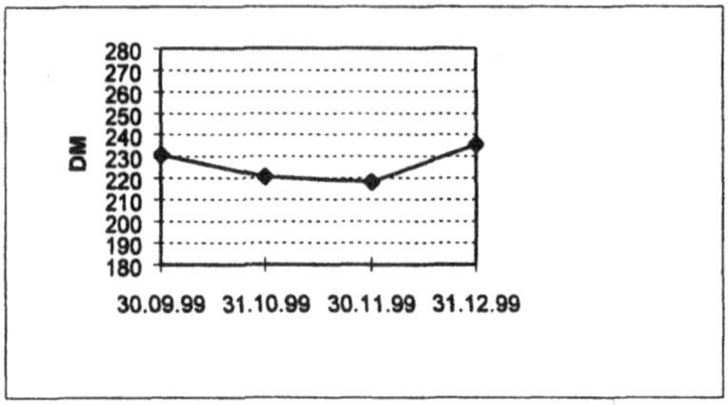

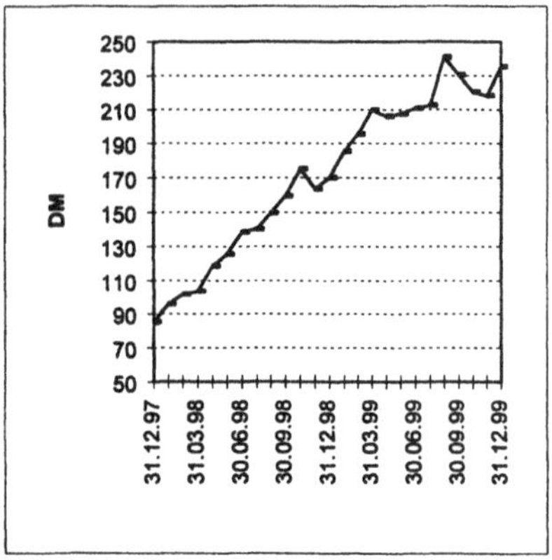

Nicht eindeutiges Unternehmen I

Aktueller Kurs: 338,50 DM

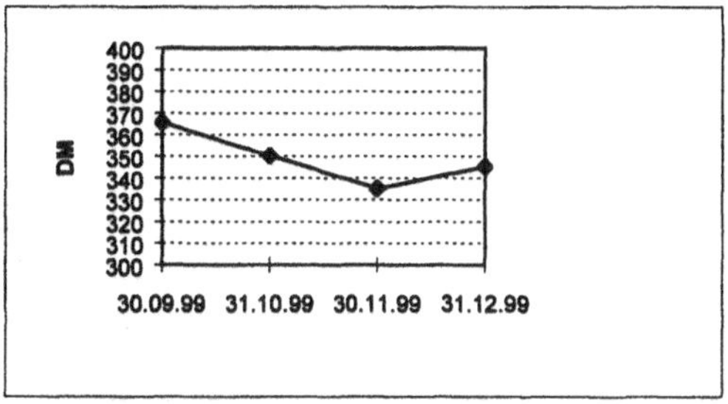

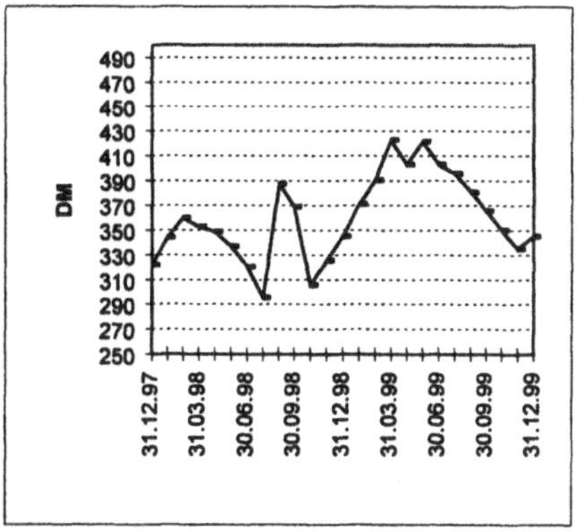

Nicht eindeutiges Unternehmen II

Aktueller Kurs 650,30 DM

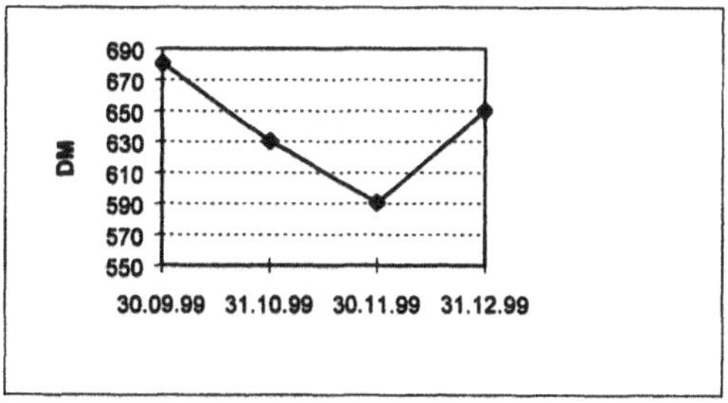

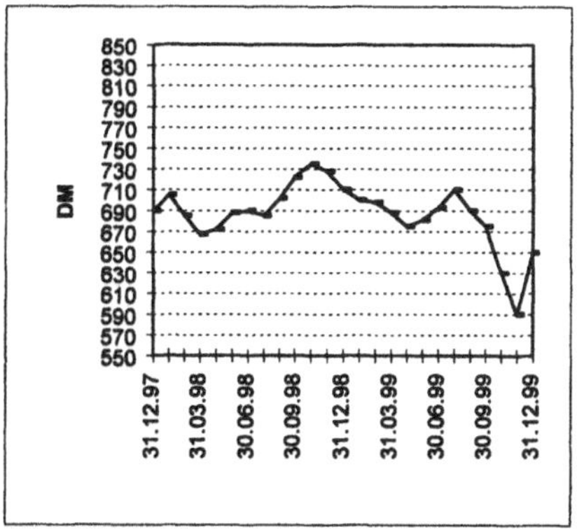

Nicht eindeutiges Unternehmen III

Aktueller Kurs: 398,50 DM

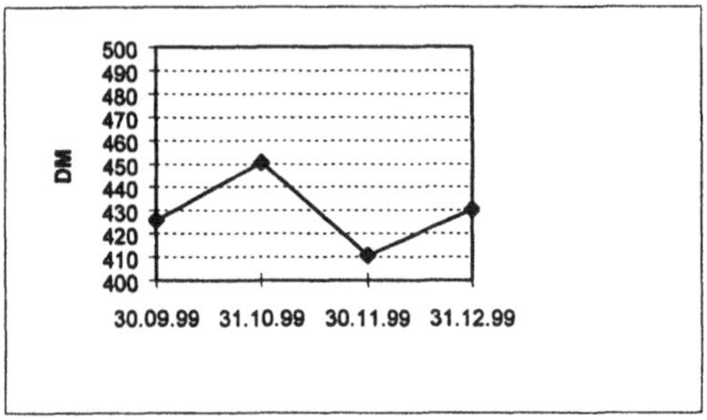

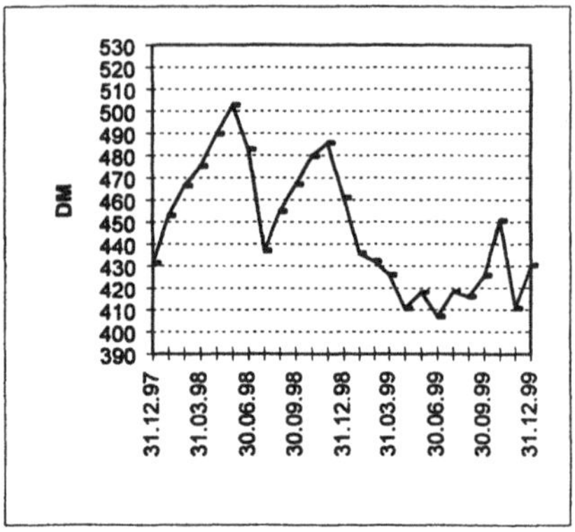

Schlechtes Unternehmen I

Aktueller Kurs: 55,20 DM

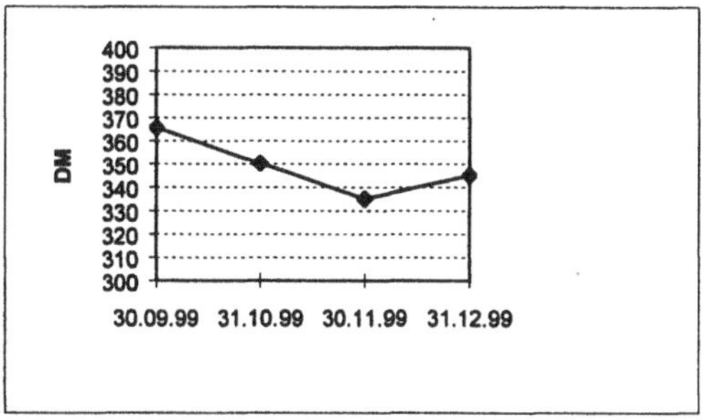

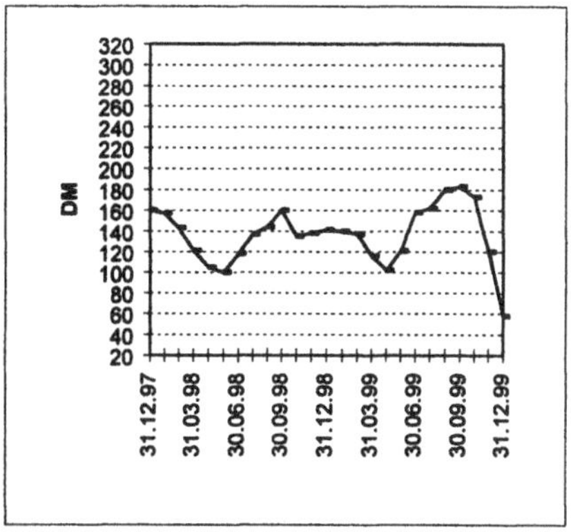

Schlechtes Unternehmen II

Aktueller Kurs 1395,40 DM

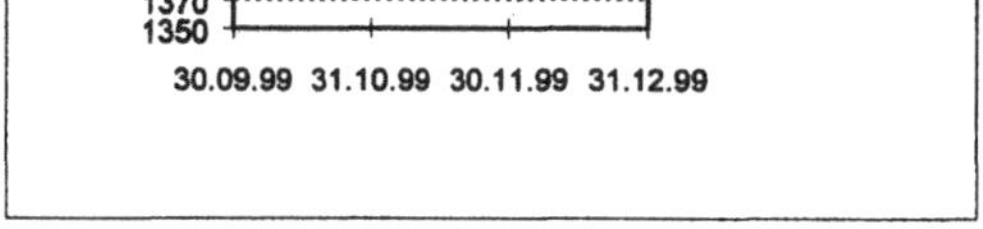

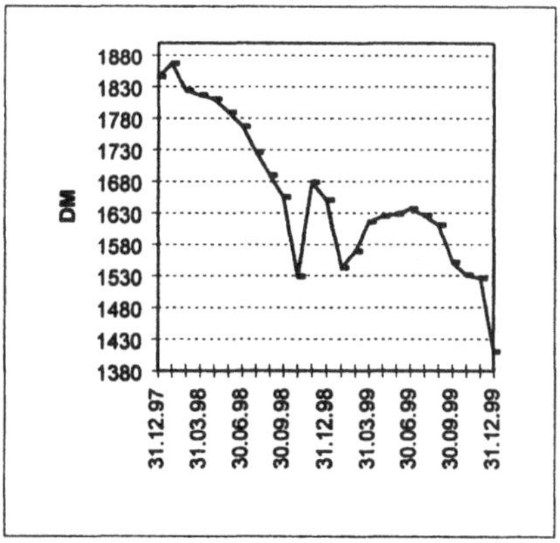

Schlechtes Unternehmen III

Aktueller Kurs: 171,10 DM

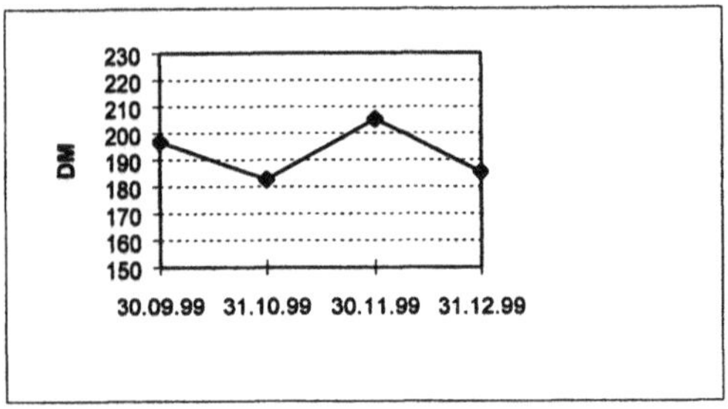

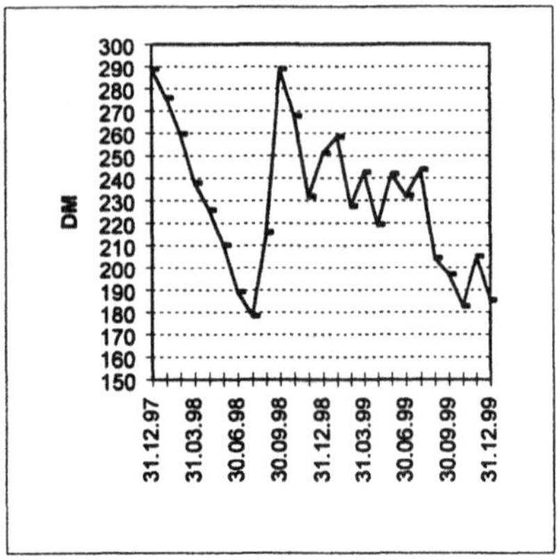

Anhang 5: Fragebogen zur Ermitlung kognitiver Persönlichkeitsmerkmale und des Vorwissens

Otto-Friedrich Universität Bamberg

Lehrstuhl für Betriebswirtschaftslehre, insbesondere Finanzwirtschaft
Prof. Dr. Andreas Oehler

Projektleiterin: Dipl.-Wirtsch.Inf. Jutta Schmidt

Ihre Teilnehmernummer:..

Liebe Teilnehmerinnen und Teilnehmer!

bitte füllen Sie den folgenden Fragebogen sorgfältig aus. Gehen Sie bei der Bearbeitung der Fragen zügig vor und blättern Sie nach Möglichkeit nicht vor oder zurück.

Seien Sie versichert, daß Ihre Antworten nur zu dem Zweck des Projektes verwendet werden, das Sie soeben kennengelernt haben. Selbstverständlich bleibt auch die Anonymität in allen erhobenen Daten gewahrt.

Im voraus bedanken wir uns herzlich für Ihre Mühe.

Frage 1

Geben Sie im folgenden auf einer Skala von **1 (stimme ich sehr zu)** bis **5 (stimme ich überhaupt nicht zu)** Ihre Meinung zu den getroffenen Aussagen an.

Ich übernehme gerne Verantwortung	1——2——3——4——5
Es hat sich für mich als gut erwiesen, selbst Entscheidungen zu treffen, anstatt mich auf das Schicksal zu verlassen.	1——2——3——4——5

Bei Problemen und Widerständen finde ich in der Regel Mittel und Wege, um mich durchzusetzen.	1——2——3——4——5
Erfolg ist oft weniger von Leistung, sondern vielmehr von Glück abhängig.	1——2——3——4——5
Ich habe häufig das Gefühl, daß ich wenig Einfluß darauf habe, was mit mir geschieht.	1——2——3——4——5
Bei wichtigen Entscheidungen orientiere ich mich oft an dem Verhalten von anderen.	1——2——3——4——5

Frage 2:

Bei den nachfolgenden Fragen ist es möglich, daß alle Aussagen falsch sind (kein Kreuz), alle Aussagen richtig sind oder einige Aussagen richtig, andere falsch sind.

1. Das Gemälde „Mona Lisa"

   ❍ stammt von Michelangelo
   ❍ stellt ein Schiff dar
   ❍ befindet sich im Louvre/Paris
   ❍ stammt von Leonardo da Vinci
   ❍ ist ein Aquarell.

2. Hamburg

   ❍ liegt nördlicher als Bremen
   ❍ ist die größte Stadt Niedersachsens
   ❍ ist die größte Stadt Schleswig-Holsteins

liegt an einem großen Strom

   ❍ der in Deutschland entspringt
   ❍ der in die Ostsee mündet
   ❍ in den die Spree mündet.

3. Nach der Bibel

   ❍ war Pontius Pilatus ein Zeitgenosse von Moses
   ❍ hielt sich Jesus vorübergehend in Ägypten auf

- O gehörte Paulus zu den Jüngern von Jesus
- O stammen die Psalme von König Salomo.

4. Der deutsche Bundeskanzler wird gewählt durch
   - O den Bundespräsidenten
   - O den Bundesrat
   - O alle volljährigen Bürger der Bundesrepublik
   - O den Bundestag
   - O die Bundesversammlung.
5. Konrad Adenauer war in der Bundesrepublik der erste
   - O Bundespräsident
   - O Bundeskanzler
   - O Bundesratspräsident
   - O Innenminister.
6. Pferde zählen zu den
   - O Wirbeltieren
   - O Säugetieren
   - O Wiederkäuern
   - O Paarhufern.

Frage 3:

Sie haben soeben einige allgemeine Fragen beantwortet. Wie kompetent fühlten Sie sich dabei? Bitte kreuzen Sie dazu auf einer Skala von **1 (überhaupt nicht kompetent)** bis **5 (sehr kompetent)** den entsprechenden Wert an.

1———2———3———4———5

Frage 4:

Im folgenden finden Sie verschiedene Kennzahlen und eine kurze Definition. Beurteilen Sie - unter der Annahme, daß die einzelnen Kennzahlen isoliert betrachtet werden können - für jede Kennzahl, ob eine **Steigerung** derselben positiv oder negativ für ein Unternehmen wäre:

■ Verschuldung V:

V=kurzfristiges Fremdkapital/Bilanzsumme;

❑ positiv ❑ negativ ❑ weiß ich nicht

■ Kapitalstruktur KS

KS=korr. Eigenkapital/korr. Bilanzsumme

❑ positiv ❑ negativ ❑ weiß ich nicht

■ Finanzkraft FK:

FK=Cash-Flow/Fremdkapital

❑ positiv ❑ negativ ❑ weiß ich nicht

■ Rentabilität R

R=Cash-Flow/Bilanzsumme

❑ positiv ❑ negativ ❑ weiß ich nicht

■ Liquidität L:

L=Umlaufvermögen/Verbindlichkeiten

❑ positiv ❑ negativ ❑ weiß ich nicht

■ Aktienrendite AR:

AR=Jahresüberschuß/Marktwert

❑ positiv ❑ negativ ❑ weiß ich nicht

■ Eigenkapitalrendite EKR:

EKR=Jahresüberschuß/Eigenkapital

❑ positiv ❑ negativ ❑ weiß ich nicht

■ Eigenkapitalquote EKQ

EKQ=Eigenkapital/Gesamtkapital

❑ positiv ❑ negativ ❑ weiß ich nicht

■ Kapitalbindung

KB=(Verbindlichkeiten aus Lieferung u. Leistung + sonst. Verbindlichkeiten)/ Umsatz

❑ positiv ❑ negativ ❑ weiß ich nicht

Frage 5:

Sie haben soeben einige Kennzahlen in ihrer Interpretation beurteilt. Wie kompetent fühlten Sie sich bei der Einschätzung dieser Kennzahlen? Bitte kreuzen Sie dazu auf einer Skala von **1 (überhaupt nicht kompetent)** bis **5 (sehr kompetent)** den entsprechenden Wert an.

1——2——3——4——5

Frage 6:

Bei den nachfolgenden Fragen ist es möglich, daß alle Aussagen falsch sind (kein Kreuz), alle Aussagen richtig sind oder einige Aussagen richtig, andere falsch sind.

1. Eine Aktiengesellschaft im Gebiet der Bundesrepublik kann sich Finanzmittel durch die Emission folgender Wertpapiere beschaffen:

   O Anleihen
   O Investmentzertifikate
   O Wandelschuldverschreibungen
   O Bundesschatzbriefe
   O Gratisaktien
   O Genußscheine.

2. An den deutschen Wertpapierbörsen werden gehandelt:

   O Bundesanleihen
   O Optionsscheine
   O Investmentzertifikate
   O Vorzugsaktien
   O Depositenzertifikate
   O Zero-Bonds.

3. Der Kurszusatz bG hinter einem veröffentlichten Aktienkurs bedeutet:

   O die Aktien müssen noch bezahlt werden
   O die Aktien werden erst noch gedruckt
   O die Aktien wurden zugeteilt
   O es bestand ein kleiner Nachfrageüberhang
   O die Aktien wurden nicht gehandelt.

4. Die auf der Passivseite der Bilanz ausgewiesenen Kapitalrücklagen

   O sind neben den gesetzlichen und den Gewinnrücklagen sowie dem gezeichneten Kapital ein Bestandteil des wirtschaftlichen Eigenkapitals
   O enthalten bei Personengesellschaften die Einlagen der Gesellschafter
   O nehmen das im Rahmen von Kapitalerhöhungen zufließende Agio auf

O stellen finanzielle Mittel dar, die dem Unternehmen zur Tilgung von Schulden oder zur Finanzierung von Investitionen zur Verfügung stehen.

5. Stille Reserven (=stille Rücklagen)

O sind Teile des Eigenkapitals und können aus der Bilanz direkt ermittelt werden

O stellen ein Finanzpolster dar, über das das Unternehmen jederzeit uneingeschränkt verfügen kann

O können durch die Überbewertung von Passiva und durch die Unterbewertung bzw. die Nicht-Aktivierung von Vermögensgegenständen gebildet werden

O werden durch die Veräußerung unterbewerteter Vermögensgegenstände (d.h. der erzielte Verkaufspreis ist höher als der entsprechende Restbuchwert) aufgelöst.

Frage 7:

Sie haben soeben einige Fragen aus dem Gebiet der Finanzwirtschaft beantwortet. Wie kompetent fühlten Sie sich dabei? Bitte kreuzen Sie dazu auf einer Skala von **1 (überhaupt nicht kompetent)** bis **5 (sehr kompetent)** den entsprechenden Wert an.

1———2———3———4———5

Nun noch einige Fragen zu Ihrer Person:

- Geschlecht: ❑ männlich ❑ weiblich
- Alter: ❑ zwischen 20-25 Jahre
  ❑ zwischen 25-35 Jahre
  ❑ zwischen 35-45 Jahre
  ❑ zwischen 45-55 Jahre
- Sind Sie am Aktienmarkt aktiv und/oder waren dies bereits in der Vergangenheit?

❑ ja ❑ nein

wenn ja: Nehmen Sie bei Aktienmarktentscheidungen den Rat anderer Personen in Anspruch?

❑ ja ❑ nein

wenn ja, welche:
- ❑ Bankberater
- ❑ Freunde
- ❑ Verwandte
- ❑ andere:..
....

- Haben Sie aus beruflichen oder privaten Gründen Erfahrungen mit der Jahresabschlußanalyse?

  ❑ beruflich ❑ privat ❑ nein

- Haben Sie aus beruflichen oder privaten Gründen Erfahrungen mit Unternehmensbewertungen?

  ❑ beruflich ❑ privat ❑ nein

- Lesen Sie regelmäßig...
  - ❑ den Wirtschaftsteil einer überregionalen Tageszeitung
  - ❑ Wirtschaftszeitungen (z.B. Handelsblatt, Börsenzeitung)
  - ❑ Wirtschaftszeitschriften (z.B. WirtschaftsWoche, Capital)?

Literaturverzeichnis

Abele, A. (1985) Thinking about Thinking, in: European Journal of Social Psychology, 15, 1985, S. 315-332.

Abernathy, E.M. (1940) The effect of changed environmental conditions upon the results of college examinations, in: Journal of Psychology, 10, 1940, S. 293-301.

Adler, H./ Düring, W./ Schmaltz, K. (1995) Rechnungslegung und Prüfung der Unternehmen - Kommentar zu HGB, AktG, GmbHG, PublG nach den Vorschriften des Bilanzrichtliniengesetzes, 6. Aufl. neu bearb. von Forster, K.H. et al., 2.Tb., Stuttgart, 1995.

Admati, A.R. (1991) The informational role of prices, in: Journal of Monetary Economics, 28, 1991, S. 347-361.

Aggarwal, R. (1981) Exchange Rates and Stock Prices: a study of the U.S. Capital Markets under floating exchange rates, in: Akron Business and Economic Review, 12, 1981, S. 7-12.

Aharony, J./ Swary, I. (1980) Quarterly Dividend and Earnings Announcements and Stockholder's Return: an empirical Analysis, in: Journal of Finance, 35, 1980, S. 1-12.

Alchian, A.A./ Demsetz, H. (1972) Production, Information Costs, and Economic Organization, in: American Economic Review, 72, 1972, S. 777-795.

Alloy, L.B./ Abramson, L. (1979) Judgement of contingency in depressed and non-depressed students, in: Journal of Experimental Psychology, 108, 1979, S. 441-485.

Amelang, M./ Bartussek, D. (2001) Differentielle Psychologie und Persönlichkeitsforschung, 5. akt. und erw. Aufl., Stuttgart u.a., 2001.

Amihud, Y./ Mendelson, H. (1988) Liquidity, Volatility, and Exchange Automation, in: Journal of Accounting, Auditing, and Finance, 3, 1988, S. 369-395.

Amihud, Y./ Murgia, M. (1997) Dividend, taxes and signalling: Evidence from Germany, in: Journal of Finance, 52, 1997, S. 397-408.

Anderson, N.H. (1986) A Cognitive Theory of Judgement and Decision, in: Brehmer, B. et al. (Eds.) New Directions in Research of Decision Making, Amsterdam, 1986, S. 63-108.

Anderson, N.H./ Hubert, S. (1963) Effects of concomitant verbal recall on order effects on personality impression formation, in: Journal of Verbal Learning and Verbal Behavior, 2, 1963, S. 379-391.

Andreassen, P.B. (1987) On the Social Psychology of the Stock Market: Aggregate Attributional Effects and the Regressiveness of Prediction, in: Journal of Personality and Social Psychology, 53, 1987, S. 490-496.

Andreassen, P.B. (1988) Explaining the Price-Volume Relationship: The Difference between Price Changes and Changing Prices, in: Organizational Behavior and Human Performance, 41, 1988, S. 371-389.

Andreassen, P.B. (1990) Judgmental Extrapolation and Market Overreaction: On the Use and Disuse of News, in: Journal of Behavioral Decision Making, 3, 1990, S. 153-174.

Antonides, G./ van Raaij, W. F. (1998) Consumer Behaviour: A European Perspective, Chichester, 1998.

Apostolopoulos, A. (1986) Aktienkurse und Rationale Erwartungen - Eine makroökonomische Untersuchung der Informationseffizienz des deutschen Aktienmarktes 1965-1982, Frankfurt/Main, 1986.

Aronson, E. (1994) Sozialpsychologie, Heidelberg, Berlin, 1994.

Arrow, K.J. (1964) The Role of Securities in the Optimal Allocation of Risk-Bearing, in: Review of Economic Studies, 31, 1964, S. 91-96.

Asch, S.E. (1946) Forming Impressions of Personality, in: The Journal of Abnormal and Social Psychology, 41, 1946, S. 258-290.

Aschenbrenner, K.M./ Albert D./ Schmalhofer, F. (1984) Stochastic choice heuristics, in: Acta psychologica, 56, 1984, S. 153-166.

Asprem, M. (1989) Stock Prices, Asset Portfolios and Macroeconomic Variables in Ten European Countries, in: Journal of Banking and Finance, 13, 1989, S. 589-612.

Atherton, E./ French, S. (1997) Issues in Supporting Intertemporal Choice, in: Karwan, M.H., Spronk, J., Wallenius, J. (Eds.) Essays in Decision Making, Wiesbaden, 1997, S. 135-156.

Atiase, R. (1985) Predisclosure Information, Firm Capitalization, and Security Price Behavior around Earnings Announcements, in: Journal of Accounting Research, 23, 1985, S. 21-36.

Atkinson, R.C./ Shiffrin, R.M. (1968) Human Memory: A proposed system and its control processes, in: Spence, K.W., Spence, J.T. (Eds.) The Psychology of learning and motivation, Vol. 2, New York, 1968, S. 89-195.

Baddeley, A.D. (1966) Short-term memory for word sequences as a function of acoustic, semantic, and formal similarity, in: Quarterly Journal of Experimental Psychology, 18, 1966, S. 362-365.

Baetge, J. (1996) Bilanzen, Düsseldorf, 1996.

Baetge, J. (1998) Empirische Methoden zur Früherkennung von Unternehmenskrisen, Opladen, 1998.

Baetge, J./ Commandeur, D. (1986) Vergleichbar - vergleichbare Beträge in aufeinanderfolgenden Jahresabschlüssen, in: Leffson, U., Rückle, D., Großfeld, S. (Hrsg.) Handwörterbuch unbestimmter Rechtsbegriffe im Bilanzrecht des HGB, Köln, 1986, S. 326-335.

Baetge, J./ Dossmann, C./ Kruse, A. (2000) Krisendiagnose mit Künstlich Neuronalen Netzen, in: Hauschildt, J., Leker, J. (Hrsg.) Krisendiagnose durch Bilanzanalyse, Köln, 2000, S. 179-220.

Baetge, J./ Fischer, T./ Paskert, D. (1989) Der Lagebericht, Stuttgart, 1989.

Baetge, J./ Jerschensky, A. (1996) Beurteilung der wirtschaftlichen Lage von Unternehmen mit Hilfe von modernen Verfahren der Jahresabschlußanalyse, in: Der Betrieb, H. 32, 1996, S. 1581-1591.

Baetge, J./ Manolopoulos, P.R. (1999) Bilanz-Ratings zur Beurteilung der Unternehmensbonität - Entwicklung und Einsatz des BBR Baetge-Bilanz-Rating im Rahmen des Benchmarking, in: Die Unternehmung, 53, 1999, S. 351-371.

Baetge, J./ Schlösser, J. (1993) Zwischenberichterstattung in Theorie und Praxis, in: Fritsch, U. et al. (Hrsg.) Die deutsche Aktie, Stuttgart, 1993, S.225-249.

Bain, A.D. (1981) The Economics of the Financial System, Oxford, 1981.

Baker, K./ Haslem, J. A. (1973) Information needs of individual investors, in: The Journal of Accountancy, 1973, S. 64-69.

Bamberg, G./ Coenenberg, A.G. (2000) Betriebswirtschaftliche Entscheidungslehre, 10. überarb. und erw. Aufl., München, 2000.

Banz, R.W. (1981) The Relationship between Return and Market Value of Common Stocks, in: Journal of Financial Economics, 9, 1981, S. 3-18.

Barberis, N./ Shleifer, A./ Vishny, R. (1998) A Model of Investor Sentiment, in: Journal of Financial Economics, 49, 1998, S. 307-343.

Barberis, N./ Thaler, R. (2002) A Survey of Behavioral Finance, Working Paper 9222, Cambridge, 2002.

Barone, M./ Miniard, P.W./ Romeo, J. B. (2000) The Influence of Positive Mood on Brand Extension Evaluations, in: Journal of Consumer Research, 26, 2000, S. 386-399.

Basu, S. (1977) Investment Performance of Common Stocks in Relation to their Price-Earnings Ratios: A Test of the Efficient Market Hypothesis, in: Journal of Finance, 32, 1977, S. 663-682.

Basu, S. (1983) The Relationship between Earnings' Yield, Market Value and Return for NYSE Common Stocks, in: Journal of Financial Economics, 12, 1983, S. 129-156.

Beach, L.R. (1990) Image Theory: Decision making in Personal and Organizational Contexts, Chichester, 1990.

Beach, L.R. (1993) Image Theory: Personal and Organizational Decisions, in: Klein, G. A. et al. (Eds.) Decision Making in Action, Norwood, 1993, S. 148-157.

Beach, L.R./ Lipshitz, R. (1996) Why a New Perspective on Decision Making is Needed, in: Beach, L.R. (Ed.) Decision making in the Workplace, Mahwah, 1996, S. 21-32.

Beach, L.R./ Mitchell, T.R. (1978) A contingency model for the selection of decision strategies, in: Academy of Management Review, 3, 1978, S. 439-449.

Beach, L.R./ Mitchell, T.R. (1987) Image Theory: Principles, Goals, and Plans in Decision Making, in: Acta Psychologica, 66, 1987, S. 201-220.

Beaver, W.H. (1981) Market efficiency, in: The Accounting Review, 56, 1981, S. 23-37.

Becker, J.L./ Sarin, R.K. (1987) Lottery dependent utility, in: Management Science, 33, 1987, S. 1367-1382.

Behrens, G. (1991) Konsumentenverhalten: Entwicklungen, Abhängigkeiten, Möglichkeiten, 2., überarb. und erw. Aufl., Heidelberg, 1991.

Behrens, G. (1995) Verhaltenswissenschaftliche Grundlagen des Marketing, in: Tietz, B., Köhler, R., Zentes, J. (Hrsg.) Handwörterbuch des Marketing, 2., vollst. überarb. Aufl., Stuttgart, 1995, Sp. 2554-2564.

Behrens, T. (1997) Informationsnutzen am Aktienmarkt, Frankfurt/Main u.a., 1997, zugl. Diss. Universität Innsbruck, 1996.

Belkaoui, A. (1980) Industrial Bond Ratings: A new look, in: Financial Management, Autumn, 1980, S. 44-51.

Bell, D.E. (1982) Regret in Decision Making under Uncertainty, in: Operations Research, 30, 1982, S.961-981.

Bell, D.E. (1985) Disappointment in Decision Making under Uncertainty, in: Operations Research, 33,1985, S. 1-27.

Ben Zur, H./ Breznitz, S.J. (1981) The Effect of Time Pressure on Risky Choice Behavior, in: Acta Psychologica, 47, 1981, S. 89-104.

Bentin, S./ Moscovitch, M./ Nirhod, O. (1998) Levels of processing and selective attention effects on encoding in memory, in: Acta psychologica, 98, 1998, S. 311-341.

Berblinger, J. (1996) Marktakzeptanz des Ratings durch Qualität, in: Büschgen, H.E., Everling, O. (Hrsg.) Handbuch Rating, Wiesbaden, 1996, S. 21-110.

Berekoven, L./ Eckert, W./ Ellenrieder, P. (2001) Marktforschung, 9. Aufl., Wiesbaden, 2001.

Bernard, V./ Thomas, J. (1989) Post-Earnings Announcement Drift: Delayed Price Response or Risk Premium?, in: Journal of Accounting Research, 27, 1989, S. 1-36.

Bernstein, P.L. (1987) Liquidity, Stock Markets, and Market Makers, in: Financial Management, Summer, 1987, S. 54-62.

Best, J.B. (1999) Cognitive Psychology, 5. Aufl., Belmont, 1999.

Betsch, T./ Fiedler, K./ Brinkmann, J. (1998) Behavioral routines in decision making: The effects of novelty in task presentation and time pressure on routine maintenance and deviation, in: European Journal of Social Psychology, 28, 1998, S. 861-878.

Bettman, J.R. (1979) An Information Processing Theory of Consumer Choice, Reading, 1979.

Bettman, J.R./ Luce, J./ Payne, J. (1998) Constructive Consumer Choice Processes, in: Journal of Consumer Research, 25, 1998, S. 187-217.

Biasio, S. (1969) Entscheidung als Prozeß, Münsingen, 1969.

Bieg, H. (1993) Jahresabschlußanalyse, in: Der Steuerberater, 12, 1993, S. 454-461.

Bienert, H. (1996) Der Marktprozeß an Aktienbörsen, Wiesbaden, 1996, zugl. Diss. Universität Mannheim, 1994.

Biggs, S.F./ Mock, T.J. (1983) An Investigation of Auditor Decision Processes in the Evaluation of Internal Controls and Audit Scope Decisions, in: Journal of Accounting Research, 21, 1983, S.234-255.

Birnbaum, M.H./ Chavez, A. (1997) Tests of Theories of Decision Making: Violations of Branch Independence and Distribution Independence, in: Organizational Behavior and Human Decision Processes, 71, 1997, S. 161-194.

Bitz, M. (1981) Entscheidungstheorie, München, 1981.

Bitz, M. (1988a) Asymmetrien von Information, Einfluß und Betroffenheit als Determinanten des Finanzmanagements, Diskussionsbeitrag Nr. 136 des Fachbereichs Wirtschaftswissenschaften der Fernuniversität Hagen, 1988.

Bitz, M. (1988b) Kreditvergabe und Verschuldung bei Risikoscheu - Eine risikotheoretische Analyse der Beziehungen zwischen Bank und Kreditnehmer, in: Rudolph, B., Wilhelm, J. (Hrsg.) Bankpolitik, finanzielle Unternehmensführung und die Theorie der Finanzmärkte, Berlin, 1988, S. 67-105.

Bitz, M. (1999) Erwiderung zur Stellungnahme von Thomas Schildbach zu dem Aufsatz "Bernoulli-Prinzip und Risikoeinstellung", in: Zeitschrift für betriebswirtschaftliche Forschung, 51, S. 484-487.

Bitz, M. (2000a) Finanzdienstleistungen, 5., neu bearb. und erw. Aufl., München, Wien, 2000.

Bitz, M. (2000b) Finanz- und risikotheoretische Grundlagen der Betriebswirtschaftslehre, Dateikurs, Version 2.1, FernUniversität Hagen, 2000.

Bitz, M./ Hemmerde, W./ Rausch, W. (1986) Gesetzliche Regelungen und Reformvorschläge zum Gläubigerschutz: eine ökonomische Analyse, Berlin u.a., 1986.

Bitz, M./ Schneeloch, D./ Wittstock, W. (2000) Der Jahresabschluß: Rechtsvorschriften, Analyse, Politik, 3. Aufl., München, 2000.

Black, F./ Scholes, M.S. (1974) The Effects of Dividend Yield and Dividend Policy on Common Stock Prices and Returns, in: Journal of Financial Economics, 1, 1974, S. 1-22.

Blackwell, R./ Miniard, P.W./ Engel, J.F. (2001) Consumer Behavior, 9th Edition, Fort Worth et al., 2001.

Blaney, P.H. (1986) Affect and Memory: A Review, in: Psychological Bulletin, 99, 1986, S. 229-246.

Bless, H./ Betsch,T./ Franzen, A. (1998) Framing the Framing effect: The impact of context cues on solutions to the "Asian disease" problem, in: European Journal of Social Psychology, 28, 1998, S. 287-291.

Bless, H./ Ruder, M. (2000) Informationsverarbeitung und Stimmung, in: Otto, J.H., Euler, H.A., Mandl, H. (Hrsg.) Emotionspsychologie, Weinheim, 2000, S. 306-314.

Blochwitz, S./ Eigermann, J. (2000) Unternehmensbeurteilung durch Diskriminanzanalyse mit qualitativen Merkmalen, in: Zeitschrift für betriebswirtschaftliche Forschung, 52, 2000, S. 58-73.

Block, R.A./ Harper, D.R. (1991) Overconfidence in Estimation: Testing the Anchoring- and Adjustment Hypothesis, in: Organizational Behavior and Human Decision Processes, 49, 1991, S. 188-207.

Böhler, H. (1992) Marktforschung, 2., überarb. Aufl., Stuttgart u.a., 1992.

Böhmer, E./ Löffler, Y. (1999) Kursrelevante Ereignisse bei Unternehmensübernahmen: eine empirische Analyse des deutschen Kapitalmarktes, in: Zeitschrift für betriebswirtschaftliche Forschung, 51, 1999, S. 299-324.

Bonnier, K./ Bruner, R. (1989) An Analysis of Stock Price Reaction to Management Change in Distressed Firms, in: Journal of Accounting and Economics, 11, 1989, S. 95-106.

Booth, G./ Broussard, J./ Loistl, O. (1997) Earnings and stock returns: evidence from Germany, in: The European Accounting Review, 6, 1997, S. 589-603.

Borcherding, K. (1983) Entscheidungstheorie und Entscheidungshilfeverfahren für komplexe Entscheidungssituationen, in: Irle, M. (Hrsg.) Enzyklopädie der Psychologie: Methoden und Anwendungen in der Marktpsychologie, Göttingen u.a., 1983, S. 64-173.

Bortenlänger, C. (1996) Börsenautomatisierung: Effizienzpotentiale und Durchsetzbarkeit, Wiesbaden, 1996.

Bortz, J. (1999) Statistik für Sozialwissenschaftler, Berlin u.a., 1999.

Bortz, J./ Lienert, G.A./ Boehnke, K. (1990) Verteilungsfreie Methoden in der Biostatistik, Heidelberg, 1990.

Bos, W./ Tarnai, C.H. (1996) Computerunterstützte Inhaltsanalyse in den Empirischen Sozialwissenschaften, Münster, New York, 1996.

Bossaerts, P. (2001) Experiments with financial markets: implications for asset pricing theory, in: The American Economist, 45, 2001, S. 17-32.

Botosan, C.A./ Harris, M.S. (2000) Motivations for a Change in Disclosure Frequency and its Consequences, in: Journal of Accounting Research, 38, 2000, S. 329-353.

Bousfield, W.A. (1953) The Occurrence of Clustering in the Recall of Randomly Arranged Associates, in: Journal of General Psychology, 49, 1953, S. 229-240.

Bower, G.H. (1981) Mood and Memory, in: American Psychologist, 36, 1981, S. 129-148.

Boyd, J./ Jackson, J. (1988) Testing for Changes in Bond Rating Determinants over time, in: Akron Business and Economic Review, 19, 1988, S. 39-57.

Brandi, E. (1977) Informationswirkung der Jahresabschlußveröffentlichung auf Entscheidungen am Aktienmarkt, Diss. Universität Augsburg, 1977.

BR-Drs., (1987) Börsenzulassungsverordnung und Begründung, Drucksache 72/87 vom 20.02.1987.

Bridts, Ch. (1990) Zwischenberichtspublizität, Düsseldorf, 1990.

Brim, O.G. et al. (1962) Personality and Decision Processes, Stanford, 1962.

Briscoe, M.E./ Woodyard, H.D./ Shaw, M.E. (1967) Personality Impression Change as a Function of the Favorableness of First Impressions, in: Journal of Personality, 35, 1967, S. 343-357.

Broadbent, D.E. (1958) Perception and Communication, New York, 1958.

Brock, T.C (1965) Commitment to exposure as a determinant of information receptivity, in: Journal of Personality and Social Psychology, 2, 1965, S. 10-19.

Brock, T.C./ Balloun, J.L. (1967) Behavioral receptivity to dissonant information, in: Journal of Personality and Social Psychology, 6, 1967, S. 413-428.

Brown, J. (1958) Some tests of the decay theory of immediate memory, in: Quarterly Journal of Experimental Psychology, 10, 1958, S. 12-21.

Bühner, R. (1990) Reaktionen des Aktienmarktes auf Unternehmens-zusammenschlüsse: Eine empirische Untersuchung, in: Zeitschrift für betriebswirtschaftliche Forschung, 42, 1990, S. 295-316.

Bühner, R. (1992) Aktionärsbeurteilung grenzüberschreitender Zusammen-schlüsse, in: Zeitschrift für betriebswirtschaftliche Forschung, 44, 1992, S. 445-459.

Bungard, W./ Schultz-Gambard, J. (1990) Überlegungen zum Verhalten von Börsenakteuren aus kontrolltheoretischer Sicht, in: Maas, P., Weibler, J. (Hrsg.) Börse und Psychologie, Köln, 1990, S. 140-161.

Bungard, W./ Schultz-Gambard, J. (1999) Zur Methodik der Arbeits- und Organisationspsychologie, in: Hoyos, C., Frey, D. (Hrsg.) Arbeits- und Organisationspsycholgie, Weinheim, 1999, S. 611-630.

Büschgen, H.E. (1966) Wertpapieranalyse: Die Beurteilung von Kapitalanlagen in Wertpapieren, Stuttgart, 1966.

Busse von Colbe, W./ Reinhard, H. (1989) Zwischenberichterstattung nach neuem Recht für börsennotierte Unternehmen, Stuttgart, 1989.

Byrnes, J.P. (1998) The Nature and Development of Decision Making: A Self-Regulation Model, Mahwah, 1998.

Cadsby, C.B./ Ratner, M. (1992) Turn-of-Month and Pre-Holiday Effects on Stock Returns: Some International Evidence, in: Journal of Banking and Finance, 16, 1992, S. 497-509.

Camerer, C.F. (1987) Do Biases in Probability Judgement Matter in Markets? Experimental Evidence, in: American Economic Review, 77, 1987, S. 981-997.

Camerer, C.F (1992) Recent Tests of Generalizations of Expected Utility Theory, in: Ward, E. (Eds.) Utility Theories: Measurement and Applications, Norwell, 1992, S. 207-251.

Camerer, C.F./ Hogarth, R.M. (1999) The Effects of Financial Incentives in Experiments: A Review and Capital-Labor-Production Framework, in: Journal of Risk and Uncertainty, 19, 1999, S. 7-42.

Caplan, B. (2002) How Does War Shock the Economy?, in: Journal of International Money and Finance, 21, 2002, S. 145-162.

Carroll, J.S./ Johnson, E.J. (1990) Decision Research: A Field Guild, Newbury Park, 1990.

Charest, G. (1978) Dividend Information, Stock Returns and Market Efficiency II, in: Journal of Financial Economics, 6, 1978, S. 297-330.

Charitou, A./ Panagiotides, G. (1999) Financial analysis, future earnings and cash flows, and the prediction of stock returns: evidence for the UK, in: Accounting and Business Research, 4, 1999, S. 284-298.

Chaudhury, M.M./ Lee, C.F. (1997) Functional Form of Stock Return Model: Some International Evidence, in: Quarterly Review of Economics and Finance, 37, 1997, S.151-183.

Chen, N.F. (1983) Some Empirical Tests of the Theory of the Arbitrage Pricing, in: Journal of Finance, 38, 1983, S. 1393-1414.

Chen, N.F./ Roll, R./ Ross, S.A. (1986) Economic Forces and the Stock Market, in: Journal of Business, 59, 1986, S.383-403.

Clarke, R.G./ Statman, M. (1998) Bullish or Bearish?, in: Financial Analysts Journal, 1998, S. 63-72.

Clauß, G./ Finze, F.-R./ Partzsch, L. (1999) Statistik für Soziologen, Pädagogen, Psychologen und Mediziner: Grundlagen, 3. überarb. und erw. Aufl., Thun, 1999.

Clore, G.L./ Schwarz, N./ Conway, M. (1994) Affective Causes and Consequences of Social Information Processing, in: Wyer, R.S., Srull, T.K. (Eds.) Handbook of social cognition, 2. Aufl., Vol. 1, Hillsdale, 1994, S. 323-417.

Coase, R. H.(1960) The Nature of the Firm, in: Economica, 4, 1960, S. 386-405.

Coase, R.H. (1975) Marshall on Method, in: Journal of Law and Economics, 18, 1975, S. 25-31.

Coenenberg, A.G. (2000) Jahresabschluß und Jahresabschlußanalyse, 17., völlig neu bearb. und erw. Aufl., Landsberg/Lech, 2000.

Coenenberg, A.G./ Brandi, E. (1979) The Information Content of Annual Accounting Income Numbers of German Corporations - A Review of German Accounting Standards and Some Preliminary Empirical Results, in: The Annals of the School of Business Administration, Kobe University, No. 23, 1979, S. 1-22.

Coenenberg, A.G./ Bridts, C. (1992) Zwischenberichtspublizität in der BR Deutschland, in: Moxter, A. (Hrsg.) Rechnungslegung: Entwicklungen bei der Bilanzierung und Prüfung von Kapitalgesellschaften, Festschrift zum 65. Geburtstag von Prof. Dr. Dr.h.c. K.-H. Forster, Düsseldorf, 1992, S. 173-197.

Coenenberg, A.G./ Federspieler, C. (1999) Zwischenberichtspublizität in Europa - Der Informationsgehalt der Zwischenberichterstattung deutscher, britischer und französischer Unternehmen, in: Zeitschrift für betriebswirtschaftliche Forschung, Sonderheft 41, 1999, S. 167-198.

Coenenberg, A.G./ Henes, F. (1995) Der Informationsgehalt der Zwischenberichtspublizität nach §44b Börsengesetz, in: Zeitschrift für betriebswirtschaftliche Forschung, 47,1995, S.969-995.

Coenenberg, A.G./ Möller, P. (1979) Entscheidungswirkungen von Jahresabschlußinformationen vor und nach der Aktienrechtsreform von 1965, in: Betriebswirtschaftliche Forschung und Praxis, 5, 1979, S. 438-454.

Cohen, J.B./ Zinbarg, E.D. (1967) Investment Analysis and Portfolio Management, Homewood, 1967.

Cohen, K.J. et al. (1986) The microstructure of securities markets, Englewood Cliffs, 1986.

Collins, A.M./ Loftus, E.F. (1975) A spreading activation theory of semantic processing, in: Psychological Review, 82, 1975, S. 407-428.

Collins, A.M./ Quillian, M.R. (1969) Retrieval time from semantic memory, in: Journal of Verbal Learning and Verbal Behavior, 9, 1970, S.143-150.

Connolly, T./ Beach, L.R. (1995) The Theory of Image Theory: an examination of the central conceptual structure, in: Caverni, J.P. et al. (Eds.) Contributions to decision making, Amsterdam, 1995, S. 83-96.

Conrad, R. (1964) Acoustic confusions in immediate memory, in: British Journal of Psychology, 55, 1964, S. 75-84.

Constantinides, A.G./ Malliaris, A.G. (1995) Portfolio Theory, in: Jarrow, R.A., Maksimovic, V., Ziemba, W.T. (Eds.) Handbooks in Operations Research and Management Science, 9, Finance, Amsterdam u.a., 1995, S. 1-29.

Cooper, I.A./ Kaplanis, E.C. (1994) Home bias and equity portfolios, inflation hedging, and international capital market equilibrium, in: Review of Financial Studies, 7, 1994, S. 45-60.

Coughlan, A./ Schmidt, R. (1985) Executive Compensation, Management Turnover, and Firm Performance: An Empirical Investigation, in: Journal of Accounting and Economics, 7, 1985, S. 43-66.

Coursey, D.L./ Hovis, J.L./ Schulze, W.D (1987) The Disparity between Willingness to Accept and Willingness to Pay Measures of Value, in: Quarterly Journal of Economics, August, 1987, S. 679-690.

Cowan, N. (1988) Evolving conceptions of memory storage, selective attention, and their mutual constraints within the human information processing system, in: Psychological Bulletin, 104, 1988, S. 163-191.

Craik, F.I.M. (1970) Fate of primary memory items in free recall, in: Journal of Verbal Learning and Verbal Behavior, 9, 1970, S.99-105.

Craik, F.I.M./ Lockhart, R.S. (1972) Levels of Processing: A Framework for Memory Research, in: Journal of Verbal Learning and Verbal Behavior, 11, 1972, S. 671-684.

Craik, F.I.M./ Watkins, M.J. (1973) The Role of Rehearsal in short-term memory, in: Journal of Verbal Learning and Verbal Behavior, 12, 1973, S. 599-607.

Cunningham, W.H./ Anderson, W.T., Murphy, J.H. (1974) Are Students Real People?, in: Journal of Business, 47, 1974, S. 399-409.

Curley, S.P./ Benson, P.G. (1994) Applying a cognitive perspective to probability construction, in: Wright, G., Ayton, P.E. (Eds.) Subjective Probability, Chichester, 1994, S. 185-209.

Currim, I.S./ Sarin, R.K. (1989) Prospect versus Utility, in: Management Science, 35, 1989, S. 22-41.

Cutler, D./ Poterba, J./ Summers, L. (1988) What moves stock prices?, NBER Working Paper 2538, 1988.

Cyert, R./ March, J.G. (1995) Eine verhaltenswissenschaftliche Theorie der Unternehmung, 2. Aufl., Stuttgart, 1995.

Daniel, K./ Hirshleifer, D./ Subramanyam, A. (1998) Investor Psychology and Security Market Under- and Over-Reactions, in: Journal of Finance, 53, 1998, S. 1839-1885.

Davis, J.L. (1994) The Cross-section of Realized Stock Returns: The Pre-COMPUSTAT Evidence, in: Journal of Finance, 49, 1994, S. 1579-1593.

De Bondt, W.F.M. (1995) Investor and the Dynamics of Security Prices, in: Wood, A.S. (Ed.) Behavioral Finance and Decision Theory in Investment Management, Charlottesville, 1995, S. 7-12.

De Bondt, W.F.M./ Forbes, W.P. (1999) Herding in analysts earnings forecasts: evidence from the UK, in: European Financial Management, 5, 1999, S. 143-163.

De Bondt, W.F.M./ Thaler, R.H. (1985) Does the Stock Market Overreact?, in: Journal of Finance, 40, 1985, S. 793-805.

De Bondt, W.F.M./ Thaler, R.H. (1987) Further Evidence on Investor Overreaction and Stock Market Seasonality, in: Journal of Finance, 42, 1987, S. 557-581.

De Bondt, W./ Thaler, R.H. (1995) Financial Decision-Making in Markets and Firms: A Behavioral Perspective, in: Jarrow, R., Maksimovic, V., Ziemba, W.T. (Eds.) Handbooks in Operations Research and Management Science, 9, Finance, Amsterdam u.a., 1995, S. 385-410.

De Long, J.B. et al. (1990a) Noise Trader Risk in Financial Markets, in: Journal of Political Economy, 98, 1990, S. 703-738.

De Long, J.B. et al. (1990b) Positive Feedback Investment Strategies and Destabilizing Rational Speculation, in: Journal of Finance, 45, 1990, S. 379-395.

Debreu, G. (1976) Werttheorie: Eine axiomatische Analyse des ökonomischen Gleichgewichts, Berlin u.a., 1976.

Deese, J. (1959) Influence of inter-item associative strength upon immediate free recall, in: Psychological Reports, 5, 1959, S. 305-312.

Deffner, G. (1982) Experimentelle Untersuchung zur Qualität des Erhebungsinstruments "Lautes Denken", Bern u.a., 1982.

Detje, F. (1999) Handeln erklären: Vergleich von Theorien menschlichen Handelns und Denkens, Wiesbaden 1999, zugl. Diss. Universität Bamberg 1998.

Di Cagno, D./ Hey, J.D. (1988) A direct test of the original Version of Regret Theory, in: Journal of Behavioral Decision Making, 1, 1988, S. 43-56.

Dickenberger, D./ Gniech, G. (1983) Probleme der Motivations- und Emotionsforschung, in: Irle, M. (Hrsg.) Enzyklopädie der Psychologie: Marktpsychologie als Sozialwissenschaft, Göttingen u.a., 1983, S. 472-532.

Dickenberger, D./ Gniech, G./ Grabitz, H.-J. (1993) Die Theorie der psychischen Reaktanz, in: Frey, D., Irle, M. (Hrsg.) Theorien der Sozialpsychologie, 2., vollst. überarb. Aufl., Band I, Bern, 1993, S. 243-273.

Diecidue, E./ Wakker, P.P. (2001) On the Intuition of Rank-Dependent Utility, in: Journal of Risk and Uncertainty, 23, 2001, S. 281-298.

Diederich, A. (1995) A dynamic model for multi-attribute decision problems, in: Caverni, J.P. et al. (Eds.) Contributions to decision making, Amsterdam u.a., 1995, S. 175-191.

Dieterle, L. (1999) Künstlich Neuronale Netze in der Finanzprognose: Security Selection basiert auf Parameterschätzungen künstlicher neuronaler Netze, Berlin, 1999, zugl. Diss. Universität Stuttgart, 1998.

Dietrich, J.R. et al. (2001) Market Efficiency, Bounded Rationality and Supplemental Business Reporting Disclosures, in: Journal of Accounting Research, 39, 2001, S. 243-268.

Dittmar, T./ Hilbert, A.N. (1998) Bonitätsprüfung mit Hilfe Künstlicher Neuronaler Netze, in: Zeitschrift für Bankrecht und Bankwirtschaft, 5, 1998, S. 343-352.

Dörner, D. (1993) Die Logik des Mißlingens, Reinbek, 1993.

Dörner, D. (2000) 26 Fehler und eine Theorie, Memorandum Nr. 38 des Instituts für theoretische Psychologie der Otto-Friedrich-Universität Bamberg, 2000.

Dörner, D./ Reh, H./ Stäudel, T. (1983) Die Erklärung des Verhaltens, in: Dörner, D. et al. (Hrsg.) Lohhausen, Bern, 1983, S. 397-445.

Dörner, D./ Reither, F./ Stäudel, T. (1983) Emotion und problemlösendes Denken, in: Mandl, H., Huber, G.L. (Hrsg.) Emotion und Kognition, München u.a., 1983, S. 61-84.

Drukarczyk, J. (1980) Finanzierungstheorie, München, 1980.

Drummen, M. (1992) Europaweit diversifizierte Aktienportfolios, Bern u.a., 1992.

Drummen, M./ Zimmermann, H. (1992) Portfolioeffekte des Währungsrisikos, in: Finanzmarkt und Portfoliomanagement, 6, H.1, 1992, S. 80-102.

Dunbar, K. (1998) Problem solving, in: Bechtel, W., Graham, G. (Eds.) A comparison to cognitive science, Malden, 1999, S. 289-298.

Dyckhoff, H. (1993) Ordinale versus kardinale Messung beim Bernoulli-Prinzip - Eine Analogiebetrachtung von Risiko- und Zeitpräferenz, in: OR Spektrum, 15, 1993, S. 139-146.

Easley, D./ O´Hara, M. (1995) Market Microstructure, in: Jarrow, R., Maksimovic, V., Ziemba, W.T. (Eds.) Handbooks in Operations Research and Management Science, 9, Finance, Amsterdam u.a., 1995, S. 357-383.

Edwards, R.D./ Magee, J. (1976) Technische Analyse von Aktientrends, Dt. Ausgabe, 1.-5. Druck (eigtl. 5. Auflage), Darmstadt, 1976.

Einhorn, H.J./ Hogarth, R.M. (1982) Behavioral Decision Theory: Processes of Judgement and Choice, in: Ungson, G.R., Braunstein, D.N. (Eds.) Decision Making, Boston, 1982, S. 15-41.

Einhorn, H.J./ Hogarth, R.M. (1985) Ambiguity and uncertainty in probabilistic inference, in: Psychological Review, 92, 1985, S. 433-461.

Eisenführ, F./ Weber, (1999) Rationales Entscheiden, Berlin u.a., 1999.

Elliott, C.S./ Hayward, D.M. (1998) The Expanding Definition of Framing and Its Particular Impact on Economic Experimentation, in: Journal of Socio-Economics, 27, 1998, S. 229-243.

Ellis, J./ Williams, D. (1993) Corporate Strategy and Financial Analysis, London, 1993.

Ericsson, K.A/ Simon, H.A. (1980) Verbal Reports as Data, in: Psychological Review, 87, 1980, S.215-251.

Erlei, M. (1998) Institutionen, Märkte und Marktphasen: allgemeine Transaktionskostentheorie unter spezieller Berücksichtigung der Entwicklungsphasen von Märkten, Tübingen, 1998.

Erlei, M./ Leschke, M./ Sauerland, D. (1999) Neue Institutionenökonomik, Stuttgart, 1999.

Evans, J.R. (1989) A Review and Synthesis of OR/MS and Creative Problem Solving, in: Omega International Journal of Management Science, 17, 1989, S. 499-524.

Fama, E.F. (1965) The Behavior of Stock-Market Prices, in: Journal of Business, 38, 1965, S. 34-105.

Fama, E.F. (1970) Efficient Capital Markets: A Review of Theory and Empirical Work, in: Journal of Finance, 25, 1970, S. 383-417.

Fama, E.F. (1976) Foundations of Finance, New York, 1976.

Fama, E.F. (1990) Stock returns, expected returns and real activity, in: Journal of Finance, 45, 1990, S. 1089-1108.

Fama, E.F. (1991) Efficient Capital markets:II, in: Journal of Finance, 46, 1991, S. 1575-1617.

Fama, E.F. (1998) Market efficiency, long-term returns, and behavioral finance, in: Journal of Financial Economics, 49, 1998, S. 283-306.

Fama, E.F./ French, K.R. (1988) Dividend yields and expected stock returns, in: Journal of Financial Economics, 22, 1988, S. 3-25.

Fama, E.F./ French, K.R. (1992) The Cross Section of Expected Stock Returns, in: Journal of Finance, 47, 1992, S. 427-465.

Fama, E.F./ French, K.R. (1995) Size and Book-to-Market Factors in Earnings and Returns, in: Journal of Finance, 50, 1995, S. 131-155.

Fama, E.F./ French, K.R. (1996) Multifactor Explanations of Asset Pricing Anomalies, in: Journal of Finance, 51, 1996, S.55-84.

Fama, E.F./ Miller, H. (1972) The Theory of Finance, Hillsdale, 1972.

Fastrich, H./ Hepp, S. (1991) Währungsmanagement international tätiger Unternehmen, Stuttgart, 1991.

Feather, N.T. (1962) Cigarette smoking and lung cancer: a study of cognitive dissonance, in: Australian Journal of Psychology, 14, 1962, S. 55-64.

Feather, N. (1963) Cognitive dissonance, sensitivity and evaluation, in: Journal of Abnormal and Social Psychology, 66, 1963, S. 157-163.

Felser, G. (1997) Werbe- und Konsumentenpsychologie - eine Einführung, Stuttgart, 1997.

Ferson, W.E./ Harvey, C.R. (1991) The Variation of Economic Risk Premiums, in: Journal of political economy, 99, 1991, S. 385-415.

Festinger, L. (1957) A Theory of Cognitive Dissonance, Stanford, 1957.

Festinger, L. (1964) Conflict, decision and dissonance, Stanford, 1964.

Fiedler, K. (1988) Emotional Mood, Cognitive Style, and Behavior Regulation, in: Fiedler, K., Forgas, J. (Eds.) Affect, Cognition and Social Behavior, New Evidence and Integrative Attempts, Toronto u.a., 1988, S. 100-119.

Fink, W.F. (1987) Kognitive Stile, Informationsverhalten und Effizienz in komplexen betrieblichen Beurteilungsprozessen, Frankfurt/Main u.a., 1987.

Fisher, K.L./ Statman, M. (2000) Investor Sentiment and Stock Returns, in: Financial Analysts Journal, 2000, S. 16-23.

Flade, A. (1994) Wahrnehmung, in: Asanger, R., Wenninger, G. (Hrsg.) Handwörterbuch Psychologie, 5. Auflage, Weinheim, 1994, S. 833-838.

Flaherty, E.G. (1975) The Thinking Aloud Technique and Problem Solving Ability, in: The Journal of Educational Research, 68, 1975, S. 223-225.

Fox, W.M. (1987) Effective Group Problem Solving, San Francisco, London, 1987.

Franke, G. (1983) Kapitalmarkt und Separation, in: Zeitschrift für Betriebswirtschaft, 53, 1983, S. 239-260.

Franke, G./ Hax, H. (1999) Finanzwirtschaft des Unternehmens und Kapitalmarkt, 4., neu bearb. und erw. Aufl., Berlin u.a., 1999.

French, K.R. (1980) Stock Returns and the Weekend Effect, in: Journal of Financial Economics, 8, 1980, S. 55-69.

French, K.R./ Poterba, J.M. (1991) Investor Diversification and International Equity Markets, in: American Economic Review, 81, 1991, AEA Papers and Proceedings, S. 222-226.

Frey, B./ Kucher, M. (2001) Wars and Markets: How Bond Values reflect the Second World War, in: Economica, 68, 2001, S. 317-333.

Frey, B.S./ Eichenberger, R. (1989) Zur Bedeutung entscheidungstheoretischer Anomalien für die Ökonomik, in: Jahrbuch für Nationalökonomie und Statistik, Bd. 206/2, 1989, S.81-101.

Frey, D. (1981) Informationssuche und Informationsbewertung bei Entscheidungen, Bern u.a., 1981.

Frey, D./ Hornung, R. (1978) Rauchen und die Reduktion kognitiver Dissonanz, in: Psychologische Beiträge, 20, 1978, S. 251-266.

Frey, D./ Stahlberg, D. (1990) Erwartungsbildung und Erwartungsveränderung bei Börsenakteuren, in: Maas, P., Weibler, J. (Hrsg.) Börse und Psychologie, 1990, S. 102-139.

Friedman, S./ Singh, H. (1989) CEO Succession and Stockholder Return: The Influence of Organizational Context and Event Context, in: Academy of Management Journal, 32, 1989, S. 718-744.

Friedman, D./ Sunder, S. (1994) Experimental methods, Cambridge, 1994.

Früh, W. (1998) Inhaltsanalyse, 4. überarb. Aufl., Konstanz, 1998.

Früh, W. (2001) Kategorienexploration bei der Inhaltsanalyse, in: Wirth, W., Lauf, E. (Hrsg.) Inhaltsanalyse: Perspektiven, Probleme, Potentiale, Köln, 2001, S. 117-139.

Furnham, A. (1985) Why Do People Save? Attitudes to, and Habits of, Saving Money in Britain, in: Journal of Applied Social Psychology, 1985, S. 354-373.

Gagné, R. (1966) Human Problem Solving: Internal and External Events, in: Kleinmuntz, B. (Ed.) Problem Solving: Research, Method and Theory, New York, 1966, S. 128-148.

Ganzach, Y./ Schul, Y. (1995) The influence of quantitiy of information and goal framing on decision, in: Acta Psychologica, 89, 1995, S. 23-36.

Garbade, K.D./ Silber, W.L. (1979) Structural Organization of Secondary Markets: Clearing Frequency, Dealer Activity and Liquidity Risk, in: Journal of Finance, 34, 1979, S. 577-593.

Garrod, N./ Hadi, M. (1998) Investor Response to Cash Flow Information, in: Journal of Business, Finance & Accounting, 25, 1998, S. 613-630.

Gemünden, H.G. (1986) Informationsverhalten und Effizienz, Habil.schrift Universität Kiel, 1986.

Gerke, W./ Garz, H./ Oerke, M. (1995) Die Bewertung von Unternehmensübernahmen auf dem deutschen Aktienmarkt, in: Zeitschrift für betriebswirtschaftliche Forschung, 47, 1995, S.805-820.

Gerke, W./ Oerke, M./ Sentner, A. (1997) Der Informationsgehalt von Dividendenänderungen auf dem deutschen Aktienmarkt, in: Die Betriebswirtschaft, 57, 1997, S. 810-822.

Gierl, H./ Höser, H. (2002) Der Reihenfolgeeffekt auf Präferenzen, in: Zeitschrift für betriebswirtschaftliche Forschung, 54, 2002, S. 3-18.

Gigerenzer, G. (1991) How to make cognitive illusions disappear: beyond "Heuristics and Biases", in: European Review of Social Psychology, 2, 1991, S. 83-115.

Gigerenzer, G. (1993) The bounded rationality of probabilistic mental models, in: Manktelow, K.I., Over, D.E. (Eds.) Rationality - Psychological and Philosophical Perspectives, London, New York, 1993, S. 284-313.

Gigerenzer, G./ Todd, P.M. (1999) Simple Heuristics that make us smart, Oxford, 1999.

Gigerenzer, G. et al. (1999) Das Reich des Zufalls, Heidelberg, Berlin, 1999.

Glanzer, M./ Cunitz, A.R. (1966) Two storage mechanisms in free recall, in: Journal of Verbal Learning and Verbal Behavior, 5, 1966, S. 351-360.

Glascock, J./ Davidson, W./ Henderson, G. (1987) Announcement Effects of Moody´s Bond Rating Changes on Equity Returns, in: Quarterly Journal of Business and Economics, 26, 1987, S. 67-78.

Godden, D.R./ Baddeley, A.D. (1975) Context-dependent Memory in two natural Environments: on Land and under Water, in: British Journal of Psychology, 66, 1975, S. 325-331.

Goetzmann, W.N./ Jorian, P. (1995) A longer look at dividend yields, in: Journal of Business, 68, 1995, S. 483-508.

Goh, J.C./ Ederington, L.H. (1993) Is a Bond Rating Downgrade bad News, good News, or no News for Stockholders?, in: Journal of Finance, 48, 1993, S. 2001-2008.

Gonedes, N.J. (1978) Corporate signaling, external accounting and capital market equilibrium: Evidence on dividend, income and extraordinary items, in: Journal of Accounting Research, 16, 1978, S. 26-79.

Goodwin, D.W. et al. (1969) Alcohol and recall: State dependent effects in man, in: Science, 163, 1969, S. 1358-1360.

Graf, P./ Mandler, G. (1984) Activation makes words more accessible, but not necessarily more retrievable, in: Journal of Verbal Learning and Verbal Behavior, 23, 1984, S. 553-568.

Graham, B./ Dodd, D.L./ Cottle, S. (1962) Security Analysis, New York, 1962.

Greve, W./ Wentura, D. (1997) Wissenschaftliche Beobachtung - Eine Einführung, Weinheim, 1997.

Grier, P./ Katz, S. (1976) The Differential Effects of Bond Rating Changes among Industrial and Public Utility Bonds by Maturity, in: Journal of Business, April, 1976, S. 226-239.

Grossman, S.J./ Stiglitz, J.E. (1976) Information and Competitive Price Systems, in: American Economic Review, Papers and Proceedings, 66, 1976, S. 246-253.

Grossman, S.J./ Stiglitz, J.E. (1980) On the Impossibility of Informationally Efficient Markets, in: The American Economic Review, 70, 1980, S. 393-408.

Grünbichler, A. (2001) Irrationale Übertreibungen: Zum Zustand der Aktienmärkte, in: Österreichisches Bank Archiv, 9, 2001, S. 669-670.

Grunert, K.G. (1982) Informationsverarbeitungsprozesse bei der Kaufentscheidung: ein gedächtnispsychologischer Ansatz, Frankfurt/Main, 1982.

Grunert, K.G. (1994) Subjektive Produktbedeutungen: Auf dem Wege zu einem integrativen Ansatz in der Konsumforschung, in: Forschungsgruppe Konsum und Verhalten (Hrsg.) Konsumentenforschung: gewidmet Werner Kroeber-Riel zum 60. Geburtstag, München, 1994, S. 215-226.

Grüske, K.D./ Recktenwald, H.C. (1995) Wörterbuch der Wirtschaft, 12., neu gestaltete u. erw. Aufl., Stuttgart, 1995.

Gul, F. (1991) A Theory of Disappointment Aversion, in: Econometrica, 59, 1991, S. 667-686.

Guski, R. (2000) Wahrnehmung, 2. überarb. Aufl., Stuttgart u.a., 2000.

Haines, G.H. (1974) Process Models of Consumer Decision Making, in: Hughes, G.D., Ray, M.L. (Eds.) Buyer/Consumer information processing, Chapel Hill, 1974, S. 89-107.

Hamel, W. (1988) Zielvariation in innovativen Entscheidungsprozessen, in: Witte, E., Hauschildt, J., Grün, O. (Hrsg.) Innovative Entscheidungsprozesse, Tübingen, 1988, S. 79-96.

Hamilton, J.D. (1983) Oil and the macroeconomy since world war II, in: Journal of Political Economy, 91, 1983, S. 228-248.

Hammann, P./ Erichson, B. (1994) Marktforschung, 3. überarb. und erw. Aufl., Stuttgart u.a., 1994.

Hand, J.R.M./ Holthausen, R. W./ Leftwich, R.W. (1992) The Effect of Bond Rating Agency Announcements on Bond and Stock Prices, in: Journal of Finance, 47, 1992, S. 733-752.

Hansmann, K.W. (1980) Dynamische Aktienanlage-Planung, Wiesbaden, 1980.

Harris, T./ Lang, M./ Möller, H.P. (1995) Zur Relevanz der Jahresabschlußgrößen Erfolg und Eigenkapital für die Aktienbewertung in Deutschland und den USA, in: Zeitschrift für betriebswirtschaftliche Forschung, 47, 1995, S.996-1028.

Hartinger, A. (1999) Do generalized expected utility theories capture persisting properties of individual decision makers?, in: Acta psychologica, 102, 1999, S. 21-42.

Hartung, J./ Elpelt, B. (1986) Multivariate Statistik, München u.a., 1986.

Harvey, C.R. (1991) The World Price of Covariance Risk, in: Journal of Finance, 46, 1991, S. 111-157.

Haug, S. (1998) Anomalien in der Entscheidungstheorie: Empirische Evidenz und Konsequenzen, in: Druwe, U., Kunz, V. (Hrsg.) Anomalien in Handlungs- und Entscheidungstheorien, Opladen, 1998, S. 126-218.

Haugen, R.A. (1995) The New Finance: The Case Against Efficient Markets, Englewood Cliffs, 1995.

Hauschildt, J. (1994) Innovation, Kreativität und Informationsverhalten, in: Forschungsgruppe Konsum und Verhalten (Hrsg.) Konsumentenforschung: gewidmet Werner Kroeber-Riel zum 60. Geburtstag, München, 1994, S. 399-414.

Hauschildt, J./ Petersen, K. (1987) Phasen-Theorem und Organisation komplexer Ent-scheidungsverläufe, in: Zeitschrift für betriebswirtschaftliche Forschung, 39, 1987, S. 1043-1062.

Hax, H. (1998) Finanzierung, in: Bitz, M. et al. (Hrsg.) Vahlens Kompendium der Betriebswirtschaftslehre, Band 1, 4., völlig überarb. u. erw. Aufl., München, 1998, S. 175-233.

Heath, C./ Larrick, R.P./ Wu, G. (1999) Goals as Reference Points, in: Cognitive Psychology, 38, 1999, S. 79-109.

Heath, C./ Tversky, A. (1990) Preference and Belief: Ambiguity and Competence in Choice under Uncertainty, in: Contemporary Issues in Decision Making,1990, S. 93-123.

Heilmann, K. (2002) Erfolgsfaktoren von Wertpapierbörsen, Wiesbaden, 2002, zugl. Diss. Universität Bamberg 2002.

Heilmann, K./ Läger, V./ Oehler, A. (2000) Informationsaggregation, Insiderhandel und Liquidität in experimentellen Call-Markets, in: Zeitschrift für Bankrecht und Bankwirtschaft, 12, 2000, S. 361-448.

Heilmann, K./ Läger, V./ Oehler, A. (2001a) Informationsaggregation, Insiderhandel und Liquidität in experimentellen Call-Markets, in: Fleischmann, B. et al. (Eds.) Operations Research Proceedings 2000, Selected Papers of the Symposium on Operations Research (OR 2000), Berlin u.a., 2001, S. 167-173.

Heilmann, K./ Läger, V./ Oehler, A. (2001b) The Disposition Effect - Evidence On the Investors' Aversion to Realize Losses, in: Fleischmann, B. et al. (Eds.) Operations Research Proceedings 2000, Selected Papers of the Symposium on Operations Research (OR 2000), Berlin u.a., 2001, S. 174-179.

Hellwig, M.F. (1980) On the Aggregation of Information in Competitive Marktes, in: Journal of Economic Theory, 22, 1980, S. 477-498.

Hellwig, M.F. (1982) Zur Informationseffizienz des Kapitalmarktes, in: Zeitschrift für Wirtschafts- und Sozialwissenschaften, 1, 1982, S. 1-27.

Hempelmann, B. (1995) Generic Marketing, in: Tietz, B., Köhler, R., Zentes, J. (Hrsg.) Handwörterbuch des Marketing, 2., vollst. überarb. Aufl., Stuttgart, 1995, Sp. 743-748.

Henes, F. (1995) Börsenrechtliche Zwischenpublizität, Stuttgart, 1995.

Herrmann, A./ Bauer, H.H. (1996) Ein Ansatz zur Preisbündelung auf der Basis der "prospect"-Theorie, in: Zeitschrift für betriebswirtschaftliche Forschung, 48, 1996, S. 675-694.

Herstein, I.N./ Milnor, J. (1953) An Axiomatic Approach to Measurable Utility, in: Econometrica, 21, 1953, S. 291-297.

Hettenhouse, G./ Sartoris, W. (1976) An Analysis of the Informational Value of Bond Rating Changes, in: Quarterly Review of Economics and Business, 16, 1976, S. 65-78.

Hielscher, U. (1990) Investmentanalyse, München, Wien, 1990.

Hirth, H. (2000) Zur Theorie der Marktmikrostruktur, Stuttgart, 2000.

Hirth, H./ Neus, W./ Schmid, W. (1996) Informationsparadoxon und Arbitrageparadoxon, in: Wirtschaftswissenschaftliches Studium, 1996, S.135-137.

Hofacker, T. (1985) Entscheidung als Informationsverarbeitung, Frankfurt/Main, 1985.

Hoffmann, J./ Sebald, A. (2000) Lernmechanismen zum Erwerb verhaltenssteuernden Wissens, in: Psychologische Rundschau, 51, 2000, S. 1-9.

Hoffrage, U. (1993) Die Illusion der Sicherheit bei Entscheidungen unter Unsicherheit, in: Hell, W., Fiedler, K., Gigerenzer, G. (Hrsg.) Kognitive Täuschungen, Heidelberg u.a., 1993, S. 73-97.

Hoffrage, U./ Hertwig, R. (1999) Hindsight bias: a price worth paying for fast and frugal memory, in: Gigerenzer, G., Todd, P.M. (Eds.) Simple Heuristics that make us smart, Oxford, 1999, S. 191-208.

Hofstätter, P.R. (1990) Zur Sozialpsychologie der Spekulation mit Aktien, in: Maas, P., Weibler, J. (Hrsg.) Börse und Psychologie, Köln, 1990, S. 11-37..

Hogarth, R.M. (1980) Judgement and Choice, The Psychology of Decision, Chichester 1980.

Hogarth, R.M./ Einhorn, H.J. (1992) Order effects in belief updating: The belief-adjustment model, in: Cognitive Psychology, 24, 1992, S. 1-55.

Hörnstein, E. (1990) Arbitrage- und Gleichgewichtsmodelle in der Kapitalmarkttheorie: eine vergleichende Analyse der CAPM- und APT-Ansätze unter Berücksichtigung ihrer empirischen Überprüfbarkeit, Frankfurt/Main u.a., 1990, zugl. Diss. Universität Mannheim, 1988.

Horrigan, J.O. (1966) The Determinants of Long-Term credit Standing with Financial Ratios, Empirical Research in Accounting: Selected Studies, in: Journal of Accounting Research, Suppl. Vol. 4, 1966, S. 44-62.

Höser, H. (1998) Kontextabhängige Präferenzen: Die Relativität von Präferenzurteilen und ihre Bedeutung für Kaufentscheidungen von Konsumenten, Frankfurt/Main u.a., 1998, zugl. Diss. Universität Augsurg, 1998.

Howard, R.A. (1992) In Praise of the Old Time Religion, in: Edwards, W. (Ed.) Utility theories: Measurements and Applications, Boston u.a., 1992, S. 27-55.

Hüfner, B./ Möller, H.P. (2000) Zur Bedeutung der Rechnungslegung für den deutschen Aktienmarkt -Begründung, Messprobleme und Erkentnisse empirischer Forschung, unveröfftl. Paper zum DFG-Kolloquium, Oktober 2000.

Hugl, U. (1995) Qualitative Inhaltsanalyse und Mind-Mapping: ein neuer Ansatz für Datenauswertung und Organisationsdiagnose, Wiesbaden 1995, zugl. Diss. Universität Innsbruck,1994.

Huisinga, J./ Mishkin, F.S. (1984) Inflation and real Interest Rates on Assets with different Risk Characteristics, in: Journal of Finance, 39, 1984, S. 699-714.

Hüttner, M. (1999) Grundzüge der Marktforschung, 6., unwes. veränd. Aufl., München, Wien, 1999.

Hwang, C.-L./ Lin, M.J. (1987) Group decision making under multiple criteria, Berlin u.a., 1987.

Hyde, T.S./ Jenkins, J.J. (1973) Recall of words as a function of semantic, graphic and syntactic orienting tasks, in: Journal of Verbal Learning and Verbal Behavior, 12, 1973, S. 471-480.

Igou, E.R. (2001) Determinanten der Wichtigkeit von Informationen: Eine kommunikative Perspektive zur Erklärung von Primacy und Recency Effekten bei Urteilen und Entscheidungen, Lengerich u.a., 2001, zugl. Diss. Universität Heidelberg, 2000.

Ingram, R.W./ Brooks, L.D./ Copeland, R.M. (1983) The Information Content of Municipial Bond Rating Changes: A Note, in: Journal of Finance, 38, 1983, S. 997-1003.

Insko, C.A. (1964) Primacy versus recency in persuasion as a function of timing of arguments and measures, in: Journal of Abnormal and Social Psychology, 69, 1964, S. 381-391.

Irle, M. (1975) Lehrbuch der Sozialpsychologie, Göttingen, 1975.

Isen, A.M. (2000) Positive Affect and Decision Making, in: Lewis, M., Haviland-Jones, J.M. (Eds.) Handbook of emotions, 2. Aufl., New York, 2000, S. 417-435.

Isen, A.M. et al (1982) Some factors influencing Decision Making Strategy and Risk Taking, Clark, M.S./Fiske, S.T. (Eds.) Affect and Cognition, The 17th Annual Carnegie Symposium on Cognition, S. 243-261.

Iyengar, S./ Kinder, D.R. (1987) News that Matters, Chicago, 1987.

Jacobs, B.I./ Levy, K.N. (1988) Disentangling Equity Return Regularities: New Insights and Investment Opportunities, in: Financial Analysts Journal, May/June, 1988, S. 18-43.

Jacoby, J. (1977) The Emerging Behavioral Process Technology in Consumer Decision-Making Research, in: Perreault, W.F. (Ed.) Advances in Consumer Research, Atlanta, 1977, S. 263-265.

Jacoby, J./ Szybillo, G.J./ Busato-Schach, J. (1977) Information Acquisition Behavior in Brand Choice Situations, in: Journal of Consumer Research, 3, 1977, S. 209-216.

Jacoby, J. et al. (1976) Pre-Purchase Information Acquisition: Description of a Process Methodology, Research Paradigm, and Pilot Investigation, in: Anderson, B. B. (Ed.) Advances in Consumer Research, Vol.III, Provo Utah 1976, S. 306-314.

Jaffe, J. (1974) Special Information and Insider Trading, in: Journal of Business, 47, 1974, S. 410-428.

Jaffe, J./ Keim, D.B./ Westerfield, R. (1989) Earnings Yields, Market Values, And Stock Returns, in: Journal of Finance, 44, 1989, S. 135-148.

Jakoby, N./ Jacob, R. (1999) Messung von internen und externen Kontrollüberzeugungen in allgemeinen Bevölkerungsumfragen, in: ZUMA-Nachrichten 45, 23, 1999, S. 44-60.

Jenkins, G.D. et al. (1998) Are financial incentives related to performance?, in: Journal of Applied Psychology, 83, 1998, S. 777-787.

Jensen, M. (1978) Some Anomalous Evidence Regarding Market Efficiency, in: Journal of Financial Economics, 6, 1978, S. 95-101.

Jensen, M./ Meckling, W. (1976) Theory of the Firm: Managerial Behavior, Agency Costs, and Capital Structure, in: Journal of Financial Economics, 3, 1976, S. 305-360.

Johnson, E.J./ Payne, J.W./ Bettman, J. R. (1993) Adapting to Time Constraints, in: Svenson, O., Maule, J.A. (Eds.) Time Pressure and Stress in Human Judgment and Decision Making, New York, 1993, S. 103-116.

Johnson, E.J./ Tversky, A. (1984) Representations of Perceptions of Risk, in: Journal of Experimental Psychology: General, Vol. 113, 1984, S. 55-70.

Jung, J./ Shiller, R.J. (2002) One Simple Test of Samuelson´s Dictum for the Stock Market, Working Paper 9348, Cambridge, 2002.

Jungermann, H./ Pfister, H.-R./ Fischer, K. (1998) Die Psychologie der Entscheidung, Heidelberg, 1998.

Jungermann, H./ von Ulardt, J./ Hausmann, L. (1983) The Role of the Goal for Generating Actions, in: Humphreys, P., Svenson, O., Vari, A. (Eds.) Advances in Psychology: Analyzing and Aiding Decision Processes, Amsterdam, 1983, S. 63-86.

Just, M.A./ Carpenter, P.A. (1976) Eye Fixations and Cognitive Processes, in: Cognitive Psychology, 8, 1976, S. 441-480.

Kaas, K.P. (1992) Kontraktgütermarketing als Kooperation zwischen Prinzipalen und Agenten, in: Zeitschrift für betriebswirtschaftliche Forschung, 44, 1992, S. 884-901.

Kaas, K.P. (1994) Ansätze einer institutionenökonomischen Theorie des Konsumentenverhaltens, in: Forschungsgruppe Konsum und Verhalten (Hrsg.) Konsumentenforschung: gewidmet Werner Kroeber-Riel zum 60. Geburtstag, München, 1994, S. 245-260.

Kaas, K.P./ Hofacker, T. (1983) Informationstafeln und Denkprotokolle - Bestandsaufnahme und Entwicklungsmöglichkeiten der Prozeßverfolgungstechniken, in: Forschungsgruppe Konsum und Verhalten (Hrsg.) Innovative Marktforschung, Würzburg, 1983, S. 76-103.

Kahle, E. (1973) Betriebswirtschaftliches Problemlösungsverhalten, Wiesbaden 1973.

Kahneman, D. (1973) Attention and effort, Englewood Cliffs, 1973.

Kahneman, D./ Knetsch, J.L./ Thaler, R.H. (1990) Experimental Tests of the Endowment Effect and the Coase Theorem, in: Journal of Political Economy, 98, 1990, S. 1325-1348.

Kahneman, D./ Tversky, A. (1972) Subjective probability: a judgement of representativeness, in: Cognitive Psychology, 1972, S.430-454.

Kahneman, D./ Tversky, A. (1979) Prospect Theory: An Analysis of Decision Under Risk, in: Econometrica, 47, 1979, S. 263-291.

Kahneman, D./ Tversky, A. (1984) Choices, Values and Frames, in: American Psychologist, Vol. 39, 1984, S. 341-350.

Kaplan, R.S./ Urwitz, G. (1979) Statistical Models of Bond Ratings: A Methodological Inquiry, in: Journal of Business, 52, 1979, S. 231-262.

Karmasin, F./ Karmasin, H. (1977) Einführung in Methoden und Probleme der Umfrageforschung, Wien u.a., 1977.

Kasperzak, R. (1997) Aktienkursbildung: eine handlungstheoretisch fundierte "Erklärung des Prinzips", Berlin, 1997, zugl. Diss. Universität Marburg 1996.

Kasperzak, R./ Koch, L.T. (1996) Informationseffizienz auf Aktienmärkten, in: Jahrbücher für Nationalökonomie und Statistik, 215/6, 1996, S. 732-744.

Kassarjian, H.H. (1982) Consumer Psychology, in: Annual Review of Psychology, 33, 1982, S. 619-649.

Katz, S. (1974) The Price Adjustment Process of Bonds to Rating Reclassifications: A Test of Bond Market Efficiency, in: Journal of Finance, 29, 1974, S. 551-559.

Keeney, R. (1982) Decision Analysis: An Overview, in: Operations Research, 30, 5, 1982, S. 803-838.

Keeney, R. (1992) Value-Focused Thinking, London, 1992.

Keeney, R.L./ Raiffa, H. (1976) Decisions with multiple objectives, New York, 1976.

Keim, D.B. (1985) Dividend Yields and Stock Returns: Implications of Abnormal January Returns, in: Journal of Financial Economics, 14, 1985, S. 473-189.

Keppe, H.-J./ Weber, M. (1993) Ambiguität und Kompetenz in experimentellen Märkten, in: Zeitschrift für betriebswirtschaftliche Forschung, Sonderheft 31,1993, S. 195-225.

Keppe, H.-J./ Weber, M. (1995) Judged Knowledge and Ambiguity Aversion, in: Theory and Decision, 39, 1995, S. 51-77.

Kerth, A./ Wolf, J. (1993) Bilanzanalyse und Bilanzpolitik, München, Wien, 1993.

Kieser, A./ Kubicek, H. (1983) Organisation, 2., neubearb. u. erw. Aufl., Berlin, New York, 1983.

Kilka, M. (1998) Internationale Diversifikation von Aktienportfolios: Home Bias in Kurserwartungen und Präferenzen, Frankfurt/Main u.a., 1998, zugl. Diss. Universität Mannheim 1998.

Kilka, M./ Weber, M. (1999) Home Bias in International Stock Return Expectations, Working Paper Universität Mannheim, November 1999.

Kim, S.H./ Ahn, B.S. (1999) Interactive group decision making procedure under incomplete information, in: European Journal of Operational Research, 116, 1999, S. 498-507.

Kim, S.T./ Lin, J.C./ Slovin, M. B. (1997) Market Structure, Informed Trading, and Analyst's Recommendations, in: Journal of Financial and Quantitative Analysis, 32, 4, 1997, S. 507-527.

Kim, C.W./ Park, J. (1994) Holiday Effects and Stock Returns: Further Evidence, in: Journal of Financial and Quantitative Analysis, 29, 1994, S. 145-157.

Kirchler, E.M. (1999) Wirtschaftspsychologie, Grundlagen und Anwendungsfelder der ökonomischen Psychologie, 2. überarb.u. erw. Aufl., Göttingen u.a., 1999.

Kirsch, W. (1970) Entscheidungsprozesse I-III, Wiesbaden, 1970.

Kirsch, W. (1977a) Einführung in die Theorie der Entscheidungsprozesse, Erster Band, 2., durchgesehene und ergänzte Aufl. der Bände I bis III als Gesamtausgabe, Wiesbaden, 1977.

Kirsch, W. (1977b) Einführung in die Theorie der Entscheidungsprozesse, Dritter Band, 2., durchgesehene und ergänzte Aufl. der Bände I bis III als Gesamtausgabe, Wiesbaden, 1977.

Kirsch, W. (1988) Die Handhabung von Entscheidungsprozessen, 3. völlig überarb. u erw. Aufl., München, 1988.

Klein, N.M. (1983) Utility and Decision Strategies: A Second Look at the Rational Decision Maker, in: Organizational Behavior and Human Performance, 31,1983, S.1-25.

Kleindorfer, P.R./ Kunreuther, H.C./ Schoemaker, P.J.H. (1993) Decision Sciences: an integrative perspective, Cambridge, 1993.

Klophaus, R. (1997) Die Prospect-Theorie, in: Wirtschaftswissenschaftliches Studium, 26, 1997, S. 195-198.

Kniese, W. (1996) Die Bedeutung der Rating-Analyse für deutsche Unternehmen, Wiesbaden, 1996.

Koh, J./ Venkatraman, N. (1991) Joint Venture Formations and Stock Market Reactions: An Assessment in the Information Technology Sector, in: Academy of Management Journal, 34, 1991, S. 869-892.

Köster, H. (1992) Grundsätze ordnungsgemäßer Zwischenberichterstattung börsennotierter Aktiengesellschaften, Düsseldorf, 1992.

Kothari, S.P./ Shanken, J. (1992) Stock return variation and expected dividends, in: Journal of Financial Economics, 31, 1992, S. 177-210.

Kothari, S.P./ Shanken, J. (1997) Book-to-Market, dividend yield, and expected market returns: A time-series analysis, in: Journal of Financial Economics, 44, 1997, S. 169-203.

Kothari, S.P./ Shanken, J./ Sloan, R.G. (1995) Another Look at the Cross-Section of Expected Stock Returns, in: Journal of Finance, 50, 1995, S. 185-224.

Kozielecki, J. (1981) Psychological Decision Theory, Warschau, 1981.

Krämer, W. (1995) Kapitalmarkteffizienz, in: Handwörterbuch des Bank und Finanzwesens, 2. Aufl., Stuttgart, 1995.

Krampen, G. (1982) Differentialpsychologie der Kontrollüberzeugungen ("Locus of Control"), Göttingen, 1982.

Krehl, H. (1988) Krisendiagnose durch klassische Bilanzanalyse?, in: Hauschildt, J. (Hrsg.) Krisendiagnose durch Bilanzanalyse, Köln, 1988, S. 17-40.

Kroeber-Riel, W. (1995) Werbung, in: Tietz, B., Köhler, R., Zentes, J. (Hrsg.), Handwörterbuch des Marketing, 2., vollst. überarb. Aufl., Stuttgart, 1995, Sp. 2692-2703.

Kroeber-Riel, W./ Weinberg, P. (1999) Konsumentenverhalten, 7. verb. u. erg. Aufl., München, 1999.

Krohne, H.W./ Kohlmann, C.W. (1990) Persönlichkeit und Emotion, in: Scherer, K.R. (Hrsg.) Enzyklopädie der Psychologie: Motivation und Emotion, Bd. 3, Psychologie der Emotion, Göttingen, 1990, S. 485-559.

Krosnick, J.A./ Alwin, D.F. (1987) An Evaluation of a Cognitive Theory of Response-Order Effects in Survey Measurement, in: Public Opinion Quarterly, 51, 1987, S. 201-219.

Kross, W./ Schroeder, D. (1988) Firm Prominence and the Differential Information Content of Quarterly Earnings Announcements, in: Journal of Business, 46, 1988, S. 55-74.

Kruschwitz, L./ Löffler, A. (1997) Ross´ APT ist gescheitert. Was nun?, in: Zeitschrift für betriebswirtschaftliche Forschung, 49, H.7/8, 1997, S. 644-651.

Kugler, F. (1994) Preisbildung auf spekulativen Märkten, Heidelberg, 1994.

Kühberger, A. (1994) Risiko und Unsicherheit: Zum Nutzen des Subjective Expected Utility-Modells, in: Psychologische Rundschau, 45, 1994, S. 3-23.

Kühberger, A. (1998) The Influence of Framing on Risky Decisions: a Meta-Analysis, in: Organizational Behavior and Human Decision Processes, 75, 1998, S. 23-55.

Kupsch, P./ Hufschmied, P. (1979) Wahrgenommenes Risiko und Komplexität der Beurteilungssituation als Determinanten der Qualitätsbeurteilung, in: Meffert, H., Steffen-hagen, H., Freter, H. (Hrsg.) Konsumentenverhalten und Information, Wiesbaden, 1979, S. 225-257.

Kuß, A. (1987) Informations und Kaufentscheidung: Methoden und Ergebnisse empirischer Konsumentenforschung, Berlin, New York, 1987.

Kuß, A./ Tomczak, T. (2000) Käuferverhalten: eine marketingorientierte Einführung, 2., völlig neu bearb. Aufl., Stuttgart 2000.

Küting, K.-H./ Weber, M. (2000) Die Bilanzanalyse, 5. erw. u. akt. Aufl., Stuttgart, 2000.

Laatz, W. (1993) Empirische Methoden: Ein Lehrbuch für Sozialwissenschaftler, Frankfurt/Main, 1993.

Lachnit, L. (1975) Kennzahlensysteme als Instrument der Unternehmensanalyse, dargestellt an einem Zahlenbeispiel, in: Die Wirtschaftsprüfung, 28, 1975, S. 39-51.

Laffont, J.-J./ Maskin, E.S. (1990) The Efficient Market Hypothesis and Insider Trading on the Stock market, in: Journal of Political Economy, 98, 1990, S. 70-93.

Lakonishok, J./ Shleifer, A./ Vishny, R.W. (1992) The impact of institutional trading on stock prices, in: Journal of Financial Economics, 32, 1992, S.23-43.

Lakonishok, J./ Shleifer, A./ Vishny, R. W. (1994) Contrarian Investment, extrapolation and risk, in: The Journal of Finance, 52, 1994, S. 1541-1578.

Landes, T./ Loistl, O./ Reiß, W. (1989) The determinants of the fundamental value part of a share price, in: Loistl, O., Landes, T. (Eds.) The dynamic Pricing of Financial Assets, New York, 1989, S. 129-163.

Lange, C. (1989) Jahresabschlußinformationen und Unternehmensbeurteilung, Stuttgart, 1989.

Langer, T. (1999) Alternative Entscheidungskonzepte in der Banktheorie, Heidelberg u.a., 1999.

Laux, H. (1998) Entscheidungstheorie, 4., neu bearb. u. erw. Aufl., Berlin u.a., 1994.

Lee, C.M.C. (2001) Market Efficiency and Accounting Research: A Discussion of "Capital Market Research in Accounting" by S.P. Kothari, Working Paper, Cornell University, 2001.

Lee, T.A./ Tweedie, D.P. (1977) The Private Shareholder and the Corporate Report, London, 1977.

Lee, H. et al. (1999) Motivated Search: Effects of Choice, Accountability, Issue Involvement, and Prior Knowledge on Information Acquisition and Use, in: Journal of Business Research, 45, 1999, S. 75-88.

Lefcourt, H.M. (1976) Locus of Control- Current Trends in Theory and Research, New York u.a., 1976.

Lehner, J.M. (1996) Entscheidungsparadoxien und deren betrieblichen Auswirkungen, in: Journal für Betriebswirtschaft, 3, 1996, S. 142-154.

Leroy, F./ Ramanantsoa, B. (1997) The Cognitive and Behavioural Dimensions of Organizational Learning in a Merger: an empirical Study, in: Journal of Management Studies, 34, 1997, S. 871-894.

Levin, J.P./ Faraone, S.V./ McGraw, J.A. (1981) The Effects of Income and Inflation on Personal Satisfaction: Functional Measurement in Economic Psychology, in: Journal of Economic Psychology, 1981, S. 303-318.

Levin, S.P./ Johnson, R.D./ Davis, M.L. (1987) How Information Frame Influences Risky Decisions: Between-subjects and within subjects Comparisons, in: Journal of Experimental Psychology, 8, 1987, S. 43-54.

Levin, I.P. et al. (1985) Framing effects in Judgement Tasks with varying amounts of information, in: Organizational Behavior and Human Decision Processes, 36, 1985, S. 362-377.

Li, C.A./ Wearing, R.T. (2000) Do share prices anticipate future earnings and cash flows?, in: Lee, Ch.-F. (Ed.) Advances in Quantitative Analysis of Finance and Accounting, Vol.8, Stamford, 2000, S. 123-137.

Libby, R. (1981) Accounting and Human Information Processing: Theory and Applications, Englewood Cliffs 1981.

Lichtenstein, S./ Fischhoff, B./ Phillips, L.D. (1982) Calibration of probabilities: The state of the art to 1980, in: Kahnemann, D., Slovic, P., Tversky, A. (Eds.) Judgement under uncertainty: Heuristics and biases, Cambridge, 1982, S. 306-334.

Lichtenstein, S./ Slovic, P. (1973) Response-Induced Reversals of Preference in Gambling: An Extended Replication in Las Vegas, in: Journal of Experimental Psychology, 101, 1973, S. 16-20.

Lindsay, P.H./ Norman, D.A. (1981) Einführung in die Psychologie, Berlin u.a., 1981.

Linnebank, R. (2000) Die Entscheidungstheorie als Grundlage einer präferenzorientierten Leistungspolitik von Kreditinstituten, Frankfurt/ Main, 2000.

Lintner, J. (1965) The Valuation of Risk Assets and the Selection of Risky Investments in Stock Portfolios and Capital Budgets, in: The Review of Economics and Statistics, 47, 1965, S. 13-37.

Lipshitz, R. (1993) Converging Themes in the Study of Decision making in Realistic Settings, in: Klein, G.A. et al. (Eds.) Decision making in action, Norwood, S. 103-137.

Lissmann, U. (1997) Inhaltsanalyse von Texten, Landau, 1997.

Littkemann, J./ Krehl, H. (2000) Kennzahlen der klassischen Bilanzanalyse - nicht auf Krisendiagnosen zugeschnitten, in: Hauschildt, J., Leker, J. (Hrsg.), Krisendiagnose durch Bilanzanalyse, 2., neu bearb. u.erw. Aufl., Köln, 2000, S. 19-32.

Litzenberger, R.H./ Ramaswamy, K. (1979) The Effect of Personal Taxes and Dividends on Capital Asset Prices, Theory and Empirical Evidence, in: Journal of Financial Economics, 7, 1979, S. 163-195.

Löffler, G. (1999) Die Verarbeitung von Gewinnprognosen am deutschen Aktienmarkt, in: Zeitschrift für betriebswirtschaftliche Forschung, 51, 1999, S. 128-147.

Lohse, G.L./ Johnson, E.J. (1996) A Comparison of Two Processing Tracing Methods for Choice Tasks, in: Organizational Behavior and Human Decision Processes, 68, 1996, S. 28-43.

Loistl, O. (1990) Zur neueren Entwicklung der Finanzierungstheorie, in: Die Betriebswirtschaft, 50, 1990, S. 47-84.

Loistl, O. (1992) Computergestütztes Wertpapiermanagement, München, 1992.

Loomes, G./ Sugden, R. (1982) Regret Theory: an Alternative Theory of Rational Choice under Uncertainty, in: The Economic Journal, 92, 1982, S. 805-824.

Loomes, G./ Sugden, R. (1984) The Importance of what might have been, in: Hagen, O., Wenstop, F. (Eds.) Progress in Utility and Risk Theory, Dordrecht, 1984, S. 219-235.

Loomes, G./ Sugden, R. (1986) Disappointment and dynamic Consistency in Choice under Uncertainty, in: Review of Economic Studies, 53, 1986, S. 271-282.

Loomes, G./ Sugden, R. (1987) Testing for regret and disappointment in choice under uncertainty, in: The Economic Journal, 97, 1987, S. 118-129.

Lopes, L. (1987) Between Hope and Fear: The Psychology of Risk, in: Berkowitz, L. (Ed.) Advances in Experimental Social Psychology, Vol.20, San Diego, 1987, S. 255-296.

Lopes, L. (1990) Re-Modeling Risk Aversion: A Comparison of Bernoullian and Rank Dependent Value Approaches, in: von Furstenberg, G. M.(Ed.) Acting under uncertainty: multidisciplinary conceptions, Boston u.a., 1990, S. 267-299.

Lopes, L. (1995a) Algebra and Process in the Modeling of Risky Choice, in: Busemeyer, J., Medin, D. L., Hastie, R. (Eds.) Decision Making from a Cognitive Perspective, San Diego, 1995, S. 177-220.

Lopes, L. (1995b) On modeling risky choice: Why reasons matter, in: Caverni, J.P. et al. (Eds.) Contributions to Decision Making, Amsterdam u.a., 1995, S. 29-50.

Lubatkin, M. et al. (1989) Stockholder Reactions to CEO Changes in Large Corporations, in: Academy of Management Journal, 32, 1989, S. 47-68.

Lucas, R.E. (1978) Asset Prices in an Exchange Economy, in: Econometrica, 46, 1978, S. 1429-1445.

Luce, R.D./ Raiffa, H. (1988) Individual Decision making under Uncertainty, in: Gärdenfors, P., Sahlin, N.-E. (Eds.) Decision, Probability and Utility, Cambridge,1988, S. 48-79.

Luchins, A.S. (1958) Definitiveness of Impression and Primacy-Recency in Communications, in: Journal of Social Psychology, 48, 1958, S. 275-290.

Maas, P./ Weibler, J. (1990) Wahrnehmungs- und Informationsverarbeitungsprozesse an der Börse, in: Maas, P., Weibler, J. Börse und Psychologie: Plädoyer für eine neue Perspektive, Köln, 1990, S. 72-101.

Madhavan, A. (1992) Trading Mechanisms in Securities Markets, in: Journal of Finance, 47, 1992, S. 607-641.

Mandl, H./ Reiserer, M. (2000) Kognitionstheoretische Ansätze, in: Otto, J., Euler, H.A., Mandl, H. (Hrsg.) Emotionspsychologie - Eine Einführung, Weinheim, 2000, S. 95-105.

Mandler, J.M. (1967) Organization and Memory, in: Spence, K.W., Spence, J.T. (Eds.) The Psychology of Learning and Motivation, Vol.1, New York, 1967, S. 327-372.

March, J.G. (1990) Entscheidung und Organisation: kritische und konstruktive Beiträge, Entwicklungen und Perspektiven, Wiesbaden, 1990.

March, J.G./ Simon, H.A. (1958) Organizations, New York, 1958.

Markowitz, H.M. (1952) Portfolio Selection, in: Journal of Finance, 7, 1952, S. 77-91.

Markowitz, H.M. (1959) Portfolio Selection: Efficient Diversification of Investments, New York u.a., 1959.

Matarazzo, J.D. (1972) Wechsler's measurement and appraisal of adult intelligence, 5. Aufl., Baltimore, 1972.

Maule, A.J./ Svenson, O. (1993) Theoretical and empirical Approaches to Behavioral Decision Making and their Relation to Time Constraints, in: Svenson, O., Maule, J.A. Time Pressure and Stress in Human Judgement and Decision Making, New York, 1993, S. 3-25.

May, A. (1991) Zum Stand der empirischen Forschung über Informationsverarbeitung am Aktienmarkt, in: Zeitschrift für betriebswirtschaftliche Forschung, 43, 1991, S. 313-335.

Mayring, P. (2000) Qualitative Inhaltsanalyse: Grundlagen und Techniken, 7. Aufl., Weinheim, Basel, 2000.

McClelland, G.H./ Schulze, W.D./ Coursey, D. L. (1986) Valuing Risk: A Comparison of Expected Utility With Models From Cognitive Psychology, Working Paper, Boulder, 1986.

Meffert, H. (1992) Marketingforschung und Käuferverhalten, 2., vollst. überarb. und erw. Aufl., Wiesbaden, 1992.

Meffert, H. (1995) Marketing, in: Tietz, B., Köhler, R., Zentes, J. (Hrsg.) Handwörterbuch des Marketing, 2., vollst. überarb. Aufl., Stuttgart, 1995, Sp. 1472-1490.

Mellers, B. et al. (1997) Decision affect theory: Emotional reactions to the outcomes of risky options, in: Psychological Science, 8, 1997, S. 423-429.

Mellers, B. et al. (1999) Emotion-Based-Choice, in: Journal of Experimental Psychology, 128, 1999, S. 332-345.

Menck, K.-P. (2001) Rating mittels statistischer neuronaler Netze, Frankfurt/ Main, 2001, zugl. Diss. Universität Köln, 2001.

Merkens, H. (1984) Teilnehmende Beobachtung und Inhaltsanalyse in der erziehungswissenschaftlichen Forschung, Weinheim, Basel, 1984.

Merten, K. (1995) Inhaltsanalyse, 2., verb. Aufl., Opladen, 1995.

Meyer, B. (1994) Der Overreaction-Effekt am deutschen Aktienmarkt, Frankfurt/Main, 1994.

Meyer, H. (1996) Psychologische Methodenlehre, in: Dörner, D., Selg, H. (Hrsg.) Psychologie - Eine Einführung in ihre Grundlagen und Anwendungsfelder, 2. Aufl., Stuttgart u.a., 1996, S. 34-60.

Michaelsen, L. (2001) Informationsintermediation für Privatanleger am Aktienmarkt unter besonderer Berücksichtigung des Neuen Marktes, Köln, 2001, zugl. Diss Universität Köln, 2001.

Mielke, R. (1982) Locus of control - Ein Überblick über den Forschungsgegenstand, in: Mielke, R. (Hrsg.) Interne, externe Kontrollüberzeugung: theoretische und empirische Arbeiten zum Locus of control-Konstrukt, Bern u.a., 1982, S. 15-42.

Mielke, R. (1996) Lerntheoretische Persönlichkeitskonstrukte, in: Amelang, M. (Hrsg.) Enzyklopädie der Psychologie, Band 3, Temperaments- und Persönlichkeitsunterschiede, Göttingen u.a., 1996, S. 185-222.

Milgrom, P./ Roberts, J. (1992) Economics, Organization and Management, Englewood Cliffs, 1992.

Miller, G.A. (1956) The magical number seven plus or minus two: some limits on our capacity for processing information, in: Psychological Review, 63, 1956, S. 81-97.

Miller, J.G. (1960) Information Input Overload and Psychopathology, in: American Journal of Psychiatry, 116, 1960, S. 695-704.

Miller, N./ Campbell, D.T. (1959) Recency and primacy in persuasion as a function of the timing of speeches and measurements, in: Journal of Abnormal and Social Psychology, 59, 1959, S. 1-9.

Mitchell, M.L./ Mulherin, J.H. (1994) The Impact of Public Information on the Stock Market, in: Journal of Finance, 49, 1994, S. 923-950.

Mittenecker, E. (1987) Video in der Psychologie: Methoden und Anwendungsbeispiele in Forschung und Praxis, Bern u.a., 1987.

Miyamoto, J.M. (1992) Generic Analysis of Utility Models, in: Edwards, W. (Ed.) Utility Theories: Measurement and Applications, Norwell, 1992, S. 73-106.

Möller, H.P. (1985) Die Informationseffizienz des deutschen Aktienmarktes, in: Zeitschrift für betriebswirtschaftliche Forschung, 37, 1985, S. 500-518.

Möller, H.P./ Baal, H. (1992) Langfristige Marktrenditen von Aktien und kumulierte Unternehmenserfolge - eine empirische Untersuchung, Arbeitspapier des Lehrstuhls für Betriebswirtschaftslehre, insb. Unternehmensrechnung und Finanzierung der Rheinisch-Westfälischen Technischen Hochschule Aachen, 1992.

Montgomery, H. (1983) Decision Rules and the Search for a Dominance Structure: Towards a Process Model of Decision making, in: Humphreys, P., Svenson, O., Vari, A. (Eds.) Analysing and aiding decision processes, Budapest, 1983, S. 343-370.

Montgomery, H. (1989) The Search for a Dominance Structure: Simplification versus Elaboration in Decision making, in: Vickers, D., Smith, P.L. (Ed.) Human Information Processing, Amsterdam, 1989, S.471-483.

Montgomery, H. (1998) Decision making and action - The search for dominance structure, in: Kofta, M. (Ed.) Personal control in action: Cognitive and motivational mechanisms, New York, 1998, S. 279-298.

Montgomery, H./ Svenson, O. (1989) Process and Structure in Human Decision Making, Chichester u.a., 1989.

Monz, I. (1999) Rationales und beschränkt rationales Verhalten in der ökonomischen Theorie, in: Das Wirtschaftsstudium, 12, 1999, S. 1605-1608.

Mookerjee, R. (1987) Monetary policy and the informational efficiency of the stock market: the evidence from many countries, in: Applied Economics, 17,1987, S. 1521-1532.

Moore, D.A. (1999) Order Effects in Preference Judgements: Evidence for Context Dependence in the Generation of Preferences, in: Organizational Behavior and Human Decision Processes, 78, 1999, S. 146-165.

Mork, K.A. (1989) Oil and the macroeconomy when prices go up and down: an extension of Hamilton's Results, in: Journal of Political Economy, 97, 1989, S. 740-744.

Mossin, J. (1966) Theory of Financial Markets, Englewood Cliffs, 1966.

Mukerji, S./ Tallon, J.M. (2001) Ambiguity Aversion and Incompleteness of Financial Markets, in: Review of Economic Studies, 68, 2001, S.883-904.

Müller, J.-J. (1985) Möglichkeiten konjunktureller Tendenzprognosen für die Verbrauchsgüterbranchen durch Frühindikatoren, Frankfurt/Main, 1985.

Müller, W. (1992) Bilanzinformation und Aktienbewertung, Frankfurt/Main, 1992.

Murch, G.M./ Woodworth, G.L. (1978) Wahrnehmung, Stuttgart u.a., 1978.

Murphy, J.J. (2000) Technische Analyse der Finanzmärkte, München, 2000.

Musahl, H.P. (1999) Lernen, in: Hoyos, C., Frey, D. (Hrsg.) Arbeits- und Organisationspsychologie: Ein Lehrbuch, Weinheim, 1999, S. 328-343.

Nagy, R.A./ Obenberger, R. (1994) Factors Influencing Individual Investor Behavior, in: Financial Analysts Journal, July/Aug., 1994, S. 63-68.

Nayar, N./ Rozeff, M.S. (1994) Ratings, Commercial Paper and Equity Returns, in: Journal of Finance, 49, 1994, S. 1431-1449.

Neath, I. (1998) Human Memory - An Introducion to Research, Data and Theory, Pacific Grove, 1998.

Neumann, M.J.M./ Klein, M. (1982) Probleme der Theorie effizienter Märkte und ihrer empirischen Überprüfung, in: Kredit und Kapital, 2, 1982, S. 165-187.

Newell, A./ Simon, H.A. (1972) Human Problem Solving, Englewood Cliffs, 1972.

Newman, J.W. (1977) Consumer External Search: Amount and Determinants, in: Woodside, A.G., Sheth, J.N., Bennett, P. D. (Eds.) Consumer and Industrial Buying Behavior, New York, 1977, S. 79-94.

Niederhoffer, V./ Regan, P.J. (1972) Earnings Changes, Analysts' Forecasts and Stock Prices, in: Financial Analysts Journal, 28, 1972, S. 65-71.

Nisbett, R.E./ DeCamp Wilson, T. (1977) Telling More than we can know: Verbal reports on mental processes, in: Psychological Review, 84, 1977, S.231-259.

Nisbett, R.E./ Ross, L. (1980) Human Inference: strategies and shortcomings of social judgement, Englewood Cliffs, 1980.

Nowak, T./ Wittrock, C. (1993) Kapitalmarkttheoretische Ansätze zur Performance-Messung, Arbeitspapier des Lehrstuhls für Betriebswirtschaftslehre, insb. Finanzierung der Universität Münster, Januar, 1993.

o.V. (1979) Empirische Entscheidungsforschung, in: Marketing ZFP, 4, 1979, S.267-274.

O'Hara, M. (1995) Market Microstructure Theory, Cambridge, 1995.

Oehler, A. (1991) Anlegerverhalten als Entscheidungsprozeß - die Anwendung des Informationsverarbeitungsansatzes zur Erklärung von Anlegerverhalten, Diskussionsbeitrag Nr. 164 des Fachbereichs Wirtschaftswissenschaften der FU Hagen, 1991.

Oehler, A. (1992) "Anomalien", "Irrationalitäten" oder "Biases" der Erwartungsnutzentheorie und ihre Relevanz für Finanzmärkte, in: Zeitschrift für Bankrecht und Bankwirtschaft, 2, 1992, S. 97-124.

Oehler, A. (1994) Verhaltensmuster individueller Anleger - eine experimentelle Studie, in: Zeitschrift für betriebswirtschaftliche Forschung, 46, 1994, S. 939-953.

Oehler, A. (1995) Die Erklärung des Verhaltens privater Anleger: Theoretischer Ansatz und empirische Analysen, Stuttgart, 1995.

Oehler, A. (1996) Ambiguitätseffekte in experimentellen Märkten, Rezension, in: Zeitschrift für betriebswirtschaftliche Forschung, 7/8, 1996, S. 771-774.

Oehler, A. (1998a) Do mutual funds specializing in German stocks herd?, in: Finanzmarkt und Portfolio Management, 4, 1998, S. 452-465.

Oehler, A. (1998b) Analyse des Verhaltens privater Anleger, in: Kleeberg, J., Rehkugler, H. (Hrsg.) Handbuch des Portfoliomanagement, Bad Soden, 1998, S. 71-110.

Oehler, A. (1999) Skript zu "Finanzwirtschaftliche Entscheidungstheorie WS1999/2000", Bamberg, 1999.

Oehler, A. (2000a) Börse im Labor? Ergebnisse experimenteller Finanzmarktforschung für die Ausgestaltung von Börsen, Kurzbericht, Bamberg, 2000.

Oehler, A. (2000b) Behavioral Finance - Theoretische, empirische und experimentelle Befunde unter Marktrelevanz, in: BankArchiv, 48, 2000, S. 978-989.

Oehler, A. (2000c) Wertpapierbörsen im Wettbewerb - eine ökonomische Analyse, in: Sparkasse, 117, 2000, S. 351-357.

Oehler, A. (2000d) Behavioral Finance: Mode oder mehr?, in: Die Bank, 10, 2000, S. 718-723.

Oehler, A. (2001) Xetra, in: Bühner, R. (Hrsg.) Management-Lexikon, München, Wien, 2001, S. 889-890.

Oehler, A. (2002a) Behavioral Finance, verhaltenswissenschaftliche Finanzmarktforschung und Portfoliomanagement, in: Kleeberg, J.M., Rehkugler, H. Handbuch Portfoliomanagement, 2., vollkommen neu konzipierte Aufl., Bad Soden/Ts., 2002, S. 843-870.

Oehler, A. (2002b) Kahneman? Smith??, Kurzbericht, Bamberg, 2002.

Oehler, A. (2002c) Finanzmärkte und Finanzmarktforschung, Lehrmaterialien, Bamberg, 2002.

Oehler, A./ Heilmann, K./ Läger, V. (2001) Discovering the best: Informational efficiency and liquidity of alternative trading mechanisms in experimental asset markets, Working Paper Universität Bamberg, 2001.

Oehler, A./ Unser, M. (1998) Market Transparency and Call Markets, in: BAFIFO - Bank- und Finanzwirtschaftliche Forschung, Nr. 06, Diskussionsbeiträge des Lehrstuhls für BWL, insbes. Finanzwirtschaft, Universität Bamberg, 1998.

Oehler, A./ Unser, M. (2002) Finanzwirtschaftliches Risikomanagement, 2., verb. Aufl., Berlin u.a., 2002.

Oehler, A./ Voit, M. (1999) Informationsökonomische Aspekte des Bond-Rating, in: Bank-Archiv, 1999, S. 968-974.

Oehler, A./ Heilmann, K./ Läger, V./ Oberländer, M. (2003) Coexistence of Disposition Investors and Momentum Traders in Stock Markets: Experimental Evidence, in: Journal of International Financial Markets, Institutions and Money, 13, 2003, S. 503-524.

Oesterreich, R. (1979) Entwicklung eines Konzepts der objektiven Kontrolle und Kontrollkompetenz, Dissertation, TU Berlin, 1979.

Olsen, R./ Troughton, G. (2000) Are Risk Premium Anomalies Caused by Ambiguity?, in: Financial Analyst Journal, 56, 2000, S. 24-31.

Onkvisit, S./ Shaw, J.J. (1994) Consumer Behavior - Strategy and Analysis, New York, 1994.

Otto, J.H./ Euler, H.A/ Mandl, H. (2000) Begriffsbestimmungen, in: Otto, J., Euler, H.A., Mandl, H. Emotionspsychologie - Eine Einführung, Weinheim, 2000, S. 11-18.

Paetzold, U./ Stäudel, T. (1985) Computergestütztes Protokolliersystem zur fortlaufenden Erfassung nonverbalen und emotionalen Verhaltens beim Problemlösen, Memorandum Lehrstuhl für Psychologie II, Universität Bamberg, No. 33, 1985.

Paradiso, M./ Trisorio, A. (2001) The effect of knowledge on the disparity between hypothetical and real willingness to pay, in: Applied Economics, 33, 2001, S. 1359-1364.

Patell, J.M. (1976) Corporate Forecasts of Earnings per Share and Stock Price Behavior: Empirical Tests, in: Journal of Accounting Research, 14, 1976, S. 246-276.

Payne, J.W. (1976a) Heuristic Search Processes in Decision Making, in: Anderson, B. B. Advances in Consumer Research, Vol. III, Provo Utah, 1976, S. 321-327.

Payne, J.W. (1976b) Task Complexity and Contigent Processing in Decision making: An Information Search and Protocol Analysis, in: Organizational Behavior and Human Performance, 16,1976, S. 366-387.

Payne, W. (1997) The scarecrow´s search: A cognitive psychologist´s perspective on organizational decision making, in: Shapira, Z. (Ed.) Organizational decision making, Cambridge, 1997, S. 353-374.

Payne, J.W./ Bettman, J.R./ Johnson, E.J. (1988) Adaptive Strategy Selection in Decision Making, in: Journal of Experimental Psychology: Learning, Memory and Cognition, 14, 1988, S. 534-552.

Payne, J.W./ Bettman, J.R./ Johnson, E.J. (1993) The adaptive decision maker, Cambridge, 1993.

Payne, J.W./ Braunstein, M./ Carroll, J.S. (1978) Exploring Predecisional Behavior: An Alternative Approach to Decision Research, in: Organizational Behavior and Human Performance, 22, 1978, S. 17-44.

Payne, J.W. et al. (1992) A Constructive Process View of Decision Making: Multiple Strategies in Judgement and Choice, in: Acta Psychologica, 80, 1992, S. 107-141.

Penman, S.H. (1996) The Articulation of Price-Earnings Ratios and Market-to-Book Ratios and the Evaluation of Growth, in: Journal of Accounting Research, 34,1996, S. 235-259.

Perridon, L./ Steiner, M. (2002) Finanzwirtschaft der Unternehmung, 11., überarb. u. erw. Aufl., München, 2002.

Pesaran, M.H./ Timmermann, A. (1994) Forecasting stock returns: an examination of stock market trading in the presence of transaction costs, in: Journal of Forecasting, 13,1994, S. 335-367.

Peters, H. (1995) Kreditvergabe und Verschuldung: eine risikotheoretische Untersuchung, Wiesbaden, 1995, zugl. Diss. Fernuniversität Hagen, 1994.

Petersen, K. (1988) Der Verlauf individueller Informationsprozesse: Eine empirische Untersuchung am Beispiel der Bilanzanalyse, Frankfurt/Main, 1988, zugl. Diss. Universität Kiel, 1986.

Peterson, L.R./ Peterson, M.J. (1959) Short-term retention of individual items, in: Journal of Experimental Psychology, 58, 1959, S. 193-198.

Pfeiffer, R.J. Jr. et al. (1998) Additional Evidence on the Incremental Information Content of Cash Flows and Accruals: The Impact of Errors in Measuring Market Expectations, in: The Accounting Review, 73,1998, S. 373-385.

Picot, A./ Dietl, H./ Franck, E. (1997) Organisation - Eine ökonomische Perspektive, Stutt-gart, 1997.

Pieper, U./ Schiereck, D./ Weber, M. (1993) Die Kaufempfehlungen des "Effecten-Spiegel": Eine empirische Untersuchung im Lichte der Effizienzthese des Kapitalmarktes, in: Zeitschrift für betriebswirtschaftliche Forschung, 45, 1993, S. 487-505.

Pieters, R./ Warlop, L. (1999) Visual attention during brand choice: The impact of time pressure and task motivation, in: International Journal of Research in Marketing, 16, 1999, S. 1-16.

Pinches, G./ Mingo, K. (1973) A Multivariate Analysis of Industrial Bond Ratings, in: Journal of Finance, 28, 1973, S. 1-18.

Poddig, T./ Dichtl, H./ Petersmeier, K. (2001) Statistik, Ökonometrie, Optimierung. Methoden und ihre praktische Anwendung in Finanzanalyse und Portfoliomanagement, 2. erw. Aufl., Bad Soden, 2001.

Pontiff, J./ Schall, L.D. (1998) Book-to-market Ratios as predictors of market returns, in: Journal of Financial Economics, 49, 1998, S. 141-160.

Powell Mantel, S./ Kardes, F.R. (1999) The Role of Direction of Comparison, Attribute-Based Processing, and Attitude-Based Processing in Consumer Preference, in: Journal of Consumer Research, 25, 1999, S. 335-352.

Quiggin, J. (1982) A Theory of Anticipated Utility, in: Journal of Economic Behavior and Organization, 3, 1982, S. 232-343.

Raffée, H. (1995a) Grundprobleme der Betriebswirtschaftslehre, 5., unveränderter Nachdruck der 1. Aufl., Göttingen, 1995.

Raffée, H. (1995b) Marketing-Wissenschaft, in: Tietz, B., Köhler, R., Zentes, J. (Hrsg.) Handwörterbuch des Marketing, 2., vollst. überarb. Aufl., Stuttgart, 1995, Sp. 1668-1682.

Rapp, H.W. (2000) Der tägliche Wahnsinn hat Methode, Behavioral Finance: Paradigmenwechsel in der Kapitalmarktforschung, in: Jünemann, B., Schellenberger, D. (Hrsg.) Psychologie für Börsenprofis: die Macht der Gefühle bei der Geldanlage, Stuttgart, 2000, S. 85-123.

Rathjen, D. (2000) Die makroökonomischen Determinanten des DAX: neue Ansätze in der Modellidentifikation, Wiesbaden, 2000.

Rayner, S./ Riding, R. (1997) Towards a Categorisation of Cognitive Styles and Learning Styles, in: Educational Psychology, 17, 1997, S. 5-27.

Rehkugler, H./ Kerling, M. (1995) Einsatz Neuronaler Netze für Analyse- und Prognosezwecke, in: Betriebswirtschaftliche Forschung und Praxis, 3, 1995, S.306-324.

Rehkugler, H./ Schindel, V. (1989) Entscheidungstheorie, 4. Aufl., München, 1989.

Reichmann, T./ Lachnit, L. (1976) Planung, Steuerung und Kontrolle mit Hilfe von Kennzahlen, in: Zeitschrift für betriebswirtschaftliche Forschung und Planung, 28, 1976, S. 705-723.

Reinganum, M.R. (1981) Misspecification of Capital Asset Pricing: Empirical Anomalies Based on Earnings Yields and Market Values, in: Journal of Financial Economics, 9, 1981, S. 19-46.

Reinganum, M.R. (1983) The Anomalous Stock Market Behavior of Small Firms in January - Empirical Tests for Tax-Loss Selling Effects, in: Journal of Financial Economics, 12, 1983, S. 89-104.

Renkl, A./ Mandl, H./ Gruber, H. (1996) Inert knowledge: Analyses and remedies, in: Educational psychologist, 31, 1996, S.115-121.

Renner, K. (1994) Video in der Psychologie, in: Laux, L., Reinecker, H. (Hrsg.) Mit Leib und Seele, Forschungsforum Berichte aus der Otto-Friedrich-Universität Bamberg, 6, 1994, S. 122-128.

Richter, R. (1994) Institutionen ökonomisch analysiert, Tübingen, 1994.

Richter, R./ Furubotn, E.G. (1999) Neue Institutionenökonomik: eine Einführung und kritische Würdigung, 2., durchges. u. erg. Aufl., Tübingen, 1999.

Rinne, H. (1995) Taschenbuch der Statistik, Frankfurt/Main, 1995.

Robbins, S.P. (1994) Management, 4. Aufl., Englewood Cliffs, 1994.

Rogalski, R.J. (1984) New Findings Regarding Day-of-the-Week Returns over Trading and Non-Trading Periods, in: Journal of Finance, 39, 1984, S. 1603-1614.

Rosenstein, J./ Wyatt, S. (1990) Outside Directors, Board Independence and Shareholder Wealth, in: Journal of Financial Economics, 26, 1990, S. 175-192.

Ross, S.A. (1976) The Arbitrage Theory of Capital Asset Pricing, in: Journal of Economic Theory, 13, 1976, S. 341-360.

Rotter, J.B. (1966) Generalized Expectancies for Internal versus External Control of Reinforcement, in: Psychological Monographs: General and Applied, 80, 1966.

Rudolph, B. (1983) Zur Bedeutung der kapitaltheoretischen Separationstheoreme für die Investitionsplanung, in: Zeitschrift für Betriebswirtschaft, 53, 1983, S. 261-287.

Ruehlman, L.S./ West, S.G./ Pasahow, R.J. (1985) Depression and evaluative schemata, in: Journal of Personality, 53, 1985, S. 46-92.

Rundus, D./ Atkinson, R.C. (1970) Rehearsal Processes in free recall, in: Journal of Verbal Learning and Verbal Behavior, 8, 1969, S.240-247.

Russ, W. (1986) Der Anhang als dritter Teil des Jahresabschlusses: eine Analyse der bisherigen und der zukünftigen Erläuterungsvorschriften für die AG, Bergisch Gladbach, Köln, 1986.

Rust, H. (1981) Methoden und Probleme der Inhaltsanalyse: Eine Einführung, Tübingen, 1981.

Sahling, C. (1981) Die Reaktion des Aktienmarktes auf wesentliche Ausschüttungsänderungen, Schwarzenbek, 1981.

Salminen, P./ Wallenius, J. (1993) Testing Prospect Theory in an Deterministic Multiple Criteria Decision-Making Environment, in: Decision Sciences, 24, 1993, S. 279-294.

Samuelson, P.A. (1998) Summing Up on Business Cycles: Opening Adress, in: Fuhrer, J.C., Schuh, S. (Eds.) Beyond Shocks: What Causes Business Cycles, Boston, 1998, S. 33-36.

Samuelson, W./ Zeckhauser, R. (1988) Status Quo Bias in Decision Making, in: Journal of Risk and Uncertainty, 1, 1988, S. 7-59.

Sapusek, A. (1998) Informationseffizienz auf Kapitalmärkten: Konzepte und empirische Ergebnisse, Wiesbaden, 1998, zugl. Diplomarbeit Wirtschaftsuniversität Wien, 1991.

Sarin, R.K./ Weber, M. (1993) Effects of Ambiguity in Market Experiments, in: Management Science, 39, 1993, S. 602-615.

Sattler, R. (1994) Renditeanomalien am deutschen Aktienmarkt, Aachen, 1994, zugl. Diss. Universität Augsburg, 1994.

Sauer, A. (1994) Faktormodelle und Bewertung am deutschen Aktienmarkt, Frankfurt/Main, 1994.

Schab, F.R. (1990) Odors and the remembrance of things past, in: Journal of Experimental Psychology: Human Learning and Memory, 5, 1990, S. 460-471.

Schachter, S. et al. (1986) Aggregate Variables in Psychology and Economics: Dependence and the stock market, in: Gilad, B., Kaish, S. (Eds.) Handbook of behavioral economics, Vol. B, Behavioral Macroeconomics, Greenwich, 1986, S. 237-272.

Schachter, S. et al. (1987) Effects of trend and of profit or loss on the tendency to sell stock, in: Basic and Applied Social Psychology, 8, 1987, S. 259-271.

Schacter, D.W./ Tulving, E. (1994) What are the Memory Systems of 1994?, in: Schacter, D.W., Tulving, E. (Eds.) Memory Systems 1994, Cambridge, 1994, S. 1-38.

Schaefer, R.E. (1979) Mathematische Entscheidungstheorie und kognitive Strategien der Informationsverarbeitung, in: Ueckert, H., Rhenius, D. (Hrsg.) Komplexe menschliche Informationsverarbeitung, Beiträge zur Tagung "Kognitive Psychologie"in Hamburg 1979, Bern u.a., 1979, S. 391-400.

Schäfer-Pietig, R. (1995) Suboptimale Gruppenentscheidungen: Untersuchungen zur Informationsnutzung und Entscheidungsgüte, Dissertation Universität Erlangen-Nürnberg, 1995.

Schauenberg, B. (1998) Gegenstand und Methoden der Betriebswirtschaftslehre, in: Bitz, M. et al. (Hrsg.) Vahlens Kompendium der Betriebswirtschaftslehre, Band 1, 4., völlig überarb. u. erw. Aufl., München, 1998, S. 1-56.

Schiersch, K. (1997) Betrachtungen von Entscheidungsprozessen mittels Blick-bewegungsanalysen, Hamburg, 1997, zugl. Diss. Universität Hamburg, 1996.

Schildbach, T. (1999) Stellungnahme zu dem Beitrag von Michael Bitz "Bernoulli-Prinzip und Risikoeinstellung", in: Zeitschrift für betriebswirtschaftliche Forschung, 51, 1999, S. 480-483.

Schlicksupp, H. (1992) Innovation, Kreativität und Ideenfindung, 4.überarb.und erw. Aufl., Würzburg, 1992.

Schmalt, H.-D./ Sokolowski, K. (1996) Motivationale Konstrukte, in: Amelang, M. (Hrsg.) Enzyklopädie der Psychologie, Band 3, Temperaments- und Persönlichkeitsunterschiede, Göttingen u.a., 1996, S. 301-336.

Schmeidler, D. (1989) Subjective Probability and Expected Utility without Additivity, in: Econometrica, 57, 1987, S. 571-587.

Schmidt, R.H. (1982) Rechnungslegung als Informationsproduktion auf nahezu effizienten Kapitalmärkten, in: Zeitschrift für betriebswirtschaftliche Forschung, 34, 1982, S. 728-748.

Schmidt, U. (2002) Ist das Unabhängigkeitsaxiom eine notwendige Voraussetzung der präskriptiven Entscheidungstheorie?, in: Zeitschrift für Betriebswirtschaft, 72, 2002, S. 317-329.

Schmidt, R./ May, A. (1993) Erklärung von Aktienindizes durch Pressemeldungen, in: Zeitschrift für Betriebswirtschaft, 63, 1993, S. 61-88.

Schmidt, R.H./ Terberger, E. (1997) Grundzüge der Investitions- und Finanzierungstheorie, 4., aktualisierte Aufl., Wiesbaden, 1997.

Schneeweiß, C. (1991) Planung 1 - Systemanalytische und entscheidungstheoretische Grundlagen, Berlin u.a., 1991.

Schneewind, K.A. (1982) Familiäre Aspekte der Selbstverantwortlichkeit, in: Mielke, R. (Hrsg.) Interne, externe Kontrollüberzeugung: theoretische und empirische Arbeiten zum Locus of control-Konstrukt, Bern u.a., 1982, S. 199-221.

Schneewind, K.A. (1989) Eindimensionale Skalen zur Erfassung von Kontrollüberzeugungen bei Erwachsenen und Kindern: LOC-E und LOC-K, in: Krampen, G. (Hrsg.) Diagnostik von Attributionen und Kontrollüberzeugungen, Göttingen, 1989, S. 80-92.

Schoemaker, P.J. (1982) The Expected Utility Model: Its Variants, Purposes, Evidence and Limitations, in: Journal of Economic Literature, 20, 1982, S. 529-563.

Schopphoven, I. (1996) Messung von Entscheidungsqualität: Konzeptualisierung, Operationalisierung und Validierung eines Meßinstrumentariums für Entscheidungsqualität, Frankfurt/Main u.a., 1996.

Schredelseker, K. (1984) Anlagestrategie und Informationsnutzen am Aktienmarkt, in: Zeitschrift für betriebswirtschaftliche Forschung, 36, 1984, S. 44-59.

Schroeder-Wildberg, U. (1998) Entscheidungs- und Lernverhalten an Wertpapiermärkten: Psychologische Aspekte von Börsenentscheidungen, Wiesbaden, 1998, zugl. Diss. Universität Erlangen-Nürnberg, 1997.

Schulte, J. (1996) Rechnungslegung und Aktienkursentwicklung, Wiesbaden 1996.

Schulz, N. (2002) Nobelpreis für Wirtschaftswissenschaften 2001 an George Akerlof, Michael Spence und Joseph Stiglitz, in: Wirtschaftswissenschaftliches Studium, 1, 2002, S. 37-40.

Schwager, J.D. (2001) Schwager on Futures - Technische Analyse, 4. Aufl., München, 2001.

Schwanenberg, S./ Helm, R. (1999) KNN als Analyseinstrument der betriebswirtschaftlichen Forschung, in: Wirtschaftswissenschaftliches Studium, H. 7,1999, S. 356-362.

Schwarz, N. (1982) Homo Heuristicus: Zur Psychologie des kognitiven Geizhalses, in: Zeitschrift für Sozialpsychologie, 13, 1982, S. 343-347.

Schwarz, N. (1987) Stimmung als Information, Berlin u.a, 1987.

Schwarz, N./ Bohner, G. (1990) Stimmungseinflüsse auf Denken und Entscheiden, in: Maas, P., Weibler, J. (Hrsg.) Börse und Psychologie, Köln, 1990, S. 162-189.

Schweizer, U.P. (1986) Geldmenge und Aktienpreise, Diss. Universität Bern, 1986.

Schwert, W.G. (1990) Stock Returns and real activity: a century of evidence, in: Journal of Finance, 45, 1990, S. 1237-1257.

Scott, W.R. (1986) Grundlagen der Organisationstheorie, Frankfurt/Main, New York, 1986.

Seel, N.M. (2000) Psychologie des Lernens, München, 2000.

Shanteau, J. (1992) How much information does an expert use? Is it relevant?, in: Acta Psychologica, 81, 1992, S. 75-86.

Shanteau, J. (1995) Expert Judgement and Financial Decision Making, Green, B. (Ed.) Risk Behaviour and Risk Management, Stockholm, 1995, S.16-32.

Shanteau, J./ Dino, G.A. (1993) Environmental Stressor Effects on Creativity and Decision Making, in: Svenson, O., Maule, J. A. (Ed.) Time Pressure and Stress in Human Judgement and Decision Making, New York, 1993, S. 293-308.

Shapira, Z. (1997) Introduction and overview, in: Shapira, Z. Organizational decision making, Cambridge, 1997, S. 3-8.

Sharpe, W.F. (1964) Capital Asset Prices: A Theory of Market Equilibrium under Conditions of Risk, in: The Journal of Finance, 14, 1996, S. 425-442.

Shefrin, H. (2000) Börsenerfolg mit Behavioral Finance – Investmentpsychologie für Börsenprofis, Stuttgart, 2000.

Shefrin, H./ Statman, M. (1995) Behavioral Portfolio Theory, Working Paper, Santa Clara University, 1995.

Shiller, R.J. (1997) Human Behavior and the Efficiency of the Financial System, Working Paper, Yale University, 1997.

Shiller, R.J. (2000) Irrationaler Überschwang, Frankfurt/Main, 2000.

Shleifer, A. (1999) Inefficient Marktes, Oxford, 1999.

Silberer, G. (1979) Die Verwendung von Gütertestinformationen im Konsumentenbereich, in: Meffert, H., Steffenhagen, H., Freter, H. (Hrsg.) Konsumentenverhalten und Information, Wiesbaden, 1979, S. 85-111.

Silberer, G. (1983) Einstellungen und Werthaltungen, in: Irle, M., Bussmann, W. (Hrsg.) Marktpsychologie als Sozialwissenschaft, Göttingen et al. 1983, S. 533-625.

Simon, H.A. (1955) A behavioral model of rational choice, in: Quarterly Journal of Economics, 69, 1955, S. 99-118.

Simon, H.A. (1957) Models of Man, New York, 1957.

Simon, H.A. (1974) How big is chunk?, in: Science, 183, 1974, S. 482-488.

Simon, H.A. (1976) Administrative Behaviour, A Study of Decision-Making Processes in Administrative Organizations, 3. Aufl., New York, 1976.

Simon, H.A. (1977) The new science of management decision, Englewood Cliffs 1977.

Simon, H.A. (1981) Entscheidungsverhalten in Organisationen: Eine Untersuchung von Entscheidungsprozessen in Management und Verwaltung, Übersetzung der 3., stark erw. und mit einer Einführung versehenen amerikanischen Aufl., Landsberg/Lech, 1981.

Simon, H.A. (1993) Homo rationalis - Die Vernunft im menschlichen Leben, Frankfurt/Main, New York, 1993.

Smith, E.E./ Shoben, E.J./ Rips, L.J. (1974) Structure and process in semantic memory: a featural model for semantic decisions, in: Psychological Review, 81, 1974, S. 214-241.

Soelberg, P. (1967) Structure of Individual Goals: Implications for Organizations Theory, in: Fisk, G. (Ed.) The Psychology of Management Decision, Lund 1967, S..

Soenen, L.A./ Hennigar, E.S. (1988) An analysis of exchange rates and stock prices - the U.S. Experience between 1980 and 1986, in: Akron Business and Economic Review, 19, 1988, S. 71-76.

Sprinkle, G.B. (2000) The Effect of Incentive Contracts on Learning and Performance, in: The Accounting Review, 75, 2000, S. 299-326.

Spulber, D.F. (1999) Market microstructures intermediaries and the theory of the firm, Cambridge, 1999.

Statman, M. (1999) Behavioral Finance: Past Battles and Future Engangements, in: Financial Analysts Journal, 55, 1999, S. 18-27.

Stäudel, T. (1987) Problemlösen, Emotionen und Kompetenz: die Überprüfung eines integrativen Konstrukts, Regensburg, 1987, zugl. Diss. Universität Bamberg, 1986.

Stäudel, T./ Tisdale, T. (1986) Computerunterstütztes Protokollsystem zur Erfassung von Problemlöse - und Entscheidungsprozessen bei Individuen und Gruppen: seine Beschreibung und Überprüfung, Memorandum Nr. 45 des Lehrstuhl für Psychologie II der Universität Bamberg, 1986.

Steckel, J.H. et al. (1991) Prospects and Problems in Modeling Group Decisions, in: Marketing Letters, 2, 1991, S. 231-240.

Steiner, M. (1998) Konstitutive Entscheidungen, in: Bitz, M. et al. (Hrsg.) Vahlens Kompendium der Betriebswirtschaftslehre, Band 1, 4., völlig überarb. u. erw. Aufl., Mün-chen, 1998, S. 57-105.

Steiner, M./ Bruns, C. (2000) Wertpapiermanagement, 7. überarb. u. erw. Aufl., Stuttgart, 2000.

Sternberg, R.J./ Grigorenko, E.J. (1997) Are Cognitive Styles still in Style?, in: American Psychology, July 1997, S. 700-712.

Stewart, R.H. (1965) Effect of continuous responding on the order effect in personality impression formation, in: Journal of Personality and Social Psychology, 1, 1965, S. 161-165.

Stiglitz, J.E. (1987) The Causes and Consequences of the Dependence of Quality on Price, in: Journal of Economic Literature, 25, 1987, S. 1-48.

Stock, D. (1988) Empirical Tests of the Overreaction Hypothesis for the German Stock Market, Discussion Paper B 102, Universität Bonn, Bonn, 1988.

Stock, D. (2001) Zur Tauglichkeit des Kurs-Gewinn-Verhältnisses für die Prognose von Aktienkursveränderungen - eine Replik, in: Zeitschrift für Betriebswirtschaft, 71, 2001, S. 321-344.

Stock, D. (2002) Zur Relevanz von CAPM-Anomalien für den deutschen Aktienmarkt, Frankfurt/Main u.a., 2002, zugl. Diss. Universität Berlin, 1999.

Strauß, B. (1993) Konfundierungen beim Komplexen Problemlösen, Bonn, 1993.

Strickland, B.R. (1977) Internal-external control of reinforcement, in: Blass, T. (Ed.) Personality variables in social behavior, New York, 1977, S. 219-279.

Summers, L.H. (1986) The nonadjustement of nominal interest rates: a study of the fisher effect, in: Tobin, J. (Ed.) Macroeconomics, Prices and Quantities, Washington, 1986, S. 201-224.

Sun, M. (1994) Funktionen, Entwicklungspotentiale und Gestaltungskonzepte der Wertpapiermärkte in der VR China, Diss Universität Mannheim, 1994.

Sundstroem, G.A. (1989) Information search and decision making: The effects of information displays, in: Montgomery, H., Svenson, O. (Eds.) Process and Structure in Human Decision Making, Chichester u.a., 1989, S. 209-223.

Svenson, O. (1979) Process Descriptions of Decision Making, in: Organizational Behavior and Human Performance, 23, 1979, S. 86-112.

Svenson, O. (1983) Decision rules and information processing in decision making, in: Sjöberg, L., Tyszka, T., Wise, J. A. (Eds.) Human decision making, Bodafors, 1983, S. 131-196.

Svenson, O./ Benson, L. (1993) Framing and Time Pressure in Decision Making, in: Svenson,O., Maule, J.A. Time Pressure and Stress in Human Judgement and Decision Making, New York, 1993, S. 133-144.

Svenson, O./ Edland, A. (1989) Change of preferences under time pressure: Choices and judgements, in: Montgomery, H., Svenson, O. Process and Structure in Human Decision Making, Chichester u.a., 1989, S. 225-236.

Swait, J./ Adamowicz, W. (2001) The Influence of Task Complexity on Consumer Choice: A Latent Class Model of Decision Strategy Switching, in: Journal of Consumer Research, 28, 2001, S. 135-148.

Tatom, J.A. (1987) The macroeconomic effects of the Recent Fall in Oil Prices, Federal Reserve Bank of St. Louis, June/July 1987.

Terberger, E. (1994) Neo-institutionalistische Ansätze: Entstehung und Wandel, Anspruch und Wirklichkeit, Wiesbaden, 1994, zugl, Habil. Schrift Universität Frankfurt/Main, 1993.

Terregrossa, S.J. (2001) Robust informational tests on the CAPM, in: Applied Economics Letters, 8, 2001, S. 121-124.

Thaler, R.H. (1980) Toward a positive theory of consumer choice, in: Journal of Economic Behavior and Organization, 1, 1980, S. 39-60.

Thaler, R.H. (1985) Mental accounting and consumer choice, in: Marketing Science, 4, 1985, S. 199-214.

Thaler, R.H. (1992) The Winner´s Curse: Paradoxes and Anomalies of Economic Life, New York, 1992.

Thaler, R.H. (1999) The End of Behavioral Finance, in: Financial Analysts Journal, 55, 1999, S. 12-17.

Theil, M. (1997) Die "prospect"-Theorie als Erklärungsmuster realen Entscheidungsverhaltens, in: Journal für Betriebswirtschaft, 1, 1997, S.26-34.

Theissen, E. (1998) Organisationsformen des Wertpapierhandels: Gesamtkursermittlung, kontinuierliche Auktion und Market-Maker-System, Wiesbaden, 1998, zugl. Diss. Universität Frankfurt/Main, 1997.

Tobin, J. (1958) Liquidity Preference as Behavior Towards Risk, In: Review of Economic Studies, 25, 1989, S. 65-86.

Tobin, J. (1984) On the Efficiency of the Financial System, in: Lloyds Bank Review, 152, 1984, S. 1-15.

Treiber, K. (1991) Die Zwischenberichterstattung von börsennotierten Aktiengesellschaften, in: Die Wirtschaftsprüfung, H.19-20, 1991, S. 600-605.

Tulving, E./ Schacter, D.W. (1990) Priming and human memory systems, in: Science, 247, 1990, S. 301-306.

Tversky, A. (1972) Elimination by Aspects: A Theory of Choice, in: Psychological Review, 79, 1972, S. 281-299.

Tversky, A./ Kahneman, D. (1973) Availability: A Heuristic for Judging Frequency and Probability, in: Cognitive Psychology, 5, 1973, S. 207-232.

Tversky, A./ Kahneman, D. (1974) Judgement under Uncertainty: Heuristics and Biases, in: Science, 185, 1974, S. 1124-1131.

Tversky, A./ Kahneman, D. (1981) The framing of decisions and the psychology of choice, in: Science, 211, 1981, S. 453-458.

Tversky, A./ Kahneman, D. (1982) Judgement under uncertainty: Heuristics and biases, in: Kahneman, D., Slovic, P., Tversky, A. (Eds.) Judgement under uncertainty: Heuristics and Biases, Cambridge u.a., 1982, S. 3-20.

Tversky, A./ Kahneman, D. (1992) Advances in Prospect Theory: Cumulative Representation of Uncertainty, in: Journal of Risk and Uncertainty, 5, 1992, S. 297-323.

Tversky, A./ Slovic, P./ Kahneman, D. (1990) The Causes of Preference Reversal, in: American Economic Review, 80, 1990, S. 204-217.

Tversky, A./ Thaler, R.H. (1990) Preference Reversals, in: Journal of Economic Perspectives, 4, 1990, S. 201-211.

Uhlir, H. (1984) The German Equity Market: A Review of the Efficiency Literature, in: Hawawini, G.A., Michel, P.A. (Eds.) European Equity Markets - Risk, Return and Efficiency, New York, London, 1984, S. 317-332.

Uhlir, H./ Steiner, P. (2001) Wertpapieranalyse, 4. Aufl., Heidelberg, 2001.

Ulich, D./ Brandstätter, V./ Gollwitzer, P. (1996) Emotion, Motivation und Volition, in: Dörner, D., Selg, H. (Hrsg.), Psychologie - Eine Einführung in ihre Grundlagen und Anwendungsfelder, Stuttgart, 1995, S. 115-135.

Ungson, G.R./ Braunstein, D.N. (1982) Decision Making: An Interdisciplinary Inquiry, Belmont, 1982.

Unser, M. (1999) Behavioral Finance am Aktienmarkt: Empirische Analysen zum Risikoverhalten individueller Anleger, Bad Soden/Ts., 1999, zugl. Diss. Universität Bamberg, 1998.

van Raaij, F.W. (1977) Consumer Information Processing for Different Information Structures and Formats, in: Perreault, W.D. (Ed.) Advances in Consumer Research, Vol. IV, Atlanta, 1977, S. 176-184.

van Raaij, F.W. (1988) Information processing and decision making - Cognitive aspects of economic behavior, in: van Raaij, W.F., Veldhoven, G.A., Wärneryd, K.E. Handbook of Economic Psychology, Dordrecht, 1988, S. 74-106.

Veldhoven, G.M./ Groenland, E.A.G. (1993) Exploring Saving Behavior: A Framework and Research Agenda, in: Journal of Economic Psychology, 14, 1993, S. 507-522.

Vogel, F. (1991) Beschreibende und schließende Statistik, 6., überarb. u. erw. Aufl., München, 1991.

Volkema, R./ Gorman, R.H. (1998) The Influence of Cognitive-Based Group Composition on Decision-Making Process and Outcome, in: Journal of Management Studies, 35, 1998, S.105-121.

von der Oelsnitz, D. (1999) Stand und Entwicklungsperspektiven der betriebswirtschaftlichen Entscheidungsforschung, in: Zeitschrift für Planung, 10,1999, S. 157-176.

von Heyl, D. (1995) Noise als finanzwirtschaftliches Phänomen, Frankfurt/Main, 1995.

von Nitzsch, R. (1996) Entscheidungslehre - Der Weg zur besseren Entscheidung, Aachen, 1996.

von Rosenstiel, L. (1990) Motivationale Aspekte des Verhaltens von Börsenteilnehmern, in: Maas, P., Weibler, J. (Hrsg.) Börse und Psychologie, Köln, 1990, S. 58-71.

von Rosenstiel, L. (2000) Grundlagen der Organisationspsychologie – Basiswissen und Anwendungshinweise, 4. überarb. u. erw. Aufl., Stuttgart, 2000.

von Rosenstiel, L./ Ewald, G. (1983) Methoden und Ergebnisse labor- und feldexperimenteller marktpsychologischer Forschung, in: Irle, M. (Hrsg.) Enzyklopädie der Psychologie Bd. 5: Methoden und Anwendungen in der Marktpsychologie, Göt-tingen u.a., 1983, S.174-270.

von Winterfeldt, D. (1980) Structuring Decision Problems for Decision Analysis, in: Acta Psychologica, 45, 1980, S. 71-93.

von Winterfeldt, D./ Edwards, W. (1986) Decision analysis and behavioral research, Cambridge, 1995.

von Wysocki, K. (1989) Aussagefähigkeit des Lageberichts, in: Coenenberg, A.G. (Hrsg.) Bilanzanalyse nach neuem Recht, Landsberg/Lech, 1989, S. 257-265.

Wack, O.G./ Detlinger, G./ Grothoff, H. (1998) Kreativ sein kann jeder: Kreativitätstechniken für Leiter von Projektgruppen, Arbeitsteams, Workshops und von Seminaren, Hamburg, 1998.

Waller, W.S. (1995) Decision-making research in managerial accounting: Return to behavioral-economics foundations, in: Ashton, R.H., Ashton, H.A. (Eds.) Judgement and decision making research in accounting and auditing, New York, 1995, S. 29-54.

Walster, E./ Presholdt, P. (1966) The effect of misjudging another: overcompensation of dissonance reduction, in: Journal of Experimental Social Psychology, 2, 1966, S. 85-97.

Walster, E.H. et al. (1966) Importance of physical attractiveness in dating behavior, in: Journal of Personality and Social Psychology, 4, 1966, S. 508-516.

Wansley, J./ Clauretie, T. (1985) The Impact of Creditwatch Placement on Equity Returns and Bond Prices,, in: Journal of Financial Research, 1, 1985, S. 31-42.

Warner, J./ Watts, R./ Wruck, K. (1988) Stock Price and Top Management Changes, in: Journal of Financial Economics, 20, 1988, S. 461-492.

Wärneryd, K.E. (2001) Stock-Market Psychology, Cheltenham, 2001.

Watts, R. (1973) The Informations Content of Dividends, in: Journal of Business, 46, 1973, S. 191-211.

Waugh, N.C./ Norman, D.A. (1965) Primary Memory, in: Psychology Review, 72, 1965, S. 89-104.

Weber, M. (1989) Ambiguität in Finanz- und Kapitalmärkten, in: Zeitschrift für betriebs-wirtschaftliche Forschung 41, 1989, S. 447-471.

Weber, M. (1990) Risikoentscheidungskalküle in der Finanzierungstheorie, Stuttgart, 1990.

Weber, M. (1993) Besitztumseffekte - eine theoretische und experimentelle Analyse, in: Die Betriebswirtschaft, 53, 1993, S. 479-490.

Weidekind, S.-S. (1994) Finanzierungsmarketing: Übernahme marketingwissenschaftlicher Überlegungen für das Finanzmanagement, Wiesbaden, 1994, zugl. Diss. FernUniversität Hagen, 1993.

Weinberg, P. (1981) Das Entscheidungsverhalten der Konsumenten, Paderborn u.a., 1981.

Weinberg, P. (1994) Emotionale Aspekte des Entscheidungsverhaltens, in: Forschungsgruppe Konsum und Verhalten (Hrsg.) Konsumentenforschung: gewidmet Werner Kroeber-Riel zum 60. Geburtstag, München, 1994, S. 171-181.

Weinstein, M. (1977) The Effect of a Rating Change Announcement on Bond Price, in: Journal of Financial Economics, 5, 1977, S. 329-350.

Welcker, J. (1991) Technische Aktienanalyse, 6.überarb. und erw. Aufl, Zürich, 1991.

West, R. (1970) An Alternative Approach Predicting Corporate Bond Ratings, in: Journal of Accounting Research, Spring 1970, S. 118-127.

West, R. (1975) On the Difference between internal and external market efficiency, in: Financial Analysts Journal, 31, 1975, S. 30-34.

Whitcomb, D.K. (1985) An International Comparison of Stock Exchange Trading Structures, in: Amihud, Y., Ho, T.S.Y., Schwartz, R.A. (Eds.), Market Making and the Changing Structure of the Securities Industry, Lexington, 1985, S. 237-255.

Wickelgren, W.A. (1965) Short-term memory for phonemically similar lists, in: American Journal of Psychology, 35, 1965, S. 567-574.

Wiendieck, G./ Bungard, W./ Lück, H.E. (1983) Konsumentenentscheidungen - Darstellung und Diskussion konkurrierender Forschungsansätze, in: Irle, M. (Hrsg.) Enzyklopädie der Psychologie Bd. 5: Methoden und Anwendungen in der Marktpsychologie, Göttingen u.a., 1983, S.1-63.

Wilhelm, S. (2001) Kapitalmarktmodelle, Frankfurt/Main, 2001.

Wilkie, W. (1994) Consumer Behavior, 4. Aufl., New York, 1994.

Williamson, O.E. (1975) Markets and Hierarchies, New York, 1975.

Winkelmann, M. (1984) Aktienbewertung in Deutschland, Königsstein, 1984.

Wiswede, G. (2000) Einführung in die Wirtschaftspsychologie, 3. überarb. und erw. Aufl., München, Basel, 2000.

Witte, E. (1968) Phasen-Theorem und Organisation komplexer Entscheidungsverläufe, in: Zeitschrift für betriebswirtschaftliche Forschung, 20, 1968, S. 625-647.

Witte, E. (1988) Phasen-Theorem und Organisation komplexer Entscheidungsverläufe, in: Witte, E.(Hrsg.) Innovative Entscheidungsprozesse, Tübingen, 1988, S.202-226.

Witte, E./ Hauschildt, J. (1988) Innovative Entscheidungsprozesse, Tübingen 1988.

Wöhe, G. (2000) Einführung in die Allgemeine Betriebswirtschaftslehre, 20., neubearb. Aufl., München, 2000.

Woolridge, R. (1982) The Information Content of Diviend Changes, in: Journal of Financial Research, 5, 1982, S. 237-247.

Woolridge, J./ Snow, C. (1990) Stock Market Reaction to Strategic Investment Decisions, in: Strategic Management Journal, 11, 1990, S. 353-363.

Worrell, D./ Davidson, W./ Glascock, J. (1993) Stockholder Reactions to Departures and Appointments of Key Executives Attributable to Firings, in: Academy of Management Journal, 36, 1993, S. 387-401.

Wosnitza, M. (1995) Der State-Preference-Ansatz in der Finanzierungstheorie: Gleichgewichtstheoretische Grundlagen, in: Das Wirtschaftsstudium, H. 7, 1995, S. 593-597.

Wright, P. (1974) The harassed decision maker: Time Pressure, Distractions and the Use of Evidence, in: Journal of Applied Social Psychology, 59, 1974, S. 555-561.

Yaari, M.E. (1987) The Dual Theory of Choice Under Risk, in: Econometrica, 55, 1987, S.95-115.

Young, S.M./ Lewis, B. (1995) Experimental incentive-contracting research in management accounting, in: Ashton, R.H., Ashton, A.H. (Eds.) Judgement and decision-making research in accounting and auditing, Cambridge, 1995, S. 55-75.

Zaima, J./ McCarthy, J. (1988) The Impact of Bond Rating Changes on Common Stocks and Bonds: Tests of the Wealth Redistribution Hypothesis, in: Financial Review, 23, 1988, S. 483-498.

Zakay, D. (1993) The Impact of Time Perception Processes on Decision Making Under Time Stress, in: Svenson, O., Maule, J.S. (Eds.) Time Pressure and Stress in Human Judgement and Decision Making, New York, 1993, S. 59-72.

Zeelenberg, M. et al. (1998) Emotional Reactions to the Outcomes of Decisins: The Role of Counterfactual Thought in the Experience of Regret and Disappointment, in: Organizational Behavior and Human Decision Processes, 75, 1998, S. 117-141.

Zentes, J. (1996) Grundbegriffe des Marketing, 4., überarb. und erw. Aufl., Stuttgart, 1996.

Zentes, J. (1998) Marketing, in: Bitz, M. et al. (Hrsg.) Vahlens Kompendium der Betriebswirtschaftslehre, Band 1, 4. völlig überarb. und erw. Aufl., München, 1998, S. 329-409.

Zimmermann, H. (1986) Kapitalerhöhungen und Aktienmarkt, Köln, 1986.

Züll, C./ Alexa, M. (2001) Automatisches Codieren von Textdaten. Ein Überblick über neue Entwicklungen, in: Wirth, W., Lauf, E. (Hrsg.), Inhaltsanalyse: Perspektiven, Proble-me, Potentiale, Köln, 2001, S. 303-317.

Peter Lang · Europäischer Verlag der Wissenschaften

Mirko Häcker

Preiseinfluss institutioneller Investoren am deutschen Aktienmarkt

Frankfurt am Main, Berlin, Bern, Bruxelles, New York, Oxford, Wien, 2003.
XX, 337 S., zahlr. Abb. und Tab.
Europäische Hochschulschriften: Reihe 5, Volks- und Betriebswirtschaft. Bd. 2986
ISBN 3-631-50835-2 · br. € 56.50*

Institutionelle Investoren (Banken, Broker, Fondsmanager) zählen an den internationalen Finanzmärkten zu der bedeutendsten Anlegergruppe überhaupt. Auch in Deutschland hat die Institutionalisierung, d.h. die Konzentration sehr großer Vermögen in den Händen einer relativ geringen Anzahl professioneller Investoren, in den letzten Jahren deutlich zugenommen. Die Annahme einer Preisbeeinflussung durch diese Akteure am Aktienmarkt ist daher naheliegend. Unter Verwendung eines bislang einzigartigen Datensatzes wird im Ergebnis der Preiseinfluss durch institutionelle Investoren auf Transaktionsebene empirisch analysiert. Die Ergebnisse zeigen einen deutlichen Preiseinfluss aus dem Handeln Institutioneller. Durch Einsatz auch nicht-linearer Funktionen wird klar, dass der Effekt bei Orders mittlerer Größe am stärksten ausfällt und mit zunehmender Ordergröße tendenziell abnimmt.

Aus dem Inhalt: Preisbildung in der Neoklassischen und der Neueren Finanzierungstheorie · Bedeutung Institutioneller für den Aktienhandel in Deutschland · Methodische Grundlagen zur Messung von Preiseinflüssen, insbesondere liquiditätsbasierte Konzepte und lineare sowie nicht-lineare Preiseinflussfunktionen · Analyse des Preiseinflusses institutioneller Transaktionen, auch aktien- und tageszeitspezifischer Preiseinflussmuster · Untersuchung des Handelsverhaltens bei außerbörslichen Transaktionen

Kolibri 360 GmbH
Ferdinand-Jühlke-Straße 7
99095 Erfurt, Deutschland
produktsicherheit@kolibri360.de

Druck:
CPI Druckdienstleistungen GmbH
im Auftrag der
Kolibri 360 GmbH
Ferdinand-Jühlke-Str. 7
99095 Erfurt